1

اليوجا المصرى (الجزء الثانى)

الديانة الأفريقية (المصرية)

علوم طيبة الألهيه

خلاصة الحكمة و أسرار "آمون"

تأليف : دكتور مواتا آشبى

ترجمة : صفاء محمد

اعداد فنى : باسم حلمى

Sema Institute / C.M. Book Publising

P.O. Box 570459

Miami, Florida, 33257

(305) 378-6253 Fax (305) 378-6253

1997-2005 By Reginald Muata Ashby

"آمون" الأسود (من مقتنيات متحف الأقصر)

جاء فى احدى الابتهالات لآمون (بردية لايدن) :-

*** ان رسائل السماء تتنزل أولا فى مدينة "أون" (هليوبوليس), ثم يعاد ترتيلها فى "منف" مدينة صاحب الوجه الجميل "بتاح", ثم ترسل الى "خمنو" (هرموبوليس), مدينة تحوت لتدون هناك, و أخيرا ترسل الى "طيبة", فيجيبها "آمون / آمين" ***

التعريف بمعهد "سما" (Sema) لليوجا

Sema Institute of Yoga

"سما" (Sema) هى كلمة و رمز مصرى قديم يعنى "الوصل / الوحدة".

يكرس معهد "سما" جهوده لنشر التعاليم الكونية التى تخدم التطور الروحى للانسانية, و هى تعاليم تدور حول الوحدة التى تجمع بين كل بنى البشر و بين كل شئ فى الكون.

و معهد "سما" هو مؤسسة غير دينية و غير طائفية تدرك الصلة التى تجمع بين كل الأنظمة الروحانية و الدينية فى كل أنحاء العالم.

هدفنا هو تقديم الحكمة القديمة من خلال الكتب و الدورات الدراسية و وسائل الاتصال الأخرى , و أيضا تقديم برامج تدريب متخصصة فى مختلف أنواع اليوجا بما فيها الفلسفة الروحانية المصرية القديمة, و الغنوصية المسيحية, و الفلسفة الهندية, و ربط ذلك كله بالعلم الحديث,كما يهدف المعهد أيضا الى نشر السلام العالمى و المحبة بين كل طوائف البشر.

يهتم المعهد بصفة خاصة بابراز مبادئ اليوجا الموجودة فى كل الأديان و القاء الضوء على الخيط الذى يربط بينها, لكى يتمكن الانسان من فهم المعنى الباطنى للتعاليم الدينية و الروحانية.

هدفنا هو استعادة الوعى بالوحدة التى تجمع بيننا كبشر و بين كل الكائنات الحية و كل ما فى الوجود.

المعهد مفتوح لكل من يؤمن بمبادئ السلام, و نبذ العنف, و الارتقاء الروحى, بغض النظر عن الجنس أو العرق أو العقيدة او المذهب.

اهداء الى "دجا" (Dja).... و "سوامى جى" (Swamiji)....
و "آمون" (الذات المحتجبة, الكامنة فى كل شئ).

فهرس

(العقل و العناصر التى يتكون منها وعى الانسان)

مقدمة

يسعدنى أن أقدم لكم هذا الاصدار الجديد للجزء الثانى من اليوجا المصرى .

و قد وصفه الذين اطلعوا عليه فى طبعته الأولى التى حملت عنوان "أناشيد آمون" بأنه من أهم الكتب التى تناولت الفلسفة الروحانية فى مصر القديمة .

و أعتقد أن الكتاب بالفعل هو مصدر هام عن المعرفة الباطنية فى مصر القديمة لذلك قمت باضافة فصلين جديدين يتناولان مكونات الكيان الروحى للانسان و العلاقة بينه و بين ثالوث الخلق . وبالاضافة الى الفهم الصوفى لطبيعة العقل الذى تناوله الجزء الأول من اليوجا المصرى و الذى حمل عنوان "فلسفة التنوير", يلقى الجزء الثانى المزيد من الضوء حول هذا الموضوع و يقوم بتعميقه فى ذهن القارئ.

قمت بتدوين هذا الكتاب على هيئة رحلة لاستكشاف "الذات", و يشكل الفصل الخاص بأناشيد آمون أهمية خاصة و يعتبر مصدرا جديرا بالاهتمام يمكن أن يساعد الانسان فى الوصول الى التنوير (المعرفة الروحانية) اذا عرفنا كيف نفهم المعانى الباطنية التى تنطوى عليها هذه الأناشيد و فى الحقيقة ان الكتاب بالكامل يدور حول شرح هذه المعانى الباطنية .

ساهم نجاح الجزء الأول من كتاب اليوجا المصرى فى ظهور رؤية جديدة مستنيرة فى العالم كله للفلسفة الروحانية فى مصر القديمة.

أما الجزء الثانى , فهو يهدف الى تعميق هذه الرؤية و مساعدة القارئ على هضم هذه الفلسفة واستيعابها .

وأود ان أوجه الشكر الى هؤلاء الذين ساعدوا على اصدار هذا الكتاب .

أود أولا ان أشكر رفيقتى على درب الروح "كارين دجا آشبى" (Karen Dja Ashby) على دعمها و حبها لى, و أيضا عملها فى اخراج هذا العمل للنشر.

و أود أن أشكر معلمى الروحى "سوامى جيوتيمارى أناندا" (Swami Jyotimary anand) الذى تلقيت على يديه تعاليم اليوجا لسنوات طويلة, وهى التعاليم التى ساعدتنى على فهم ما درسته من قبل عن علم المصريات بشكل أعمق .

دكتور مواتا أبهايا آشبى

Dr. Muata Abhaya Ashby

26 يناير, 1998

تمهيد

من هم المصريون القدماء ؟

تمثل الديانة المصرية القديمة "شتاوت – نتر" (Shetaut Neter), و اللغة و كذلك الرموز المصرية القديمة أول وثائق مدونة على أقدم فلسفة صوفية فى التاريخ .

و الصوفية المصرية هى ما يطلق عليه علماء المصريات اسم الديانة المصرية أو اللاهوت المصرى . و فى الحقيقة ان النظر الى الديانة المصرية القديمة باعتبارها مجموعة من القصص و الأساطير تدور حول حضارة واحدة عاشت لفترة طويلة, يفقدنا الاتصال بأهم أسرار الوجود الانسانى .

فالصوفية بكل أشكالها و بكل مراحل تطورها كانت تمارس فى "كيميت" (مصر القديمة) قبل أى بلد آخر فى العالم .

تقدم لنا الصوفية المصرية – و هى أرقى مدرسة فلسفية نشأت و تطورت فى أفريقيا منذ سبعة آلاف عام – نظرة جديدة للحياة و للدين و لعلم النفس و طريقا جديدا للتطور الروحى من اجل الوصول الى التنوير (المعرفة الروحانية) .

اذا فهم القارئ أن الميثولوجيا (الأساطير) المصرية القديمة هى فى الحقيقة نظام متكامل لليوجا (سما – تاوى) يساعد الفرد على الوصل بالروح الأسمى أو الوعى الأسمى, فسيدرك على الفور أن داخل الطبيعة الانسانية هناك طبيعة الهية كامنة يغفل الانسان عنها, و سيمتلك رؤية أعمق لكل الأديان و الطرق اليوجية و الصوفية .

جاء ذكر كلمة "سما – تاوى" (Sema Tawy) فى كتاب "الخروج الى النهار", و هو كتاب التنوير (المعرفة الروحانية) المصرى, المعروف لدى الأثريين باسم "كتاب الموتى".

تترجم كلمة "سما – تاوى" عادة بمعنى توحيد الأرضين, و تستخدم فى الدلالة على حدث

سياسى هو توحيد مملكة مصر العليا (الصعيد) و مملكة مصر السفلى (الدلتا) فى دولة واحدة مع بداية عصر الأسرات. و لكن للكلمة معنى آخر باطنى (صوفى), فهى تستخدم أيضا فى وصف حدث أزلى قام فيه حورس و ست معا بتوحيد الأرضين.

يرمز حورس للذات العليا للانسان, و يرمز ست للذات الدنيا, و قيام حورس و ست بتوحيد الأرضين يعنى ببساطه وصل الذات الدنيا بالذات العليا.

لذلك فان مصطلح "سما – تاوى" يعتبر هو المقابل لمصطلح "اليوجا" الهندى و الذى يحمل أيضا نفس المعنى......... وصل الذات الدنيا بالذات العليا (أى التنوير / مملكة السماء / الخلاص, الخ) .

كتب المؤرخ ديودور الصقلى, الذى عاش فى عصر الملك أغسطس فى القرن الأول الميلادى :-

*** (يقول المؤرخون أن الأثيوبيين هم أقدم البشر, و هناك أدلة على ذلك, فهم لم يأتوا الى بلادهم مهاجرين من مكان آخر و انما هم أصحاب الأرض الأصليين, انبثقوا من ترابها .

و يقول المؤرخون أيضا أن قدماء المصريين من أصل أثيوبى , و قد هاجروا الى مصر تحت زعامة "أوزير" ليقيموا بها و يعمروها. ان ما نطلق عليه "مصر" لم تكن أرضا قبل وصول "أوزير" و أتباعه اليها, و انما كانت تحت سطح البحر . عند بدأ الخلق كان البحر يغطى أرض مصر, ثم بالتدريج بدأ البحر ينحسر و بدأ نهر النيل يشق طريقه وسطها و يحمل اليها الطمى من بلاد أثيوبيا ليترسب بمرور الزمن و يحولها الى أرض زراعية خصبة. و تعود معظم الطقوس و العادات و التقاليد و العقائد التى حافظ عليها قدماء المصريين لآلاف السنين الى أصول أثيوبية, مثل الاعتقاد بأن الملوك كيانات الهية, و الاهتمام الغير عادى بطقوس الدفن, كما ان أشكال العديد من تماثيلهم تقترب من الأشكال الأثيوبية, و كذلك حروف الكتابة بنوعيها الديموطيقية (الشعبية / المتاحة للعامة) و أيضا

الهيراطيقية (الخاصة بالكهنة) تعود لأصول أثيوبية .

و بالنسبة للكهنة , نجد تشابها كبيرا بين نظام الكهنة و درجاتهم و وظائفهم فى مصر و فى أثيوبيا و كذلك تشابها فى الطقوس و بخاصة فيما يتعلق بطقوس النظافة و التطهر , حيث يجب على الكاهن الحفاظ على جسده نظيفا و أن يحلق شعره . كما نلاحظ تشابها أيضا فى الملابس و أدوات الطقوس و العصا التى نحت بعضها على شكل محراث, و لم تقتصر على الكهنة و انما حملها الملوك أيضا كما حملوا على رؤوسهم تيجانا تجملها فى كثير من الأحيان حية ترمز للخطر الذى سيواجهه أى شخص يجرؤ على الاقتراب من الملك .

الكثير من القصص تروى عن الأصول العتيقة لقدماء المصريين و جذورهم الضاربة فى القدم , و ارتحالهم من أثيوبيا الى مصر ليقوموا بتعميرها, و لا حاجة لنا أن نكتب المزيد عن ذلك) ***

كما أشارت بعض النصوص المصرية القديمة أيضا الى أن أصول المصريين تعود الى منابع النيل, اذ يقول أحد النصوص المصرية :-

* **(نشأ شعبنا عند سفح جبل القمر, حيث ينبع النيل) ****

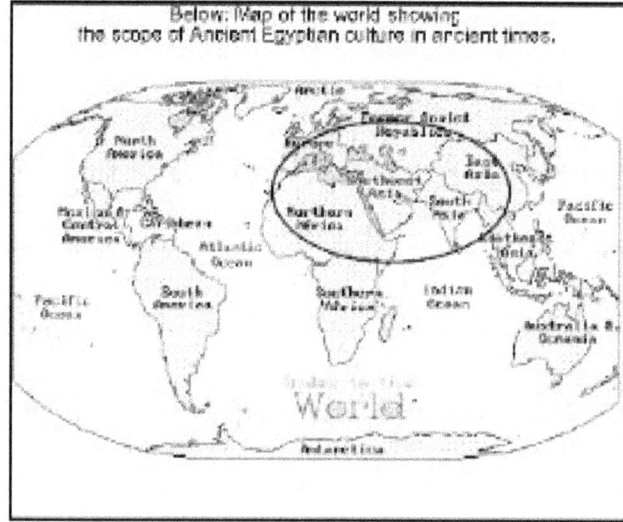

Below: Map of the world showing the scope of Ancient Egyptian culture in ancient times.

خريطة لمنطقة شمال شرق أفريقيا, توضح موقع أرض "تا – مرى" (الأرض المحبوبة), أو"كيميت", أو مصر القديمة.

قال المؤرخ الاغريقى هيرودوت (الذى عاش فى الفترة من 484 الى 425 قبل الميلاد) واصفا قدماء المصريين فى ذلك العصر :-

*** (**للمصريين – و كذلك النوبيين / الأثيوبيين – شفاه غليظه, و انوف عريضة, و شعر مجعد, و بشرة داكنه...... و أيضا للقبائل الهندية التى ذكرتها نفس البشرة الداكنه التى تميز الأثيوبيين.... و تمتد بلادهم من فارس شمالا فى اتجاه الجنوب)** ***

و يروى المؤرخ الاغريقى ديودور الصقلى أن هيرودوت عندما عاد الى بلاد اليونان بعد زيارته لمصر اجتمع حوله التلاميذ و سألوه عن الأرض العظيمة, أرض أصحاب البشرة الداكنه, فرد عليهم قائلا :-

*** (**هناك أمتان أثيوبيتان عظيمتان, احداهما فى السند / الهند, و الأخرى فى مصر)*****

فقدماء المصريين اذن من أصول أفريقية, و هناك روابط قوية تصلهم بسكان الهند القدماء.

أين تقع أرض مصر القديمة ؟

عاش قدماء المصريين لآلاف السنين فى الركن الشمالى الشرقى من قارة أفريقيا, فى المنطقة المعروفة باسم وادى النيل.

كان النيل هو مصدر الحياة لهذه الأرض, و هو الذى منح سكانها الاستقرار و الازدهار لزمن طويل, و هو الازدهار الذى أدى لنشأة الفن و الثقافة و الدين و الفلسفة فى هذه البقعة من الأرض التى كانت مهدا لحضارة لم يوجد لها نظير فى العالم.

بنى الكيميتيون (المصريون القدماء) قيمهم السياسية و الاقتصادية على أساس القيم الروحانية, و بذلك أنشأوا مجتمعا منظما يقوم على مبادئ المساواة بين الأجناس, و أسسوا نظاما قضائيا يستلهم القوانين الكونية و يسعى لجعل العالم على الأرض صورة من العالم السماوى.

يحوى كتاب "برت – ام – هرو" (الخروج الى النهار) العديد من الاشارات حول تاريخ قدماء المصريين و ثقافتهم و تراثهم.

و كلما تعمقنا فى البحث فى التاريخ, كلما تبين لنا أن جذور الحضارة الحديثة تعود الى الحضارة المصرية القديمة, برغم أن هذه الحقيقة غالبا ما يتم اغفالها.

ان دراسة الفلسفة المصرية القديمة ستجعلنا نتعرف على المبادئ التى قامت عليها الحضارة المصرية و ازدهرت و استمرت لآلاف السنين, و بذلك نعيد احياء هذه المبادئ فى مجتمعاتنا و فى أنظمتنا السياسية و الاقتصادية و الدينية فنعيد التوازن و التناغم المفقود بين بنى البشر, و بين الانسان و الطبيعة.

تعتبر المسيحية فى أحد جوانبها امتدادا لليهودية, أما اليهودية فتعود جذورها الى الثقافة و الديانة المصرية القديمة و لكن ماذا عن قدماء المصريين ؟

من هم المصريون القدماء ؟

منذ اللحظة التى وطأت فيها أقدام الفلاسفة الاغريق تراب أفريقيا (تحديدا مصر) لدراسة التعاليم الروحانية المصرية (من عام 900 الى عام 300 قبل الميلاد) تغيرت الثقافة الغربية تغيرا جذريا . فقد كان للحضارة المصرية القديمة تأثيرا كبيرا على الحضارة الغربية و كذلك على سكان الهند القدماء (Dradidians), و لذلك كان من الضرورى للباحث عن الحقيقة أن يدرس تاريخ و ثقافة مصر القديمة و تراثها الروحى دراسة متعمقة.

يعود تاريخ مصر القديمة الى بدايات تاريخ الانسانية, و يشمل عصر الأسرات, و العصر الهللينى, و العصر الرومانى, و البيزنطى (من سنة 30 قبل الميلاد, حتى سنة 638 ميلادية), و العصر الاسلامى و المملوكى, ثم فترة الاحتلال العثمانى (من سنة 1082 الى سنة 1882 ميلادية), ثم الاحتلال البريطانى (من سنة 1882 الى سنة 1952 ميلادية) , ثم مصر المعاصرة من عام 1952 ميلادية حتى اليوم.

شيدت "كيميت" (مصر القديمة) فى منطقة حوض النيل بشمال شرق أفريقيا حضارة عتيقة تعود بداياتها الى ما قبل عام 5500 قبل الميلاد, و قد استطاعت هذه الحضارة أن تزدهر و تستمر حتى عام 30 قبل الميلاد, حين انتصر القائد الرومانى أوكتافيوس (الذى تلقب بعد

ذلك بالامبراطور أغسطس) على آخر ملك بطلمى حكم مصر وفقا للتقاليد المصرية العتيقة,

و هى الملكة كليوباترا. و بسقوط آخر ملك بطلمى, تم اعلان مصر ولاية رومانية.

يقسم علماء المصريات تاريخ مصر القديم الى هذه العصور الرئيسية :-

- بداية عصر الأسرات : من عام 3200 الى عام 2575 قبل الميلاد
- الدولة القديمة : من عام 2575 الى عام 2134 قبل الميلاد
- عصر الانتقال الأول : من عام 2134 الى عام 2040 قبل الميلاد
- الدولة الوسطى : من عام 2040 الى عام 1640 قبل الميلاد
- عصر الانتقال الثانى : من عام 1640 الى عام 1532 قبل الميلاد
- الدولة الحديثه : من عام 1532 الى عام 1070 قبل الميلاد
- عصر الانتقال الثالث : من عام 1070 الى عام 712 قبل الميلاد
- العصر المتأخر (الصاوى) : من عام 712 الى عام 332 قبل الميلاد

فى العصر المتأخر تولى عرش مصر حكام أجانب, كوشيون و فرس, أعقبهم حكام

مصريون, ثم أجانب مرة أخرى, وهم بالترتيب :-

- الأسرة النوبية (الكوشية) : من عام 712 الى عام 657 قبل الميلاد
- الأسرة الفارسية (الاحتلال الفارسى الأول) : من عام 525 الى عام 404 قبل الميلاد
- حكام مصريين : من عام 404 الى عام 343 قبل الميلاد
- الاحتلال الفارسى الثانى : من عام 343 الى عام 332 قبل الميلاد
- الأسرة البطلمية (البطالمة) : من عام 332 الى عام 30 قبل الميلاد
- الاحتلال الرومانى : من عام 30 قبل الميلاد الى عام 395 ميلادية
- الاحتلال البيزنطى : من عام 395 الى عام 640 ميلادية
- الغزو العربى : عام 640 ميلادية

يقسم علماء المصريات تاريخ مصر فى عصر الأسرات الى ثلاثين أسرة تبدأ بالأسرة واحد (I) و أول ملوكها هو الملك "مينا", و تنتهى بالأسرة الثلاثين (XXX) و آخر ملوكها "نكتانبو الثانى".

فى الدولة الحديثه, شهدت مصر ازدهارا كبيرا فى الثقافة و المعمار و خصوصا فى عصر الملك رمسيس الثانى, و بعد ذلك لم تستطع مصر أن تستكمل أو تستعيد أمجادها, و من ثم بدأ أفول شمس هذه الحضارة العظيمة.

بدأت الحضارة المصرية فى الانهيار بتولى الليبيين (الأسرة 21) الذين حكموا من تانيس عرش مصر. و بعد الحكام الليبيين, تولى النوبيون (الكوشيون) الذين أسسوا الأسرة ال 22 عرش مصر, و قد بذلوا جهودا ملموسة لاعادة احياء التقاليد المصرية العريقة, و لكن الاضطرابات الاجتماعية و السياسية عصفت بالدولة و لم يتمكنوا من استكمال ما بدأوه من اصلاحات, لأن مصر وقعت تحت الاحتلال الفارسى, ثم البطلمى (بقيادة الاسكندر الأكبر), ثم الرومانى, ثم العربى (منذ عام 640 ميلادية).

و نلاحظ أن التأريخ لحضارة مصر القديمة - كما ذكرناه – يبدأ بعصر الأسرات, و هو يعكس نظرة علماء الآثار لمصر, و رفضهم الاعتراف بالأدلة التى تشير لوجود حضارة فى مصر قبل عصر الأسرات, و من هذه الأدلة "حجر باليرمو", و بردية تورين, و تاريخ مانيتون السمنودى.

كما تؤكد كتابات المؤرخ الاغريقى هيرودوت (الذى عاش من عام 484 الى عام 425 قبل الميلاد) و كذلك المؤرخ الاغريقى ديودور الصقلى ما جاء فى هذه المصادر المصرية بخصوص التاريخ العتيق للحضارة المصرية و الذى يعود الى ما قبل عصر الأسرات بزمن طويل.

حين يفكر معظم الناس فى حضارة مصر القديمة فان ذهنهم يتجه عادة الى عصر الأسرات التى حكم فيها مصر سلسلة من الملوك تم تقسيمهم الى أسرات و الفترة المتأخرة من عصر الأسرات (من حوالى 2100 الى حوالى 1000 قبل الميلاد) هى الفترة التى تضع فيها النصوص التوراتية (العهد القديم) أحداث أساطيرها, كقصة موسى و يوسف و ابراهيم .

لذلك فان الأشخاص ذوى الثقافة المسيحية لا يعرفون عن مصر القديمة سوى ما جاء فى هذه المصادر.

و برغم أن الأفكار التوراتيه عن مصر القديمة هى أفكار سطحية جدا, الا أن تأثير الحضارة المصرية على االثقافة الاسرائيلية و المسيحية لا يمكن اغفاله, كما يتضح لنا من دراسة النصوص التوراتيه و الانجيلية .

فى الحقيقة ان تاريخ مصر القديمة يعود الى فترات أقدم كثيرا مما يفترض علماء المصريات يشير أحدث الأدلة الأركيولوجية الى أن تمثال أبو الهول يعود الى حوالى عام 10000 قبل الميلاد, و ذلك بسبب وجود آثار نحر مياه على جسد التمثال تعود الى العصر المطير .

كان قدماء المصريين هم أول من ابتكر تقويما فلكيا لحساب السنين و تقسيم السنة الى فصول و شهور, و بدأو فى تطبيقه منذ عام 4240 قبل الميلاد, و هو تقويم يعتمد على مراقبة حركة نجم الشعرى فى السماء و شروقه الاحتراقى الذى يتزامن مع بداية موسم الفيضان.

و يعتبر اكتشاف التقويم فى هذا الوقت المبكر من تاريخ الانسانية دليل على وجود علم فلك متطور جدا فى مصر القديمة. فابتكار التقويم لا يحدث بين يوم و ليلة, و انما هو نتاج سنوات طويلة من البحث و الدراسة و مراقبة السماء مراقبة دقيقة و دراسة آلية تغير مواضع النجوم و دوراتها الفلكية لذلك فان تاريخ مصر لابد و أنه يعود الى عصور قديمة جدا.

و لكى ندرك الأصول العتيقة لتاريخ مصر, سنستعرض هذا التاريخ بشكل سريع كما قدمه

المؤرخ المصرى الذى عاش فى العصر البطلمى (حوالى عام 241 قبل الميلاد) "مانيتون السمنودى".

عرف قدماء المصريين أيضا "السنة العظمى", و هى دورة كونية كبرى تحدث بسبب ظاهرة فلكية تعرف باسم "ظاهرة السبق" (Precession of the Equinoxes) - و هو ما يؤكده المؤرخ المصرى مانيتون السمنودى.

تتكون السنة العظمى من 25920 ألف سنة, تقسم الى 12 عصر, كل عصر منها يستمر لمدة 2160 سنة تكون الأرض (و الشمس) فيها تحت تأثير أحد أبراج الزودياك الاثنى عشر.

بدأت الدورة الحالية التى نعيش فى منتصفها الآن فى عام 10858 قبل الميلاد (و نحن الآن فى نهاية عصر برج الحوت و على مشارف بداية عصر برج الدلو).

يقول مانيتوتن السمنودى فى كتابه عن تاريخ مصر القديمة ان "رع" كان يحكم الأرض (مصر) من عرشه فى مدينة "أون" (هليوبوليس) حوالى عام 36766 قبل الميلاد, و من بعده "النترو" (الكيانات الالهية), و من بعدهم المبجلين أو أتباع حورس (شمسو – حور), ثم خلفهم بعد ذلك ملوك البشر مع بداية عصر الأسرات حوالى 3200 سنة قبل الميلاد.

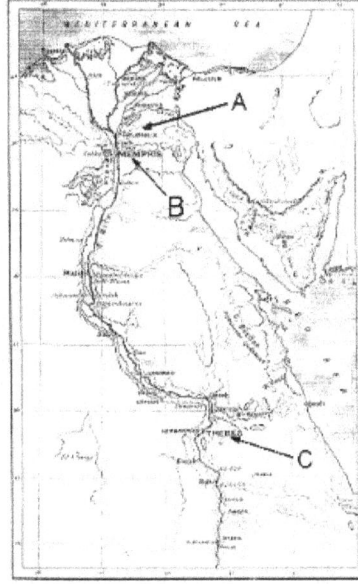

أرض مصر القديمة

تقع مصر فى الركن الشمالى الشرقى من قارة أفريقيا, و أهم مدنها هى "أون" (هليوبوليس),
و"منف" و "طيبة", و هى المدن المقدسة ل "رع" و "بتاح" و "آمون".

المصطلحات المصرية القديمة و المصطلحات الاغريقية :-

لكى نستطيع البقاء موصولين بروح الحضارة الكيميتية (المصرية القديمة) سنستخدم فى هذا
الكتاب الأسماء الكيميتية للدلالة على ال "نترو" (الكيانات الالهية), و هى الأسماء التى
يمكنها ان تكشف لنا عن فلسفة الخروج الى النهار (برت – ام – هرو).

على سبيل المثال : سيتحول النطق الاغريقى "أوزيريس" الى النطق المصرى القديم
"أوزير" أو "أوسار", و كذلك النطق الاغريقى "ايزيس" الى النطق المصرى القديم "است"
أو "أوست", و "نفتيس" الى "نبت – حت" و "أنوبيس" الى "أنبو" و "حتحور" الى "حت –
حيرو", و هرمس (Thoth) الى "دجحوتى" أو "جحوتى".. الخ وسنستخدم أيضا مصطلح
مصر القديمة بالتبادل مع "كيميت" و "تا – مرى" (و معناه الأرض المحبوبة), فتلك هى

الأسماء التى أطلقها قدماء المصريين أنفسهم على بلدهم و ثقافتهم.و اليك عزيزي القارئ هذه القائمة التى تشمل أهم ال "نترو" فى مصر القديمة مع توضيح الفرق بين النطق المصرى القديم للأسماء و بين النطق الاغريقى :-

الاسم بالمصرى القديم	**الاسم بالاغريقى**
أوزير / أوسار	أوزيريس / هادس
است / أوست	ايزيس / ديميتر
نبت – حت	نفتيس
أنبو / أنوبى	أنوبيس
حت – حيرو	حتحور / أفروديت
حيرو / حر	حورس / أبولل و
جحوتى	أبولل و
ماعت	هرمس
آمون	أسترايا / ثيميس
رع	زيوس / هيليوس
بتاح	هيفايستوس
نوت	ريا
جب	كرونوس
نيت	أثينا
خونسو	هيراكليس
ست	تيفون / آريس
باستت	أرتيميس
وادجت	ليتوس

المبادئ الأساسية للديانة المصرية القديمة

مفهوم "الألوهية المحتجبة" (Neterianism)

(أقدم ديانة فى تاريخ الانسانية)

اشتق تعبير (Neterianism) من الكلمة المصرية القديمة "شتاوت – نتر" و تعنى "الألوهية المحتجبة", و هى الفلسفة الروحانية التى قامت عليه الحضارة المصرية القديمة. الذين يتبعون طريق الألوهية المحتجبة هم من يطلق عليهم "نتريين" (Neterians), أى "ربانيين" يمكننا ان نلخص المبادئ الروحانية الأساسية التى قام عليها الفكر الدينى فى مصر القديمة الى أربعة مبادئ رئيسية :-

المبدأ الأول : (با نتر واع واع, نبر – تشر ام نترو)

الاله (الكيان الأسمى) هو الواحد / الوحدانية, و هو رب كل شئ, الذى يتجلى فى كل مكان, و فى كل شئ من خلال ال "نترو" (الكيانات الالهية)

كلمة "نبر – تشر" تعنى الألوهية التى تحيط بكل شئ و تحتويه, أو الروح الأسمى الذى يتخلل كل شئ و الذى هو جوهر كل الأشياء.

هذا هو المبدأ الأول الذى عبرت عنه الديانة الكيميتية (المصرية القديمة) بمختلف الوسائل.

المبدأ الثانى :

حين يفقد الانسان الماعت (الاتزان / الاستقامة) يصبح مقيدا بالأغلال, و تلك الأغلال هى السبب فى جهل الانسان بالاله.

عندما يتصرف الانسان بشكل يتناقض مع النظام الكونى, تتراكم لديه مشاعر و أفكار سلبية, يطلق عليها فى الفلسفة المصرية القديمة "أغلال ست". و "ست" فى الفكر الدينى المصرى هو رمز "الأنا / الأنانية " . تشمل "أغلال ست" كل المشاعر السلبية من غضب و كراهية و طمع و شهوة و شراهه و غيرة و حسد و حقد و غش و رياء, الخ. و من يرغب فى التحرر من أغلال ست , عليه بالتخلص من تلك المشاعر السلبية.

المبدأ الثالث :-

s-Uashu s-Nafu n saiu Set

الحب الالهى هو الذى يحرر الانسان من أغلال "ست"

لكى يتحرر الانسان من أغلال "ست" عليه أن يحيا فى الماعت, بأن يضبط أفعاله بمعيار الفضيلة و النظام الكونى, و بذلك يحافظ على قلبه نقيا طاهرا, و يعيش فى تناغم مع الطبيعة

و المجتمع .

و كلمة "واشو" تعنى حب الاله و ذكره فى صمت, فى مقابل كلمة "دوا" التى تشير الى تقديس الاله بحركة أو ايماءة معينة بالجسم مثل الجلوس أو الوقوف مع رفع كفوف الأيدى نحو الخارج (نحو الصورة المقدسة للاله) بالتحية.

المبدأ الرابع :-

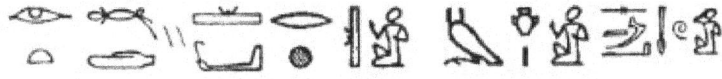

ممارسة التأمل تقود الانسان لمعرفة ذاته و معرفة الاله, و عندما تتحقق المعرفة يصبح الانسان صادق القول (ماع – خيرو).

كلمة "شدى" تعنى دراسة الشئ دراسة متأملة, و الاطلاع على الأسرار (شتاوت),واكتشاف الطبيعة الالهية .

قام حكماء مصر القديمة بتطوير عدة أساليب للتأمل تساعد المريد فى الوصول الى معرفة الذات, و هى أساليب تشمل تراث مكتوب (شتاوت) و ايضا ممارسات يوجية (سما – تاوى).

ترك حكماء مصر القديمة ما لديهم من معرفة بال "نترو" (التجليات الالهية) لتلاميذهم على هيئة أساطير. و نلاحظ أن تلك الأساطير لا تصور ال "نترو" ككيانات منفصلة, و انما تقدمهم باعتبارهم أخوة و أخوات تربطهم ببعض علاقة أسرية, فهم جميعا انبثقوا من مصدر واحد, "الكيان الالهى الأسمى", و هو ليس بمذكر و لا مؤنث لأنه يحتوى الكل.

الديانة المصرية القديمة "شتاوت – نتر" (Shetaut Neter)

(التراث الروحى المصرى و المغزى من خلق الحياة)

من أمثال مصر القديمة :-

*** بمقدور الانسان (رجلا كان أو امرأة) أن يتحول الى كائن الهى, بأن يحيا حياة الفضيلة, و يغذى روحه بالمعرفة, و يطهر جسده بالنشاط و الاعتدال ***

يصل الانسان الى أرقى درجات البهجة و السعادة عندما يكتشف معنى الحياة .

عندما يكون الانسان فى تناغم مع الحياة, عندها يمكنه أن يتأمل حاله, و يكتشف تفاهة المتع الحسية و زوالها.

حين تنجح فى تحقيق السلام و التناغم فى حياتك, عندها يمكنك أن تمارس مختلف طرق اليوجا التى تساعد الروح فى الوصول الى هدفها, و هو التنوير (Spiritual Enlightenment).

التنوير هو يقظة الانسان من غفلته, و ادراكه للجوهر الروحى الكامن فى كل شئ و الذى يربط كل شئ فى الكون. هذا الجوهر خالد, لا يعتريه نقص أو تغير, و هو جوهر كل شئ, و أيضا جوهر الانسان.

عندما يدرك الانسان ذلك (بقلبه, و ليس بعقله), فذلك هو منتهى السعادة و السلام و القوة.

وزهرة اللوتس هى رمز "شتاوت – نتر", و تعنى سعى الروح للوصول الى نور الحقيقة, والى الرضا التام (الرضوان), و الى التناغم.

شتاوت – نتر (Shetaut Neter) -:

أوضحنا من قبل أن أصول قدماء المصريين تعود الى جذور أفريقية, و أنهم عاشوا فى الركن الشمالى الشرقى من قارة أفريقيا. و هم منحدرون من أجداد نشأوا فى الأصل فى قلب أفريقيا, فى منطقة البحيرات العظمى حيث منابع النيل.

شيد قدماء المصريين حضارة قبل أى أمة أخرى فى التاريخ, و هى حضارة قامت على مفاهيم الاتزان و النظام و على القيم الروحية.

أطلق قدماء المصريين على بلدهم اسم "كيميت", و بعد قيامهم بتنظيم مجتمعهم, بدأو باكتشاف أن العالم ملئ بالأشياء المدهشه, و لكن الحياة الدنيا قصيرة و مصيرها الى الزوال, و اكتشفوا أنه لابد من وجود حياه أخرى بخلاف هذه الحياة.

قام قدماء المصريين بتطوير أساليب و ممارسات روحانية تساعد الانسان على فهم الجوهر الالهى الساكن فى كل شئ, و أطلقوا على هذه الممارسات الروحانية اسم "شتاوت – نتر".

شتاوت (Shetaut) : تعنى "سرى / خفى / محتجب"

نتر (Neter) : تعنى ألوهية / كيان الهى

من هو الاله فى الديانة الكيميتية (المصرية القديمة) ؟

نتر : وصف أحد كهنة مصر القديمة ال "نتر" بأنه (هو ما يوضع فى التابوت)

"نتر"  او "نثر" , هى كلمة هيروغليفية ظهرت فى العديد من النصوص المصرية القديمة بهذه الرموز التى لا تحتوى على أى حروف متحركة.

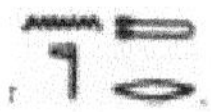

و لكن اللفظ استمر استخدامه فى مصر و انتقل الى اللغة القبطية, حيث ينطق "نوتر", و يعنى قوة أو قدرة الهية.

و الرمز الهيروغليفى عبارة عن عصا من الخشب تحيط بها لفائف كتان كالمومياء, و تنتهى بعلم او راية. ولفائف الكتان التى تلف العصا الخشب تعكس العديد من الألوان, منها الأصفر و الأخضر و الأزرق.

و المومياء فى الفكر الدينى المصرى هى رمز الكيان الالهى الذى مات, ثم بعث من جديد.

"نتر" اذن هو رمز كل انسان مات جسده, و لكنه فى الحقيقة لم يمت, و انما انتقل ليحيا فى عالم آخر و فى هيئة أخرى بخلاف الجسد المادى.

و روح كل انسان يبعث من جديد هى ذلك الكيان الالهى الذى مات و بعث من جديد.و نلاحظ أن منطوق كلمة "نتر" يتشابه مع منطوق كلمات غير مصرية تحمل معانى قريبة من المعنى المصرى القديم, مثل كلمة (Nature) الانجليزية التى تعنى الطبيعة, و كلمة (Natura) اللاتينية, و كلمة (Naturalesa) الأسبانية, و كلها بنفس المعنى, وهو الطبيعة.

و فى الحقيقة (كما سنرى عندما نتحدث عن النترو) ان كل مظاهر الطبيعة هى تجسيد لقدرات ال "نترو" على الخلق.

النصوص المقدسه فى ديانة ال "شتاوت – نتر" (الألوهية المحتجبة) :-

تعتبر هذه النصوص المقدسة أساس الثقافة الكيميتية (المصرية القديمة), و يمكن تقسيمها الى ثلاثة أنواع :-

*** أساطير

*** فلسفة صوفية و طقوس

*** نصوص الحكمة و الأخلاق

أولا : الأساطير :-

و منها أسطورة أوزير و حيرو (أوزوريس و حورس) و التى تروى قصة موت و بعث أوزير .

و أسطورة خلق "رع" للكون, و التى تنسب الى مدينة هليوبوليس (أون) و تعرف باسم "لاهوت أون" (Anunian Theology), أو "تاسوع هليوبوليس".

و أسطورة خلق بتاح للكون, و التى تنسب الى مدينة منف و تعرف باسم "لاهوت ممفيس" (Memphite Theology) .

و أسطورة خلق آمون للكون, و التى تنسب لمدينة طيبة و تعرف باسم "لاهوت طيبة" (Theban Theology).

و كل هذه الأساطير تعود لعصر ما قبل الأسرات.

ثانيا : الفلسفة الصوفية و الطقوس :-

ومنها كتاب "متون التوابيت", الذى ظهر ما بين عام 2040 و 1686 قبل الميلاد.

و كتاب "الخروج الى النهار" الذى كان يدون على أوراق بردى و يوضع وسط لفائف المومياوات واستمر ظهوره فى مقابر قدماء المصريين من عام 1580 قبل الميلاد, حتى العصر الرومانى.

ومن أشهر برديات الخروج الى النهار بردية "آنى", و بردية "حو – نفر", و بردية "قننا", و بردية جرينفيلد.

ثالثا : نصوص الحكمة و الأخلاق :-

و منها تعاليم "بتاح – حتب", و تعاليم "آنى", و تعاليم "أمنموبى", و أغانى عازف الهارب. استمر ظهور تعاليم الحكمة و الأخلاق فى مصر القديمة من عام 3000 قبل الميلاد حتى العصر البطلمى.

و تدخل قوانين الماعت ال 42 ضمن نصوص الحكمة, و ان ظهرت فى مصر القديمة كجزء من كتاب "الخروج الى النهار", و هو أحد كتب العالم الآخر.

الاله و الكيانات الالهية (Neter and the Neteru) -:

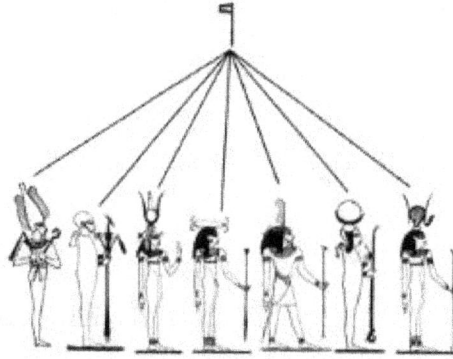

انبثاق ال "نترو" (التجليات الالهية) من الكيان الالهى الأسمى.

كما أوضحنا من قبل, ان كلمة "نتر" (و جمعها "نترو") تربط بين كل الطرق الروحانية / الصوفية / الكيميتية (المصرية القديمة), لأن كل هذه الطرق تشترك فى رؤية واحدة تتفق على أن ال "نترو" (التجليات الالهية) انبثقت جميعا من كيان "واحد / أسمى / محتجب /

لامحدود" ليعبروا عنه.

لذلك فان الديانة المصرية القديمة ليست ديانة وثنية, فهى لا تؤمن بوجود آلهة متعددة مختلفة, وهى أيضا ليست ديانة توحيدية كالديانات الابراهيمية الثلاثة التى تؤمن باله واحد, يظل واحد دائما و لا تتعدد تجلياته. و الأقرب الى روح الفلسفة الكيميتية أن نقول "ألوهية" (Divinity), و ليس اله أو الهه (God).

الاله هو الكيان الأسمى الذى هو واحد فى جوهره, و لكنه يحتوى كل أشكال التعدد.

أما كلمة "نترو", و هى صيغة الجمع من "نتر", فتعنى الكيانات الالهية أو التجليات الالهية التى تنقسم الى مذكر و مؤنث.

من الكيان الأسمى / الواحد / المحتجب (نتر), تنبثق الكيانات الالهية (نترو) التى لا تعد و لا تحصى.

من الواحد (نتر), يخرج المتعدد (نترو), و هم قوى كونية تتخلل كل شئ فى الكون, و من خلالهم يتجلى الكيان الأسمى و ينشئ الخلق و يحفظه.

ان الديانة المصرية القديمة (Neterianism) هى فى الحقيقة وحدانية تستوعب التعدد,أو تعددية تدرك أن كل مظاهر التعدد هى تعبير عن الواحد.

يعبر الكيان الالهى الأسمى عن نفسه من خلال ال "نترو" (الكيانات الالهية).

و فى نهاية دورة الخلق, عندما ينتهى عمل ال "نترو", يعودون جميعا من حيث أنبثقوا.

يعودون الى الواحد لينصهروا و يذوبوا فيه و يتوحدوا معه مرة أخرى.

هناك قاسم مشترك بين كل مدارس العلوم الروحانية فى مصر القديمة : فهم يتفقون جميعا على ان هناك كيان الهى أسمى (نتر) واحد يعبر عن نفسه بتجليات لا حصر لها, و هى

تجليات تنعكس فى كل مظاهر الطبيعة.

تنبثق ال "نترو" (التجليات الالهية) من الكيان الأسمى كما تنبثق أشعة الضوء من الشمس.

و كما تعبر أشعة الشمس عن ما بها من طاقة النور, كذلك تعبر ال "نترو" عن قدرات الكيان الالهى الأسمى اللامحدودة على الخلق.

بدراسة ال "نترو" نستطيع أن نكتشف المصدر الذى انبثقوا منه جميعا, و الذى بمعرفته يكون الانسان قد اكتسب المعرفة الروحانية و حقق التنوير.

كان الفنان المصرى القديم يصور ال "نترو" اما فى هيئة حيوانات, أو فى هيئة تجمع بين نصف انسان و نصف حيوان, و ذلك حسب تعليمات تلقاها قدماء المصريين من ال "نترو" أنفسهم.

<u>ال "نترو" (الكيانات الالهية) و معابدهم فى مصر القديمة :-</u>

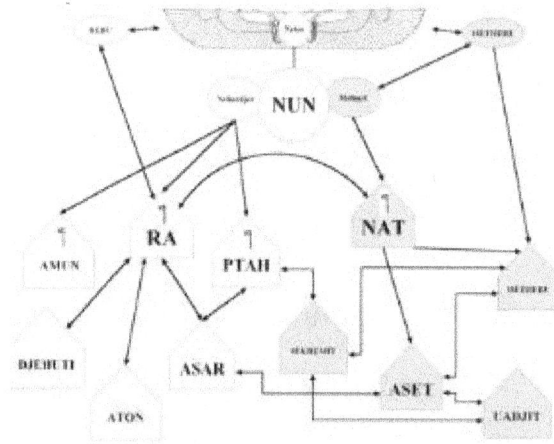

معابد مصر القديمة, على هيئة شبكة واحدة مترابطه

وضع حكماء مصر القديمة نظاما لحفظ المعرفة الروحانية و ضمان استمرارها و انتقالها من جيل الى آخر من خلال مؤسسة المعبد.

فكان لكل مدينة "نتر" (كيان الهى) خاص بها, و أحيانا مجموعة من ال "نترو", كالثالوث,

و التاسوع و الثامون و كان على كهنة كل مدينة أن يقوموا بدور فى رعاية سكان المدينة, و الحفاظ على التقاليد المصرية من خلال تعاليم خاصة بكل "نتر".

و بمرور الزمن تحول مفهوم "نتر" الى نظام لاهوتى, و أصبح هناك لاهوت لكل مدينة كبرى من مدن مصر القديمة, مثل لاهوت طيبة, و لاهوت منف, و لاهوت أون (هليوبوليس).

و من ثم بدأ ظهور مدارس مختلفة للمعرفة الروحانية, و هى مدارس كانت تدرك تماما الجوهر الواحد لكل التعاليم الروحانية و لكنها فى نفس الوقت سمحت بوجود بعض الاختلافات التى تناسب طبيعة كل مكان و اختلاف شخصيات البشر من مكان لآخر.

فى الشكل السابق تم وضع الرمز الهيروغليفى (𓊹) أمام اسم كل "نتر".

و صورة البيت تعبر عن المعبد الخاص بكل "نتر", بينما تعبر الخطوط و الأسهم التى تربط كل بيت بغيره من البيوت عن العلاقة التى تربط بين كل "نتر" و آخر, حسب ما جاء فى النصوص المصرية القديمة.

و هذا يعنى أننا لا يجب أن ننظر الى ال "نترو" (الكيانات الالهية) باعتبارها كيانات منفصلة عن بعضها البعض, وانما باعتبارهم أفراد أسرة واحدة يقومون جميعا بمهمة واحدة, و هى نشر التنوير بين الناس من خلال مؤسسة المعبد, حتى و ان اختلفت طرق كل معبد عن المعابد الأخرى, فهم جميعا يحملون نفس الصفة "نترو", و جميعهم انبثقوا من أصل واحد, هو الكيان الأسمى.

لذلك فان تعاليم كل معبد على حدة تساهم بشكل غير مباشر فى فهم تعاليم المعابد الأخرى, و مجمل تعاليم كل المعابد تقود الانسان لفهم المصدر (الكيان الالهى الأسمى), و هكذا تحدث اليقظة الروحية.

العلاقة المتشابكة بين ال "نترو" (الكيانات الالهية) :-

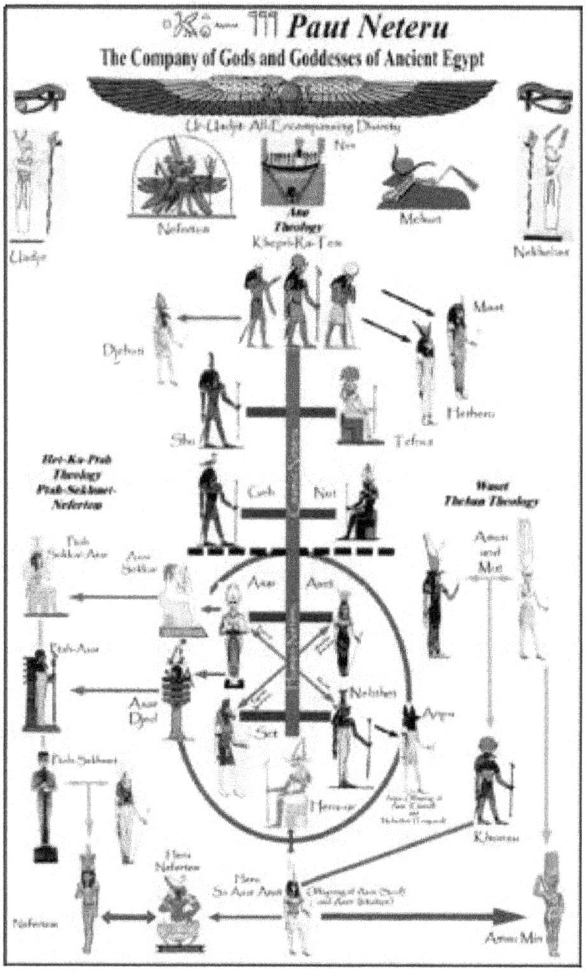

فى هذا الشكل يظهر الكيان الالهى الأسمى على هيئة قرص شمس مجنح يطوى تحت جناحه كل شئ.

يرمز قرص الشمس المجنح للروح التى تتخلل كل شئ, و التى أطلق عليها قدماء المصريين من قديم الأزل اسم "حيرو" أو "حور" (حورس).

أما الكون الذى يسكنه "حيرو" فهو "حت – حيرو" (حتحور), أى "بيت حورس".

هذا الكيان الأسمى هو نفسه "نون", المحيط الأزلى, الذى خرج منه الخلق.

من "نون" خرج البشر و أيضا ال "نترو". فالبشر و الكيانات الالهية من أصل واحد.

يوصف "حيرو" فى النصوص المصرية القديمة عادة بأنه مذكر, بينما الروح الأسمى الذى انبثق منه كل شئ ليس بمذكر و لا مؤنث, لأنه هو الأصل الذى خرجت منه كل الأقطاب. أما فى هذا الشكل (قرص الشمس المجنح) فهو فى هيئته الخنثى (لا مذكر و لا مؤنث) و التى يعبر فيها عن نفسه من خلال طاقة الشمس التى تمنح الحياة.

يوضح لنا الشكل السابق العلاقة بين ال "نترو" (الكيانات الالهية) فى مختلف مدارس العلوم الروحانية المصرية الرئيسية و هى :-

*** لاهوت أون / هليوبوليس (تاسوع هليوبوليس)

*** لاهوت طيبة (ثالوث طيبة)

*** لاهوت منف (ثالوث منف)

يدور كل لاهوت حول جمع من الكيانات الالهية يتعرف عليها الانسان من خلال أساطير تتفاعل فيها الكيانات الالهية مع بعضها البعض و مع البشر, و من أحداث الأسطورة يستشف الانسان التعاليم الباطنية التى تتعلق بخلق الكون و الانسان.

تشير الخطوط التى تربط بين ال "نترو" الى علاقة مباشرة تجمعهم حسب ما جاء فى النصوص المصرية القديمة, كما تشير أيضا الى أن بعض ال "نترو" فى مكان قد يكونوا هم نفس ال "نترو" فى مكان آخر, مع تغير الاسم فقط.

مرة أخرى, نؤكد على أن هناك نصوص مصرية قديمة وصفت العلاقة التى تربط ال "نترو" بأنها علاقة نسب و قرابة تشبه شجرة العائلة, و منها على سبيل المثال كتاب "الخروج الى النهار" (الفصل الرابع).

الاستماع الى التعاليم :-

*** استمع الى أن تمتلئ أذناك.... استمع باتنباه ***

ما الذى يمكن أن تمتلئ به الأذن ؟

يقول حكماء مصر القديمة أن على أتباع الاله (شمسو – نتر) أو المريدين أن يستمعوا الى الحكمة القديمة, و التى صاغها الأجداد فى صورة أساطير. تكشف هذه الأساطير عن صفات كل "نتر" (كيان الهى), و عن رمزيته, و علاقته بالانسان و بالكيان الالهى الأسمى.

هناك خمسة مدارس رئيسية للحكمة فى مصر القديمة يمكن للمريد ان يختار أى منها ليدرسها , أو أن يطلع عليهم جميعا, و هى :-

*** تاسوع هليوبوليس : تعاليم رع

*** ثالوث منف : تعاليم بتاح

*** ثالوث طيبة : تعاليم آمون

*** أسطورة الأم الكونية : تعاليم الربة الأم

*** أسطورة أوزير : تعاليم أوزير

*** مدرسة آتون : تعاليم آتون

<u>تاسوع هليوبوليس :-</u>

"شتاوت – أون" (تعاليم أون الباطنية)

<u>تاسوع هليوبوليس</u>

<u>نتر – نترو</u> / <u>نبر – تشر</u> / <u>الكيان الالهى الأسمى</u>

↓

<u>آتوم – رع</u>

↓

(حتحور / جحوتى / ماعت)

<u>شو و تفنوت</u>   <u>جب و نوت</u>

↓

<u>أوزوريس و ايزيس</u>   **<u>أوزوريس و نفتيس</u>**   **<u>ست و نفتيس</u>**

حورس   أنوبيس

تتناول تعاليم "أون" (هليوبوليس) الباطنية تاسوع هليوبوليس, و فيها يتخذ الكيان الالهى

الأسمى اسم و هيئة "رع".

تروى لنا أساطير معابد "أون" كيف خرج "رع" من مياه الأزل عند نشأة الكون, و كيف خلق ال "نترو" (الكيانات الالهية) من بذرته (سائله المنوى), بينما خلق البشر من دموع عينيه.

و الكيانات الالهية التى انبثقت من "رع" ليست كيانات منفصلة عنه و انما هم أبناؤه, و هم فى نفس الوقت القوى الكونية و عناصر الطبيعة التى عملت على نشأة الكون و تطوره.

موكب من ال "نترو" من اليمين الى اليسار : شو..... تفنوت.... نوت... جب...... ايزيس (است)..... أوزير...... ست..... نفتيس (نبت – حت).

ثالوث منف :-

"شتاوت من – نفر" (تعاليم منف الباطنية)

الجمع الالهى فى تعاليم منف

نتر – نترو / نبر – تشر / الكيان الالهى الأسمى

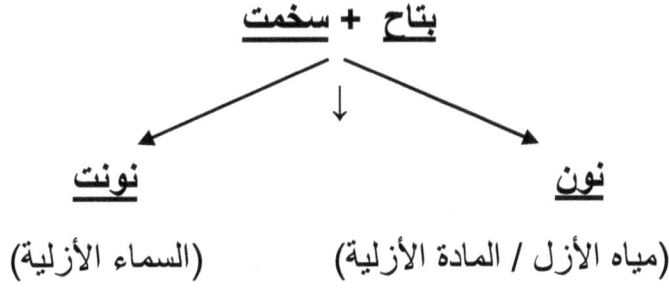

بتاح + سخمت

↓

نونت　　　　　　　　　　　　**نون**

(السماء الأزلية)　　　(مياه الأزل / المادة الأزلية)

حوحت　　　　　　　　　　　　**حح**

(المحدودية)　　　　　　　(اللامحدودية)

كوكت　　　　　　　　　　　　**كوك**

(النور)　　　　　　　　　　(الظلمة)

آمونت　　　　　　　　　　　　**آمون**

(التجلى)　　　　　　　　　(الاحتجاب)

تتناول تعاليم "منف" (من – نفر) الثالوث الشهير "بتاح و سخمت و نفرتوم", و فيها يتخذ الكيان الالهى الأسمى اسم و هيئة بتاح . تحكى أساطير منف كيف خرج بتاح من مياه الأزل و خلق كل شئ فى الكون بأن وعاه بقلبه و نطق اسمه, فجاء للوجود. لذلك تعرف نظرية منف لنشأة الكون بأنها نظرية الخلق بالقلب و اللسان.

فى نظرية منف يمكننا أن ننظر الى ال "نترو" باعتبارهم قلب و لسان بتاح الذى يخلق كل شئ . أما سخمت فهى زوجة بتاح التى تقوم بحماية ما خلقه, و كان لها معابد خاصة بها, و كذلك الابن نفرتوم.

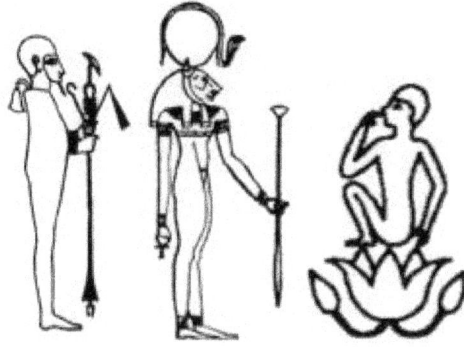

بتاح و سخمت و نفرتوم

ثالوث طيبة :-

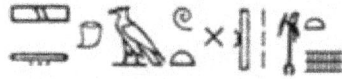

"شتاوت واست " (تعاليم طيبة الباطنية)

تتناول تعاليم "واست" ثالوث طيبة "آمون و موت و خونسو", و فيها يتخذ الكيان الالهى الأسمى اسم و هيئة آمون . تروى أساطير معابد "طيبة" جانبا آخر من جوانب الخلق يختلف عن الجوانب الأخرى التى تتناولها أساطير "أون" و "منف".

بدأت تعاليم طيبة الباطنية فى الظهور بشكل بارز و مؤثر فى الوعى المصرى منذ عصر الدولة الوسطى, و بلغت أوجها مع بداية عصر الدولة الحديثه.

ثالوث طيبة : آمون, و موت, و خونسو

أسطورة الأم الكونية :-

"شتاوت نترت" (التعاليم الباطنية للربة الأم)

ينطق الرمز الهيروغليفى الذى يشير الى الربة الأم "ايرت", و يرمز للجانب المؤنث من

الألوهية التى تحوى كلا من المذكر و المؤنث جنبا الى جنب.

كانت الأم الكونية بوجه عام أحد الركائز الأساسية فى الفكر الدينى المصرى, كما كانت هناك أيضا معابد مخصصة لربات بعينها مثل معابد ايزيس. و فى تلك المعابد كانت الأم الكونية تقدس باعتبارها هى الكيان الالهى الأسمى نفسه.

كانت الربة الأم مقدسة فى الديانة المصرية القديمة, و كذلك فى الأديان الأفريقية بوجه عام, وكانت تحظى بنفس الاحترام و التبجيل الذى تحظى به التجليات المذكرة للألوهية.

تصف النصوص المصرية الربة الأم أحيانا بأنها الربة التى ولدت الخلق من رحمها.

و أشهر أشكال الربة الأم فى مصر القديمة : ايزيس, و نيت, و سخمت, و موت, و حتحور

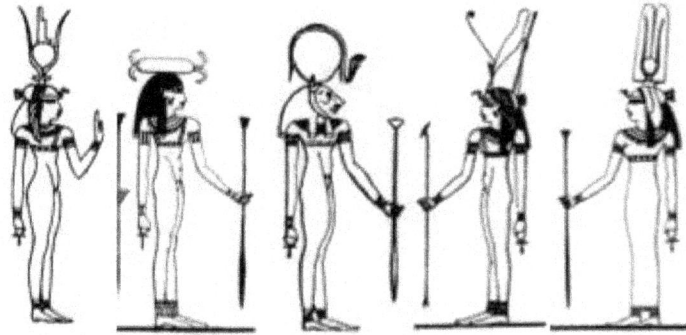

ايزيس, و نيت, و سخمت, و موت, و حتحور

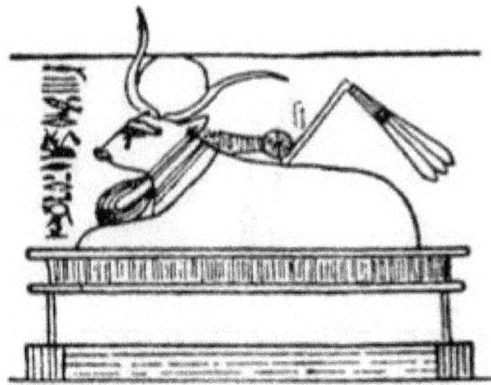

ميحيت – ويريت (الفيضان العظيم / الممتلئة)

<u>أسطورة أوزير :-</u>

"شتاوت أوزير" (التعاليم الباطنية لأوزير)

تتناول تعاليم "أوزير" الثالوث الشهير أوزير و ايزيس (است) و حورس (حيرو), و فيها يتخذ الكيان الالهى الأسمى اسم و هيئة أوزير.

تروى الأساطير كيف ذاق أوزير الموت و تجرع الألم, و لكنه بعث من جديد بفضل زوجته و أخته ايزيس, و بفضل ابنه حورس. و كما بعث أوزير من جديد و فاز بالخلود بعد أن ذاق الموت, يمكن لكل انسان أيضا أن يصل الى ما وصل اليه أوزير اذا تأمل الأسطورة بعمق و وعى ما فيها من رموز المعرفة الروحانية.

ظهرت تعاليم أوزير الباطنية منذ عصر ما قبل الأسرات و استمر تأثيرها على وعى الانسان المصرى طوال عصر الأسرات, و حتى العصر المسيحى.

ومن أهم المدن التى كانت مركزا لتعاليم أوزير الباطنية مدينة أبيدوس (بمحافظة سوهاج), ومدينة ادفو (جنوب الأقصر).

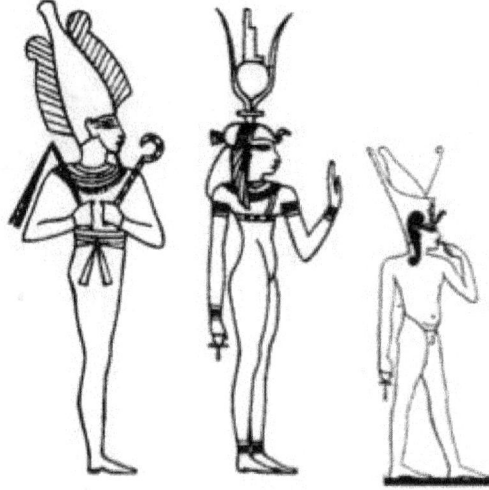

ثالوث البعث و الخلود : أوزير, و ايزيس (است), و حيرو (حورس)

المدرسة الآتونية :-

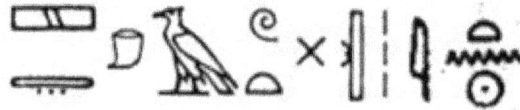

"شتاوت آتون" (تعاليم آتون الباطنية)

تتمركز تعاليم "آتون" حول قوة الهية واحدة, و فيها يتخذ الكيان الالهى الأسمى اسم و هيئة آتون, التى عبر عنها اخناتون بقرص الشمس.

تناول اخناتون فى أناشيده كيف قام آتون (وحده) بخلق الكون و كيف يحفظ استمراره و بقاءه.

حين يدرك الانسان أن "آتون" هو أصل الوجود, عندها يمكنه أن ينغمس فى الطقوس الروحانية و فى دراسة الأناشيد التى تصف قدرة آتون على الخلق و هى القدرة التى تساعد الانسان على التنوير.

ظهرت تعاليم "آتون" فى مدينة "آخت – آتون" فى الأسرة ال 18 من الدولة الحديثه على يد الملك أمنحتب الرابع الذى تلقب ب "أخناتون".

اخناتون و زوجته نفرتيتى وبناتهما, يقدسون قرص الشمس, رمز "آتون".

المبادئ العامة التى تجمع بين كل مدارس الفكر الدينى المصرى :-

(1) الهدف من حياة الانسان على الأرض هو معرفة الذات, و الوصول لليقظة الروحانية.

(2) تتطلب المعرفة الروحانية أن يسعى الانسان و يبذل الجهد فى سبيل ذلك.

(3) الحفاظ على النظام و العدل / الحق, هى مسئولية كل انسان.

(4) على الانسان ان يتجرد من الأنا بأن يقدم الخدمات للآخرين بدون مقابل, لا يقتصر ذلك على الأسرة و المجتمع فقط, و انما للانسانية كلها.

(5) الحفاظ على الطبيعة نقية / طاهرة هو مسئولية كل انسان.

(6) على الانسان القوى أن يحمى الضعفاء و المغلوبين.

(7) على الانسان تقديم يد العون للجوعى.

(8) على الانسان تقديم يد العون لمن لا يجدون المأوى.

(9) كل البشر متساوين, لا فرق بين انسان و آخر.

(10) كل الأجناس متساوية, لا فرق بين رجل و امرأة.

(11) العدل لكل البشر.

(12) مشاركة كل البشر فى موارد الأرض مسئولية كل انسان.

(13) حماية الأطفال و تربيتهم تربية سليمة مسئولية كل انسان.

(14) على الانسان ان يسعى دائما للوصول الى الاتزان و السلام و السكينة.

عوامل الهدم و التحلل (The forces of entropy)

فى الفكر الدينى المصرى لا يوجد شر مطلق كما يوجد فى الفكر الغربى. فما نراه شر هو فى الحقيقة قوى الهدم و التحلل التى تؤدى عملها فى الطبيعة, لتعيد تفكيك الأشياء الى عناصرها الأولية.

عبر المصرى القديم عن ذلك بصورة ثعبان "عبيب" (أبوفيس) الذى يهاجم قارب "رع" أثناء رحلته فى العالم السفلى (الدوات), و يعيد تكرار ذلك كل ليلة.

يرمز قارب "رع" للنظام الكونى كله, وهجوم "عبيب" على قارب "رع" يعنى أن النظام الكونى كله عرضه لعوامل الهدم و التحلل, التى وصفها علماء المصريات الغربيين بأنها "الفوضى الكونية".

(ست يقوم بحماية قارب "رع" من هجوم ثعبان الفوضى أبوفيس)

و كذلك لا نجد فى الفكر الدينى المصرى مفهوم الشيطان الذى يوجد فى اليهودية و المسيحية و الاسلام . فما يقوم به الانسان من أفعال خاطئة هو بسبب فقدان الاتزان والابتعاد عن الماعت.

تنبع أخطاء الانسان من صفات "ست" الكامنة فيه, التى تتسم بالعنف و القسوة, و التى يغذيها جهل الانسان بذاته. "ست" فى الفلسفة المصرية هو رمز "الأنا" (الذات الدنيا / المادية) و كل ما يصدر عنها من أفعال سلبية .

حين تسيطر الأنا على وعى الانسان يتوهم أن ذاته الحقيقية هى ذلك الجسد المادى الفانى و ما يرتبط به من غرائز و رغبات و مخاوف, و ينسى أن جوهره الحقيقى هو الروح التى تسكن ذلك الجسد, وأن هذه الروح ليست منفصلة عن غيرها من المخلوقات ولا عن الخالق.

عندما يتحكم الانسان فى ذاته الدنيا (الأنا) و يجعلها خاضعة لسيطرة الذات العليا, يصبح بمقدوره التغلب على قوى الفوضى و الهدم, أما حين يستسلم للجهل, فانه يسقط فى حالة من حالات الوجود الأدنى, و يسقط فى دوامة من المشاعر السلبية كالغضب و الغيرة و الشهوة و الحقد و الطمع و الحسد, الخ.

احياء الديانة المصرية القديمة – ديانة ال "نترو" (الألوهية المحتجبة)

"نهاست" : و تعنى اليقظة..... أن يستيقظ الانسان و يدرك أن هناك وجود آخر بخلاف الوجود المادى, هو الوجود "الروحى / الأسمى"

جاء فى كتاب الخروج الى النهار (برت – ام – هرو) :-

*** (أنا الاله الواحد, الأسمى, ذو الأسماء العديدة, الخفية) ***

ان الهدف من كل مدارس العلوم الروحانية فى مصر القديمة هو ان يعرف الانسان كينونته الحقيقية, و يكتشف أسرار الحياة, و يدرك معنى الخلود.

هذا هو الهدف الذى خلق الانسان من أجله, و الذى يجب أن يسعى لتحقيقه أثناء حياته الدنيا, و ذلك بأن يبحث فى طبيعة ال "نترو" (الكيانات الالهية) , و يحاكيهم , الى أن يصبح مثلهم, ويتحول الى "آخ" (كائن نورانى) يمشى على الأرض, تجرى على يديه المعجزات التى لا تقل عظمتها عن معجزة خلق الكون.

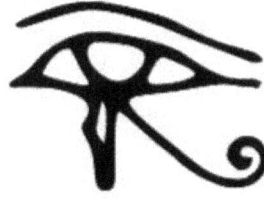

أودجات عين حورس, رمز اليقظة (نهاست) و الوصول للوعى الالهى

مقدمة لليوجا المصرى

تعتبر اليوجا المصرى (سما – تاوى) جزءا من النظام الدينى المصرى القديم و الذى تلخصه و ترمز له كلمة "شتاوت – نتر" أى الألوهية المحتجبة.

معظم طلبة اليوجا فى العالم على دراية بتقاليد اليوجا الهندية , و هم يعتقدون أن النصوص الهندية القديمة مثل الباجافاد جيتا و الماهابهاراتا و اليوجا سوترا باتانجالى هى الأصل الذى خرجت منه فلسفة و تعاليم اليوجا.

و لكننا فى الحقيقة اذا قمنا بدراسة تعاليم اليوجا الهندية و مقارنتها بالفكر الدينى فى مصر القديمة سنكتشف أن جذور فلسفة اليوجا تعود الى مصر القديمة و يمكننا بكل سهولة أن نلمس وجود هذه الفلسفة فى العديد من النصوص التى دونها قدماء المصريين على أوراق البردى و على جدران المعابد و على اللوحات و التماثيل و المسلات.

ما هى اليوجا ؟

اليوجا هى تدريبات عقلية و جسدية و روحانية تقود الانسان لاكتشاف ذاته الحقيقية عن طريق تطهير العقل و الجسد و الروح, و بذلك يعى الانسان الجوهر الروحى الكامن فيه و فى كل شئ فى الكون.

الهدف من ممارسة اليوجا هو وصل وعى الفرد بالوعى الكونى.لذلك فان الممارسات و الطقوس الدينية فى مصر القديمة بما فيها طقوس المعابد و التى عرفت باسم "شتاوت – نتر" (الطريق لمعرفة الكيان الأسمى / المحتجب), و أيضا باسم "سما – تاوى" هى فى الحقيقة فلسفة روحانية كونية أثرت فى الأديان و الفلسفات الأخرى فى أنحاء العالم, و ما زالت تؤثر فيها و تلهمها حتى اليوم.

ان الدين فى جوهره هو عبارة عن طريق من طرق اليوجا, لأنه يسعى لوصل روح الانسان بالأصل الذى انبثق منه.... بالكيان الالهى الأسمى.

و بمعنى أشمل, ان أى ممارسه أو طقس أو رياضة جسدية أو عقلية أو روحانية تساعد الانسان على الاقتراب من معرفة الذات الالهية هى احدى طرق اليوجا.

لليوجا مدارس و انواع عديدة, أهمها خمسة أنواع رئيسية :-

(1) يوجا الحكمة

(2) يوجا الحب الالهى

(3) يوجا التأمل, و تشمل اليوجا الجسدية التى يتخذ فيها الجسد اوضاعا مختلفة

(4) يوجا الفعل, أو يوجا الكارما (اخضاع الأنا من خلال خدمة الآخرين)

(5) يوجا التانترا, أو يوجا طاقة الحية / الكوندالينى (تقوية مراكز الطاقة "الشكرات")

يوضح الشكل التالى العلاقة بين طرق اليوجا و بين طريق الديانة الصوفية (المصرية) والذى ينقسم الى ثلاثة مراحل رئيسية :-

*** الاطلاع على الأساطير (المعرفة)

*** ممارسة التعاليم الباطنية التى جاءت فى الأساطير

*** الدخول فى تجربة باطنية / روحانية

Myth   Ritual   Mystical

Path of →
Religion

Devotion   Action   Meditation and Wisdom*

Spiritual Aspiration

Three Stages → ASPIRATION → STRIVING → ESTABLISHED

Path of Yoga Mysticism
→ Meditation
→ Devotion
→ Wisdom*
→ Action
→ Tantrism

Spiritual Enlightenment

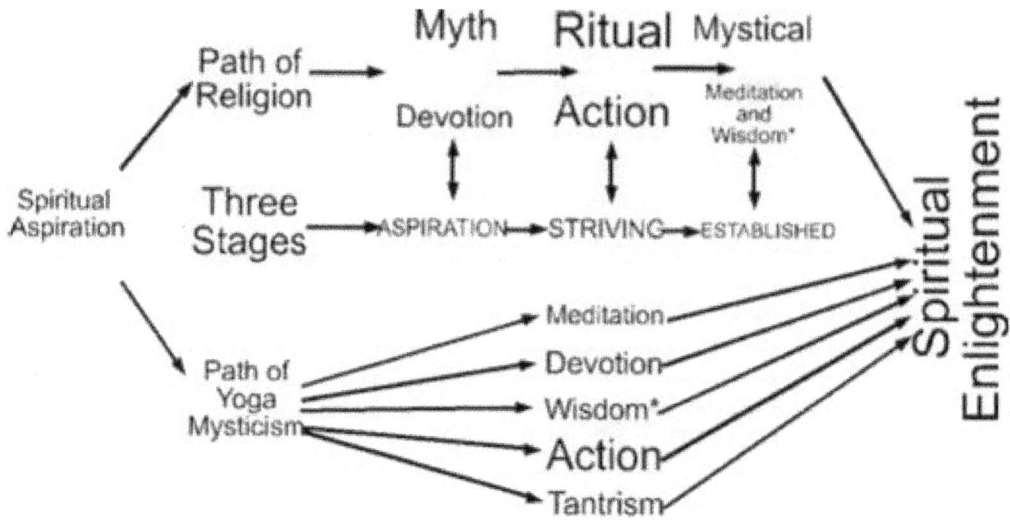

تنقسم طرق اليوجا الى خمسة أنواع رئيسية : يوجا الحكمة, يوجا الحب الالهى, يوجا التأمل, يوجا الفعل, يوجا التانترا. و هناك طرق و ممارسات أخرى تتفرع من الأنواع الخمسة الرئيسية و تندرج تحتها.

قد يمارس الانسان كل هذه الأنواع معا بطريقة متناغمة, و عندها يكون قد جمع بين كل أنواع اليوجا فى نظام واحد متكامل.

تركز المدرسة الأوزيرية المصرية فى اليوجا على يوجا الحكمة و يوجا الحب الالهى و يوجا الفعل علينا أن نتذكر دائما أن طرق اليوجا يكمل بعضها بعضا, لأن الهدف واحد.

على سبيل المثال, أثناء ممارسة طالب المعرفة الروحانية ليوجا الحكمة, قد يحتاج أيضا لممارسة يوجا الحب الالهى و يوجا التأمل فى نفس الوقت.

ان أي ممارسة أو طقس يصل الانسان بالوعى الأسمى يعتبر يوجا :

*** اذا كنت تقرأ التعاليم الروحانية و تدرسها فأنت تمارس يوجا الحكمة

*** اذا كنت تتامل هذه التعاليم و تتأمل فى الذات العليا فأنت تمارس يوجا التأمل

*** اذا كنت تمارس طقوسا تهدف لمعرفة ذاتك الحقيقية فأنت تمارس يوجا الطقوس و هى جزء من يوجا الحكمة و يوجا الحب الالهى

*** اذا كنت تمارس تدريبات لتقوية "الشكرات" (مراكز الطاقة الروحانية) فأنت تمارس يوجا التانترا, أو يوجا طاقة الحية / الحياة (الكوندالينى).

*** اذا كنت تراقب أفعالك لتضبطها على ميزان الفضيلة, فأنت تمارس يوجا الفعل, أو يوجا الماعت (كما عرفت فى مصر القديمة), أو يوجا الكارما (كما عرفت فى الهند).

*** اذا كنت توجه وعيك و مشاعرك نحو الألوهية الكامنة فى كل شئ, فأنت تمارس يوجا الحب الالهى.

يطلق على طالب اليوجا اسم "يوجين" (yogin), و على طالبة اليوجا اسم "يوجينى" (yogini), و بعد أن يصل الطالب أو الطالبة الى مرحلة متقدمة فى ممارسة اليوجا و هى التنوير, يطلق عليه اسم "يوجى" (yogi), سواء ذكر أو أنثى.

تستخدم كلمة تنوير (enlightenment) للتعبير عن أرقى مستوى من مستويات الوعى, و الذى يوصف باليقظة الروحانية.

أن يصل الانسان الى التنوير, يعنى أن يرى الوحدة التى تجمع بين كل صور التعدد فى الكون, و أن يدرك أن المتعدد خرج من الواحد ليعبر عنه و ليس لينفصل عنه, و ان الذات الالهية موجودة فى قلب كل انسان و فى كل شئ.

ما هى اليوجا المصرى ؟

مصطلح اليوجا المصرى و الفلسفة التى يعبر عنها

كانت اليوجا بكل انواعها تمارس فى مصر القديمة قبل أى مكان آخر فى العالم (بما فى ذلك الهند), و هو ما تؤكده العديد من النصوص و الأدلة الأركيولوجية التى سجلت حياة قدماء المصريين و طقوسهم و منها طقوس التطهر, و تعاليم الحكمة و مختلف التمارين الجسدية و النفسية والروحانية.

تشكل تعاليم اليوجا المحور الرئيسى الذى يدور حوله كتاب "الخروج الى النهار" (برت – ام– هرو).

و كما أشرنا من قبل, كلمة يوجا فى الأصل هى كلمة سنسكريتية و تعنى "الوصل", و بمعنى أدق وصل الانسان بالكون و بالاله.

فى طيات هذا الكتاب, قمت باستخدام هذه الكلمة السنسكريتية "يوجا" للاشارة الى مختلف ممارسات اليوجا فى مصر القديمة لأنها الكلمة الأكثر انتشارا و خصوصا فى الدول الغربية.

أما الكلمة المصرية القديمة التى تقابل مصطلح اليوجا الهندى فهى كلمة "سما- تاوى", و تعنى "توحيد الأرضين" و تستخدم عادة من قبل علماء المصريات للاشارة الى دلالات سياسية, و لكن للكلمة معنى آخر باطنى و هو وصل الذات الدنيا بالذات العليا.

قبل عصر الأسرات, كانت مصر مقسمة الى مملكتين, مملكة فى الجنوب (الصعيد) تعرف ب "مصر العليا" و مملكة فى الشمال (الدلتا) تعرف ب "مصر السفلى".

و فى الميثولوجيا المصرية كان "ست" هو ملك الصعيد, و "حيرو" (حورس) هو ملك الدلتا وتوحيد المملكتين فى كيان واحد لا يقتصر فقط على الحدث السياسى الذى اندمجت فيه المملكتان فى كيان واحد, و انما يشير أيضا الى اندماج حورس و ست معا فى كيان واحد و هو ما يعنى وصل الذات الدنيا بالذات العليا.

ترتبط الذات الدنيا بالأنا و الشخصانية و بالأفكار و المشاعر السلبية كالجهل و الأنانية, أما الذات العليا فترتبط بالطبيعة الالهية الكامنة فى الانسان و التى تربطه بالكون كله.

هناك مصطلح آخر لليوجا فى مصر القديمة يسمى "سما – حيرو – ست", أى اتحاد حورس و ست معا فى كيان واحد, و هو ما يعنى أيضا وصل الذات الدنيا بالذات العليا.

كلمة "سما – تاوى" (وصل الذات الدنيا بالذات العليا), كما وردت فى الفصل الرابع من كتاب "الخروج الى النهار" (برت – ام – هرو).

<u>رموز اليوجا فى الحضارة المصرية :-</u>

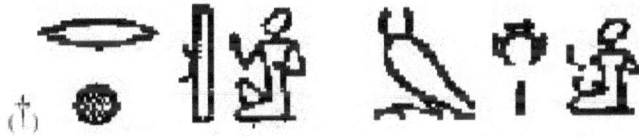

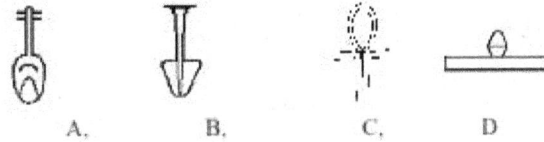

A. B. C. D

تشير الأسطر السابقة الى الآتى (بالترتيب) :-

*** السطر الأول تعنى كلماته (اعرف نفسك...... معرفة الذات هى المعرفة الحقيقية)

*** السطر الثانى عبارة عن رموز مختصرة لمصطلح "سما – تاوى"

*** السطر الثالث به 4 رموز تلخص المبادئ الأساسية التى تقوم عليه اليوجا المصرى

و الرموز بالترتيب هى :-

- (A) نفر : و تعنى جميل أو طيب أو خالد
- (B) سما : و تعنى صلة أو وصل
- (C) عنخ : و تعنى الحياة الأبدية / الخالدة
- (D) حتب : و تعنى الرضا التام أو الرضوان

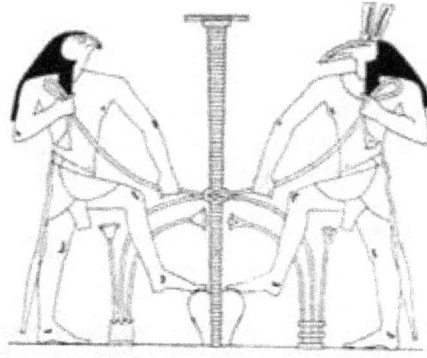

يصور هذا المشهد كلا من حورس و ست و هما يقومان بطقس ال "سما – تاوى", و فيه يقوم الاثنان بربط عقدة حول قصبة هوائية تتصل بقلب, فى اشارة الى دور عملية التنفس فى ممارسات اليوجا.

يلعب حورس و ست دورا أساسيا فى "الخروج الى النهار" (أى فى التطور الروحى للانسان) . فحورس هو الشخصية المحورية فى أسطورة أوزير, حيث يعتبر حورس اعادة تجسد لأبيه أوزير كما يعتبر صراع حورس ضد ست رمزا للصراع الذى يدور داخل كل انسان بين الذات العليا والذات الدنيا.

قام قدماء المصريين بتدوين كل ما لديهم من معرفة روحانية فى كتاباتهم التى تعرف بالهيروغليفية (أى اللغة الالهية / المقدسة) و التى تركوها مسجلة فوق جدران المعابد و االمقابر و على أوراق البردى و فوق التوابيت.

بتلك اللغة المقدسة و التى عرفت فى مصر فى القديمة باسم "مدو – نتر" (أى الكلمات الالهية) سجل قدماء المصريين التعاليم الباطنية التى تتعلق بأصل الانسان و طريق الوصول الى اليقظة الروحانية و الخلاص (البعث).

تعبر الأمثال المصرية الآتية عن الملامح الرئيسية لفلسفة اليوجا المصرى (سما – تاوى), و هى أمثال و حكم منقولة من نصوص مصرية قديمة :-

***** معرفة الذات هى المعرفة الحقيقية .**

***** الجسد للأرض, و الروح للسماء .**

***** بمقدور الانسان أن يتحول الى كائن الهى, اذا عاش حياة الفضيلة, و قدم العلم قوتا لروحه, و هذب جسده بالانضباط .**

***** يبعث الانسان كائنا خالدا بالجهد الذى يبذله فى حياته الدنيا, و هو لا يحتاج فى ذلك الى وسيط .**

***** البعث (الخلاص) هو تحرير الروح من أغلال الجسد المادى**

يمكن للانسان أن يتحول الى كائن الهى اذا اكتسب الحكمة, و عندها سيصبح بمقدوره أن يتحكم فى قوى الطبيعة بدلا من يكون عبدا لها. و يمكنه أن يخضع الذات الدنيا بأن يوقظ بداخله الذات العليا, و بذلك يتوقف عن التيه فى دائرة الميلاد و الحياة و الموت و الميلاد من جديد, و يحيا بين ال "نترو" (الكيانات الالهية) التى تشرف على تنفيذ المشيئة الالهية.

يقدم كتاب اليوجا المصرى رؤية جديدة للصوفية المصرية "شتاوت – نتر" و ما يندرج تحتها من أفكار و طقوس و ممارسات.

و ما نطلق عليه فى هذا الكتاب اسم اليوجا المصرى هو ما صنفه علماء المصريات على أنه ديانة أو ميثولوجيا (أساطير). ان نظرتنا للأساطير باعتبارها مجرد مجموعة من القصص و الروايات التى تتمحور حول حضارة انتهى زمنها هى فى الحقيقة نظرة محدودة الأفق تجعلنا نفقد المغزى الحقيقى لهذه القصص التى تنطوى على أهم أسرار الوجود.

ما هى اليوجا ؟

كلمة يوجا فى الأصل هى كلمة سنسكريتية و تعنى حرفيا "اعادة وصل شئ بآخر", أما المعنى الاصطلاحى لها فهو اعادة وصل وعى الفرد بالمصدر الذى انبثق منه و هو الوعى الكونى.

و اليوجا بمعناها الأوسع و الأشمل هى كل ممارسة أو طقس أو شعيرة أو طريقة تساعد الانسان على التحرر من الألم و التخلص من جهل الروح.

حين تمارس أى نشاط يهدف لاكتشاف ذاتك الحقيقية (سواء قراءة نصوص الحكمة و تأملها,أوالصيام, أو تنظيم التنفس, أو الانشاد و التراتيل, الخ) فأنت تمارس اليوجا.

كانت اليوجا بكل انواعها تمارس فى مصر القديمة قبل أى مكان آخر فى العالم.

و ذلك يفسر لنا سر التشابه الكبير بين النصوص الهندية القديمة كالفيدانتا و بين تعاليم الصوفية المصرية "شتاوت – نتر".

تقدم لنا هذه النظرة المتأملة العميقة لأقدم و أرقى فلسفة روحانية نشأت فى أفريقيا قبل سبعة آلاف عام رؤية جديدة لحياة الانسان و تطوره الروحى.

اليوجا المصرى ليست مجرد فلسفة و انما هى نظام متكامل لتحفيز التطور الروحى للانسان و مساعدته على اكتشاف الحقيقة و معرفتها معرفة مباشرة, و الوصول الى الرضا و السكينة وهى أشياء لا يستجلبها الانسان من خارجه, و انما هى موجودة فى قلبه و لكن عاجز عن الاحساس بها بسبب الأنا (الذات الدنيا) التى تعصف به و تمزق كيانه.

فالانسان أشبه بشخص غنى يمتلك ثروة كبيرة و لكنه يهيم على وجهه يشكو للناس حظه العاثر وفقره و احتياجه, برغم امتلاكه الكنوز.

كل انسان لديه القدرة على اكتشاف الكنوز الكامنة بداخله, اذا قام بدأ بتأمل ذاته و التعرف عليها و ممارسة تعاليم اليوجا تحت اشراف معلم.

تعاليم اليوجا :-

عندما نتأمل العالم حولنا يدهشنا الانقسام الذى يتجلى فى كل شئ و ينعكس بالتالى على تجربة الانسان فى هذا العالم.

يحاول العلماء منذ قرنين من الزمان حل هذا اللغز و كشف السر الكامن وراء مظاهر الطبيعة المتعددة, و لكن البحث بدلا من أن يأتينا باجابات أثار فى أذهان العلماء مزيدا من التساؤلات حول طبيعة الوجود.

و اليوجا هى النظام أو الطريق الذى يساعد الانسان فى الوصول الى اجابات لأهم و أصعب الأسئلة التى تحيره, مثل : من أنا ؟, و لماذا جئت الى هذا العالم ؟ و الى أين أذهب بعد انتهاء تجربتى هنا على الأرض ؟

و كما أشرنا من قبل, كلمة يوجا تعنى اعادة الصلة أو اعادة الوصل, و المقصود بها اعادة وصل وعى الانسان بالمصدر الذى انبثق منه و هو مصدر أسمى من أن يصل اليه عقل و ذكاء الانسان و لكنه فى نفس الوقت هو الجوهر الساكن فى كل شئ, هذا المصدر هو الوعى الكونى.

البعض ينظر الى اليوجا باعتبارها نظام منفصل عن الدين, و لكن فى الحقيقة هناك علاقة قوية بين اليوجا و الدين و هناك أوجه تشابه عديدة بينهما, كما ان هناك أيضا أوجه اختلاف جوهرية.

فاليوجا هى نظام غير طائفى (لا يقسم البشر), و هى علم يهدف لمساعدة الانسان فى تطوره الروحى و فى الوصول لحالة من الاتزان و التناغم بين الجسد و العقل و النفس و الروح و ذلك من خلال تدريبات روحانية و جسدية و نفسية.

ان التعاليم الروحانية التى كانت تمارس لآلاف السنين فى معابد مصر القديمة, هى نفس التعاليم الروحانية التى دونها حكماء الهند بعد ذلك فى نصوصهم المقدسة كالفيدا.

و قد ناقشنا ذلك من قبل فى الجزء الأول من كتاب اليوجا المصرى (فلسفة التنوير) و أشرنا

الى الأصول المصرية لفلسفة اليوجا التى ازدهرت فى الهند.

والسؤال الذى يطرح نفسه الآن : كيف نصل الى ذلك الهدف الذى يبدو مستحيلا ؟ كيف يرتقى الانسان بوعيه و يكتشف أسرار الوجود ؟

كيف يصل الى اجابة على سؤال (من انا ؟)

تلك هى مهمة فلسفة اليوجا و الهدف من مختلف ممارساتها و تدريباتها.

ان اليوجا لا تسعى لفرض معتقدات دينية على اى شخص, و انما هى فقط تقدم له يد المساعده ليكتشف ذاته و يعرف بنفسه.

و مصر القديمة هى مهد الحضارة و الدين و أيضا اليوجا, لذلك نجد فى التراث المصرى القديم كل التعاليم الروحانية الخاصة بفلسفة اليوجا.

تهدف اليوجا الى تكامل الجسد و العقل و الروح و دمجهم معا فى كيان واحد متزن, و ذلك من خلال تمرينات تساعد على تدفق الطاقة الروحانية بشكل سليم و منتظم و تساعد على التخلص من التعقيدات العقلية و النفسية الناشئة من الجهل.

هناك طريقان أمام الانسان عليه أن يختار بينهما : اما طريق الحكمة او طريق الجهل.

تختار الأغلبية طريق الجهل الذى يؤدى بهم الى مواقف و أفكار و أفعال سلبية هى سبب المرض و الألم و المعاناة التى يتجرعها الانسان فى حياته.

أما الحكمة فهى الطريق الآخر الذى يغفل عنه الكثيرون, و هى الطريق الذى يؤدى بالانسان الى الاتزان و الصحة و السعادة و التنوير (enlightenment).

تنقسم تعاليم اليوجا المصرى الى ثلاثة أقسام : الاستماع – الطقوس – التأمل

أولا : الاستماع :-

و يشمل دراسة التعاليم الباطنية التى ضمنها حكماء مصر القديمة فى الأساطير و اهمها :-

أسطورة اوزير – تاسوع هليوبوليس – ثالوث منف – ثالوث طيبة – تعاليم الأم الكونية – المدرسة الآتونية

ثانيا : الطقوس :-

و تشمل دراسة طبيعة ال "نترو" (الكيانات الالهية), و فهم علاقتها بالانسان و تطبيق ذلك على ما يقوم به الانسان من أفعال.

كما تشمل أيضا تطهير القلب و المشاعر بتوجيهها نحو الألوهية الكامنة فى كل شئ, و التأمل الحركى و تقديم القرابين, و خدمة الآخرين.

ثالثا : التأمل :-

و يشمل خمسة أنواع للتامل :-

- تأمل سخمت : بالتمرينات التى تتعامل مع مراكز الطاقة الحيوية فى الجسم.
- التأمل من خلال الفعل : بأن يضبط الانسان أفعاله لتكون نابعة من الضمير (الماعت)
- تأمل الكينونة : بأن يتأمل الانسان كينونته.
- تأمل النور
- تأمل تعاليم الحكمة

ملخص تعاليم الحكمة فى مصر القديمة :-

<u>أولا</u> : الاله واحد, و هو يتجلى فى كل شئ من خلال ال "نترو" (الكيانات الالهية).

<u>ثانيا</u> : الأفعال المخالفة للماعت (الضمير) تؤدى الى جهل الروح و تتحول الى أغلال تقيدها.

<u>ثالثا</u> : الحب الالهى هو الذى يحرر الروح من الأغلال.

<u>رابعا</u> : طريق اليوجا هو أفضل أشكال التقرب الى الاله.

تحدث اليقظة الروحانية عندما يدرك الانسان الحقائق السابقة بقلبه (و ليس بعقله), و عندها

سيكتشف ذاته الحقيقية, و يدرك أنه موصول بالروح الأسمى (الاله) و ليس منفصلا عنه.

الفصل الأول

من هو آمون ؟

معبد آمون بطيبة

مقدمة :-

أثارت حكمة مصر القديمة اعجاب العالم كله, و يعود هذا الاعجاب بالحضارة المصرية الى الصروح المعمارية الهائلة و الى غزارة النصوص المدونة التى تركها المصريون القدماء و التى تتناول كل جوانب هذه الحضارة التى استطاعت تحقيق انجازات هندسية و معمارية غير مسبوقة و فى نفس الوقت لم تفقد اتصالها بالجذور الروحانية التى قامت عليها كل علومها.

قامت الحضارة المصرية على المعرفة الروحانية التى تشكل العامود الفقرى للمجتمع .

فالقوة التى اكتسبها المصرى القديم من المعرفة الروحانية كانت هى البذرة التى خلقت أرقى المجتمعات فى تاريخ الانسانية و أكثرها تطورا من الناحية الروحانية.

فى القسم الأول من الكتاب سنعرض مقدمة عن أناشيد آمون, و فيها نقدم المفاهيم الأساسية التى تتعلق بلاهوت طيبة, و بالفلسفة الروحانية التى كانت تمارس فى مدارس طيبة.

و قبل البدء بتأمل اناشيد آمون, علينا أولا ان نفهم المبادئ الأساسية التى قامت عليها الديانة و الأساطير المصرية القديمة, و سنتتبع ذلك باستعراض روح العصر الذى عاش فيه قدماء المصريين.

اكتسبت مدينة طيبة هذا الاسم (Thebes) من الاغريق, كما اكتسبت اسما آخر هو "ديوسبوليس"(Diospolis) و معناه "مدينة السماء". أما الاسم المصرى القديم للمدينة فهو "واست".

جاء ذكر مدينة طيبة فى العهد القديم باسم "نو – آمون" (No – Amon), أى مدينة آمون, كما ذكر العهد القديم مدنا مصرية أخرى مثل مدينة "أون" (هليوبوليس / مدينة رع), و "حت – كا – بتاح" (منف / مدينة بتاح).

ارتبطت مدينة طيبة فى الفكر الدينى المصرى بالغرب الجميل, و هو مكان أسطورى يسكنه

الكيان الالهى فى هيئة "آمون – رع", و بتاح, و أوزير.

كان الوصول الى الغرب الجميل فى نظر المصرى القديم هو الهدف الأسمى لكل انسان, لأنه المكان الذى يتحد فيه الانسان بالاله, و الذى يجد فيه النشوة الروحية و السكينة و الرضا الذى يدوم الى الأبد.

رأى المصرى القديم تشابها بين رحلة الانسان الروحية و بين رحلة رع بين أبعاد الكون, فكما تولد الشمس فى الأفق الشرقى كل صباح و ترتفع الى كبد السماء, ثم تغرب بحلول المساء لتذهب الى العالم الآخر, كذلك الانسان يأتى من العالم الآخر و يولد فى جسد مادى, و ينضج الى أن يصل الى الشباب, ثم يشيخ و يموت و يعود مرة أخرى الى العالم الآخر. و كل انسان يموت و ينتقل الى العالم الآخر يأمل فى أن يصل الى المكان الذى يسكنه الروح الأسمى فى الغرب الجميل فى هيئة "رع" . فأين يوجد هذا المكان الجميل ؟

فى الحقيقة ان الغرب الجميل هو مكان أسطورى أى رمز لمعنى ماورائى. الغرب الجميل ليس بقعة مادية ملموسة يمكننا أن نشير اليها باصبعنا و نقول ذاك هو الغرب الجميل, و انما هو رمز لحالة من حالات الوعى يمكن لكل انسان أن يصل اليها أثناء حياته, و عندما يتعرف عليها فى حياته سيصبح بمقدوره الوصول اليها أيضا بعد الموت.

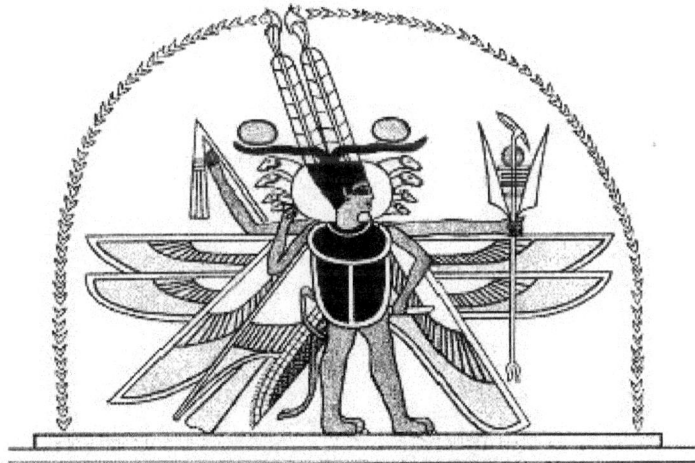

مشهد من العصر المتأخر يصور "نبر – تشر", الكيان الالهى الأسمى الذى يحتوى كل شئ) .

يحمل "نبر – تشر" (الكيان الالهى الأسمى الذى يحتوى كل شئ) صفات كل ال "نترو" (التجليات الالهية), خبرى, و آمون, و ايزيس و نفتيس , حيث الجناحان يعبران عن ايزيس و نفتيس .

<u>جاء فى أحد النصوص المصرية القديمة (بردية لاين) :-</u>
*** "نبر – تشر" هو كل شئ... هو آمون, و رع, و بتاح.... و الثلاثة هم الواحد ("نبر – تشر") ***

كانت قصة الخلق هى محور كل الأساطير المصرية القديمة, و هى قصة رويت بطرق مختلفة فى كل مدينة او مركز دينى فى مصر القديمة, و لكن الروايات المختلفة اتفقت كلها على خروج الكون من محيط أزلى يطلق عليه "نون".

توصف "نون" فى النصوص المصرية بالظلمة و العمق, و بأنها تخلو من وجود أى شكل أو سطح و أيضا بأنها "خنثى" أى ليست بمذكر و لا مؤنث, لأنها هى المنبع الذى تخرج منه الأقطاب.

من هذا الرحم المظلم خرج الروح الأسمى (الاله) الذى يطلق عليه فى مصر القديمة "نبر – تشر" (أى الاله الواحد الذى يحتوى كل شئ), و أحيانا "با – نتر".

و نبر – تشر" ليس بمذكر و لا مؤنث, و ليس له شكل. و لذلك فبامكانه أن يتخذ أى شكل أو هيئة أو اسم ليعبر عن نفسه.

يطلق على الاله أيضا لقب "با – نتر" (أى رب الأرباب) لتمييزه عن باقى ال "نترو" (الكيانات الالهية) التى تنقسم الى مذكر و مؤنث, و هم رمز للقوى الكونية التى من خلالها

يتجلى الاله و يعبر عن ما لديه من قدرات, و هم ليسوا منفصلين عنه و انما هم تجلياته.

و برغم أن قدماء المصريين أشاروا الى آمون و أوزير فى الغالب بصفات المذكر, الا أنهم أطلقوا عليهما أيضا فى بعض الأحيان لقب "نبر – تشر", كما أطلقوا نفس اللقب أيضا على الأم الكونية "محيت – ويريت" و التى كانت تظهر فى الفن المصرى على شكل بقرة, لأنها كانت فى نظرهم منبع الوجود و مرادف ل "نون" (المحيط الأزلى).

و لكى يخرج الاله الخلق للوجود تحول الى ثالوث "آمون – رع – بتاح".

من الواحد / الموجود بذاته / المحتجب / الذى ليس له شكل / الساكن فى "نون" (مياه الأزل), خرج الكون الذى يحوى أشكال و صور و أسماء لا حصر لها.

فى هذه الدراسة للفلسفة الروحانية المصرية (اليوجا المصرى) سنستخدم مصطلح الكيان الأسمى أو الروح الأسمى, أو "نبر – تشر", أو "با – نتر", أو الذات, أو الذات العليا للاشارة الى الاله الخالق.

من الخطأ الاعتقاد بأن القصص الميثولوجية المصرية القديمة هى مجرد قصص خرافية فالباحث الذى يحمل فى ذهنه هذا الاعتقاد كحكم مسبق, سيفقد الرؤية الباطنية للتعاليم الروحانية التى سجلها المصرى القديم فى تلك القصص.

تعالج الميثولوجيا المصرية قضايا روحانية رئيسية, كالسبب فى وجود الانسان هذا العالم المادى و الهدف من تجربة حياته على الأرض, و ما هى طبيعة الاله.

تعتبر الديانة المصرية من أقدم الديانات فى العالم, و قد استمرت لآلاف السنين وفى قلب التعاليم الدينية المصرية, هناك أربعة رموز تحتل أهمية كبرى و هم (با – نتر... آمون... رع..... بتاح).

نشأت هذه الرموز الدينية فى مدينة أون (هليوبوليس) العريقة, و كان "رع" هو رمز الاله (الكيان الأسمى / الذات).

لنقرأ معا أحد النصوص المصرية القديمة التى تحكى كيفية انبثاق الخلق من الواحد "نبر –

تشر" (Neber-tcher), حيث يقول الخالق :-

*** (أنا الذى خلقت كل ما هو موجود..... بأن تجليت فى الأزل على هيئة "خبرى – رع".....

تجليت فى مياه الأزل..... عانقت ظلى و استخدمت يدى, ثم سكبت بذور الخلق من فمى.....

فأخرجت للوجود أول زوج من "النترو", و هم "تفنوت" و "شو"..... تجليت فى الأزل على

هيئة "خبرى – رع", خلقت جسدى من المادة الأزلية, داخل مياه الأزل.... و كان اسمى هو

أوزير) ***

و يقول الاله الخالق أيضا :-

*** (كنت وحدى فى مياه الأزل.... لم تكن النترو قد أتت بعد للوجود.... و لم يكن "شو"

و "تفنوت" قد انبثقا منى بعد...... أخرجت من فمى كلمة الخلق السحرية الأزلية.... ثم

تجليت على هيئة "خبرى – رع") ***

تبين لنا هذه النصوص أن اسم الاله (الكيان الأسمى / الذات) كان يتغير من وقت لآخر,

و من مرحلة خلق الى أخرى, و لكن هذه الأسماء العديدة مع اختلافها تعبر جميعا عن معنى

واحد.

"نبر – تشر" هو الواحد الذى يحتوى الكل, و هو الأصل الذى خرج منه الثالوث (آمون –

رع - بتاح).

و فى النص أيضا يقول أوزير أنه خلق نفسه (جسده), و بذلك خلق الكون بأن نطق اسمه.

و هنا تبرز فكرة نطق كلمة الخلق الأزلية التى تخرج من مناطق عميقة فى الكون, بل من

أعمق مكان فيه و هو "نون", الى عالم الزمان و المكان.

("نبر – تشر"...... الألوهية المطلقة, التى تحتوى كل شئ)

(آمون ...... الجوهر / المحتجب / الوعى الشاهد)

(رع...... العقل / الحواس / الطاقة الحيوية)

(بتاح...... السماء و الأرض / الكون المادى المحسوس)

("سخمت – باستت – رع"...... الأم الكونية)

تظهر "سخمت – باستت – رع" فى هيئة تجمع بين كل من أنثى النسر (موت), و اللبؤة (سخمت), و جسد امرأة بأجنحة (رمز ايزيس و نفتيس), بعضو ذكرى منتصب.

يعتبر هذا الشكل من أهم صور الأم الكونية و أقلها انتشارا, و هى صورة تجمع بين صفات الأم الكونية و الأب الكونى.

يعبر هذا الشكل عن فكرة تكامل الأضداد داخل منظومة الخلق, فالذكر و الأنثى كوجهى عملة واحدة, يكمل أحدهما عمل الآخر.

و الخلق ليس بذكر و لا أنثى, و انما هو "خنثى" أى يجمع بين الصفتين معا, و كذلك الروح الأسمى و أيضا روح الانسان هى أيضا "خنثى" (ليست ذكرا و لا أنثى).

جاء فى أحد تعاليم ايزيس لابنها حورس :-

****** الجنس (سواء ذكر أو أنثى) للأجساد.... أما الأرواح فليس لها جنس ******

<u>قصة الخلق :-</u>

تروى أساطير نشأة الكون المصرية أن الاله أخرج الخلق من ذاته عن طريق الانبثاق, كما تنبثق أشعة النور من الشمس, و أن هذا الانبثاق جاء على هيئة أجيال, كل جيل يتبع الآخر فى سلسلة أشبه بشجرة العائلة, و هى كالآتى :-

<u>آتوم – رع</u>

↓

<u>حتحور + جحوتى + ماعت</u>

↓

<u>**شو** (رب الهواء) + **تفنوت** (ربة الرطوبة / النار)</u>

↓

<u>**جب** (رب الأرض) + **نوت** (ربة السماء)</u>

↓

<u>أوزوريس + ايزيس</u> | <u>أوزوريس + نفتيس</u> | <u>ست + نفتيس</u>

حورس | أنوبيس

تقول أساطير نشأة الكون المصرية أن الخلق بدأ بخروج "آتوم – رع" من مياه الأزل, ثم تبع ذلك انبثاق ال "نترو" (الكيانات الالهية) من ذاته, و أن ما يحفظ النظام الكونى هو حركة "رع" الدائمة فى قاربه بين أبعاد الكون.

و لكن حركة قارب "رع" لا تسير بسهولة و انما تواجه صعوبات و تحديات, حيث يتعرض قارب"رع" أثناء ارتحاله فى العالم السفلى (الدوات) لهجوم ثعبان الفوضى و الظلام "عبيب" (أبو فيس) يرمز "عبيب" للصعوبات و التحديات التى تواجه الروح فى رحلتها بين أبعاد الكون, و على الروح أن تواجه هذه الصعوبات و تخضعها, و هو ما يعرف باخضاع الذات الدنيا للذات العليا, أو اخضاع "ست".

من اليسار الى اليمين : آمون و آمونيت (أو موت) ..... رع و رعت...... بتاح و سخمت

يتناول هذا الكتاب تعاليم طيبة الباطنية التى تعرف باسم لاهوت طيبة, و هى التعاليم التى ضمنها حكماء مصر القديمة فى مجموعة أناشيد تعرف باسم أناشيد آمون أو أناشيد "حسو" (Hymns of Hessu), و كانت هذه الأناشيد ترتل كجزء من ممارسات اليوجا المصرى. بتأمل المعانى الباطنية لهذه الأناشيد و الابتهالات يمكن لطالب اليوجا أن يصل الى الحكمة و الى اتزان العقل و سكينة الروح.

الوجه المحتجب (الباطن) لآمون :-

تقف تعاليم آمون كحجر زاوية ليس فى الفكر الدينى المصرى فقط و لكن فى كل أديان العالم وأيضا فى العلم الحديث, فآمون ليس مجرد شخصية أسطورية و انما هو مفهوم كونى.

عبر حكماء مصر القديمة عن هذا المفهوم الكونى (آمون) من خلال الأساطير و من خلال مختلف النصوص و الأناشيد و الابتهالات التى كلما تعمق الطالب فى دراستها كلما اكتشف المزيد من أسرار الحياة.

و النظرة الأولى العامة لتعاليم آمون لا تكشف كل شئ, و لكن بمرور الوقت يصل الدارس الى مستوى القراءة الحدسية للتعاليم, بمعنى أن يدركها بالحدس (الوعى الأسمى) و ليس فقط بالعقل, وعند ذلك يمكنه أن يكتشف جوهرها بنفسه.

ظهر اسم آمون فى الفلسفة المصرية منذ فجر الحضارة المصرية, و ارتبط فى البدء بمدينة هرموبوليس (الأشمونيين), ثم بلغ شأنا عظيما حين انتقل من هرموبوليس الى "واست" (طيبة / الأقصر).

تتناول تعاليم آمون الجانب "الخفى / المحتجب" للوجود و تقدم لنا فهما عميقا لطبيعة الوعى

الانسانى و الذى يعتبر امتدادا للوعى الكونى.

تصف تعاليم آمون الاله الخالق بأنه محتجب, لا تدركه الأبصار, ليس له شكل و لا اسم, و أنه الكيان النورانى الذى تنبع منه تجليات لا حصر لها.

يطلق على هذا الكيان النورانى الأسمى الذى لا شكل له أحيانا اسم "نو" أو "نون", أى مياه الأزل وأيضا اسم "آمون", أى الذات الشاهدة أو الوعى الشاهد. كما أطلق عليه أيضا اسم بتاح (أى المتجلى) فى نقوش حجر شباكا التى سجلت نظرية منف لنشأة الكون.

أطلق قدماء المصريين على الاله الواحد / المطلق / اللامحدود / المحتجب وراء كل المظاهر المادية اسم "آمون" أو "نبر – تشر" أو "با – نتر".

و فى الفلسفة الهندوسية يطلق عليه "براهما", و فى فلسفة التاو الصينية يطلق عليه "تاو", و فى اليهودية "يهوه", و فى الاسلام الله, وفى المسيحية الأب أو مملكة السماء أما علم الفيزياء الحديثه فيطلق عليه الطاقة.

تطلق الفلسفة الهندوسية على الذات العليا اسم "أنتار آمين", و هو تقريبا نفس اسم الذات العليا فى الفكر الدينى المصرى (آمون) مما يدل على أن مفهوم الذات كان واحدا فى الثقافة المصرية والثقافة الهندية.

منذ فجر التاريخ عرف قدماء المصريين أن هناك اله واحد / محتجب / لا تدركه الأبصار و لا العقول / ليس بمذكر ولا مؤنث / لا اسم له و لا شكل لأنه لامحدود. و قد أشاروا الى هذا الكيان الأسمى بلقب "نتر – نترو" أى رب الأرباب, كما أشاروا اليه أيضا بأنه المحتجب.

و بمرور الزمن أراد الانسان أن يعرف صفات هذا الكيان الأسمى الذى لا تدركه الأبصار, فظهرت الأساطير التى تتناول مختلف تجليات الاله لكى يمكن لعامة الشعب معرفة الكيان الأسمى من خلال تجلياته.

لذلك بدأت تظهر فى الأساطير المصرية الرموز المختلفة للاله الواحد المحتجب.

ظهرت هذه الرموز أولا فى أشكال حيوانات, ثم ظهرت بعد ذلك الرموز التى تجمع بين الانسان والحيوان فى شكل واحد.

نظر المصريون القدماء للاله باعتباره الأب و الأم للخلق جميعا, لأنه المنبع الذى خرج منه كل شئ من ذلك المنبع خرجت ال "نترو" (الكيانات الالهية) أولا, و هم القوى الالهية التى عملت على خلق الكون.

قبل الخلق لم يكن هناك أى شكل من أشكال الانقسام, فلم يكن هناك مذكر و لا مؤنث مع بدأ أول خطوة فى الخلق ظهرت الأقطاب, فأصبح الخلق هو المؤنث (المستقبل), و الخالق هو المذكر (المانح) وكانت تلك بداية ظهور مبدأ الثنائية (Duality) فى الكون.

و لكن من وجهة نظر العلوم الروحانية, الاله واحد و يظل واحد, حتى بعد تجليه من خلال منظومة الثنائيات (التى يعبر عنها ال "نترو"), لأن الاله هو المنبع الذى تنبثق منه كل الأقطاب والثنائيات.

لذلك فان مفهوم "با – نتر" (الكيان الالهى الأسمى) يتجاوز كل ما يستطيع عقل الانسان أن يصل اليه,و الطريقة الوحيدة لاستيعابه هى عن طريق الرموز.

بالنسبة لعامة الشعب, كان "با – نتر" يتجلى من خلال ثالوث "آمون – رع – بتاح", أو من خلال أوزير, أو حورس, أو حتحور, الخ. و عبر عنه الفنان المصرى القديم من خلال عدة رموز منها قرص الشمس, أو رمز الراية التى تشير الى ال "نترو", و غيرها.

تلك الرموز تعبر عن مغزى روحى عميق جدا و تحوى بين طياتها تعاليم باطنية تتعلق بأصل الانسان و طبيعة الوجود, و لا يجب ان تؤخذ بمعنى حرفى.

كل جانب أو رمز من رموز الألوهية يحمل جزءا من المعرفة الروحانية أشبه بجزء من لعبة ال Puzzle,و بتجميع أجزاء الصورة و تأملها بعين البصيرة يمكن للانسان أن يطلع على ما

خفى من أسرار الكون, و على طبيعة الوعى.

ان دراسة كل "نتر" (كيان الهى) على حدة, تكشف لنا جانبا من جوانب المعرفة الالهية و العلاقة بين مختلف ال "نترو" تشكل ما يعرف بالجمع الالهى "باؤت – نترو", و هو مجموعة من الكيانات الالهية التى تعمل معا داخل منظومة واحدة, كتاسوع هليوبوليس, و ثامون الأشمونيين, و ثالوث منف و ثالوث طيبة.

يكشف لنا الجمع الالهى "باؤت – نترو" أن الكيان الالهى الأسمى محتجب, و لكنه فى نفس الوقت يتجلى فى هيئة ثالوث "آمون – رع – بتاح", كما يتجلى أيضا فى هيئة كل ال "نترو" (الكيانات الالهية) الأخرى كأوزير و حورس و حتحور و ايزيس,الخ.

لذلك نجد النصوص المصرية القديمة تصف آمون بأنه واحد, و تعود فتصف بتاح بأنه واحد, ثم تصف رع بنفس الصفة. و فى الحقيقة لا يوجد تعارض بين هذه النصوص, لأن ال "نترو" جميعا برغم تعددها, الا انها تعبر عن الوحدانية لأنها تجليات الكيان الأسمى / الواحد / المحتجب / الذى لا تدركه الأبصار.

علينا أن ننظر لمفهوم الاله بنظرة أشمل و أعمق من نظرة الدوجما الدينية.

فالاله واحد / محتجب / ليس له شكل / و ليس بمذكر و لا مؤنث..... و لذلك فلا يمكن معرفته الا من خلال تجلياته, و التى بدأت بظهور ال "نترو" (الكيانات الالهية) التى تنقسم الى مذكر و مؤنث لتعبر عن ما احتجب من صفات الخالق.

ان آمون, و رع, و بتاح, و أوزير, و حورس, و خبرى – رع, و ايزيس, و حتحور, و موت, و نوت, و غيرهم, ما هم الا تجليات الألوهية التى لا يدركها البصر و لا العقل الا من خلال تلك التجليات العديدة.

بتأمل مختلف ال "نترو" (الكيانات الالهية) و الصفات و الوظيفة التى تلعبها فى منظومة الخلق و كيف تعبر هذه الصفات و المبادئ عن أحد الجوانب الخفية للكيان الأسمى (المطلق / اللامحدود) يمكننا أن نصل لمعرفة الاله و أن نكتشف طبيعة الروح.

جاء فى أحد النصوص المصرية القديمة على لسان ايزيس و هى تعلم ابنها حورس من أسرار الخلق أن الأجساد فقط هى التى تنقسم الى مذكر و مؤنث, أما الروح فليس لها جنس كما جاء فى متون الأهرام أن الجسد للأرض, و الروح للسماء.

و من هنا كانت مهمة اليوجا هى الارتقاء بالانسان من الوعى المادى الذى لا يرى سوى الجسد الى الوعى الأسمى الذى يدرك وجود الروح و يرى فيها الذات الحقيقية أو الجوهر.

ان علاقة "با – نتر" (الكيان الالهى الأسمى) بثنائية المذكر و المؤنث هى علاقة احتواء, لذلك فان كل "نتر" على حدة – سواء مذكر أو مؤنث – يمكن أن يكون رمزا للكيان الأسمى, و يمكن أن يتحدث بلسان الكيان الأسمى.

على سبيل المثال نقرأ فى أحد النصوص المصرية على لسان ايزيس المحتجبة :-

*** أنا كل ما كان... و كل ما هو كائن.... و كل ما سوف يكون.... و لن يستطيع أى مخلوق أن يكشف حجابى ***

كما نقرأ أيضا نصا على لسان حتحور تقول فيه انها هى الكيان الالهى الأسمى / الواحد.

و مثل تلك النصوص لن نستطيع استيعابها الا اذا فهمنا أن كل "نتر" (كيان الهى) يعتبر أحد تجليات الكيان الأسمى (المحتجب), أى أنه يعبر عن أحد الجوانب الخفية لذلك الكيان المحتجب.

و كذلك كل الأسماء التى وردت فى كل أديان العالم (المسيح, كريشنا, بوذا, الخ) هى جميعا رموز لشئ واحد هو المحتجب الذى يختفى وراء كل الأسماء و الأشكال.

فالاله واحد و محتجب, و لكن يتجلى فى كل الأشياء. كل الأسماء و كل الأشياء تعبر عنه.

لا يوجد أى تعارض بين مختلف التجليات الالهية. يمكن لكل انسان أن يختار أى صورة من صور التجليات الالهية و يقدسها باعتبارها هى الاله الواحد, لأن كل صورة من صور تجليات الاله تعبر عنه **الاله الواحد المحتجب هو الحقيقة المطلقة الكامنة وراء كل مظاهر التجلى و التعدد.**

لذلك فلا يجب على الانسان أن يقف عند تقديس الصورة, و انما عليه أن ينتقل من المظهر الخارجى الى الجوهر الكامن وراءه.

حين تستوعب ذلك و تلمسه بنفسك فى كل شئ حولك, عندها سيصبح بمقدورك أن تلمسه داخلك , فتعى أن الواحد / المحتجب يسكن داخل قلبك و هو جوهرك الحقيقى, و ليس ذلك الجسد المادى الفانى.

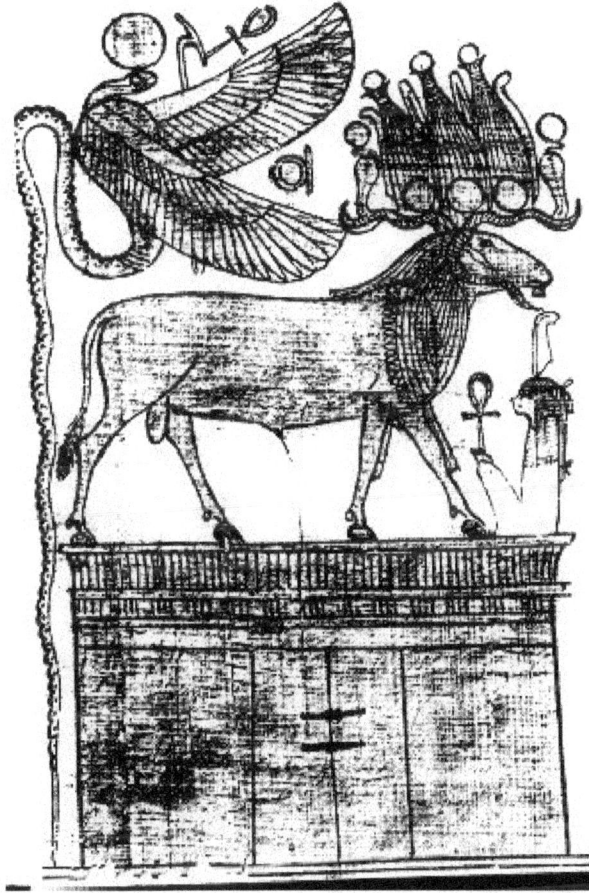

آمون (المحتجب) على هيئة كبش, و زوجته على هيئة كوبرا

اعتاد الفن الهندى على تصوير التجليات الالهية على هيئة أزواج, مذكر و مؤنث. حيث يتم

تصوير "شيفا" و "كريشنا" عادة مع زوجاتهم "بارفاتى" و "رادها" ترمز هذه الصور للقدرة الالهية التى تتجلى فى الخلق.

و نفس الفكرة نجدها فى الفن المصرى القديم الذى اعتاد أيضا تصوير التجليات الالهية على هيئة أزواج, و فى هذا المشهد نرى "آمون" على هيئة كبش, فى حين تظهر زوجته على هيئة كوبرا يطلق عليها "ايريت".

يمكن لكل انسان أن يختار ال "نتر" (الكيان الالهى) الذى يناسبه حسب درجة نضجه الروحى و حسب الكارما الخاصة به.

هناك العديد من الأديان و طرق اليوجا, لأن البشر يختلفون فى صفاتهم و طريقة تفكيرهم و كذلك الكارما الخاصة بهم.

و من ناحية أخرى, اذا نظرنا الى العالم المادى سنجد أن كل صورة مادية هى أحد تجليات الاله أى أن كل مخلوق - مهما كان وضيعا - هو مقدس و الهى و يستحق التبجيل.

و الهدف من كل الأديان و طرق اليوجا المتعددة هو الوصول الى حالة من الرضا الدائم و النظرة المستنيرة للكون التى ترى الاله فى كل شئ حولها.

رموز آمون :-

ان استخدام رموز تصويرية للنترو (المؤنث منهم و المذكر) يعتبر عاملا مساعدا على تطور وعى سالك الطريق (طالب المعرفة الروحانية) و فى نفس الوقت يشكل خطرا يمكن أن ينزلق اليه الطالب.

فالعقل أداة مدهشة لتحقيق المهام الشبه مستحيلة كمهمة الارتقاء بالوعى.

عندما يثير شئ ما اعجاب العقل و افتتانه, تجد العقل يتشبث به, و من هنا تنشأ علاقة عاطفية بين الانسان و بين ذلك الشئ و يحدث تعلق, و هو من أخطر العقبات التى تواجه الانسان على طريق التطور الروحى.

عند استخدام الرموز الدينية التصويرية, يظهر الخطر حين يركز العقل على الصورة بدلا من الجوهر أو المعنى الذى ترمز له تلك الصورة أو ال "نتر" (الكيان الالهى), و بدلا من تقديس تلك الصفات و تنميتها داخل وعيه, قد يقع الانسان فى الفخ و يتوهم أن تلك الصفات تخص تمثال أو صورة أو كيان ماورائى منفصل عنه, أو تخص شخص ما عاش فى زمن بعيد انقضى و انتهى.

قد ينسى بعض طلاب المعرفة الروحانية أن حورس و المسيح و بوذا ما هم الا رموز لصفات و امكانيات توجد داخل كل انسان, و ليسوا حالات استثنائية.

فى قديم الأزل كان الحكماء يختارون صورا بعيدة عن المعنى الذى ترمز له, لكى لا يتعلق بها عقل المريد, و يستطيع أن يركز على المعنى بدلا من الصورة.

على سبيل المثال, اختار الحكماء الصقر ليكون رمزا لحورس, رب النور, و ليعبر عن صفات عديدة كالسماء و الرؤية الثاقبة أو الشاملة (البصيرة) و السرعة.

عندما تنظر الى الصقر, عليك أن تتذكر هذه الصفات و تبحث عنها بداخلك.

عليك أن تبحث عن البصيرة و الرؤية الثاقبة التى تفرق بين ما هو حقيقى و ما هو زائف, و سرعة البديهة و الحرية, الخ.

للرموز التصويرية أهمية سيكولوجية لا يمكن تجاهلها, فبدون وجود الصورة لا يمكن للعقل أن يوجد أو أن يعمل أو أن يتفاعل مع المخلوقات.

فعقل الانسان يفهم الأشياء بأن يكون لها صورة أولا, ثم يربط بين هذه الصورة و بين الفكرة التتعبر عنها. على سبيل المثال, عندما تفكر فى شئ مثل "مقعد", فأول ما يخطر ببالك هو صورة ثلاثية الأبعاد لمقعد, و ليس حروف كلمة "م – ق – ع – د".

ان وجود الصورة سابق على وجود حروف الكتابة و على اللغة المنطوقة التى نستخدمها للتعبير عن أفكارنا. لذلك تستطيع الكتابة الهيروغليفية و غيرها من أنواع الكتابة التصويرية أن تعبر عن معانى عديدة مركبة, لاتستطيع الكلمات المنطوقة أن تعبر عنها.

بعد انتهاءك من قراءة هذا الكتاب, سيصبح بامكانك استخلاص المعنى الذى يعبر عنه الرمز بمجرد النظر اليه.

الى اليسار : "آمون" على هيئة انسان برأس كبش.

الى اليمين : "آمون – رع" و هو مزيج من آمون (المحتجب), و "رع" (المتجلى) على هيئة انسان برأس صقر

حين تعى أنك فى الأصل روح و لست جسد, عندها ستدرك المعنى الكامن وراء كل الصور و الأشكال. كل المخلوقات هى فى الحقيقة رموز لأفكار تدور فى عقل الاله, و ليست كيانات موجودة بذاتها, تماما كما أن الأشياء التى تظهر فى أحلامك ليست كيانات قائمة بذاتها و انما هى صور و أشكال تعبر عما يدور فى عقلك الباطن أثناء الحلم, و بالتالى فهى تستمد وجودها من عقلك انت و ليس من ذاتها.

الرموز هى مفتاح لفهم الآلية التى يعمل بها العقل الكونى, و لفهم طبيعة الوجود .

ان الأفكار فى حد ذاتها ما هى الا رموز.

على قارئ الأساطير المصرية (و غيرها من أساطير الحضارات القديمة) أن يتعلم كيف يفهم معانى الرموز من خلال علاقة كل رمز بغيره من الرموز داخل كل أسطورة.

كان الكبش من أهم رموز "آمون" (المحتجب) فى الفكر الدينى المصرى, و كان اختيار الكبش لعدة أسباب منها فحولته و ميله للشراسه و القتال.

و الفحولة المقصودة فى هذا السياق لا ترمز للغريزة الجنسية, وانما هى أحد رموز التانترا. أحد أهم صفات الاله هى قدرته على غرس بذرة حياة جديدة, و خلق أكوان لا حصر لها. تلك القدرة الهائلة على خلق أشكال جديدة للحياة هى ما رمز له المصرى القديم بالقدرة الجنسية للكبش.

ويعتبر "خنوم" (المصور) أحد أشكال آمون , و يظهر فى الفن المصرى القديم و هو يشكل و يصور أجساد البشر من طين على عجلته كما يفعل الفخرانى , واسم "خنوم" باللغة المصرية القديمة معناه (يبنى, أو يربط, أو يوصل).

آمون هو أنفاس الحياة, أو هو طاقة الحياة التى نتنفسها.

(آمسو – مين)

يتجلى آمون فى بعض الأحيان فى صورة المرأة الحامل, التى تعبر عن قدرة الاله على خلق حياة جديدة.

يرتبط آمون فى الفكر الدينى المصرى أيضا ب "آمسو – مين", أو "مينو", و هو أحد صور حورس, و يظهر فى الفن المصرى على هيئة رجل بعضو ذكرى منتصب ليعبر عن المصدر الذى تأتى منه الطاقة الجنسية و هى الطاقة التى تخلق الحياة فى عالم الزمان و المكان, و عن قدرة الانسان على التحكم فى هذه الطاقة و اخضاعها بدلا من ان تحكمه هى و الطاقة الجنسية هى الطاقة التى يستخدمها حورس (الانسان المستنير) بعد اخضاعها فى التحرر من أغلال "ست" (أغلال الروح).

أما "أمونت" - زوجة آمون فى ثامون الأشمونيين – فهى احدى ربات الخصوبة, و لكنها فى الحقيقة "خنثى" (ليست بمذكر و لا مؤنث), و هى فى نفس الوقت ترتبط بكل من "مين", و"نيت – آمونت", و "آحات – آمونيت", و "است – آمونت".

و بانتقال آمون من الأشمونيين الى طيبة, أصبحت "موت" زوجته, و هى ترمز لطاقة الأنثى

التى يمكنها ان تعيد دورات الخلق, وتبعث الحياة من جديد فى المادة الميته.

لذلك فان "موت" هى الأم العظمى.... هى الطبيعة نفسها.... هى العالم الذى تأتى الأشياء لتتجسد وتحيا فيه, ثم تعود و تغادره عند الموت "موت" هى قرين الروح (الذات).

آمون على هيئة انسان يرتدى تاج من ريشتين, يتدلى من وسطه ذيل الثور (أحد رموز الفحولة), يمسك باحدى يديه بمفتاح الحياة و الأخرى بعصا ال "واس".

أشكال و هيئات "خونسو" (المرتحل), ابن آمون و موت

آمون هو أصل و جوهر كل الأشياء.... هو باطن كل شئ, و باطن كل انسان.

آمون هو طاقة الحياة الخفية, التى تتجلى من خلال منظومة الشموس (رع), لذلك يحمل آمون أحيانا لقب "آمون – رع".

ان آمون و زوجته (آمونيت أو موت) هما فى الحقيقة كيان واحد, يعمل من خلال مبدأ الثنائية (duality) الكونى, و يحوى بداخله كل الأقطاب و الثنائيات و الأزواج.

يلقب آمون فى بعض النصوص المصرية ب "كا – موت – اف", أى "ثور أمه", و هو رمز للروح الغير مرئية الكامنة داخل كل الأشياء و التى لديها القدرة على خلق حياة جديدة من تلقاء نفسها.

ان كل أشكال الحياة هى تعبير عن الكيان الالهى, الموجود بذاته, المحتجب فيما وراء الزمان والمكان و لكنه فى نفس الوقت يتجلى فيهما و فى كل المخلوقات.

يظهر آمون فى كتب العالم الآخر المصرية أحيانا و هو يمسك بعصا على هيئة ثعبان.

يطلق على هذه العصا اسم "كم – آتف", أى (الثعبان الذى أنهى زمنه) أو (الثعبان الذى أنهى دورة حياته).

يرمز هذا الثعبان الى القدرة الالهية على اعادة تكرار دورات الخلق, و هى القدرة التى تتجلى فى آمون.

آمون ليس حيا و لا ميتا, فالثعبان الذى يحيط به يرمز للخلق, و وسط هذا الثعبان يقف آمون, وهو القوة أو الطاقة التى أنشأت الخلق و التى تحفظه و تضمن استمرار و تكرار دورات الخلق الى ما لا نهاية.

كلمة "آمون" بالهيروغليفية

كلمة "موت" بالهيروغليفية

كلمة "كا – موت – اف " بالهيروغليفية

لم تكن الكتابة الهيروغليفية تدون الحروف المتحركة, لذلك فهناك العديد من الكلمات التى لا نعرف طريقة نطقها الصحيحة بنسبة 100%. بالاضافة الى أن الرموز الهيروغليفية قد تحمل معانى أخرى بالاضافة الى القيم الصوتية التى تشير اليها.

قد يشير رمز هيروغليفى الى قيم صوتية معينة, و فى نفس الوقت يشير أيضا الى معانى باطنية تتجاوز الشكل الذى نراه أمامنا فى الحرف الهيروغليفى.

على سبيل المثال, ترمز العين لأحد أعضاء جسم الانسان و هى العين التى تتجلى فيها حاسة البصر, و لكن حين تظهر العين فى كلمة أوزير, فهى تعنى قدرة الاله على أن يدرك كل الأبصار, فهو البصير, و هو أيضا الشاهد.

أما المخصص فهو يقوم بدور هام فى الكتابة الهيروغليفية بأن يوجه وعى القارئ نحو المعنى المقصود من الكلمة.

قد يشير المخصص الى مجموعة معينة أو الى جنس معين من أجناس الخلق.

و قد تشير رموز الكتابة الهيروغليفية احيانا الى صفات خفية اذا استخدمت بطريقة خاصة.

فى هذه الصورة يظهر آمون فى هيئة انسان يحمل أربعة رؤوس كباش, ليرمز للقدرة الالهية على احتواء كل شئ .

الكيان الأسمى/الالهى يحتوى الجهات الأصلية الأربعة و كل ما فيها.... كل ما فى الشرق, و كل ما فى الغرب, و كل ما فى الشمال و كل ما فى الجنوب.

يرمز هذا الشكل ذو الرؤوس الأربعة أيضا عن رباعي "نبر – تشر", و آمون , و رع , و بتاح (المصدر/المطلق/اللامحدود.... و العالم السببى..... و العالم النجمى..... والعالم المادى).

على طالب المعرفة الروحانية أن يعى جيدا أن الاله مطلق / لامحدود, لا يوجد فى مستوى محدد من مستويات الوجود. و ان كل ما يطلق عليه من أسماء و صفات هو فقط لمساعدة عقل الانسان على استيعاب التعاليم الباطنية و تقريب مفهوم الألوهية المعقد الى الأذهان.

ان الذات الالهية نقية, منزهة, لا تخضع لقوانين القطبية, و ما الأسماء و الصفات و الرموز والصور الا وسائل ايضاح للتعاليم االباطنية التى تحاول أن تأخذ بيدنا لمعرفة الذات.

كانت الكتابة الهيروغليفية فى مصر القديمة موجهه الى أولئك الذين اطلعوا على الفلسفة

الروحانية وعلى دراية بالسياق الذى تدور فى اطاره التعاليم الباطنية.

أو بمعنى أدق, ان الكتابة الهيروغليفية تخاطب أولئك الذين اطلعوا على أسرار العلوم الباطنية.

لذلك لم نعثر على تعليمات تركها قدماء المصريين لكيفية قراءة الرموز الهيروغليفية, لأن هذه التعليمات كانت تنتقل من جيل الى آخر بطريقة شفهية, و كانت موجهة الى اولئك الذين تلقوا تدريبات على استخدام الحدس فى فك شفرة الرموز و استنباط المعانى الباطنية الكامنة وراءها.

بمجرد أن يفهم المريد المبادئ الكونية التى تدور حولها الأسطورة, تبدأ المعانى الباطنية لكل رمز على حدة فى التكشف, و عندها يمكنه أن يجمع خيوط الفكر الفلسفى الذى نسجته أحداث الأسطورة و يضعه فى مكانه الصحيح وسط السياق الكامل لمنظومة الأساطير التى يكمل بعضها بعضا لتفسير أعقد المفاهيم الماورائية.

و هكذا يمكن للمريد أن يفهم منظومة الأساطير بالكامل و أن يقوم بفك شفرة رموزها.

فى حروف كلمة "آمون/آمين" (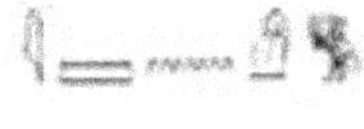) تكمن صفات الاله المحتجب أو الحكمة الخفية, و هى كلمة تتكون من عود متفتح من البوص و موجة مياه و أرض مرتفعة تبرز منها بعض نباتات, لتعبر عن طاقة الحياة التى خرجت من المياه (محيط الوعى) و ضربت بجذورها فى الأرض.

تتشابه كلمة "آمون" المصرية مع كلمة "أوم" الهندوسية فى النطق ومن المدهش أن بردية لايدن المصرية ذكرت اسم "أوم" كأحد ألقاب "آمون – رع".

جاء فى العامود التاسع من بردية لايدن و الذى يحمل عنوان (استحضار خونسو) :-

*** تقدست يا من اسمك العظيم..... يا من أسمك الوريث..... يا من أسمك الجليل..... يا من أسمك المحتجب.... رب الأرباب.... الذى أخفى اسمه عن كل ال "نترو" (الكيانات الالهية).... يا من أسمك "أوم" / "آم" القدير...... رب كل شئ..... يا من أسمك اللوتس و الأسد و الكبش ***

"موت" – زوجة آمون – فى هيئة أنثى النسر, و فى هيئة امرأة.

العلاقة بين النوبة و مصر القديمة :-

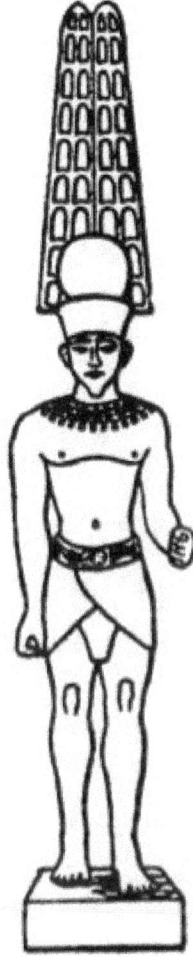

يمكننا أن نشبه العلاقة بين النوبة و مصر القديمة بالعلاقة بين انجلترا و بين الولايات المتحدة الأمريكية (مع الفارق).

تعتبر مصر بمثابة الابن أو الشجرة التى تفرعت من جذور أفريقية, الا أن هذا الابن تفوق على أبيه و استطاع أن يحقق مجدا يفوق امكانيات الأب بمراحل.

و لكن بمرور الزمن ظهرت اختلافات ثقافية بين مصر و النوبة أدت الى نشأة نزاع حول التجارة, وهو نزاع أشبه بخلاف بين أقارب أو أخوة حول ملابس أو مجوهرات.

و لكن طبيعة العلاقة بين البلدين اتضحت بشكل خاص عندما وقعت مصر تحت الاحتلال

الأجنبى (فى العصر المتأخر), و هنا بادر ملوك النوبة لتقديم يد المساعدة لمصر و كأن مصر و النوبة عائلة واحدة, و عملوا طوال فترة حكمهم على اعادة احياء الحضارة المصرية و الحفاظ على تقاليدها العريقة و كأنها تقاليدهم و تقاليد آباءهم و أجدادهم من قديم الأزل.

نشأت مملكة "كرما" (Kerma) النوبية و ازدهرت و أصبحت منافسا للمملكة المصرية حوالى عام 2500 قبل الميلاد. و فى نهاية عصر الدولة الوسطى بمصر (حوالى عام 1700 قبل الميلاد) مرت مصر بمحنة كبرى حين احتل الهكسوس (الرعاة الآسيويون) معظم أراضيها من الدلتا و حتى مصر الوسطى, فتقدم جيش الكرما من جنوب النوبة ليتولى تأمين المناطق الواقعة جنوب مصر.

و برغم أن جزءا كبيرا من جيش الكرما كان مساندا للجيش المصرى الا أن قسما آخر من جيش الكرما تحالف مع الهكسوس مما يدل على ازدواجية الوضع و تناقضه فى ذلك الوقت.

بدأ المصريون حرب التحرير (حوالى عام 1570 قبل الميلاد) بشن حرب على جيش الكرما, و السبب فى ذلك أن الملك كاموس وقعت فى يده رسالة موجهه من ملك الهكسوس لملك الكرما النوبى يدعوه للانضمام الى قوات الهكسوس فى غزو مصر و اقتسام الغنائم معهم, فبادر الملك كاموس بشن ضربة استباقية للنوبة أولا لتأمينها و اجهاض المؤامرة قبل

تحركه لمواجهة الهكسوس . قامت مصر بشن سلسلة من الهجمات على الكرما الى أن دمرت عاصمتها و احتلت النوبة لمدة 500 عام تأثرت فيها النوبة بشكل كبير بالثقافة المصرية .

كانت حرب التحرير علامة فارقة فى تاريخ مصر , حيث تعتبر هى بداية الدولة الحديثه التى شهدت فيها الحضارة المصرية ازدهارا كبيرا , تبعها العصر المتأخر الذى تبنى فيه النوبيون الثقافة المصرية و حافظوا على تراثها و شيدوا ببلاد النوبة صروحا معمارية و معابد ذات طابع مصرى.

من اكثر المعابد التى انتشرت فى النوبة معابد آمون و خصوصا هيئته التى يظهر فيها برأس كبش.

اقتبس النوبيون من مصر علم بناء الأهرام , و لكن معظم أهرامات النوبة كانت تشيد لكى تستخدم كمقابر . ازدهر المعمار فى النوبة بشكل خاص أثناء فترة ازدهار مملكة مروى.

أحد أهرامات مروى بالنوبة, يعود الى القرن الرابع أو الثالث قبل الميلاد

اكتسب آمون شعبية كبرى فى النوبة بشكل خاص فى الحقبة المتأخرة من حضارة النوبة

و هى الحقبة التى عاصرت الدولة الحديثة فى "كيميت" (مصر) و من بعدها العصر المتأخر

كان النوبيون يفضلون هيئة الكبش عند تصوير آمون, أما فى مصر فكان آمون يظهر أحيانا

فى هيئة انسان و أحيان أخرى فى هيئة كبش .

هرم و مقبرة الملك النوبى طهارقا الذى حكم مصر و النوبة فى العصر المتأخر
(الأسرة 25) فى القرن الثامن قبل الميلاد.

واجهة أحد معابد النوبة و تظهر فيها مشاهد تحاكى مشاهد الانتصار على واجهة المعابد المصرية.

نماذج من معابد مروى النوبية

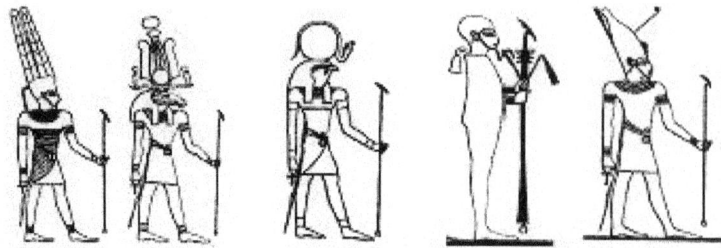

Ptah – Creator   Atum – Demiurge

Shu – Air –Ether   Tefnut-Water   Geb – Earth   Nut – heavens   Djehuti– Intellect– Writing, words

Asar – Soul   Aset – Wisdom   Heru – Kingship, Spiritual Victory   Apuat – Discernment   Asar – King of the Dead

أهم ال "نترو" (الكيانات الالهية) فى مصر القديمة

- 94 -

Sekhmet – Power of the sun

Hathor – Power of God

Mut – Great

Net – Decisive action, protection

Min – Generation, Sex Sublimation

Bes – Childbirth, merriment, war

Hapi – Nile – water

Saaa – Intelligence

Nebethet – Mortality

Set – Chaos

Sebek – Crocodile God Power of Nature

Aset – Serpent Power

The Forms of Maat

Sekhet – Power of Nature

أهم ال "نترو" (الكيانات الالهية) فى مصر القديمة

الفصل الثاني

أناشيد آمون

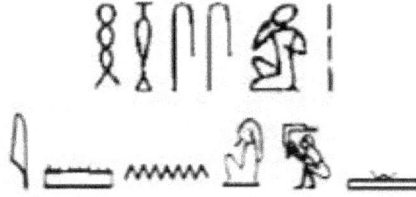

حسو – آمون : أناشيد آمون

العبارات التالية مترجمة من مجموعة نصوص مصرية قديمة تعرف باسم ابتهالات آمون.

والابتهال هو أنشودة لمدح أو شكر أحد التجليات الالهية.

كانت الأناشيد و الابتهالات فى مصر القديمة تكتب على أوراق البردى, و على اللوحات الحجرية وتنقش على جدران المعابد و المقابر و التوابيت و غيرها.

كل مقطع من هذه الابتهالات أو الأناشيد يعتبر أحد أشكال ال "حكاو" التى يمكن أن تستخدم ك "مانترا", أى كلمات ترتل بغرض التأمل .

تنطوى المانترا على حكمة عميقة لها القدرة على الارتقاء بوعى الانسان, اذا فهم طالب اليوجا معنى هذه الكلمات و قام بترتيلها بالطريقة الصحيحة.

هذا الارتقاء بالوعى هو الذى يقود المرتل الى ادراك الحضور الالهى بداخله و يصله بالذات العليا.

أناشيد آمون :-

*** آمين, آمين (آمون).... أنت الذى فى السموات...... أقبل بوجهك على الجسد الميت لابنك...... اجعل ابنك قويا, سليما, معافى.... فى العالم السفلى.

*** آمين, آمين (آمون).... تقدس اسمك...... أدعوك أن تكشف لى أسرارك الخفية.... وتمنحنى الفهم...... امنحنى السلام و السكينة فى العالم النجمى (السفلى)..... و القدرة على التحكم فى جوارحى و حواسى فى ذلك العالم.

*** تقدس اسمك يا آمين (آمون).... دعنى أبتهل اليك.... انى أعرف اسمك.... فكل صور تجلياتك فى فمى..... و جلدك (ظاهرك) أمام عينى.

*** آمين (آمون).... انى أبتهل اليك... أقبل نحوى, و اجعلنى خليفتك و صورتك فى العالم النجمى الأبدى... اجعل جسدى كله جسد كائن الهى... ساعدنى لأنجو من غرفة الشر... لا تجعلنى سجين تلك الغرفة..... لأنى أقدس اسمك.

*** آمين (آمون)..... هو الموجود بذاته...... لم يوجده أحد...... خلق نفسه بنفسه.... لم يطلع مخلوق على صورته.

*** آمين (آمون)...... هو الذى أتى للوجود فى الأزل, قبل أن يوجد أى كائن الهى.... لم يسبقه أحد فى الوجود.... لذلك لا تعرف الكائنات الالهية صورته.

*** آمين (آمون)....... لم تلده أم...... و لم يضع بذرته أب.... هو الذى قام بتكوين بيضته..... حين خلط بذوره بجسده و صنع بيضته ليأتى للوجود بذاته.

*** وحدانيته مطلقة.... آمين (آمون) هو الواحد.... الواحد.

*** هو الرياح التى خلقت الخلق بأن هبت فوق "نون" (مياه الأزل).

*** هو أنفاس الحياة..... هو الروح التى تتخلل كل الأشياء و تمدها بطاقة الحياة

*** هو الذى اتخذ هيئة "تا – تنن" (الأرض التى ارتفعت فى الأزل), لكى يخلق من ذاته "الجمع الالهى".

*** هو الذى يخفى اسمه "الحقيقى/المطلق" عن ابنائه.... و لذلك فهو الخفى

(آمين/آمون)

*** هو المحتجب, الذى لا تدركه الأبصار

*** آمين (آمون).... هو الواحد الذى يخفى نفسه عن الانس و عن الكائنات الالهية...

ليس له صورة و لا لون.

*** لا تستطيع الكائنات الالهية أن تناديه.... لأن اسمه خفى عنهم

*** هو الذى يأتى بالنصر... فالنصر من أسمائه

*** هو الواحد... الشاهد... الذى لا يغفل طرفة عين... فلا تأخذه سنة و لا نوم

*** هو الذى يكشف السوء و يشفى العلل.

*** هو الطبيب الذى يشفى "العين" بدون دواء..... هو الذى يفتح عين البصيرة... و هو

الذى به تطيب الجراح

*** هو الذى يجيب من دعاه... و ينجيه... حتى من الدوات (العالم السفلى)

*** هو الذى ينجى بمشيئته الانسان (ذكرا كان أم أنثى) من أسوأ ما يأتى به القدر.

*** هو الأذن التى تسمع و هو العين التى تبصر و تنير الطريق لمن يحبه "آمين"

*** هو الذى يجيب المضطر اذا دعاه

*** من يدعو "آمين", يجيبه فى طرفة عين

*** هو الذى يطيل الأعمار و الآجال, أو يقصرها

*** هو الكريم الذى يمن على من يحبه و يمنحه أكثر مما يتمنى

*** عندما يلقى "آمين" كلماته السحرية و اسمه فوق الماء, يفقد التمساح قوته , و تهدأ

العاصفه, و يسكن الاعصار.

*** آمين (آمون).... الذى بذكره تطمئن القلوب... و يهدأ الغضب فى قلب الرجل الغاضب.

*** هو الأنفاس الذكية لمن يدعوه و يرجوه

*** هو القوى المعين لمن لا حيلة له

*** هو الحكيم..... فأقداره و خططه كلها خير

*** هو المعين لمن طلب العون.... و هو الذى معونته خير من معونة ملايين الرجال

*** جندى واحد يحارب تحت راية "آمين" أفضل من مئات الآلاف من الرجال الأقوياء

*** هو القوى المعين

*** هو الكامل... الذى يختار اللحظة التى يتجلى فيها..... و هو الذى لا غالب له

*** الجمع الالهى ثلاثة...... "آمون – رع – بتاح".... و لامثيل لهم فى الوجود

*** آمون هو الخفى.... و "رع" بالنسبة لآمون هو بمثابة الوجه... أما الجسد فهو "بتاح".

*** "آمون – رع – بتاح"..... ستبقى مدنهم (طيبة – أون – منف) خالدة فى الأرض الى الأبد

*** عندما ترفع رسالة أو دعاء الى السماء..... فانها تسمع أولا فى مدينة "أون" (هليوبوليس)... و يعاد ترتيلها فى مدينة صاحب الوجه الجميل بتاح, مدينة (منف)..... ثم تدون بالحروف الالهية (الهيروغليفية) فى مدينة تحوتى "الأشمونيين".... و بعد ذلك ترسل الى مدينة "آمين" (طيبة) حيث يجاب الدعاء

*** ان قلب "آمين" (آمون) هو الفهم..... و شفتاه هما التذوق..... و "كاواته" هى كل الأشياء التى فى فمه

*** عندما يدخل "آمين", يصبح الكهفان تحت قدميه... و يخرج النيل من تجويف تحت صندله.... روحه هى "شو" (رب الهواء)..... و قلبه هو "تفنوت" (ربة الرطوبة)..... هو حورس الذى يرتحل بين الأفقين فى السماء العليا.

*** عينه اليمنى هى النهار..... و عينه اليسرى هى الليل..... هو الذى يهدى سبيل السائرين فى كل طريق.... جسده هو "نون" (مياه الأزل), التى ينبع منها النيل الذى يمنح

الحياة للمخلوقات.

*** هو الذى يهب أنفاس الحياة لأنف كل كائن حى

*** الذى بيده أقدار كل انسان, ذكرا كان أم أنثى

*** زوجته هى الأرض... اتحد معها فى الأزل

*** بذرته هى القمح.... و عرقه هو الغلال

*** أنت "تمو"..... الذى خلق كل شئ بقدر.... و جعل الناس شعوبا وأجناسا بألوان مختلفة.... و برغم تعدد أجناس البشر, فأنت الذى تحييهم جميعا

*** أنت رب العلم و الذكاء..... و المعرفة هى ما يخرج من فمك

*** أنت الذى تبدأ كل عمل جديد..... حين تبدع أياديك فى السماء, يتجلى جمال النور..... فتتهلل الكائنات الالهية لروعة حسنك الالهى...... و تبتهج قلوبهم عند رؤيتك

*** ان روعة حسنك تأسر القلوب... و حبك يمنح السكينة.... و جمالك يصيب الأيدى برجفة.... و تنصهر القلوب عند رؤية حسن محياك

*** تعاليت يا "آمين", يا من خلقت الأرض كما اقتضت مشيئتك

*** آمين..... الذى بكلمته أتت الكائنات الالهية للوجود... و بها خلق كل طعام..... و خلق كل شئ... آمين هو الأبدى.... الذى يجدد شبابه دائما بأزواج من العيون و الآذان لا حصر لها.

آمين (آمون) على هيئة كبش يحمل قرص الشمس فوق رأسه

الفصل الثالث

تعاليم آمون (آمين)

شدى – حسو – آمون : التعاليم الباطنية لابتهالات آمون

يتناول هذا الفصل شرحا و تعليقا على أهم التعاليم الباطنية التى وردت فى ابتهالات آمون, و سنستعرض كل مقطع من الابتهالات على حدة, متبوعا بصورة آمون

*** آمين, آمين (آمون).... أنت الذى فى السموات...... أقبل بوجهك على الجسد الميت لابنك..... اجعل ابنك قويا, سليما, معافى.... فى العالم السفلى.

يشكل السطر الأول من أى نص دينى أو صوفى (روحانى) أهمية كبرى, لأنه يعطى انطباعا عما سيليه من معانى. والمطلع على الثقافة المسيحية و على الاناجيل, سيدرك على الفور العلاقة بين هذا النص من أناشيد آمون, و بين النص الانجيلى الذى يقول (أبانا الذى فى السموات, تقدس اسمك).

يخاطب النص الأول الذات الالهية باسم "آمين" (آمون) و يصفها بأنها هى الأب الذى فى السموات و يبتهل المرتل للكيان الالهى الأسمى أن يوجه اليه عنايته (وجهه).

هنا تبرز العلاقة بين المبتهل و بين الذات التى يبتهل اليها, و هى علاقة "أبوة", فالذات الالهية هى الأب, و الانسان هو الابن . ليس هناك علاقة أقوى من علاقة الابن بأبيه, فهى لا تقتصر على العلاقة العاطفية فقط, و انما هى أيضا علاقة بيولوجية. استخدم حكماء مصر القديمة علاقة الابن بأبيه كتعبير مجازى عن علاقة الانسان بالذات الالهية, للدلالة على الصلة الوثيقة و القرب الذى يشبه قرابة الابن لأبيه.

و لكن كيف ذلك ؟ كيف يمكن لك أن تكون قريبا من الذات الالهية الى هذه الدرجة, مع أنك مخلوق من لحم و دم, و الذات الالهية روح شفافة ؟

و لماذا تبتهل للذات الالهية أن تساعدك و تمنحك القوة فى العالم السفلى ؟ و ما هى طبيعة العالم السفلى ؟

تقف العلاقة بين الانسان و بين الذات الالهية فى قلب كل النصوص الروحانية المصرية القديمة, و تعتبر أناشيد آمون أكثر النصوص اهتماما بتلك العلاقة.

فالجسد المادى للانسان يعتبر كيانا ميتا فى جميع الأحوال, و هو لا يختلف عن قطعة من

الصخر أو المعدن.

ان ما يجعل الجسد حيا هو تلك الروح الشفافة التى تسكنه. و بمجرد مغادرة الروح لهذا المسكن المؤقت, يتحول الجسد الى جثة هامدة, لا حياة فيها و يبدأ بالتحلل الى عناصر أولية تذوب و تختلط مع مكونات الأرض.

تنظر العلوم الروحانية الى الشخص الذى لا يعى سوى جسده المادى على أنه شخص "ميت", لأنه يعتقد بأنه سيموت بمجرد موت جسده المادى.

لذلك يقال عن الذين لم يدركوا طبيعتهم الالهية أنهم أموات روحانيا.

اذن, أين هى الحياة ؟ و ما هو ذلك الجزء من كيانك الذى يمكن أن نصفه بأنه حى ؟

ان الاجابة تكمن فى الكلمة الأخيرة من السطر الأخير من هذا النص من أناشيد آمون...... كلمة العالم السفلى (النجمى).

رأى المصرى القديم أن للكون ثلاثة أبعاد رئيسية, هى :-

*** تا (Ta) : الأرض

*** بت (Pet) : السماء

**** دوات (Duat) : العالم النجمى (السفلى)

كان ال "دوات" فى نظر المصرى القديم عالما برزخيا تسكنه العديد من الكائنات, منها كائنات الهية , و أرواح . و هو المكان الذى يعاقب فيه فاعل الشر, و يحيا فيه فاعل الخير فى سعادة أبدية .

يطلق على "الدوات" أيضا اسم "أمنتى" أو "أمنتا", و هى كلمة مصرية تعنى "الخفى/الباطن" لأنه هو البعد الخفى من أبعاد الكون الذى يعثر فيه الانسان على "آمون" (الخفى / المحتجب / الباطن).

و "الدوات" هو أيضا العالم الذى يرتحل فيه "رع" ممثلا فى قرص الشمس, و تبدأ رحلة

"رع" الليلية (النجمية) دائما من الأفق الغربى و تنتهى فى الأفق الشرقى.

يعتقد بعض الناس أن العالم النجمى (السفلى) موجود فى باطن الأرض (تحت سطحها), لأنهم يشاهدون "رع" (ممثلا فى قرص الشمس) و هو يغوص تحت الأفق الغربى عند بداية رحلته الليلية الى الدوات, و لكن هذا التفكير نابع من عقول لم تطلع على العلوم الروحانية. **"الدوات" هو ذلك البعد الخفى من أبعاد الكون المرتبط بالعقل الباطن (العقل النجمى) للانسان, كما يرتبط أيضا بالوعى الكونى (العقل الالهى) . و فى الحقيقة ان كلا من العالم المادى و العالم النجمى (السفلى) هما جزء من الوعى الكونى.**

كان المصرى القديم ينظر الى "الدوات" على أنه صورة مرآه معكوسه من العالم المادى.

الدوات هو عالم يخلو من المادة التى نعرفها فى عالمنا, كما أنه عالم يقوم على الفكر و الحواس, و لكنها حواس "باطنية / نجمية". فمثلا: العين التى ترى الظاهر فى عالم المادة يقابلها عين أخرى نجمية ترى رؤية داخلية باطنية, و هى العين التى نرى بها الأحلام أثناء نومنا. و كذلك حاسة السمع و اللمس و الشم. كل حاسة ظاهرة يقابلها حاسة نجمية باطنية. و الدوات هو العالم الذى تذهب اليه الأرواح بعد الموت. فاذا كانت أفعال الانسان فى حياته الدنيا أفعالا صالحة, أى متناغمة مع الماعت (النظام الكونى) فان تجربة الروح فى العالم النجمى تكون تجربة سماوية.

أما اذا كانت أفعاله غير صالحة, أى مخالفة للماعت (النظام الكونى) فان تجربة الروح فى العالم النجمى تكون تجربة مؤلمة, و هى ما يوصف مجازيا بفكرة "الجحيم".

كان الدوات أيضا فى نظر المصرى القديم هو "جسد أوزير", ففى مركزه يقف عامود "الجد" (Djed)... العامود الفقرى لأوزير .

و الروح التى تجتاز المحاكمة فى العالم النجمى بنجاح و تثبت طهارة قلبها و نقائه, يمكنها أن تختار الذهاب الى المنطقة التى يوجد فيها عامود الجد و تتحد بأوزير و تصبح جزءا من جسده, أو أن تختار الانتظار حتى يمر قارب "رع" فى رحلته الليلية و يضئ أنحاء "الدوات"

بنوره.

اذا اختارت الروح أن تكون بصحبة "رع", فانها تلتحق بقاربه السماوى, و تصبح من ركاب قارب ملايين السنين, و عند ذلك تتحد بروح "رع" و تصبح جزءا من منظومة النور الالهى و تحيا فى سكينة أبدية, و رضا تام (رضوان).

أما اذا اختارت الروح البقاء فى عالم الدوات, فانها تحيا حياة تشبه صورة مرآة من حياتنا على الأرض, و لكنها حياة أرقى.

جاء فى كتاب الخروج الى النهار من بردية آنى بالمتحف البريطانى (فصل رقم 175) :-
*** يقول الكاتب "أوزير – آنى", صادق القلب و اللسان... تقدس اسمك يا "تمو" (آتوم), ما هذه الأرض التى جئت اليها ؟ فليس فيها ماء و لا هواء, و لا يمكن سبر أغوارها... ما هذه الأرض المظلمة ؟ ان ظلمتها أشد من أكثر الليالى اظلاما, و يهيم فيها الناس على وجوههم.... و لا يهدأ فيها القلب, و لا تشبع فيها أى رغبة حسية) ***
ففى العالم النجمى تتغذى الأرواح على الماعت (النور و النظام) بدلا من الماء و الهواء و الخبز. و تجد الأرواح بهجتها و سعادتها فى الحب, و ليس فى الرغبات الحسية.

و عند الحديث عن اختيار الأرواح للاتحاد ب "أوزير",أو ب "رع", تجدر الاشارة الى أن الاختيار هنا ليس اختيارا واعيا عن طريق التفكير العقلانى, و انما هو اختيار اللاوعى, أو العقل الباطن. فالرغبات و الأفكار تسجل على هيئة انطباعات تحفر فى العقل الباطن, و تنتقل مع الانسان من العالم المادى الى العالم النجمى بعد الموت, و تؤثر على اختياراته القادمة و مصيره فى العالم النجمى, كما تؤثر هذه الانطباعات الكامنة فى العقل الباطن على حياة الانسان فى العالم المادى أيضا.

فحب أشياء معينة و كراهية أشياء أخرى يلتصق بالعقل الباطن للانسان و ينتقل معه من مرحلة الى أخرى طوال رحلته على الأرض. هذا التعلق الذى اكتسبناه منذ سنوات الطفولة المبكرة أو من حيوات سابقة يفسر ميلنا لحب أشياء معينة و كراهية أشياء أخرى أو الخوف

منها بدون سابق معرفة بهذه الأشياء. مثل خوف الانسان مثلا من الأماكن الضيقة أو المرتفعة مع أنه لا يتذكر أى تجربة سيئة مرتبطة بالأماكن الضيقة أو المرتفعة.

الكثير من القرارات التى يتخذها الانسان فى حياته تكون مبنية على انطباعات نابعة من العقل الباطن. و كذلك تكون قرارت الروح فى العالم النجمى أيضا نابعة من العقل الباطن, و ليس من العقل اليقظ. لذلك كان على طالب المعرفة الروحانية أن يتعلم كيف ينقى عقله الباطن من الانطباعات السيئة و كيف "يتخلى" و لا يتعلق بأى رغبة أو شئ مادى , حتى لا يؤثر ذلك سلبيا على مصيره و أقداره.

ان المتع الحسية الغريزية التى يسعى الانسان بشغف لاشباعها (مثل الجنس) هى متع مرتبطة بالوجود "المادى / الأدنى", حيث يمتلك الانسان جسدا ماديا, بالاضافة الى العقل و الحواس التى تتشابك معا لتكوين التجربة الحسية.

أما فى العالم النجمى (السفلى), فان الانسان يمتلك مستوى آخر من الوعى أبعد من الوعى الجسدى الحسى, و يمتلك جسما آخر يختلف عن الجسم المادى, و يعرف هذا الجسم باسم "ساحو", أى الجسم النجمى, و هو مستوى من الوعى لا يخضع لقوانين الزمان و المكان التى تحكم العالم المادى.

و لكى يصل الانسان الى هذا المستوى من الوعى و يمتلك جسما نجميا (ساحو) قويا, عليه أن يتخلى عن الجهل و الأنانية و كل الأفكار المرتبطة بالوجود الأدنى, الحسى, الغريزى هذا التخلى عن الوجود الأدنى جاء وصفه فى كتاب الخروج الى النهار, و فى ميثولوجيا بعث أوزير .

ان كل تجارب الانسان تحدث من خلال العقل . تأمل ذلك .

عندما ترى حلما أثناء نومك, فان كل وقائع الحلم تحدث داخل عقلك. و عندما تلمس شيئا فى الحلم, فان الذى يلمس ليس جسدك المادى, و انما هو عقلك.

ان حاسة اللمس المعتادة فى عالم المادة تقوم على ارسال الجلد معلومات الى المخ عن طريق

الجهاز العصبى, ثم يقوم المخ بترجمتها الى خبرة حسية.

على سبيل المثال, عندما تلمس شيئا ناعمل كالحرير, فان الجلد يرسل اشارات للمخ, الذى يقوم بترجمتها على أنه "ملمس ناعم".

و لكن فى حالة النوم, ما هى الوسيلة التى تحس و تشعر من خلالها و أنت نائم ؟

انك بالطبع لا تستخدم أيا من أعضاء جسدك كالعين أو الأذن أو الأنف, أو الأصابع - لأن الجسم المادى كله فى حالة "نوم / سكون" - و انما تستخدم حواس أخرى باطنية / نجمية, أى مرتبطة بالعالم النجمى . فأنت فى أحلام النوم - و بعض أحلام اليقظة التى تعرف باسم الحلم النقى (Lucid Dreaming) - تذهب الى العالم النجمى (السفلى), و هو نفس العالم الذى تذهب اليه الأرواح بعد الموت.

و فى هذا العالم تمر الروح بخبرات مختلفة تكون الوسيلة فيها حواس باطنية تعتبر امتدادا للحواس المادية الظاهرة, مثل السمع و البصر و اللمس و الشم.

عليك أن تتذكر دائما أن الروح هى التى تستخدم الجسد (و ليس العكس), لكى تكتسب خبرة و معرفة بالعالم المادى. و لكن بمجرد أن تحل الروح داخل الجسد, تفقد ذاكرتها الروحانية و تنسى الأصل الذى جاءت منه, وتتوهم أنها هى الجسد, و تلتصق به.

و فى عالم المادة يكون الجسم المادى بمثابة حاجز أمان و حد فاصل لكل من المتعة و الألم . فعندما يزيد الألم عن حد معين قد يفقد الانسان الوعى و تأخذه اغماءة أو غيبوبة. و أيضا عند الاستمتاع بالأكل, اذا امتلأت المعدة بالطعام فانها تعطيك اشارة أنها امتلأت لتتوقف عند حد معين ولكن فى العالم النجمى (الدوات), لا يوجد جسد مادى يشكل حدا فاصلا للمتعة أو الألم و عند الموت, تترك الروح الجسد المادى على الأرض و تذهب الى الدوات (العالم النجمى) لتعيش تجارب مختلفة تستخدم فيها الحواس الباطنية النجمية (البصر النجمى, و السمع النجمى, و اللمس النجمى, و الشم النجمى, الخ), حيث كل التجارب تتم عن طريق العقل, تماما كما يعيش الانسان تجارب مختلفة فى الأحلام أثناء نومه. و فى غياب الجسم المادى,

تكون تجارب المتعة و الألم أضعاف ما عرفه الانسان فى العالم المادى, و هو ما يطلق عليه تجربة الجنة و الجحيم.

عند موت الجسم المادى, تنتقل الروح الى العالم النجمى بصحبة العقل و الحواس النجمية. و اذا لم يتعلم الانسان كيف يتخلى عن الالتصاق بالعقل و الحواس, فانه يمر بتجارب مختلفة فى العالم النجمى . وحسب قانون الكارما (قانون السبب و النتيجة) تكون خبرات الروح فى العالم النجمى مؤلمة أو ممتعة.

فاذا كان العقل الباطن يحمل رغبات حسية تتعلق بها نفس الانسان, فانه يهيم على وجهه فى العالم النجمى محاولا اشباع هذه الرغبات مستخدما الحواس النجمية بدلا من الحواس الظاهرة.

فى غياب الجسم المادى, لا يكون هناك حدود لأى متعة أو ألم . فالاحساس بالندم مثلا يكون أشد ايلاما و كذلك المتع الحسية (النجمية) تكون أقوى.اذا كنت تشتهى صنفا معينا من الطعام (كالبيتزا) يمكنك أن تستمر فى تناوله بدون توقف, و اذا أردت أن تشبع رغباتك الحسية الجنسية يمكنك أن تستمر فى ذلك بدون حد فاصل يرغمك على التوقف. و أثناء اللهاث وراء اشباع الحواس النجمية يتوقف استخدام العقل فيضعف, بينما تزداد هيمنة الحواس و تتحكم هى فى مصير الروح .

و بعد فترة من التجارب المختلفة فى العالم النجمى تجد النفس أنها استنزفت كل المتع, فتسعى للعودة الى العالم المادى و التجسد فى جسد مادى مرة أخرى بحثا عن تجارب حسية جديدة. اذا لم تصل الروح الى التنوير (المعرفة الروحانية) فقد تقع أسيرة دورات طويلة جدا من اعادة التجسد الى أن تكتسب المعرفة الروحانية و تتعلم "التخلى" و "عدم التعلق بالرغبات", (detachment) لذلك كان الهدف الأسمى لكل طرق اليوجا هو تنقية العقل الباطن من كل ما يتعلق به من رغبات و أفكار نابعة من الالتصاق بالعالم المادى.

كان قدماء المصريين يطلقون على هذه الرياضة الروحانية مصطلح "تطهير القلب", و هى المحور الذى يدور حوله كتاب الخروج الى النهار.

تحدثنا من قبل عن أبعاد الكون, و قلنا أنها ثلاثة أبعاد رئيسية, هى (الأرض - السماء – الدوات) و داخل الدوات, يوجد عالم أو حيز أو منطقة تعتبر هى مسكن أوزير و موطنه, و هى المحطة النهائية التى تقصدها كل روح مستنيرة اكتسبت معرفة روحانية, و هى العالم الذى تجد فيه الروح السكينة و السلام الدائم و الرضا التام (الرضوان).

كان المصرى القديم يطلق على هذا العالم اسم "سيخيت – ايارو", أى حقول الايارو, أو جنة الايارو. و أحيانا كان يطلق عليه اسم "أمنتت" (Amentet), أى المكان الخفى أو البعد "الخفى / الباطن" من أبعاد الكون.

يعتبر الأمنتت منطقة وسطى, أو همزة وصل, أو جسر يجمع بين كل من "أوزير" و "آمون /آمين", فكلمة "آمينتت" مركبة من كلمتين, هما "آمين", و "تيت" (Tet), و هو عامود الجد (الذى ينطق أحيانا "تيت"), و الذى يعتبر رمزا لأوزير

يرمز عامود الجد الأوزيري للروح التى وصلت الى معرفة أسرار الذات.

عندما تصل الروح الى تلك المعرفة, فان وعيها بأصلها و بصلتها بالذات يظل ثابتا راسخا لا يتأثر بالتنقل بين حالات الوعى المتغير (اليقظة / الأحلام / النوم العميق الخالى من الأحلام). لذلك كان عامود الجد هو رمز ثبات و رسوخ الوعى.

أما كلمة "دجدو" DJEDU 𓊽𓊽 فهى تشير الى موطن أوزير ومسكنه

جاء فى كتاب الخروج الى النهار (الفصل الأول) :-

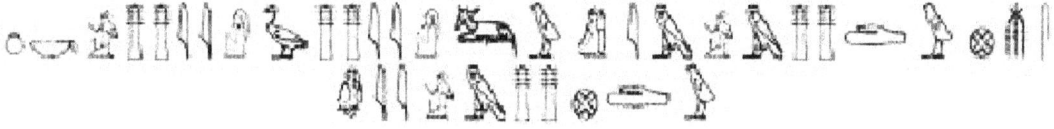

***** (أنا الثابت الراسخ.... ابن الثابت الراسخ.... ولدت من جديد فى العالم الثابت / المطلق / الذى لا يعتريه التغير) *****

يقع ال "أمنتت" فى أعماق العالم النجمى.... و يكتنفه السكون التام و الظلمة. هو عالم الهدوء و السكينة المطلقة حيث لا ألم, و لا متعة. و هو عالم لا يتأثر بصراخ المعذبين من أعداء "رع", ولا بصيحات البهجة الصادرة عن الأرواح الصالحة التى تمر بتجارب ممتعة.

يتكون ال "آمنتت" من سبعة قاعات, أو مناطق, و هو عالم خارج حدود الزمان و المكان, عالم خالى من أى أفكار أو مشاعر مرتبطه بالوجود الأدنى.

ال "أمنتت" هو الوجود المطلق, الخالى من كل أشكال الفكر و االمشاعر.

ال "أمنتت" هو عالم الحقيقة المطلقة, بعكس باقى مناطق العالم النجمى, و العالم المادى و التى تعتبر عوالم "نسبية / متغيرة / وهمية" و ليست حقيقية.

فى عالم ال "أمنتت" لا يوجد نمو و لا تطور, و لا تغير من حال الى حال...... و انما هناك ثبات و رسوخ (تيت) لحالة واحدة هى السكينة الدائمة و السكون و الهدوء و الشعور بالكمال و بالامتلاء, برغم خلو الذهن تماما من كل أشكال الفكر و الرغبات.

فى عالم ال "أمنتت", لا يوجد ميلاد و لا موت... ولا توجد حركة الزمان..... ليس هناك سوى الأبدية.

جاء فى كتاب الخروج الى النهار ببردية آنى, (فصل رقم 125) :-

*** (يقول الكاتب "أوزير – آنى", صادق القول و الفعل... ها قد أتيت اليك... لقد اقتربت منك, لكى أرى روعة حسنك... رفعت يدى تبجيلا للماعت... ها قد اقتربت من المكان الذى لا توجد فيه أى شجرة أرز... و لا تنمو فيه أى شجرة سنط.... و لا تنبت الأرض أى حشائش أو عشب.... الآن, دخلت الى مكان الأشياء الخفية, و أقمت حوارا مع "ست"... لقد دخل الكاتب "أوزير – آنى" الى بيت أوزير, و اطلع على ما فيه من الأسرار الخفية)
***

ان المكان الذى لا تنبت فيه الأشجار و لا ينمو فيه أى شئ, هو مكان السكون التام و السكينة المطلقة, هو المكان الذى لا توجد فيه أى أشكال أو مفاهيم عقلانية.

هو المحيط السماوى الأزلى الذى انبثق منه كل شئ هو المكان الخفى, الذى لا يعرف طريقه أى شئ "متحرك / نسبى / متغير", لأنه هو السكون نفسه. لذلك فهو بعيد المنال عن العقول التى يمزقها الفكر و الرغبات و المشاعر المختلفة.

ان كل ما هو "نسبى / متغير" فى هذا العالم انبثق فى الأزل من "المطلق / الثابت".

ال "أمنتت" هو مكان السكون التام الذى يلتقى فيه الانسان بالذات الالهية و يتحد بها, و عندما يحدث ذلك, ينكشف للانسان كل ما كان خفيا عنه.

يوصف ال "أمنتت" (Amentet) بأنه المنطقة الأعمق و الأكثر ظلاما فى العالم "النجمى / السفلى" (الدوات), و هو ليس فقط موطن أوزير, بل هو أوزير نفسه, و لذلك يحمل "أوزير" أحيانا لقب "رب الظلام الكامل", و يصور ببشرة سوداء (و أحيان أخرى ببشرة خضراء) كما تصور أيضا كل من "نوت" و "ايزيس" و "حتحور" أحيانا ببشرة سوداء, لأنهن انبثقن من هذا البعد الخفى المظلم من أبعاد الكون.

جاء وصف عالم ال "أمنتت" بأنه "فراغ" أو "خواء" فى سياق البردية التى يطلق عليها "مرثيات ايزيس و نفتيس". و هذا المفهوم لعالم مكون من "فراغ" يتشابه مع أحد رموز

الفلسفة البوذية يطلق عليه "شونيا" (Shunya), و هو يشير الى مستوى من مستويات الوعى يخلو تماما من أى صورة من صور الفكر.

حين يخلو الذهن تماما من وجود أى شكل من أشكال الفكر أو الصور, يهدأ و يسترخى, و ينعم بالسلام و السكينة . أما عندما يمتلئ بالأفكار, فعند ذلك ينحصر الوعى فى الأفكار التى تشغله, و يضيق أفقه ليصبح فى حجم الأفكار أو الصور التى تتوارد عليه.

اذا عرف الانسان كيف يتخلص من تلك الأفكار و الرغبات و ينقى ذهنه تماما مما علق به , فسيكتشف ذاته الحقيقية و علاقته بالكون و بالوجود كله .

ان دراسة ما يعرف بمناطق العالم الآخر مثل "أمنتت" و "روسيتاو", هى فى الحقيقة دراسة لوعى الانسانى و مستوياته المختلفة..... هى دراسة لجغرافيا العقل الانسانى, و ما فيها من كائنات مخيفة (أشباح), و كائنات الهية, و الأسباب وراء التوتر الذهنى, و كيف يمكن للانسان أن يصل الى موطن "الذات" حيث الرضا التام .

لذلك فمهمة اليوجا هى تعليم الطالب كيف يقتلع جذور التوتر الذهنى و كيف يغير نمط تفكيره ليتخلص من الأفكار و الرغبات, و ينقى ذهنه تماما, ليستطيع رؤية الذات الكامنة فى الأعماق , و يصل الى ال "حتب" (الرضا التام و السلام الدائم).

من وجهة نظر العلوم الروحانية يعتبر "الدوات" (العالم النجمى) هو ذلك البعد الخفى من أبعاد الكون الذى ينبع منه "اللاوعى", و"أوزير" هو ذلك المستوى من الوعى الذى يسمو فوق كل أشكال التفكير العقلانى. و هو أيضا ذلك المستوى من الوعى الذى نختبره أثناء النوم العميق الخالى من الأحلام.

الدوات هو ذلك الجانب الخفى من النفس الانسانية, لذلك يطلق عليه أحيانا اسم "آمون".

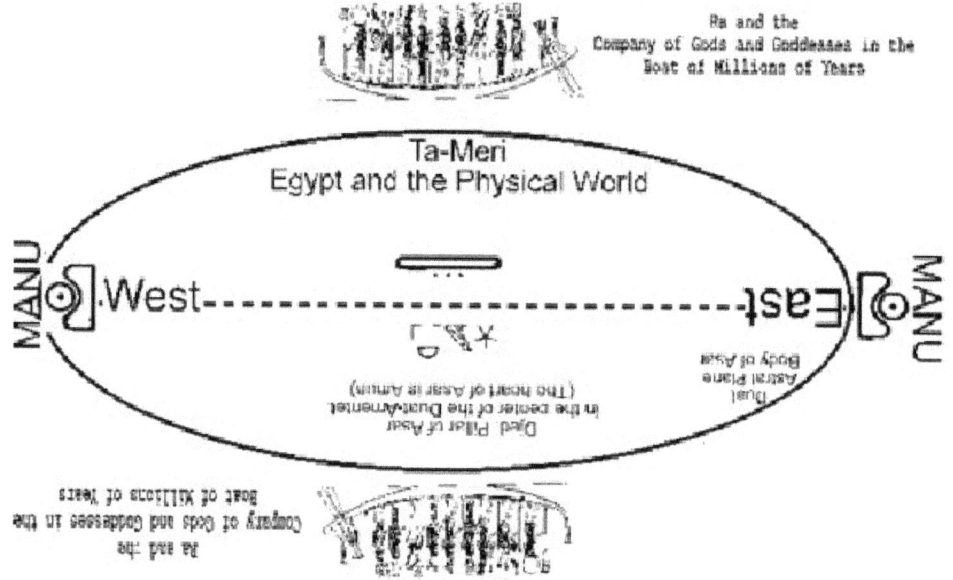

صورة توضح العلاقة بين أبعاد الكون المختلفة, حيث العالم النجمى هو صورة مرآه معكوسة من العالم المادى, و قارب "رع" يبحر بين العالمين حاملا معه صحبته من ال "نترو" (الكيانات الالهية) . فى النصف الأعلى من الشكل البيضاوى نجد "تا – مرى" أى الأرض المحبوبة و هو احد أسماء مصر القديمة و يطلق أيضا على الأرض كلها. و فى النصف الأسفل نجد العالم النجمى أو السفلى .

بعد أن يكتشف طالب اليوجا أكثر المناطق عمقا و خفاءا و غموضا فى الدوات (و هى اللاوعى) عن طريق اليوجا و التأمل, يمكنه عند ذلك أن يقول بأنه مر بتجربة روحانية (صوفية), و أن لديه معرفة غنوصية (مباشرة) بالذات الالهية.

يطلق على من يمر بهذه التجربة لقب حكيم, أو قديس, أو مستنير. و بفضل هذه التجربة الروحانية الصوفية المباشرة, يعتبر كل ما يقوله الحكيم بمثابة كلمات مقدسة أتت بوحى مباشر من الذات الالهية. لذلك يطلق على الحكماء "مستنيرين".

جاء فى كتاب الخروج الى النهار (فصل 125) :-

*** (لقد دخلت الى بيت أوزير..... و أزحت الغطاء الذى هناك عن رأسه.... لقد دخلت الى "روسيتاو"... و رأيت "المحتجب" الذى هناك..... لقد كنت محتجبا، و لكنى عثرت على الحدود.... لقد ارتحلت الى "نيروت – اف", و قابلت ساكنها, و ألبسنى ثوبا.....حقا, لقد أطلعنى "أوزير" على ما خفى من أسراره) ***

يوضح لنا هذا النص مفهوم التنوير و التجربة الروحانية (الصوفية).

تشير كلمة "روسيتاو" الى الموضع الذى يوجد فيه تابوت أوزير.

والمحتجب يقصد به "الكيان الالهى الأسمى" (Supreme Being), الذى يحمل أحيانا اسم "أوزير – آمون".

فى تلك التجربة الباطنية, يتخطى الانسان الحدود و تكشف له الحجب, و يعثر على موطن "المحتجب".

و هنا يصف النص قدرة الانسان الذى مر بتلك التجربة على التمييز بين ما هو زائف و ما هو "حقيقى / مطلق". فهى تجربة مثيرة, يجتاز فيها المرتحل عالم الدوات النجمى الملئ بالخداع و الأوهام و الفخاخ تماما كعالم الأرض, ليصل أخيرا الى تلك المنطقة التى يسكنها الكيان الأسمى (الخفى), حيث السكينة و السلام الدائم و الرضا التام.

أما كلمة "نيروت – اف" فهى تشير الى موضع قبر أوزير أو مقصورته المقدسة, أو قدس الأقداس يشير هذا السطر الى أنه لا يمكن معرفة الاله من خلاله ه و. هو وحده الذى يكشف عن أسراره.

ان كل النصوص و الكتب الدينية التى تصف الاله تعتبر ناقصة، و هى لا تعطى سوى وصف قاصر غير مكتمل للاله، لأن الاله يرقى فوق كل التصورات و المفاهيم العقلية.

وبرغم أن النصوص الروحانية و الدينية جاءتنا عن طريق حكماء و مستنيرين عرفوا الاله واتصلوا به اتصالا مباشرا، الا أن الكلمات و التصورات العقلية تظل فى حدود العقل الذى

ينتمى للعالم "النسبى /المتغير / الوهمى".

ان دراسة النصوص الروحانية و الطقوس الدينية لا يمكن وحدها أن تمنح الانسان تجربة صوفية روحانية أو اتصال مباشر بالاله.

لكى يحدث ذلك, على الانسان أن يكتشف "الذات" الكامنة بداخله, و عندها سيدرك أنه و الاله شئ واحد.

لا يمكن معرفة الاله, الا اذا أصبحت أنت نفسك الاله.

هذا النوع من المعرفة (الغنوصية) يختلف تماما عن المعرفة العقلانية التى يكتسبها الانسان عن طريق القراءة أو الاستماع. فالمعرفة العقلانية ليست تجربة مباشرة, و بالتالى فهى ليست معرفة حقيقية. حين يخبرك المعلم عن بلد اسمه الصين مثلا, فان ذلك يعتبر معرفة عقلانية. أما عندما تسافر الى الصين و تراها بعينك و يكون لك فيها تجارب مختلفة, فتلك هى المعرفة "المباشرة / الحقيقية"

لا توجد ألفاظ أو صور تستطيع أن تصف المعرفة التى يكتسبها الانسان من خلال التجربة الروحانية (الصوفية) المباشرة.

لكى يصل الانسان الى "معرفة الاله", عليه أن يتصل بالاله اتصالا مباشرا, و يتحد به.

ان المعرفة الحقيقية هى المعرفة المباشرة (الغنوصية), كل أشكال المعرفة الأخرى تعتبر ناقصة ولا يمكنها ان تصل بالانسان الى ال "حتب" (الرضا التام / السكينة), لا فى العالم المادى و لا فى العالم النجمى / السفلى (الدوات).

لا يعنى ذلك أن المعرفة العقلية ليست مهمة. بالعكس, فالمعرفة العقلية تمهد الطريق و تحرث التربة و تعدها لغرس المعرفة الحقيقية.

فقبل أن تحصد الثمار, عليك أن تغرس البذور أولا و قبل أت تغرس البذور, عليك أن تحرث التربة و تعدها للغرس.

ان المعرفة العقلية هى بمثابة حرث لتربة الوعى و اعداده لغرس المعرفة الروحانية المباشرة وعلى طالب اليوجا أن يعرف كيف ينقى وعيه من من كل أشكال التفكير السلبى و من التوتر الذهنى و من "الأنا". عندما يكون الذهن صافيا يصبح كالتربة الخصبة, الممهدة, التى بمجرد أن تغرس فيها البذرة تنمو و تتحول الى شجرة. و بعد أن تنمو الشجرة, يمكنك أن تقطف ثمارها, و هى معرفة "الذات".

و فى المشهد الشهير للمحاكمة و وزن القلب يوم الحساب, نجد فى قاعة المحاكمة كلا من "شاى" (الكارما / القدر), و "رينينوتت" (الحصاد). بينما يقف تحوت عند الميزان و يدون ما سيسفر عنه وزن القلب.

وصفت بعض النصوص المصرية القديمة كلا من "شاى" و "رينينوتت" بأنهما أيادى تحوت التى يدون بها مصير الانسان. و المعنى المقصود هو أن الانسان يحصد ما زرعت يداه.

الانسان هو الذى يصنع قدره بنفسه, لأنه هو المسئول عن أفكاره و أفعاله .

ان من يصل الى معرفة "الذات" الحقيقية و يدرك صلته الوثيقة بأوزير, سيلتحق به (أى بأوزير) فى "الغرب الجميل", و هو العالم الذى يذهب اليه "رع" فى رحلته "الليلية / النجمية / الباطنية", و هو أيضا العالم الذى يطلق عليه اسم "أمنتى", أى المكان الخفى, أو البعد الخفى.

عندما تتدرب على تنمية الحدس "صا" (Saa) الذى يستوعب طبيعة الخلق و وحدة الوجود داخل كيان واحد هو "الكل", عندها تكون قد وصلت الى "صا – أمنتى – رع" (Saa-Amenti-Ra), أى معرفة العالم الخفى الذى يسكنه "رع".

و من يخفق فى الوصول الى ذلك المستوى من الوعى, يصبح معرضا لتجارب مختلفة فى العالم النجمى "الدوات" بعضها مؤلم و بعضها ممتع, و هى كلها تجارب وهمية نابعة من أفكار غير نقية تسكن اللاوعى.

جسد أوزير متكورا, تحيط به مياه الأزل (نون) من كل جانب. جسد أوزير هو طاقة الحياة الأزلية التى تحيى الكون. جسد أوزير هو قلب الدوات (العالم النجمى /السفلى) و هو غاية الأرواح و منتهاها بعد انتهاء رحلتها فى العالم المادى.

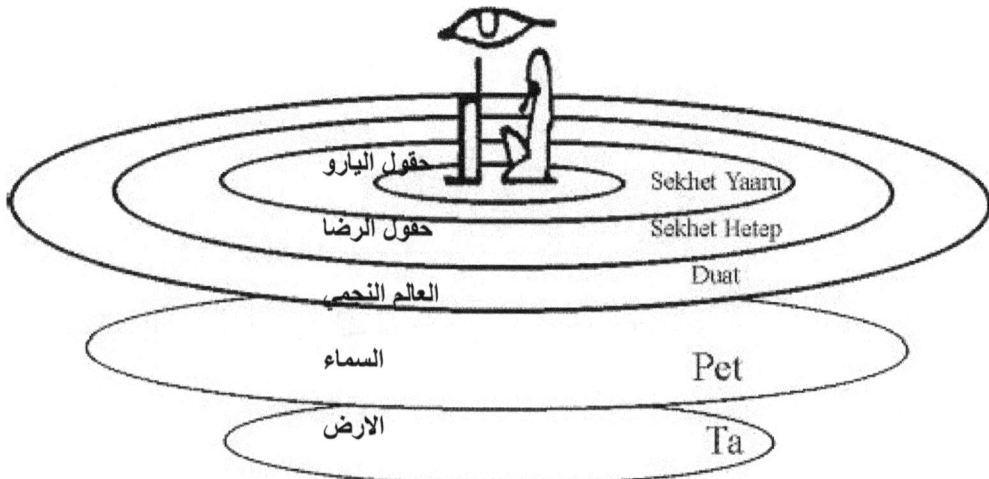

الشكل السابق مستوحى من نصوص كتاب "الخروج الى النهار" و من كتاب الأمدوات

(وصف ما هو كائن فى العالم الآخر), و هو يوضح علاقة التداخل بين أبعاد الكون الثلاثة الرئيسية :-

*** تا : العالم المادى / الأرضى

*** بت : العالم السماوى / الشمسى

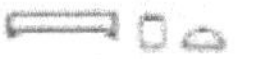

*** دوات : العالم النجمى / السفلى

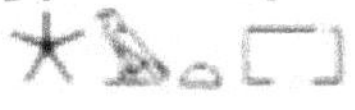

و نلاحظ أن أصغر الدوائر هى الدائرة التى تشير الى عالم الأرض, و أكبرها هى الدائرة التى تشير الى الدوات, حيث يعتبر الدوات عدة عوالم متداخله و ليس عالما واحدا و فى مركز الدوات يوجد موطن أوزير و مسكنه, و هو أيضا محور الكون.

لاحظ أن التعاليم الروحانية الخاصة بالعالم النجمى (الدوات) تتضمن فهم كل من "آمون" و "رع" و "أوزير" و تدمجهم جميعا فى بعد كونى واحد هو ال "أمنتى" و هذا يدل على ترابط كل التعاليم الروحانية المصرية القديمة و اندماج كل النترو (التجليات الالهية) فى سياق فلسفى واحد.

و هنا تجدر الاشارة أيضا الى التشابه بين عالم "الدوات" فى الفلسفة المصرية القديمة و بين عالم السموات فى الفكر المسيحى .

فسفر التكوين يحكى قصة آدم و حواء — و هما رمز الانسان الأول (الأزلى) — و كيف كانا يعيشان فى "جنة عدن" السماوية فى تناغم مع الكون كله .

فى ذلك الزمان و المكان الأزلى, كان الانسان الأول يشعر بوحدة الكون و الاله.

كل شئ واحد. كل شئ هو الواحد/الوحدانية.

و فى هذا المستوى من الوعى, لا يوجد موت.

كان الانسان الأول خالدا, لم يتجرع بعد كأس الموت.

و لم يعرف "الرغبات", لأنه كان يشعر بالكمال و الامتلاء, و هو شعور نابع من وعيه بأنه لا ينفصل عن الاله و لا عن الكون.

و هنا يمكن أن ندرك التشابه بين فكرة "جنة عدن" التى كان يسكنها الانسان الأول فى الثقافة المسيحية و بين العالم النجمى "الدوات" فى الفلسفة المصرية و خصوصا المنطقة أو البعد الخفى الذى يطلق عليه "أمنتى" (Amenti).

تحكى قصة آدم و حواء كما جاءت فى سفر التكوين عن "حية" قامت باغوائهما و جعلتهما يأكلان من شجرة محرمة. و قبل الأكل من تلك الشجرة (شجرة معرفة الخير و الشر) لم يكن آدم وحواء يدركان وجود اختلاف بين أحدهما و الآخر.... و لا بينهما و بين غيرهما من المخلوقات فى الكون كان كل شئ فى نظر آدم و حواء "واحد".... لا انفصال بين كيان و آخر.

و لكن الرغبة التى طرأت فجأة على قلبهما, قادتهما الى الأكل من "شجرة معرفة الخير و الشر", و هذه المعرفة ذات الطبيعة المزدوجة, أدت الى ظهور الانقسامية فى وعى كل منهما, فأصبح يرى الفرق فى النوع بينه و بين الآخر, و قد كان من قبل غافلا عن ذلك كما أصبح يرى نفسه منفصلا عن الاله و عن غيره من المخلوقات.

و الحية فى سياق هذه القصة الميثولوجية هى رمز لطاقة الحياة (Life Force) ذات الطبيعة الثنائية / القطبية, و هى الطاقة التى تتخلل كل شئ, و هى أيضا الحافز و السبب وراء وجود "رغبات" تدفع الانسان الى الحركة و الاتيان بأفعال مختلفة.

أما "شجرة معرفة الخير و الشر" فى سياق القصة, فهى رمز لقانون القطبية و الازدواجية الذى تقوم عليه الحياة ففى الأزل, و قبل خلق الحياة, لم يكن هناك سوى الوحدة (oneness).

فى الأزل لم يكن هناك سوى الوعى الخالص النقى الخالى من أى رغبة أو فكرة ثم تغير كل ذلك, و أصبح هناك "انقسامية / ازدواجية / أقطاب / ثنائيات".... أصبح هناك خير

و شر..... ذكر و أنثى..... أنت و أنا...... هنا و هناك.... فوق و تحت.

تفتت الوعى و تحول من محيط واحد كبير الى بحيرات و جداول صغيرة, و أصبح لديه القدرة على الوعى بذاته كجزء منفصل عن باقى المحيط.

بمجرد أن أكل آدم و حواء من الشجرة تغير كل شئ فجأة و كأنه تعرض لسحر تحولت جنة عدن فجأة من مكان للسكينة و السلام المطلق و الرضا حيث كل شئ "واحد", الى عالم من الانفصالية و الانقسامية و صراع الأنا و الرغبات التى أصبحت تشكل الوعى الأدنى للانسان فى صورته الحالية.

كان الأكل من شجرة معرفة الخير و الشر ايذانا بالنفى خارج "جنة عدن", و الهبوط من الوجود الأسمى الى الوجود الأدنى. و آدم و حواء فى الحقيقة هما المسئولان عن هذا النفى من جنة عدن, والسبب فى ذلك هو انشغال الفكر بالرغبات.

ان انشغال الفكر برغبة واحدة فقط مهما كانت بسيطة قد يغير مصير الروح و يدفعها الى سلسلة طويلة جدا من دورات اعادة التجسد, الى أن تتعلم كيف تتخلص تماما من كل الرغبات و هو ما يعرف فى اليوجا باسم "التخلى" (detachment), و فى الفلسفة المصرية بمصطلح "تطهير القلب".

و بعد الخروج من الجنة, فقد آدم و حواء صفة الخلود و الكمال, و أصبح عليهما أن يتجرعا كأس الموت.

لم تكن "شجرة معرفة الخير و الشر" هى الشجرة الوحيدة فى "جنة عدن", فهناك أيضا "شجرة الحياة", و مكانها هو مركز الجنة أو منتصفها, و هى ترمز لتجدد الحياة بشكل دائم, و للعودة الى الحالة الأزلية للوعى, عندما كان محيطا واحدا صافيا نقيا, و قبل أن يتفتت الى بحيرات و جداول صغيرة منفصلة.

شجرة الحياة هى شجرة الحكمة (صوفيا), و حين يصل الانسان الى تلك الشجرة, فانه يستعيد وعيه الأول / الأزلى / الالهى.

تنشأ الحكمة من التجربة.

و لكى يصل الانسان للحكمة عليه أن يختبر الوعى بما هو "مادى / متغير / فانى", و أيضا الوعى بما هو "مطلق / ثابت / أبدى".

و الجمع بين التجربتين هو حالة التنوير التى يصفها المسيح فى سفر الرؤيا بتلك الكلمات :-

*** أنا البداية و النهاية (I'm Alfa and Omega) ***

و كما كان كلا من حورس مصر و كريشنا الهند "سيد الأعلى و الأسفل" (Above & Below) أى سيد الوجود الأعلى و الوجود الأدنى... سيد الوعى المادى الفانى و الوعى الالهى...... كذلك كان المسيح أيضا.

ان كلا الشجرتين – شجرة معرفة الخير و الشر و شجرة الحياة – فى نفس المكان..... فى وعى الانسان. و لكن شجرة معرفة الخير و الشر جعلتنا ننسى وجود شجرة الحياة.

عرفت الفلسفة المصرية القديمة شجرة الحياة, التى تجدد الحياة و الشباب و تمنح السكينة و الرضا التام و الامتلاء, و قد صورها الفنان المصرى القديم فى صورة شجرة جميز, أو مزيج من شجرة الجميز و سيدة تطعم أرواح البشر و تسقيها ماء الحياة.

و كما وردت فكرة شجرة الحياة فى الفلسفة المصرية, و أيضا فى الفكر المسيحى (فى قصة آدم و حواء), نجد أن فكرة حية الاغواء – التى قامت باغواء آدم و حواء بالأكل من الشجرة المحرمة – لها ما يقابلها فى الفلسفة المصرية, و هو ثعبان "عبيب" (أبوفيس).

يمثل "عبيب" العقل الذى تمزقه الرغبات, و الذى يعيق الروح و يعميها عن رؤية حقيقتها, و عن ادراك الوحدة التى تجمعها بالكون و بالاله.

ثعبان "عبيب" هو مرادف لفكرة حية الاغواء, التى أغوت آدم و حواء بالأكل من شجرة معرفة الخير و الشر. و هو الحدث الذى ما زال تأثيره على الانسانية حتى الآن.

فعند تعرضك للتوتر الذهنى نتيجة مشاعر و أفكار سلبية كالغضب و الخوف و الكراهية و الأنانية و الجشع, فان ذلك يعنى خروجك من "جنة عدن", أى خروجك من حالة السكينة و السلام الداخلى فهذه المشاعر و الأفكار السلبية تشتت الذهن و تعكر صفوه.

لذلك كان هدف اليوجا هو أن تعلمك فن الحياة الروحانية, بأن تدربك على كيفية اقتلاع جذور التوتر و التخلى عن الرغبات, لتكتشف "الذات" الحقيقية...... التى تقف دائما هناك, تنتظر بصبر اللحظة التى يتم فيها اكتشافها.

فى بداية ظهور الديانة المسيحية, كانت هناك قصة متداولة بين الناس تقول بأن المسيح صلب على شجرة معرفة الخير و الشر.

ان المسيح (و كذلك أوزير) يمثل الروح التى غادرت "جنة عدن" (محيط الوعى الواحد / الشامل), لتأتى الى الوجود الأدنى و تختبر الازدواجية و القطبية (الألم و السعادة..... الليل و النهار..... الظلام و النور... الذكر و الأنثى, الخ).

أى أن الروح تصلب – مجازيا – بسبب ما تختبره من الازدواجية و الانقسامية فى العالم الأدنى, و هى التى جاءت من عالم سماوى لا يعرف سوى الوحدة (oneness).

ان فكرة تألم الروح فوق صليب الانقسامية فى العالم الأدنى هى نفس الفكرة التى جاءت فى أسطورة ايزيس و أوزوريس حيث قام "ست" بتمزيق جسد أوزير الى أشلاء.

و تمزيق أوزير الى أشلاء يرمز الى تمزق وعى الروح فى العالم المادى بسبب الرغبات و الأنا و الجهل.

ظلت فكرة صلب المسيح على شجرة معرفة الخير و الشر هى الفكرة السائدة فى بداية ظهور

المسيحية الى أن تم تغييرها بعد ذلك الى فكرة الصليب, بسبب كثرة عدد شهداء المسيحية الذين صلبوا فى عصر الدولة الرومانية.

للصليب رمز باطنى عميق, فهو يمثل عالم الزمان و المكان... يمثل الوعى بالازدواجية و الانقسامية و هى تجربة مؤلمة للروح.

و المعنى الباطنى لتجربة الروح فى عالم الزمان و المكان نجده أيضا فى فكرة شجرة الكريسماس التى يتم قطعها بحيث تتجه تدريجيا الى القمة التى تعلوها عادة نجمة واحدة, هى رمز خلاص الروح.

و نفس الفكرة نجدها أيضا فى الهرم, فجوانب الهرم تمثل الازدواجية و الانقسامية فى العالم المادى لأن كل جانب يقف على الطرف الآخر من الجانب الذى يقابله, و لكنه كلما ارتفع, كلما اقترب من نقيضه, الى أن تلتقى كل الجوانب عند القمة. فكل جانب من جوانب الهرم يمثل قوة من قوى الطبيعة التى يوجد ما يقابلها و يناقضها فى الجهة الأخرى, و كلما ارتفعوا جميعا, كلما أصبح من الممكن الالتقاء فى نقطة واحدة هى القمة.

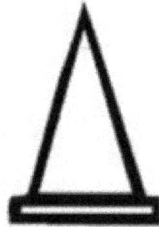

ان الطريق الى معرفة "الذات" هو بالعثور على شجرة الحياة.

جاء فى انجيل يوحنا على لسان المسيح :-

***** (أنا البعث, و أنا الحياة. و من يؤمن بى سيبقى حيا, حتى و ان ذاق الموت) *****

كان حورس ابن أوزير أيضا (مثل المسيح) رمزا للبعث و الحياة الأبدية. أى أنه باتباع التعاليم الروحانية الموجودة فى قصة حورس و قصة المسيح يمكن للروح الخلاص من سجن الجسد الفانى, و الوصول الى الخلود.

من وجهة نظر الثقافة المسيحية, تدور فكرة التنوير حول اكتساب الانسان المعرفة بجوهره الالهى والوصول الى الوعى الكونى.... أى الوصول الى شجرة الحياة.

هناك تشابه أيضا بين فكرة شجرة الحياة فى الثقافة المسيحية, و بين فكرة "كادوسيوس هرمس" فى الثقافة الهللينية, و فكرة عامود الجد الأوزيرى فى الفلسفة المصرية القديمة, و الشقرات السبع للكونداليني فى الثقافة الهندية, و شجرة ال "سفيروت" فى مدارس القبالة اليهودية.

تتشابه فكرة شجرة الحياة فى الثقافة المسيحية مع فكرة عامود الجد الأوزيرى, حيث تقول أسطورة ايزيس و أوزوريس أن أوزير بعد أن قتله أخوه ست و قذف بتابوته الى النيل جرفه التيار عبر أفرع النيل الى مدينة بيبيلوس بالشام حيث ابتلعته شجرة سنط. و هى الشجرة التى تحولت بعد ذلك الى عامود الجد.

كانت الشجرة ذات رائحة عطرة و بدأ عطر الشجرة يفوح, لدرجة جذبت انتباه ملك بيبلوس أثناء قيامه بالتنزه, فأمر بقطعها و اتخذ منها عامودا وسط قصره. ثم عرفت ايزيس بمكان زوجها ونجحت فى استعادته و هو على هيئة عامود الجد, و أعادته مرة أخرى الى الحياة, و هو ما يطلق عليه طقوس اقامة عامود الجد.

لعامود الجد معانى باطنية عديدة. فالأربع خطوط الأفقية التى تقف قرب قمته ترمز للأربعة مراحل العليا من التطور الروحى, كما ترمز الى الأربعة شقرات (مراكز الطاقة) العليا من الجسم الأثيرى للانسان, و التى تبدأ بشقرة القلب و تنتهى بشقرة التاج, مرورا بشقرة الحنجرة و شقرة العين الثالثة.

ترمز ايزيس فى سياق تلك الأسطورة الرائعة الى الحكمة التى بها يعثر الانسان على الذات الحقيقية, فينجو من الموت و يحيا من جديد حياة أبدية.

ان العقل الذى يمزقه الجهل و التوتر و تنقصه الارادة, سيكون سببا لآلام الروح بعد الموت. فبعد موت الجسد المادى تذهب الروح بصحبة العقل و الحواس الباطنية (النجمية) الى العالم النجمى, و هناك تقع ضحية تجارب عديدة شبيهة بالتجارب التى نمر بها أثناء الأحلام.

و تجارب الانسان فى العالم النجمى تكون أحيانا مبهجة, و أحيان أخرى مؤلمة.

لذلك يحتوى النص الأول من أناشيد آمون على ابتهال لآمون بأن يمنح المبتهل القوة فى العالم النجمى, و فى النص الثانى ابتهال لآمون من أجل الوصول الى السلام و السكينة فى العالم النجمى.

*** آمين.... أنت الذى فى السموات...... أقبل بوجهك على الجسد الميت لابنك..... اجعل ابنك قويا, سليما, معافى.... فى العالم السفلى ***

*** "آمين".... تقدس اسمك..... أدعوك أن تكشف لى أسرارك الخفية.... و أن تمنحنى السلام و السكينة فى العالم النجمى (السفلى)..... و القدرة على التحكم فى جوارحى و حواسى فى ذلك العالم ***

من خلال تعاليم و ممارسات اليوجا يتعلم اليوجي كيف يسيطر على حواسه, و يتعلم "التخلى" (detachment) عن الرغبات, حتى لا يقع ضحية الوهم عندما تذهب روحه الى العالم النجمى بعد الموت, و بذلك يكتشف "أوزير" الكامن بداخله, و يحيا فى الدوات و هو سليما معافى من أى تجارب مؤلمة.

أحد مشاهد كتاب الخروج الى النهار (كتاب الموتى) يصور رحلة السيدة "آنحاى" فى الدوات (العالم النجمى / السفلى), و تحديدا فى منطقة حقول الرضا أو جنة السلام (سخت – حتب).

*** فى المستوى الأول : السيدة "آنحاى" تبجل أرواح والديها

*** فى المستوى الثانى : السيدة "آنحاى" تزرع سنابل القمح و تحصدها و تقدم منها القرابين

*** فى المستوى الثالث : السيدة "آنحاى" تحرث الأرض

*** فى المستوى الرابع : القارب السماوى

يقول النص الأول و الثانى من أناشيد آمون :-

*** "آمين".... أنت الذى فى السموات...... أقبل بوجهك على الجسد الميت لابنك.....

اجعل ابنك قويا, سليما, معافى.... فى العالم السفلى ***

*** "آمين".... تقدس اسمك...... أدعوك أن تكشف لى أسرارك الخفية.... و امنحنى

السلام والسكينة فى العالم النجمى (السفلى)..... و القدرة على التحكم فى جوارحى و

حواسى فى ذلك العالم ***

قلنا من قبل أن هناك تشابه بين اقتتاحية النص الأول من أناشيد آمون و بين الصلاة التى

جاءت فى انجيل متى و التى تبدأ بالابتهال الى الاله بوصفه الأب الذى فى السموات.

كما يتشابه النص الأول و الثانى من أناشيد آمون أيضا مع اثنان من نصوص الفيدانتا

الهندية, هما "جاياترى مانترا" و صلاة الكمال الكونى.

و هذا يدل على التأثير الكبير لأناشيد آمون على كل من الثقافة المسيحية و الثقافة الهندية,

كما يدل على أن هناك مصدر واحد استقت منه كل مدارس العلوم الروحانية و الدينية

تعاليمها.

قارن بين الابتهال الذى جاء فى انجيل متى (6:9) "تقدس اسمك", و بين افتتاحية النص

الثانى من أناشيد آمون "تقدس اسمك".

يحمل اسم "آمون" فى الفلسفة المصرية أهمية كبرى لأنه رمز "الذات" (الكيان الالهى

الأسمى / المتعالى).

تنظر الثقافة اليهودية الى كلمة "آمين" باعتبارها جملة أو كلمة اعتراضية تترجم عادة بمعنى "ليكن" أو "ليتحقق الدعاء", و عادة ما يختتم بها الدعاء أملا فى الاجابة.
أما فى الفلسفة المصرية فتحمل كلمة "آمون/آمين" العديد من المعانى الباطنية المعقدة تدور حول العالم الخفى الغامض (الباطن) الذى انبثق منه عالمنا المادى, و هى بذلك تتشابه مع كلمة "أوم" فى الثقافة الهندية.

جاء فى انجيل متى :-

*** أبانا الذى فى السموات, تقدس اسمك.... ليكن ملكوتك, على الأرض كما فى السماء.... امنحنا خبز يومنا... و اغفر لنا خطايانا..... كما نغفر لأعدائنا.... و لا تدخلنا فى تجربة.... و نجنا من الشر.... لك الملكوت و المجد الى الأبد... آمين) ***

جاء فى أحد نصوص الفيدانتا الهندية و يطلق عليه اسم "جاياترى مانترا" (Gayatri Mantra) :-

*** (نبتهل اليك أيتها الذات الالهية..... التى تنير مستويات الوجود الثلاثة..... العالم المادى, و العالم النجمى, و العالم السببى...... التى تسطع كالشمس .... امنحى عقولنا النور) ***

جاء فى أحد نصوص الفيدانتا الهندية, و يطلق عليه اسم صلاة الكمال الكونى :-

*** (أبتهل اليك أيتها الذات الالهية..... أخرجينى من الوهم الى الحقيقة.... و من الظلام الى النور..... و من الموت الى الخلود) ***

تتشابه رمزية "آمون" فى الفلسفة المصرية مع رمزية "أوم" (AUM) فى الثقافة الهندية, من

حيث أن كل منهما يمثل الأصل الذى خرج منه كل شئ.

فكلمة "أوم" هى الجذر الذى اشتقت منه كل المانترا و الكلمات التى تستخم فى الانشاد الدينى.

كل الأناشيد و الابتهالات الدينية الهندية تبدأ بكلمة "أوم".

تكمن المعانى الباطنية لكلمة "أوم" فى تركيبة حروفها, و هى كالآتى : -

*** (A) : و هى تمثل العالم المادى و الوعى اليقظ, أى ذلك الوعى الذى نمر به فى حياتنا اليومية و نحن فى حالة اليقظة, حيث نعى ما حولنا من خلال حواس الجسد المادى.

*** (U) : و تمثل الوعى النجمى, و هى حالة الوعى التى نمر بها أثناء الأحلام.

و فى العالم النجمى يعى الانسان ما حوله من خلال الحواس "الباطنية / النجمية".

*** (M) : و تمثل النوم العميق الخالى من الأحلام, و هى حالة من حالات الوعى أبعد و أعمق من الوعى المادى و الوعى النجمى. تلك الحالة العميقة من حالات الوعى هى العالم السببى, الذى يعى فيه الانسان ما حوله من خلال الجسم السببى. و هنا يتصل الانسان "بالذات" الحقيقية, و لكنه اتصال بدون وعى. لذلك لا نتذكر أى شئ عند استيقاظنا من النوم العميق الخالى من الأحلام.

*** أما الأقواس ( ) فهى ترمز للصمت الذى يعقب نطق آخر حرف فى كلمة "أوم" .

فبعد الوصول الى العالم السببى, ليس هناك سوى الصمت التام. صمت اللسان, و صمت العقل, و سكون الروح.

تمثل حروف كلمة أوم عند نطقها رحلة الانسان من العالم المادى الى العالم النجمى, انتهاءا بالعالم السببى, حيث توجد الحقيقة المطلقة, التى لا يمكن الوصول اليها عن طريق العقل أو الحواس.

عندما تنطق كلمة "أوم", ستجد أن كل الحروف التى يمكن للفم أن ينطقها تنحصر بين حرفى ال (A) و ال (M). **لذلك فان "أوم" تحتوى كل أصوات الخلق.**

الصوت هو الوسيلة التى أخرج بها الاله الموجودات من الباطن الى الظاهر.

و هذا المفهوم نجده فى الثقافة المسيحية فى فكرة "الكلمة" (لوجوس). فالمسيح هو كلمة الاله (لوجوس) التى تجسدت.

و لكن قبل ظهور المسيحية بآلاف السنين, كان حورس فى الفلسفة المصرية يعرف أيضا بأنه هو "الكلمة التى تجسدت".

كان "حكا" فى الفلسفة المصرية هو المرادف لمفهوم "مايا" فى الثقافة الهندوسية, و الذى كان رمزا للسحر الكونى .

يبدو الكون و كأنه "مسحور", فظاهره يختلف عن باطنه.

الكون الظاهر يبدو فى تغير دائم من حال الى حال, بينما الباطن و الجوهر ثابت / مطلق, لا يعتريه التغير.

تطلق الثقافة الهندوسية على الجوهر الثابت أو الذات التى هى وعى "خالص/نقى" اسم "براهمان".

قد يبدو ذلك مثل خداع البصر للانسان العادى, أما المستنير الذى اكتسب معرفة روحانية, فيعرف كيف يفرق بين ما هو حقيقى و ما هو زائف.

جاء فى الميثولوجيا الهندوسية أن "أوم" (Aum) هى أول كلمة نطق بها الاله فى الأزل, و هى الكلمة التى أخرجت الكون من الباطن الى الظاهر.

و قبل الثقافة الهندوسية, جاء فى ميثولوجيا نشأة الكون المصرية أن "حكا" هو الكلمة الأزلية (السحرية) التى بها نشأ الكون, فأول كلمة نطق بها الاله كانت هى "حكا", و كانت بمثابة أول فعل يقوم به الاله, و هو الفعل الذى أدى الى سلسلة من ردود الأفعال التى أدت لظهور الكون بصورته الحالية.

جاء فى أحد النصوص المصرية على لسان الذات الالهية (NeberTcher) :-

*** (كنت وحدى فى الأزل.... حين لم يكن هناك أى كائن الهى.... و لم أخلق بعد "شو" و "تفتوت"... عندما نطق فمى باسمى "حكا") ***

"حكا" هو كلمة الخلق التى حولت مياه الأزل الساكنة الى الكون المرئى الذى نراه بصورته الحالية.

ان ال "حكا" فى جوهره هو فعل من أفعال العقل, قبل أن يكون فعلا ماديا.

فعندما نستكمل النص السابق. نجده يقول :-

*** (لم يكن هناك مكان ثابت فى مياه الأزل لأقف فوقه, فقمت بالقاء كلمة "حكا" فى قلبى... فأخرجت من مياه الأزل صور و أشكال كل الأشياء التى جاءت تباعا الى الوجود) ***

يشير هذا النص الى أن النطق بكلمة "حكا" كان بالقلب, و القلب فى الفلسفة المصرية كان مرادفا للعقل أو الوعى (الوعى الكونى).

كانت كلمة "أوم" من الكلمات المقدسة التى استخدمها قدماء المصريين كرمز باطنى, ثم أصبحت تستخدم بعد ذلك بشكل مكثف فى طقوس اليوجا الهندية.

ترتبط كلمة "أوم" فى الثقافة الهندية بكلمة "أمون" فى الفلسفة المصرية, و أيضا بكلمة "آمين" فى الثقافة المسيحية.

تستخدم كلمة "أوم" فى الانشاد و الطقوس الدينية الهندوسية لأنها لا تقتصر على أحد تجليات الاله دون الآخر, و انما هى رمز "الكيان المطلق / المتسامى" الذى يرقى فوق كل الأشكال و الأسماء.

و هى المانترا (الكلمة السحرية) الخاصة بالشقرة السادسة, او العين الثالثة (و مكانها فوق الحاجب بين العينين), و التى يطلق عليها فى الثقافة الهندية اسم العين الثالثة لشيفا, و فى مصر القديمة كان اسمها "ايريت" و تحميها الكوبرا التى تقف فوق جبين ملوك مصر.

ظهرت كلمة "أوم" فى النصوص الروحانية المصرية القديمة كأحد أسماء "آمون". فقد

استخدمت بردية لايدن لفظ "أوم" فى التعبير عن آمون "المحتجب", حيث جاء فيها :-

*** تقدست أيها المحتجب "آمون".... يا من أخفى اسمه عن كل ال "نترو" (الكيانات الالهية) ..... "أوم"... يا من اسمه القدير "آم".... و كل ال "نترو" هى اسمك ***

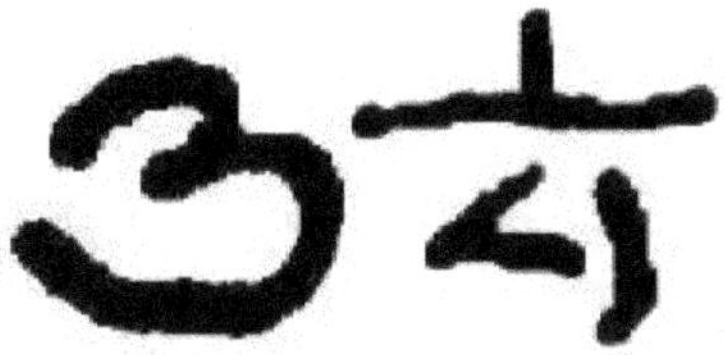

كلمة "أوم" بالخط الديموطيقى كما جاءت فى بردية لايدن

ظهر آمون فى الفلسفة المصرية بلفظ "آمون" (و أحيانا "أوم", كما جاء فى بردية لايدن), و فى الثقافة الهندية بلفظ "أوم", و فى الثقافة المسيحية بلفظ "آمين".

ان الصوت المنبعث من لفظ "أوم" هو صوت قوى, يرمز للصوت الأزلى الذى أخرج الكون للوجود . و ترتيل كلمة "أوم" قبل البدء بتمرينات التأمل يساعد العقل على الاسترخاء.

كلمة "أوم" كما تكتب باللغة السنسكريتية

جاء فى أحد نصوص التانترا الهندية و يعرف باسم "تاتوا براكاش" (Tattwa Prakash) ان ترديد كلمة "أوم" حوالى 300 ألف مرة يحرر العقل من تأثير الجسد, و يساعد الوعى

الانسانى على الاتصال "بالذات" (براهمان).

لذلك يطلق على كلمة "أوم" و غيرها من الكلمات مثل "سوهام" اسم "موكشا مانترا", أى المانترا أو الكلمات السحرية التى تساعد الانسان على الوصل بالأصل, و الاتحاد بالذات الالهية.

يكمن سحر هذه الكلمات فى قصرها, هذا القصر الذى يجعلها فى غاية التركيز, و القوة ان معرفة اسم شئ ما تعنى معرفة جوهره. و معرفة الاسم الخفى للاله تعنى أن يمتلك الانسان المفتاح الذى يفتح مغاليق كل شئ و يكشف كل أسرار الكون.

لذلك فان ترديد كلمات المانترا أو الحكاو (الانشاد الدينى) التى تحوى أسماء الاله و فهم معانيها الباطنية تفتح الطريق أمام الانسان لمعرفة الذات الالهية.

تقف كلمة "أوم" باعتبارها نواة الانشاد الدينى فى الثقافة الهندية, حيث يساعد ترتيلها على تحرير الوعى من الالتصاق بالجسد و الارتقاء به الى مستويات أعلى, خارج حدود العالم المادى الضيق.

و فى مصر الحديثة, نجد ممارسات الصوفية المصرية تتشابه الى حد كبير مع ممارسات اليوجا الهندية فيما يتعلق بمفهوم "المانترا".

ففى جلسات الذكر و الحضرة يقوم الصوفية المصريون بترتيل كلمة "الله" لساعات طويلة على ايقاع منتظم مصحوب أحيانا بآلات ايقاعية كالدف.

تستمر حلقة الذكر الى أن يصل الصوفى لحالة من النشوة و غياب جزئى عن الوعى بالجسد, و عند ذلك يقال بلغة الصوفية الشعبية "أخذته الجلالة".

كان أوائل الصوفية يقصدون المعابد المصرية القديمة و يمارسون فيها طقوسا هى خليط من اليوجا المصرية القديمة و الشعائر الاسلامية. و قد قاموا بتطوير هذا المزيج و أدخلوا عليه استخدام آلات الايقاع الأفريقية.

ان الهدف من كل الممارسات التى تتم فى جلسات الذكر و الحضرة من انشاد, و ترتيل, و

ذكر, و رقص (التمايل مع الايقاع) هو الخروج من وعى الجسد الى حالة من الوعى الأسمى

من أجل الوصول الى "الذات" (الوعى الخالص/النقى), و هو نفس الهدف الذى تدور حوله

كل الطقوس و الشعائر و الأناشيد و الابتهالات فى مصر القديمة. و هى أيضا الحالة التى

كان يقصدها المسيح حين حث تلاميذه على اعلاء اسم الاله, و هى أيضا الهدف من كل

الطقوس الدينية فى الثقافة الهندوسية.

تلك الحالة من حالات الوعى يطلق عليها بلغة العلم الحديث "ترانس" (trance state).

جاء فى النص الثانى من أناشيد آمون :-

*** آمين, آمين (آمون).... تقدس اسمك..... أدعوك أن تكشف لى أسرارك الخفية....

و تمنحنى الفهم...... امنحنى السلام و السكينة فى العالم النجمى (السفلى)..... و القدرة

على التحكم فى جوارحى و حواسى فى ذلك العالم ***

قارب "آمون – رع" و معه صحبته من ال نترو (الكيانات الالهية), و منهم سيا

(الفهم/الذكاء)

فى هذا النص يدعو المبتهل آمون أن يمنحه الفهم "سيا" (Sia), و يكشف ما خفى من أسراره.

كما قلنا من قبل, يعتبر فهم التعاليم الروحانية التى تحويها الميثولوجيا القديمة من أهم ممارسات اليوجا . لذلك كان "الفهم" (سيا) يحتل أهمية كبرى فى كل من اليوجا الهندية و اليوجا المصرية.

"سيا" فى الفلسفة المصرية هو رب الذكاء الكونى (ذكاء القلب) و المعرفة التى تأتى عن طريق الحدس. و فى هذا النص من أناشيد آمون يستحضر المبتهل "سيا" ليساعده على فهم "الذات".

ان ممارسات اليوجا المختلفة مثل دراسة و تأمل التعاليم الروحانية, و انشاد أسماء الاله, و التدريب على التحكم فى الحواس, كل تلك الممارسات تقود العقل الى فهم أعمق للألوهية الكامنة فى كل شئ, بما فى ذلك الوعى الانسانى.

لا يتحقق الفهم الكامل للألوهية الا عندما يتخلص العقل من الجهل و الوهم و الرغبات المادية التى تشغل القلب و تشتت الذهن.

يصف هذا النص أحد أهم التعاليم الروحانية و هو معرفة الذات عن طريق تنقية الذهن و تطهير القلب من التعلق بالرغبات.

جاء فى النص الثالث من اناشيد آمون :-

***** تقدس اسمك يا آمين (آمون).... دعنى أبتهل اليك.... انى أعرف اسمك.... فكل صور تجلياتك فى فمى..... و جلدك (ظاهرك) أمام عينى *****

يعتبر الاطلاع على الاسم الخفى للاله من أهم المعارف الروحانية التى يسعى اليها طالب اليوجا, ولا تقتصر المعرفة الحقيقية بالاله على الاسم فقط, و انما يجب أن يكون اليوجى على علم أيضا بطبيعة الذات الالهية.

كان الفم فى الفلسفة المصرية رمزا للخلق.

فكما يخلق عقل الانسان أفكارا و يعبر عنها بالفم (الكلام), كذلك الاله..... خلق الكون كله بأن أوجده أولا كفكرة ثم نطق كلمة الخلق الأولى التى أخرجت الكون للوجود.

كان الفم فى الفلسفة المصرية يعبر أيضا عن الذاكرة الكونية. و هو رمز تذكر الانسان لماضيه الكونى. و تعبر طقوس فتح الفم التى كانت تجرى للمومياء بعد الانتهاء من تحنيطها عن فكرة استعادة الذاكرة الكونية.

ففى طقوس فتح الفم, يتم فتح الفم (الذاكرة الكونية) بقوة الحكا (الكلمات السحرية), و قوة الشعائر الدينية.

على طالب المعرفة الروحانية أن يعى امتلاكه لقدرات روحانية فائقة, لأنه فى الحقيقة "ابن الاله".

و عندما يدرك أن كل شئ فى الكون هو تجليات الاله الواحد, فذلك اعتراف بأن كل شئ فى الكون الهى / مقدس.

الاله هو كل شئ. الاله فى كل الصور و كل الأسماء.

الاله أمام عينك فى كل لحظة, و هو يعبر عن نفسه فى كل ما تنظر اليه.

*** آمين (آمون).... انى أبتهل اليك... أقبل نحوى, و اجعلنى خليفتك و صورتك فى العالم النجمى الأبدى... اجعل جسدى كله جسد كائن الهى.... ساعدنى لأنجو من غرفة الشر... لا تجعلنى سجين تلك الغرفة..... لأنى أقدس اسمك ***

يتضمن هذا النص أحد أهم التعاليم الروحانية و هى أن الانسان ليس فقط وريث الاله و خليفته, و انما هو صورة من الاله.

يعبر الاله عن نفسه من خلال الكون المنظور, الذى يحوى البشر و غيرهم من المخلوقات.

و بعد أن يعى طالب المعرفة الروحانية هذه الحقيقة, فانه يبتهل الى "آمون" أن يفتح له أبواب ذلك البعد الأبدى فى العالم النجمى, حيث الخلود.

بمجرد أن يعى الانسان صفات الألوهية الكامنة بداخله, فانه يتوقف عن النظر لنفسه باعتباره مجرد جسد مادى فانى. و يبدأ فى ادراك أن جسده المادى ليس "حقيقى / مطلق / أبدى".

ثم يبدأ الوعى الروحى فى التفتح بداخله ليكتشف أن بامكانه ان يحول نفسه من انسان فانى الى "كائن الهى", أى يتحول الى احدى القوى الكونية.

ان العلاقة بين "الكيان الالهى الأسمى" و "بين النترو" (الكائنات الالهية) أشبه بعلاقة النور بالشمس . و كما يعبر النور عن الشمس باعتبارها هى مصدر النور, كذلك "النترو" يقومون بالتعبير عن الاله الخفى / المحتجب باعتباره هو مصدر و منبع كل شئ.

عندما يعى الانسان جوهره الالهى, و يبدأ تدريجيا بالتخلى عن وجوده الأدنى و الخروج من العالم المادى الضيق الى عوالم أرحب, فانه بذلك يخطو نحو الوجود الأسمى ليحيا فى عالم حقيقى, خالد, و هو عالم كان هناك دائما, و لكنك كنت غافلا عنه.

عندما تبدأ باستيعاب التعاليم الروحانية عن طريق الحدس و ليس العقل, عندها ستدرك أنك فى الأصل روح و لكن هذه الروح فقدت ذاكرتها, و توهمت أنها هى نفسها الجسد المادى الفانى.

انك فى الحقيقة "روح" حرة, لا تنتمى الى العالم المادى و لا يجب أن تلتصق بالجسد, بل عليك أن تستخدمه فقط, تماما كما تستخدم سيارتك لتوصيلك الى مكان محدد, ثم تنتهى

علاقتك بالسيارة بمجرد وصولك الى وجهتك و مقصدك.

الروح بطبيعتها لامحدودة, فهى تتخلل كل شئ فى الكون, و أنت فى جوهرك روح.

و لذلك فأنت أيضا لامحدود.

ان الجسد المادى المحدود بالنسبة للروح يعتبر سجنا.

لذلك فالنص يصفه بأنه غرفة الشر, تلك الغرفة الضيقة التى تسجن الروح. هذا السجن نتج عن جهل الروح بسبب خداع العقل الذى أوهمها أن الروح و الجسد واحد, فى حين أن الروح ليست هى الجسد, و يمكنها أن تتحرر منه قبل الموت (وليس بعده) بأن تتدرب على "التخلى" و الانفصال عنه.

عندما يدرك الانسان جوهره الالهى, سيكتشف أن جسده ما هو الا تعبير عن عقله, تماما كما أن الكون هو تعبير عن عقل الاله.

و عندما يحدث هذا, فلن يكون هناك أى صراع داخل الانسان بين المادة و الروح, لأنه سيكتشف أن **كل شئ فى الكون الهى / مقدس....... من البداية الى النهاية... من الذرة الى المجرة**.

ان روح الانسان باعتبارها انعكاس للوعى الكونى لديها القدرة على خلق أفكار, تتحول بعد ذلك الى جسد مادى, هو ذلك الجسد الذى تمر من خلاله بتجارب عديدة فى العالم الأرضى. فأنت فى الحقيقة الخالق لجسدك, و للتجارب التى تمر بها فى حياتك الدنيا, سواء تجارب ايجابية أو سلبية.

و من خلال الدراسة و التدريبات الروحانية يمكنك أن تتعلم كيف تحيا فى تناغم مع الكون كله (تماما كالكائنات الالهية) و بالتالى تحسن من التجارب و الظروف المحيطة بك, بينما تتجه نحو هدفك الأسمى و هو "معرفة الذات".

*** آمين (آمون)..... هو الموجود بذاته..... لم يوجده أحد..... خلق نفسه بنفسه..... و لم

يطلع مخلوق على صورته.

*** آمين (آمون)...... هو الذى أتى للوجود فى الأزل, قبل أن يوجد أى كائن الهى.... لم يسبقه أحد فى الوجود.... لذلك لا تعرف الكائنات الالهية صورته

*** آمين (آمون)....... لم تلده أم...... و لم يضع بذرته أب.... هو الذى قام بتكوين بيضته..... حين خلط بذوره بجسده و صنع بيضته ليأتى للوجود بذاته.

*** وحدانيته مطلقة.... آمين (آمون) هو الواحد.... الواحد.

الاله هو الذات و الذات موجوده بذاتها... لم يوجدها أحد... وهى أبعد من فكرة الخالق و المخلوق.

الذات انبثقت من الذات, و ما انبثق ليس الا الذات نفسها.

ان الخلق و الذات ان هما الا شئ واحد يتجلى الاله فى شتى الصور و الأسماء الموجودة فى الكون و التى يطلق عليها الانسان اسم "أشياء"

,وهى ليست الا تجليات الذات.

الذات هى القوة الخفية التى تقف وراء كل ظواهر الكون و كل أشكال الحياة, الا أن الانسان عاجز عن رؤية هذه القوة الخفية, لذلك يتوهم أنه – أى الانسان – (فى وجوده الأدنى) هو منبع الوجود.

يغفل الانسان عن حقيقة أن وجوده مرهون بوجود "الذات" لأنه فى الأصل منبثق منها.

هذه الغفلة هى التى تجعل الانسان يتوهم أن أفكاره و تجاربه فى الحياة نابعه منه ككيان منفرد منفصل عن غيره من الموجودات.

ان فكرة الوجود "المنفرد / المنفصل" هى محور "الأنا" و هى التى تفصل الانسان عن الوعى الالهى..... الوعى بالذات الكامنة فى أعماقه.

*** هو الرياح التى خلقت الخلق بأن هبت فوق "نون" (مياه الأزل).

تمتلئ الميثولوجيا المصرية بقصص العديد من "النترو" (الكيانات الالهية / القوى الكونية),
التى اذا عرفنا كيف نفهمها داخل سياق واحد, سنكتشف أعماق الانسان.

تبدأ الميثولوجيا المصرية دائما ب "نون" (مياه الأزل, أو المحيط الأزلى).

و قد ظهرت فكرة المحيط الأزلى أيضا فى ثقافات أخرى.

فالتعاليم الروحانية الهندوسية تحدثت عن نشأة الكون من محيط أزلى. كما ظهرت نفس
الفكرة أيضا فى الثقافة المسيحية, عندما تحدث سفر التكوين عن انبثاق الخلق من محيط
أزلى.

كانت الفلسفة المصرية هى أقدم مصدر تحدث عن فكرة نشأة الكون من محيط أزلى, أطلق
عليه قدماء المصريين اسم "نون".

أما القصص التى ظهرت بعد ذلك عن نشأة الكون فى الثقافات الأخرى مثل القبالة اليهودية,
و قصص نشأة الكون فى المسيحية, و نصوص الأوبانيشادا الهندية فهى تنويعات و نسخ من
القصة الأصلية التى ظهرت فى مصر القديمة, و التى تحكى عن نشأة الكون من محيط أزلى,
لا شكل له و لا سطح. محيط يحوى كل شئ بداخله, و لكن بدون أى حدود أو أشكال أو
أسماء تميز أى شئ عن غيره.

جاء فى لوحة شباكا, و التى تتناول احدى نظريان نشأة الكون الخمسة الرئيسية فى مصر
القديمة و تعرف باسم نظرية ممفيس :-

*** (تأمل بتاح بقلبه و تصور كل ما سيأتى للوجود..... ثم ألقى كلمته الأزلية فخلق "نون"
, المحيط الأزلى.... و لما لم يجد مكانا لعرشه, أمر فخرج التل الأزلى من قلب "نون",

ليكون العرش الذى يستوى فوقه..... ثم خرج آتوم من مياه الأزل و جلس على عرش بتاح.... ثم خرج من نون أربعة أزواج من القوى الأزلية, هم قوى الثامون) ***

جاء فى سفر التكوين :-

*** (فى البدء خلق الاله السموات و الأرض..... كانت الأرض بلا شكل, و كانت خاوية, و كان الظلام يخيم على سطح المياه.... ثم بدأت روح الاله تتحرك فوق سطح المياه) ***

جاء فى أحد أسفار القبالة :-

*** (هناك عشرة دوائر للوجود, خرجت من لاشئ... و من روح الاله الحى انبثق الهواء , ثم من الهواء انبثق الماء, و من الماء النار, و من النار الأثير, و من الأثير انبثق الارتفاع و العمق, الشرق و الغرب, الشمال و الجنوب) ***

جاء فى كتاب زوهار (و هو أحد كتب القبالة) :-

*** (قبل أن يتجلى الاله, كان كل شئ كامنا فى داخله....... ثم بدأ الخلق بأن أوجد الاله نقطة... و كانت تلك النقطة عبارة عن فكرة.... و من هذه النقطة, بدأ الاله فى تكوين أشكال غامضة مقدسة, تحولت بعد ذلك الى هذا الكون) ***

قوانين مانو :-

جاء فى أحد النصوص الهندية المقدسة أن أحد الحكماء و يدعى "مانو" وصف عملية الخلق بأنها بدأت عندما انتابت الذات "رغبة".

قبل نشأة الكون, كانت الذات موجودة بذاتها, لم يوجدها أحد, و لم يكن هناك موجود سواها, لا أشياء, ولا أحداث و لا أفكار. مجرد وعى خالص / نقى... خالى تماما من كل أشكال

- 142 -

الفكر أو الرغبات. ثم فجأة طرأ على بال الذات الالهية رغبة.

أراد الاله أن يخلق أشياء من ذاته..... من جسده.

خلق الاله المحيط الأزلى "نارا", ثم ألقى فيه ببذرة. من هذه البذرة خرجت بيضة كونية و عند ذلك تحولت الروح الموجودة بذاتها (نارايانا) الى براهما. و بعد عام من التأمل, انقسمت الى مذكر و مؤنث.

عندما تفكر بجسدك, فأنت لا تفرق بين الساق اليمنى و الساق اليسرى, و لا بين الشفاه و الوجه, و لا بين الذراع و الأصابع. أنت ببساطه تنظر الى جسدك نظرة "باطنية/شاملة" و تشير الى كل جسدك بكلمة "أنا".

بنفس الطريقة, حين يصل الانسان الى التنوير (المعرفة الروحانية), فانه يرى الكون كله "أنا".

فالوعى فى جوهره نقى, و يظل كذلك الى أن تلتصق به الأنا, و هنا تبدأ الانقسامية فى الظهور ان الانقسامية التى تبدو فى الظاهر ما هى الا أشكال مختلفة تتخذها الطاقة عندما تتحرك و تتفاعل مع الأقطاب المختلفة (الذكر/الأنثى... الليل/النهار... الظلمة/النور... الحرارة/البرودة, الخ).

و اختلاف الذبذبات بسبب وجود الأقطاب هو السبب فى ظهور الكون بهذا الشكل.

جاء فى أحد نصوص القبالة اليهودية :-

ان القطبية هى المبدأ الرئيسى الذى بنى عليه الخلق و هى السبب فى تجلى الكون و خروجه من الباطن الى الظاهر. و القطبية تعنى تدفق الطاقة من مستوى عالى الى مستوى منخفض - و كلمة عالى و منخفض دائما نسبية.

كل مستوى من مستويات الطاقة فى الكون يحتاج الى استقطاب طاقة ذات تردد عالى من مستوى أعلى, ثم أعادة بثها الى مستويات أقل. و المنبع الأساسى لكل أشكال الطاقة هو الاله

الخفى / المحتجب. و بينما تنساب الطاقة من مستوى أعلى الى مستوى أقل, تغير من ذبذباتها, الى أن تستقر أخيرا فى المادة.

ان الكون فى جوهره هو طاقة قابلة للتشكل بأى شكل.

كان "لاوتسو" هو الحكيم الى قام بتبسيط حكمة "التاو" و جعل منها المدرسة الروحانية الأكثر انتشارا فى الصين, تقريبا فى نفس الفترة الزمنية التى قام فيه الحكيم "بوذا" بنفس الدور فى نشر المدرسة البوذية, و الحكيم "ماهافيرا" فى نشر المدرسة ال "جاينية" (Jainism) الروحية فى الهند . و من النصوص الدينية التى تنسب الى الحكيم لاوتسو, هذا النص الذى يتحدث عن نشأة الكون من محيط من الوعى الخالص النقى, الخالى من أى فكر, أو شكل, أو صورة :-

*** (فى البدأ كان هناك شئ غير مميز بشكل و لا اسم و لالون...... و لكنه كامل.... كان هذا الشئ الكامل موجودا قبل خلق السموات و الأرض..... لا صوت له و لا هيئة... موجود بذاته... لايعتمد وجوده على وجود أى كيان آخر... ثابت, لا يعتريه التغير...... أياديه الخفية فى كل مكان... يمكننا أن نطلق على هذا الشئ "الأم العظمى" التى انبثق منها الكون) ***

و نلاحظ تكرار فكرة انبثاق الكون من محيط من الوعى الخالص الخالى من كل أشكال الفكر و الصور و الأشكال فى نصوص الريجفيدا و الأوبانيشادا الهندية.

و الفرق بين النصوص الصينية و النصوص الهندية أن هذه النصوص من الريجفيدا جمعت كل الصفات الالهية المتجسده و الغير متجسده فى شخصية كريشنا الميثولوجية.

جاء فى نصوص الريجفيدا الهندية :-

*** (فى البدأ... لم يكن هناك وجود أو عدم..... لم يكن هناك فضاء و لا سماء.... لم يكن هناك ليل و لا نهار.... ثم فجأة, طرأت فكرة على بال ذلك الموجود بذاته منذ الأزل.... و كانت هذه الفكرة هى البذرة التى خرج منها العقل الكونى) ***

- 144 -

و جاء فى نصوص الأوبانيشادا الهندية :-

*** (للأبدية طبيعتان..... طبيعة متجسده.... و طبيعة غير متجسده...... طبيعة فانية و طبيعة خالدة..... طبيعة ساكنة و طبيعة متحركة..... طبيعة وهمية و طبيعة حقيقية / مطلقة) ****

و جاء فى نصوص الباجافاد جيتا الهندية :-

*** أنا الأب الذى انبثق منه الكون..... و أنا الأم...... أنا الذى يعتمد عليه وجود الكون....... و أنا أيضا الجد... أنا غاية و منتهى كل المعارف الروحانية) ***

قبل أن يتجلى "الروح الأسمى" (الاله) , و قبل أن يظهر للوجود "رع" أو "أوزير" أو "ايزيس" , و قبل أن يكون هناك عالم مادى , و قبل خلق الكواكب و الشمس و الحيوانات و الانسان , كان هناك "محيط أزلى" انبثقت منه كل الموجودات.

و كما تنبثق الأمواج من قلب المحيط لتتخذ أشكالا و أحجاما و ارتفاعات مختلفة..... كذلك انبثقت كل ظواهر الكون المختلفة كالشمس و النجوم و الكواكب و الشجر و الحيوانات من محيط أزلى.

هذا الانبثاق من المحيط الأزلى , ليس حدثا وقع مرة واحدة فى الماضى البعيد و انتهى , و انما هو شئ يحدث بشكل متكرر و مستمر بلا انقطاع.

كل المخلوقات الموجودة فى الطبيعة تستمد طاقة الحياة من مصدر غير مرئى لا يعرف له العلم الحديث تفسيرا. و لكن العلم الحديث يعطينا بعض المعلومات عن الظواهر الكونية , و هذه المعلومات تشير الى انبثاق كل الطاقة الكونية من مصدر واحد..... من محيط من الطاقة.

و هو محيط لا يمكنك أن تميز فيه شيئا عن آخر , بخلاف الكون الظاهر الذى تتخذ فيه المخلوقات أشكال و هيئات و أسماء مختلفة.

اكتشف العلم الحديث مؤخرا أن كل المخلوقات تتكون من نفس المادة الخام (الأزلية).

كل العناصر تتكون من نفس الطاقة الأساسية. و كل أشكال المادة التى نراها فى الكون هى تجليات مختلفة لنفس الجوهر, و لكن فى أشكال و صور مختلفة.

هذه الحقيقة العلمية كانت معروفة لحكماء الحضارات القديمة الذين تحدثوا عنها فى التعاليم الروحانية المختلفة.

قال حكماء العالم القديم أن كل شئ خرج من محيط أزلى هو عبارة عن "وعى" خالص, نقى, خالى من أى فكر.

تخيل نفسك و أنت يقظ و جالس فى استرخاء و ذهنك خالى تماما من وجود أى فكرة.

لا يوجد فى ذهنك أى شئ سوى وعيك بأنك موجود. فى تلك اللحظة تكون قد تحولت الى محيط من الوعى النقى.

قبل أن يظهر الكون للوجود, لم يكن هناك أى أفكار أو رغبات أو أشكال لاشئ سوى محيط من الوعى الخالى من الأفكار وبمجرد أن وردت فكرة على هذا المحيط, جعلته يبدأ فى التشكل الى أشكال مختلفة.

ان كل الظواهر الكونية هى عبارة عن تجسيدات لأفكار "الروح الأسمى" (الاله) و يمكن أن يستمر خروج مخلوقات لا حصر لها من نفس المحيط طالما استمر الروح الأسمى فى التفكير. تماما كما يمكنك فى كل لحظة أن تستمر فى خلق أفكار جديدة من عقلك ..... بلا توقف.

عندما يموت الجسد, يعود مرة أخرى الى الأرض التى خلق منها.

ولكن ماذا عن الروح ؟ الى أين تذهب الروح بعد موت الجسد المادى ؟

تعود الروح الى "العالم النجمى / السفلى" (الدوات), و هو أقرب العوالم الى المحيط الأزلى

"نون"

اذا لم يكتسب الانسان المعرفة الروحانية فى حياته الدنيا قبل الموت, فقد يكون عرضة للتجسد مرة أخرى فى جسد مادى جديد, بعد المرور ببعض التجارب فى العالم النجمى.

أما من اكتسب معرفة روحانية و تحول الى "مستنير", فان روحه تعود مرة أخرى الى محيط الوعى الكونى النقى الذى انبثقت منه, حيث تذوب كل الأشياء و تنصهر جميعا فى نقطة واحدة هى الوحدة/الوحدانية.

ان عقلك المحدود هو بمثابة موجة فى محيط العقل الكونى. كل عقل بشرى هو موجة فى محيط عقل الاله. و برغم أن الأمواج فى المحيط تبدو مختلفة الأشكال و الأحجام و تبدو منفصلة عن بعضها البعض, الا أن الروح الأسمى يحتويها و يتخللها جميعا.

ان تشتت فكر الانسان و انشغاله بالأفكار النابعة من الرغبات الجسدية هو الذى يحجب عن العقل ادراك الحضور الالهى فى كل شئ.

فكل العوالم الظاهرة و الباطنة هى تجسدات للمحيط الأزلى.... محيط الوعى الخالص النقى... للذات العليا.

عندما تغوص فى أعماق محيط الوعى النقى الكامن بداخلك, ستكتشف الحقيقة حول أصلك, و جوهرك, والهدف من وجودك.

تساعدك التعاليم الروحانية فى تحقيق هذا الهدف عندما تتأمل التعاليم الروحانية و تفهمها جيدا (بقلبك), يحدث لوعيك تحول, يمكنه من رؤية ما كان عاجزا عن رؤيته من قبل. و يرى بوضوح أعماق الذات وهذا هو الهدف من كل طرق اليوجا.

بنفس الطريقة التى يمكن بها نحت صخرة و تحويلها الى تمثال, كذلك تخرج الأشياء من محيط الوعى الكونى لتتخذ أشكالا و صورا و أسماء مختلفة, ثم تعود لتنصهر و تذوب مرة أخرى فى المحيط الذى خرجت منه.

من محيط الوعى الواحد الموجود منذ الأزل (ما قبل الخلق) تخرج كل الأشياء لتعبر عن أفكار "الروح الأسمى" (الاله).

الاله هو الذات...... هو محيط الوعى الخالص النقى "نون", و من ذلك المحيط خرج الخلق الوعى هو المحيط الذى تشكلت فوق سطحه الأمواج بعد أن كان ساكنا تلك الأمواج التى شكلتها رياح ذبذبات الفكر.

تأتى ذبذبات الفكر كنتيجة لظهور رغبات فى العقل.

اذا تأملت سطح بحيرة ساكنة صافية فى ليلة مقمرة ستجده صافيا كسطح مرآة تعكس صورة القمر بوضوح, و لكن بمجرد أن تلقى حجرا فى الماء تظهر الأمواج التى تتكسر فوق سطح البحيرة و تمزق صورة السماء المنعكسة فوقها.

و بسبب ظهور التموجات فوق سطح البحيرة, تتكسر الصورة المنعكسة فوقها و يبدو و كأن هناك أكثر من قمر بينما فى الحقيقة لا يوجد سوى قمر واحد فقط فى السماء.

كذلك الوعى عندما يكون خاليا من الأفكار يصبح كالبحيرة الصافية التى تعكس صورة السماء بوضوح, و يظل كذلك الى أن تعكر صفوه ذبذبات الأفكار المرتبطة برغباتنا و تجاربنا فى العالم المادى.

و كما تعكس المياه المتموجة للبحيرة صورة أكثر من قمر, فى حين أن السماء ليس بها الا قمر واحد, كذلك العقل البشرى الذى تمزقه الأفكار و الرغبات يتوهم أن الكون عبارة كائنات مختلفة و منفصلة عن بعضها البعض, فى حين أنه لا يوجد سوى كيان واحد فقط هو "الروح الأسمى" (الاله).

عندما تهدأ بحيرة العقل و تسكن, و عندما تخبو الرغبات و تنطفئ, عندها ستنعكس على سطح البحيرة الصورة الحقيقية للوجود.

ان مياه الأزل لم تتحول الى خلق, و لكن الخلق هو مياه الأزل نفسها.

يغير سطح هذه المياه شكله تبعا لتغير رياح العقل الكونى.

لذلك فالخلق هو حدث مستمر بلا نهاية, يتكرر كل لحظة.…… ليجسد أفكار "الروح الأسمى", و يعبر عن الحضور الالهى.

كل أشكال المادة الموجودة فى الكون هى عبارة عن أفكار العقل الكونى, و لكنها تتخذ مستويات مختلفة من الذبذبات, و لذلك تختلف درجات كثافة و شفافية الشئ حسب مستوى ذبذباته.

و أكثر الموجودات شفافية هى "الذات" (الروح الأسمى), و لذلك فلا يحدها زمان أو مكان.…… و هى تتخلل كل الأشياء بدءا من العوالم الشفافة مثل العالم النجمى الى العوالم الكثيفة مثل عالمنا المادى.

المادة تتكون من ذرات, و مكونات الذرة فى حالة حركة دائمة, و هى تعتمد فى وجودها على وجود "الذات".

ان دعم الذات لوجود المخلوقات لم يكن حدثا وقع فى الماضى البعيد و انتهى, و انما هو حدث يقع فى كل لحظة و يتجدد بصفة مستمرة.

فجسم الانسان المادى يتجدد بشكل دائم عن طريق خلق خلايا جديدة تحل محل الخلايا الميتة .

كل خلية فى الجسم تموت و يحل محلها خلية جديدة كل عام . كل عام و نصف تقريبا يحصل الانسان على جسم جديد تماما مكون من خلايا جديدة تحمل نفس الصفات الجينية للخلايا الميتة.

كذلك البيت الذى تسكنه و الذى شيد بالحجارة, هناك تغيرات تحدث داخل ذرات الحجارة, فيحدث لها ضعف و تآكل. هذه التغيرات لا يمكن ملاحظتها بالعين المجردة فى خلال فترة زمنية قصيرة, و لكن بعد زمن طويل تبدأ التغيرات فى فرض نفسها, و مهما طال الزمن فان أى مبنى معرض للانهيار من تلقاء نفسه, و لو بعد قرون طويلة.

لا شئ فى الكون يهرب من تأثير الزمن عاجلا أم آجلا, كل شئ معرض للتفكك و التحلل و الذوبان و العودة الى حالته الأولية.

أنظر الى أى مبنى, و اسأل نفسك, الى متى يستطيع هذا المبنى الصمود ؟

هل يعيش قرنا أو أكثر ؟

مهما طال الزمن, فلابد أن يأتى يوم ينهار فيه المبنى, لكى يحل محله بناء جديد.

ان حركة التفكك و التحلل تحدث بشكل دائم داخل المادة, و لكن الأعين لا تلاحظها. و هى حركة الهدف منها تجديد الخلق بصفة دائمة عن طريق موت القديم ليحل محله الجديد فقط عين الحكيم هى التى ترى ما يحدث فيما وراء المادة و تستشعر وجود "الذات" (الروح الأسمى) التى تتخلل كل شئ و تجدد الكون بصفة مستمرة بأن تميت القديم و تحيى الجديد.

على طالب المعرفة الروحانية أن يتعلم كيف يكون موصولا بالذات و ليس بمظاهر الكون المادية, لأن "الذات" هى الجوهر الثابت الكامن وراء كل المتغيرات.

عليه أن يتعلم ذلك الآن, أثناء حياته, و ليس بعد موته.

على طالب اليوجا أيضا أن يعرف أن كل الأشياء فى الكون خلقت من نفس المادة الخام. و لذلك يمكن لأى مادة أن تتحول الى مادة أخرى. حتى أكثر الروائح الكريهة, يمكن أن تتحول الى رائحة عطرة. و أكثر المواد صلابة يمكن أن تتحول الى طاقة شفافة, و يمكن للطاقة أيضا أن تتحول الى مادة صلبة.

ينشأ الزمن من حركة الكون الدائبة.

و كما أن عقل الانسان لا يعرف السكون, كذلك الكون لا يسكن لحظة و لا يعرف الوقوف محلك سر. و حتى على مستوى الذرة, هناك حركة دائبة تحدث داخل مكونات ذرات المادة. ومهما بلغت صلابة المادة فان مكونات ذراتها فى حالة حركة دائمة لا تعرف التوقف.ان الكون المادى الذى تراه أعيننا ليس ثابتا جامدا,و انما هو يموت و يولد من جديد فى كل

لحظة.

و قد عبرت الميثولوجيا المصرية القديمة عن هذه الفلسفة بفكرة قارب "رع" الذى يرتحل دائما بين العالم السماوى و العالم النجمى, ليحارب قوى الفوضى و الظلام فى الكون.  و الهدف من الرحلة الأبدية لقارب "رع" هو "اقامة الماعت", أى الحفاظ على النظام الكونى. يرتحل القارب كل مساء الى الأفق الغربى حيث تبتلعه البقرة السماوية "نوت" (قبة السماء), و بعد انتهاء رحلته فى العالم النجمى و العالم السماوى يعود فيولد من جديد فى الأفق الشرقى.

تأمل هذا النص من أناشيد آمون :-

*** آمون....... هو الرياح التى أنشأت الخلق بأن هبت فوق "نون" (مياه الأزل) ***

يظهر تأثير هذا النص من أناشيد آمون على الثقافة العبرية و المسيحية فى فكرة الخلق كما جاءت فى سفر التكوين, حيث وصف السفر الاله بأنه هو الروح التى تحوم فوق مياه الأزل الساكنة وتحركها لتخلق منها.

يصف النص التوراتى الخلق بشكل مجازى و كأنه لقاء جنسى حيث يقوم "الوهيم" (الاله فى الثقافة العبرية) بتخصيب مياه الأزل و جعلها "حبلى" بالمخلوقات عن طريق "رواخ", و هى كلمة عبرية تعنى الروح أو الرياح و أحيانا تستخدم كفعل بمعنى يحوم و أو يطير.

أى أن الخلق - كما جاء فى سفر التكوين - بدأ حين حلقت روح الاله فوق مياه الأزل فأهاجتها وحركتها بعد أن كانت ساكنة.

و فى الثقافة الغربية يوصف الدور الذى قام به الاله بأنه يمثل مبدأ الذكورة فى الكون لأنه يعبر عن القدرة على تفعيل الارادة, فى حين تعبر حالة الاستقبال و التلقى التى قامت بها مياه الأزل عن مبدأ الأنوثة.

هذا التفاعل الأزلى بين روح الاله و بين مياه الأزل يشكل الأساس لكل التفاعلات التى حدثت

بعد ذلك فى تاريخ الكون بين كل ما يمثل مبدأ الذكورة و كل ما يمثل مبدأ الأنوثة, مثل السماء/الأرض....... الشمس/القمر..... الليل/النهار....... الظلمة/النور....... الرجل/المرأة, الخ.

هذا التفاعل الدائم فى الكون بين المذكر و المؤنث يطلق عليه فى الثقافة الهندية اسم "التانترا يوجا", حيث تنظر اليوجا الى كل تفاعل بين قوتين متناقضتين متقابلتين على أنه اعادة تكرار لنموذج النشأة الأولى و هو تحليق "الروح الأسمى" فوق مياه الأزل و تحريكها و الذى كان بمثابة أول لقاء أزلى بين المذكر و المؤنث.

الاله هو كل الوجود.

الاله هو الروح التى أخرجت الخلق من مياه الأزل.... و هو مياه الأزل نفسها.

ان الاله فى الحقيقة يتفاعل مع ذاته, و يخلق من "ذاته", لذلك فالخلق هو نفسه الاله .

الروح الأسمى (الاله) يعبر عن نفسه من خلال الخلق, و بطريقة غامضة لا يفهم سرها أحد.

و هنا تبرز العديد من الأسئلة : اذا كانت الروح التى أخرجت الخلق من مياه الأزل هى الاله, و مياه الأزل نفسها هى أيضا الاله, فما هو الخلق ؟ و أين تقع مملكة السماء ؟ و هل الخلق منفصل عن الاله ؟ أم أن الخلق جميعا فى قبضته ؟

أين الاله ؟ و من أين أتى ؟ و ما هى علاقتنا نحن البشر بالاله ؟

نجد الاجابات على هذه الأسئلة فى قصص نشأة الكون المصرية و الهندية.

تتشابه قصة الخلق المصرية مع قصة الخلق الهندية التى جاءت فى النص الهندى القديم الذى يعرف باسم قوانين "مانو", و التى تقول بأنه فى البدأ لم يكن هناك سوى "الذات" (الروح الأسمى / الاله). لم يكن هناك شئ على الاطلاق, لا أرض ولا سماء و لا مخلوقات و لا حتى أفكار.

ثم فجأة خطرت على بال الاله "رغبة".

أراد الاله أن يخلق من ذاته. فخلق أولا مياه الأزل لتكون بمثابة الرحم.

تقول نصوص ال "باجافاد جيتا" الهندية أن الاله انبثق بعد ذلك من مياه الأزل (على هيئة كريشنا) ليخرج المخلوقات الى الوجود.

و فى الفلسفة الهندية (و كذلك الفلسفة المصرية القديمة) تعتبر كل الكيانات الالهية مثل كريشنا و نارايانا تجليات مختلفة ل "الروح الأسمى".

لا يقتصر مفهوم مياه الأزل أو المحيط الأزلى على قصة نشأة الكون فقط, و انما هو رمز مرتبط بوعى الانسان باعتبار أن الانسان هو الكون الأصغر, أى صورة هولوغرافية من الكون.

فعقل الانسان هو بمثابة بحيرة من الوعى, يقوم الفكر بتشكيل موجات فوقها.

تتخذ موجات الفكر أشكال و أحجام و ذبذبات مختلفة تنبثق من رغبات تحركها مشاعر مضطربة كالخوف و الغضب و القلق و الحزن و التعلق و اللهفة. تلك المشاعر المرتبطة بالوعى الأدنى تغذى العقل بشتى الأفكار المضطربة التى تقوم بتشكيل موجات فوق سطح بحيرة الوعى.

اذا هدأت موجات الفكر, وعاد سطح البحيرة الى حالة السكون, عندها سيتمكن الانسان من رؤية عمق البحيرة.

ان المهمة الأساسية لطالب المعرفة الروحانية هى أن يدرب عقله على السكون و ينقيه من الموجات التى تغذيها الرغبات و المشاعر المضطربة, لكى يستطيع رؤية الذات الالهية الكامنة فى قاع بحيرة الوعى. على طالب اليوجا أن يتعلم كيف ينظم تفكيره و يتحكم فيه و يغير نمط التفكير السلبى الذى لا يفيده فى تطوره الروحى.

و عندما ينجح الطالب فى تلك المهمة, عندها سيعرف السكون العقلى (السكينة), و هى التى ستجعله قادرا على رؤية الذات الالهية و الاتصال/الوصل بها.

و لكى يستطيع الانسان أن ينظم أفكاره, عليه أولا أن يدرس التعاليم الروحانية التى تدور حول طبيعة الكون و علاقته بالانسان, و أن يحيا بهذه التعاليم, أى يجعلها جزءا من حياته

اليومية, و أن يراقب كل فكرة تطرأ على باله و يبحث عن مصدرها. فاذا كان مصدرها الأنا الزائفة و الرغبات الجسدية, فهى فكرة تتعارض مع الماعت (النظام الكونى) و عليه أن يهذبها و يحولها الى رغبة أرقى تخدم أهداف الروح.

من وجهة نظر فلسفة اليوجا, عندما تكون تصرفاتك و أفعالك نابعة من "الضمير", فأنت "تحيا فى الماعت", أى تحيا فى تناغم مع النظام الكونى, و بالتالى فأنت أقرب الى "الروح الأسمى".

حين تكون تصرفاتك نابعة من الأنا الزائفة و من رغبات الجسد و من المشاعر السلبية كالخوف و الغضب و الكراهية فأنت تحيا فى الفوضى, لأنك وقعت ضحية التشتت العقلى, و هى تجربة أشبه بتجربة الجحيم, لأنك تعيش فى قلق و احباط دائم و لا تعرف معنى "السكينة" (حتب).

تنبع السكينة من العقل الصافى النقى الذى لا تمزقه الرغبات المادية .

عليك أن تبحث عن السكينة و التناغم فى داخلك.

عليك أن تكون كالغواص الذى يخترق الأمواج التى تضطرب فوق سطح المحيط, و ينزل ليكتشف الأعماق. و مثل الغواص, يمكنك أن تخترف أمواج الأفكار و الرغبات التى تضطرب على سطح الوعى, و تغوص لتكتشف الذات الالهية الكامنة فى أعماقك.

يوصف المحيط الأزلى بالعديد من الصفات, منها الاتساع, و الظلمة, و العمق, و الخلو التام من وجود أى أشكال أو صور أو أسماء. و لكن أهم صفة للمحيط الأزلى من وجهة نظر العلوم الروحانية هى صفة "الامتلاء".

المحيط الأزلى هو رمز للوعى الكونى الذى يحمل بداخله امكانيات لا حصر لها للاتساع و التمدد بلا نهاية, لذلك فالكون فى حالة تمدد و انتشار, و الخلق لا يتوقف لحظة.

و لهذا فالمحيط الأزلى ممتلئ.

و امتلاء المحيط الأزلى يعنى أنه كامل, كما أنك أنت أيضا أيها الانسان "كامل".

فعقلك قادر على خلق عوالم كاملة في أحلامك و أنت نائم.

عالم الأحلام هو عالم كامل, لأنه عالم يحوى كل العناصر التى تجعله يبدو حقيقيا, فأثناء الحلم تبدو الأشياء و الأشخاص حقيقة, و تظل كذلك الى أن تصحو من النوم و تكتشف أن عقلك هو الذى خلق ذلك العالم الذى كان يبدو لك حقيقيا جدا أثناء الحلم.

تستمد مصداقية الحلم و واقعيته قوتها من عقلك أنت. أنت السبب فى خلق ذلك الحلم, فجذوره تنبع من وعيك أنت. **و كذلك الكون كله, تنبع جذوره من عقل الاله**. كما يخلق عقلك عوالم مختلفة فى الأحلام, كذلك يخلق عقل الاله أكوانا.

جاء وصف المحيط الأزلى بالامتلاء فى أحد نصوص كتاب الخروج الى النهار الذى يقول :-

***** (أنظر الى "رع" الذى ولد بالأمس من رحم الأم "ميحيت – ويريت"..... من هى "ميحيت – ويريت" ؟... انها الهاوية السماوية الممتلئة بالماء...... انها عين "رع" فى الصباح حيث يولد من جديد كل يوم..... ميحيت – ويريت هى عين "رع") *****

"ميحيت – ويريت" هى الصورة المؤنثة من المحيط الأزلى الذى انبثق منه الخلق.

و كلمة "ميحيت – ويريت" فى اللغة المصرية القديمة تعنى الامتلاء العظيم

, ليس فقط امتلاء و انما فيضان.

"ميحيت – ويريت" هى الامتلاء العظيم الذى يفيض و يتخطى كل الحدود.

"ميحيت – ويريت" هى النبع الذى لا ينضب لكل ما هو موجود من أشكال و صور و أسماء.

"ميحيت – ويريت" هى المحيط الذى قام الروح الأسمى بالتحليق فوقه فى الأزل, فأخصبه,ليخرج منه الخلق.

يظهر "آمون" فى الفن المصرى أحيانا فى شكل امرأة حامل ليعبر عن فكرة "الذات" الحبلى

بكل امكانيات الخلق. و كلا من <u>مياه الأزل</u>, و <u>الروح الأسمى</u> الذى حلق فوقها و قام باخصابها, هما فى الحقيقة وجهين لنفس الكيان.... الكيان الالهى.

تظهر "ميحيت – ويريت" (المحيط الأزلى) فى الفن المصرى فى شكل بقرة, و يشترك معها فى نفس الرمز أيضا كلا من نوت و حتحور و ايزيس.

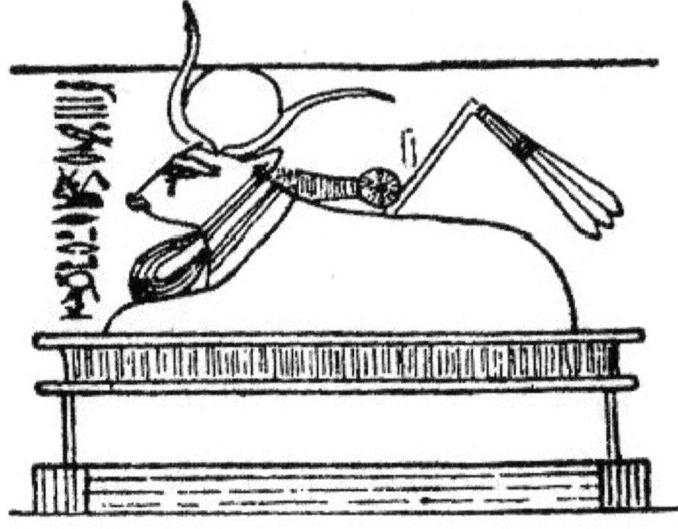

("ميحيت – ويريت" على هيئة بقرة)

توصف البقرة السماوية أيضا بأنها الكيان الالهى ذو السبعة أوجه, أو "السبع حتحورات" اللاتى يشرفن على ميلاد الانسان من جديد فى عالم الروح.

يرمز رقم 7 الى مستويات الوجود السبعة, و ينظم علاقة الانسان بالكون من خلال نظام الشقرات (مراكز الطاقة) السبعة الموجودة فى الجسم الأثيرى للانسان.

و هو رقم مقدس, نجده فى أيضا فى ألوان الطيف السبعة, و فى السلم الموسيقى. كما نجد أثره على الفلسفة الغنوصية فى فكرة الكواكب السبعة السيارة, و الملائكة السبعة.

و فى الفن المصرى, كانت كلا من "ميحيت – ويريت" و حتحور تظهر فى شكل بقرة, و كل منهما تشير الى مفهوم الأم الكونية, أو البقرة السماوية التى انسكب اللبن من ضرعها

فى الفضاء و تحول الى مجرة الطريق اللبنى أو درب التبانة التى يبدو شكلها فى الفضاء اللبن المسكوب, و هى أيضا البقرة السماوية التى ولدت "رع", و الأم الكونية التى كانت موجوده قبل أن يكون هناك أى مخلوق.

تحمل البقرة فى الميثولوجيا الهندية نفس المغزى الذى تحمله فى الميثولوجيا المصرية فالبقرة فى الثقافة الهندية هى النبع الذى يخرج منه لبن الحياة.

و بالتعبير الصوفى, يعتبر الكون هو قشدة ذلك اللبن الذى يخرج من البقرة السماوية و حتى يومنا هذا, تعتبر البقرة كائنا مقدسا فى الهند.

ترتبط البقرة فى الميثولوجيا الهندية بأحد الكيانات الالهية و هو "كريشنا" و الذى يلقب ب "الذى يحلب البقرة السماوية" . و كريشنا هو أحد تجسدات "فيشنو" و الذى يعتبر مرادفا ل "حور ابن أوزير" (حورس ابن أوزيريس) فى الفلسفة المصرية.

و من الألقاب التى يحملها كريشنا أيضا لقب "جوفيندا" (Govinda) , أى "راعى البقرة" و كريشنا هو الذى يحلب الأوبانيشادا (التعاليم الروحانية), أى هو الذى يستخلص منها جوهر الحكمة.

تتكون كلمة "جوفيندا" من مقطعين, المقطع الأول منها هو "جو" و معناها بقرة, و نفس الكلمة تعبر أيضا عن معنى "الكنز", و قد تستخدم أيضا بمعنى حجر الفلاسفه.

والأوبانيشادا فى الثقافة الهندية هى النصوص المقدسة التى تحوى خلاصة العلوم الكونية والروحانية, و هى مرادف ل "مدو – نتر" (الكلمات الالهية) فى الفلسفة المصرية القديمة و هى النصوص الهيروغليفية المقدسة (مثل كتب العالم الآخر, و أناشيد "رع" و "آمون") تعرف الأوبانيشادا الهندية بأنها الكلمات "الالهية/المقدسة", و هو نفس المعنى الذى تحمله كلمة "مدو – نتر" المصرية القديمة.

ترمز عين "رع" لقدرته اللامحدودة على الخلق. 👁 و الخلق نفسه ليس سوى صورة ل"رع".

"رع" هو الرحيق (الجوهر) الأزلى الذى انبثق منه كل شئ, تماما كما تنبثق الأحلام من عقلك الباطن أثناء نومك لتعبر عما يدور به من أفكار.

يقوم الخلق على التفاعل بين قوتين متقابلتين متناقضتين, ليل/نهار..... شمس/قمر....... ظلمة/نور... ذكر/أنثى.... سالب/موجب, الخ.

هذا التفاعل هو السبب فى حدوث الانقسامية و خلق أشكال و صور جديدة لا حصر لها.

و التفاعل بين قوتين متقابلتين, يؤدى لظهور عنصر ثالث, و هذا هو الأصل فى فكرة الثالوث.

ان كلا من مبدأ الازدواجية (duality), و مبدأ الثالوث (trinity) هما تعبير عن الجوهر الواحد.

جاء فى أناشيد آمون (أنا الاله الواحد, الذى أصبحت ثلاثا).

أى أن الاله كان واحدا, ثم تحول الى اثنان (قوتين متقابلتين متناقضتين), ثم الى ثلاثة.

فالاله يتجلى فى عالم الظاهر عن طريق قوانين القطبية, التى ينشأ عنها عنصرا ثالثا فيتحول الى ثالوث, أما فى الباطن فالاله واحد, و يظل واحدا مهما تعددت مظاهر الانقسامية فى الكون.

و مبدأ "وحدة الاله" هو الذى ظهر فى الأديان الحديثة فى فكرة التوحيد"(monotheism).

و لكن فكرة "التوحيد" كما جاءت فى الأديان الحديثه (كالمسيحية الأرثوذكسية و اليهودية و الاسلام) ليست هى نفسها "الوحدانية" التى جاءت فى تعاليم اليوجا و فى الفلسفة المصرية

القديمة و الصوفية, و فى الفلسفة البوذية و التاوية.

فى الأديان الحديثه (المسيحية و اليهودية و الاسلام), يدور مفهوم "التوحيد" حول وجود اله واحد يراقب مخلوقاته من فوق, و هو كيان يشار اليه دائما بصفات المذكر, يتسامى فوق العالم الذى خلقه, بينما يقوم بادارته و تدبير شئونه من بعيد.

أما فى العلوم الروحانية القديمة (كالفلسفة المصرية و الهندية), فيدور مفهوم "الوحدانية" حول الاله الذى يحتوى كل أشكال التعدد.

الاله هو كل الوجود.

الاله هو كل شئ, فكل المخلوقات هى تعبير عن الذات الالهية.

يعبر الروح الأسمى (الاله) عن نفسه فى الطبيعة و فى النجوم و فى جسم الانسان و فكره و حواسه . وكما تعبر أحلامك عن أفكارك و شخصيتك, كذلك الظواهر الكونية المختلفة هى تعبير عن الذات الالهية.

الروح الأسمى (الاله) ليس منفصلا عن الخلق, و انما هو يحتويه و يتخلله.... فالذات الالهية كامنة فى كل شئ . كل شئ فى الكون "الهى / مقدس".

الاله ليس بعيدا متعاليا فوق مخلوقاته, و انما هو قريب منك..... قرب أفكارك, و أنفاسك, و حواسك .

الاله كامل,..... و الخلق أيضا كامل, لأن كل مظاهر الخلق هى تعبير عن الاله.

لا تبحث عن الاله فى عوالم بعيدة, لأنك فى الحقيقة تعانق الذات الالهية فى كل لحظة.

و بغض النظر عن ظروف حياتك و ما يحيط بك فى العالم المادى, أنت فى الحقيقة كيان كامل, لأنك تعبير عن الذات الالهية الكاملة.

حتى اذا أصبت باعاقة أو نقص, و فقدت احدى حواسك كالبصر أو السمع أو احدى جوارحك كالساق أو الذراع, فأنت ما زلت كاملا برغم هذا النقص الظاهر.

تماما كالاصابات التى تحدث لك فى الأحلام. فأنت فى الحلم تتوهم أنك فقدت ذراعك أو

ساقك, و لكنك ما ان تستيقظ حتى تكتشف أن هذا النقص ما هو الا وهم.

كذلك الانسان المستنير, فعندما يصل للمعرفة الروحانية, سيكتشف أنه ليس جسدا ماديا يعتريه النقص و المرض و الموت, و سيكتشف أن جوهره الحقيقى هو الذات العليا / الالهية, التى لم تكن أبدا بعيدة أو منفصلة عنه, و انما كانت كامنة فى أعماقه طوال رحلته فى العالم المادى, و لكنه كان غافلا عنها.

يصف أحد نصوص الأوبانيشادا الهندية كمال الاله, و كمال الخلق, فيقول :-

*** (الروح الأسمى "الاله" كامل....... و لما كان هذا العالم تجسيدا للروح الأسمى فهو أيضا كامل...... عندما يعى العالم الذات الالهية الكامنة فيه, عندها سيصعد مرة أخرى الى الروح الأسمى, و سيختفى العالم, و سيبقى فقط الكمال, و السلام الدائم) ***

و يصف أحد نصوص كتاب الخروج الى النهار الروح الأسمى "نبر – تشر" بالوصف الآتى :-

*** (لقد منحت النترو "الكيانات الالهية" الابن تاج ملايين السنين..... سيحيا الابن لملايين السنين فى العين... "عين حورس"..... فهى عين الاله الوحيدة, التى تسمى "نبر – تشر"..... ملكة الكيانات الالهية) ***

يصف النص الانسان الذى اكتسب معرفة روحانية بأنه "الابن", أى أنه على خطا حورس ابن أوزير. تلك المعرفة الروحانية تجعل الانسان يرى الكون بعين الاله, عين حورس.

و يعتبر هذا النص دليلا على أن الروح الأسمى "نبر – تشر" لا تقتصر الاشارة اليه بصفات المذكر فقط كما فى ثالوث "آمون – رع – بتاح", و انما قد يشار اليه أيضا بصفات أنثوية, فيقال عنه ملكة (و ليس ملك) للكيانات الالهية. لأنه ليس بمذكر و لا مؤنث, و انما هو يحتوى الاثنين.

و طوال عصر الأسرات فى مصر القديمة, كانت الكيانات الالهية المؤنثة تحمل نفس صفات

الكيانات الالهية المذكرة, و يقمن بنفس الدور الذى يقوم به المنقذ أو "المخلص" (Savior).

و فى أحد نصوص أناشيد آمون, جاء وصف آمون بأنه هو الأم العظمى للانس و "الكيانات الالهية" أى أن الألوهية تجمع بين كل من الذكورة و الأنوثة.

يمكنك أن تشير الى "الكيان الالهى" ب "هو" أو "هى", اذا لم يتوفر لديك بديل لغوى, فالكيان المقصود يتجلى فى كل الموجودات, و بالتالى يمكن وصفه بكل الأسماء.

لا يوجد أى تناقض أو تعارض.

ينشأ التناقض فى الدراسات الالهية, عندما يلتصق العقل بصورة مادية معينة و يتوهم أنها هى الحقيقة المطلقة, أو عندما ينشغل بأحداث تاريخية و ينسى المعرفة الروحانية الكامنة خلف الرموز تكون الرموز و الأسماء ضرورية فى بداية طريق المعرفة الروحانية, و لكن بعد أن يصل الطالب الى درجة معينة من النضج, عليه أن يترك كل الرموز و الأسماء وراءه, و لا يتعلق بأى رمز منها, لأنها جميعا مجرد أمثلة و اشارات تدور حول عوالم باطنية لا يمكن وصفها بأى لغة.

ان كل الرموز و الأسماء التى تشير الى الاله, لا يمكنها وصفه أو تحديد كنهه, و انما هى فقط تحاول أن تقودك لكى تكتشفه بنفسك.

لذلك جاء فى أحد الابتهالات المصرية القديمة :-

*** (لم يصل أحد مطلقا الى كنه الاله..... و برغم أنه يتجلى فى كل الأشكال, و يمكنك مراقبة تجلياته, الا أن الاله يستعصى على الفهم.... لا يمكن رؤية الاله بعين الجسد المادى الفانى) ***

يكشف لنا هذا النص أن الاله لا يمكن فهمه عن طريق الوعى المادى المحدود.

عندما تنظر الى العالم بحواس الجسد المادى, سترى عالم الزمان و المكان النسبى المتغير.

و لكى تفهم الاله عليك أن تسمو فوق الوعى المادى المحدود, و تصل الى وعى الاله....

لترى بعين الاله... **لأنه لا يمكن لأى عين أن ترى الاله, سوى عين الاله نفسه.**

جاء فى نصوص الأوبانيشادا الهندية :-

*** (ان من يعرف براهمان, يعرف أنه أبعد من أى فهم ..... و من يعتقد أنه يعرف, فهو لا يعرف.... الجاهل يعتقد أنه يعرف.... أما الحكيم , فيعرف أن براهمان يستعصى على الفهم) ***

و جاء فى نصوص التاو تيتشينج الصينية :-

*** (ان الحكمة التى يمكن صياغتها بكلمات, ليست هى الحكمة الأبدية.... و الاسم الذى يمكن نطقه, ليس هو الاسم الأبدى / الخالد.... ان ما لا يمكن تسميته, هو بداية وصل السماء بالأرض) ***

عندما تحاول تشخيص "الروح الأسمى" (الاله), و تسميته باسم معين فأنت بذلك كمن يحاول رسم حدود حول اللاوعى.

هل تصورت يوما أن اللاوعى يمكن أن يكون محدودا باطار ؟

هل هناك معالم واضحة لأبعد ما قد يصل اليه اللاوعى ؟

الاجابة طبعا "لا", لأن اللاوعى غير محدود, لذلك فلا يمكن رسم اطار حول اللامحدود.

ان كل الأسماء و الصفات التى تطلق على الاله ليست هى اسمه الحقيقى, و انما هى مجرد دعامة يستند اليها عقل الانسان فى طريقه لمعرفة الذات الالهية, التى هى فى طبيعتها لامحدودة .

لا يجب على طالب المعرفة الروحانية أن يتمسك باسم واحد أو صفة واحدة أو رمز واحد للكيان الالهى لأن الأسماء و الصفات و الرموز هى من صنع العقل الانسانى المحدود.

و هل يستطيع المحدود أن يحيط باللامحدود ؟

لذلك فان أى محاولة لتصنيف الاله أو تحديده باطار معين أو باسم أو شكل أو صفة أو مكان هى محاولة غير مجدية.

لا يمكن استخدام لغة عالم الزمان و المكان لتسمية الاله, لأن الاله أبعد و أشمل من ذلك العالم و لا تنطبق عليه قوانينه.

ان كلمة "اله" فى حد ذاتها لا يجب أن تكون اسما, و انما هى مجرد تعبير مجازى لمحاولة تعريف ذلك "الكيان الأسمى" الذى يرقى فوق كل أشكال الفكر العقلانى.

تستخدم المذاهب الدينية و طرق اليوجا كلمة "اله" كمركبة تقوم بتوصيلك الى حالة أرقى من حالات الوعى, حيث تستطيع أن تتصل بالكيان الأسمى بنفسك, و تعرفه معرفة مباشرة.

و لكنك اذا تمسكت بكلمة "اله" أو غيرها من الاسماء كحقيقة مطلقة, عندها ستفقد المعنى و ستضل الطريق للكيان الذى يشير اليه الاسم.

كذلك من الخطأ التمسك بصورة معينة للاله, كتخيله فى شخصية رجل مثلا, أو فى صورة المنقذ أو المخلص (Savior).

فقط عندما ترتقى من الوعى المادى الى الوعى الكونى ستدرك أن كل الأسماء و الصور و الأشكال فى حالة تغير دائم و تحول و صيرورة, فى حين أن الاله هو الثابت / المطلق / اللامحدود / الكامل .

***** هو أنفاس الحياة..... هو الروح التى تتخلل كل الأشياء و تمدها بطاقة الحياة *****

الذات الالهية هى المنبع الذى خرج منه كل شئ فى الوجود.

كل الأشكال و الصور و الأسماء انبثقت من الذات, و مع ذلك لم تنفصل عنها, و انما يعتمد وجودها فى كل لحظة على وجود الذات و حضورها الدائم فى كل شئ.

فالكون هو جسد الذات .

ان فكرة وجود الذات أولا, ثم وجود خلق منفصل عنها هى فكرة خاطئة.

اذا تأملت أشعة الضوء التى تنبثق من الشمس, ستجد أن أشعة الشمس هى الشمس نفسها , لم تنفصل عنها بعد أن انبثقت منها.

و كذلك الخلق, لم ينفصل عن الذات بعد أن انبثق منها.

و كما يعتمد جسدك المادى على الأنفاس التى تمده بطاقة الحياة فى كل لحظة بدون توقف, كذلك "آمين" (آمون) هو الأنفاس التى تمد الكون كله بطاقة الحياة فى كل لحظة, و لا يمكن أن تتوقف, لأن توقفها يعنى انتهاء الكون.

لا يمكن لجسدك المادى أن يحيا لحظة بدون "تنفس", و كذلك الكون لا يمكن أن يحيا بدون الذات الالهية (آمون).

*** هو الذى اتخذ هيئة "تا – تنن" (الأرض التى ارتفعت فى الأزل), لكى يخلق من ذاته "الجمع الالهى" ***

"تا- تنن" هى كلمة مصرية قديمة تعنى روح الأرض, أو الأرض التى ارتفعت من مياه الأزل عند النشأة الأولى .

الذات الالهية لا اسم لها ولا شكل... لم تولد... و لن تموت و هى المنبع الذى تنبثق منه كل الأشكال و الصور و الأسماء.

و روح الأرض (تا – تنن) هى الجسر الذى من خلاله تعبر الموجودات من عالم الباطن داخل مياه الأزل الى عالم الظاهر.

أتخذت الذات شكل و اسم "تا – تنن" فى الأزل, لكى ينبثق منها الجمع الالهى أو مجمع الكيانات الالهية, و هو عبارة عن مجموعة من القوى الكونية التى تعمل معا داخل منظومة واحدة, و وفق قوانين كونية واحدة.

هذه القوانين هى نور العقل الالهى الذى يعمل كالرياح التى تحرك الأمواج فوق مياه الأزل.

جاء فى بردية "نسى – خونسو" نص مشابه لهذا النص من أناشيد آمون, يقول :-

*** (آمون...... هو المادة الأزلية الالهية... التى أخرجت الجمع الالهى للوجود) ***

يشير النص الى أن "الجمع الالهى" (مجموعة من القوى الكونية التى تعمل معا داخل منظومة واحدة) هو نفسه الذات الالهية, حين اتخذت شكلا و اسما, و بدأت أولى خطوات التجلى من عالم الباطن الى عالم الظاهر.

تتفق هذه الفلسفة القديمة مع نظريات العلم الحديث و الفيزياء الكمية التى تقول بأن كل أشكال المادة الموجودة فى الكون تتكون فى الأصل من طاقة, و لكن هذه الطاقة اتخذت أشكالا مختلفة و درجات صلابة و كثافة مختلفة نتيجة اختلاف ذبذبات كل مادة عن غيرها.

و حسب نظرية ممفيس لنشأة الكون, ان كل ما يبدو لأعيننا فى عالم اليقظة "مادة صلبة" هو فى الحقيقة يتكون من نفس المادة التى تتشكل منها الأشياء فى عالم الأحلام (العالم النجمى / السفلى).

يتكون العالم المادى من نفس المادة الخام التى يتكون منها العالم النجمى . و كما يختفى عالم الأحلام (العالم النجمى) بمجرد أن تستيقظ من نومك , كذلك يختفى العالم المادى بمجرد موت جسدك المادى و انتقال روحك الى العالم النجمى.

فأنت عندما تحلم, ترى كل شئ حقيقيا, و الأشياء و الأشخاص فى عالم الأحلام ليسوا أقل واقعية من عالم المادة. و لكنك بمجرد أن تستيقظ من النوم تختفى الأحداث و الأشخاص تماما.

و كذلك العالم الذى نعيشه, هو فى الحقيقة حلم فى عقل الاله, و لكنه حلم أطول بكثير من الأحلام التى يعرفها الانسان. فهو حلم يمكن أن يستمر مليارات السنين, و لكنه فى النهاية حلم, و هو مجرد طرفة عين فى عمر الأبدية.

ان مفهوم الزمن كما يعرفه الانسان ما هو الا لمح البصر اذا قورن بالخلود.

جاءت فكرة نسبية الزمن فى أحد النصوص المصرية القديمة و يدعى "أنشودة عازف الهارب" :-

*** (مهما طالت حياتنا على الأرض..... سنراها فى النهاية كحلم قصير) ***

تأمل أحلامك, انها تبدو و كأن أحداثها تستغرق ساعات طويلة, وأحيانا أيام أو شهور أو سنين. ولكنك بمجرد أن تستيقظ من النوم تكتشف أنك طوال فترة الحلم كنت نائما فى سريرك لمدة قصيرة لا تتجاوز بضع ساعات.

و كذلك كل أحداث الكون من بدايته الى نهايته ما هى الا حلم فى عقل الاله.

و من وجهة نظر العلوم الروحانية, يعتبر كل من الزمان و المكان فى عالمنا المادى عناصر وهمية ليس لها وجود حقيقى, و لكنك لا تكتشف ذلك الا اذا انتقلت الى العالم النجمى. تماما كما يبدو الزمان و المكان حقيقى فى الحلم ثم تكتشف أنه مجرد وهم بمجرد استيقاظك من النوم.

و العالم المادى الذى نعيشه فى حالة اليقظة هو أيضا عالم غير حقيقى, هو عالم من صنع العقل, أى أنه انعكاس (projection) لأفكار تدور فى العقل الكونى.

العالم الوحيد الحقيقى هو الأبدية..... و الاله هو الأبدية.

و لكن عقل الانسان و حواسه المحدودة تجعله سجين الزمان و المكان.

اذا قدر للانسان أن يرى الكون كله فى لحظة واحدة رؤية "شاملة/كلية" لا تتأثر بعنصر الزمان و المكان, عندها سيعى مفهوم الوحدة.... وحدة الكون و الاله.

تلك هى نظرة العقل الكونى للخلق.... النظرة الكلية الشاملة التى لا تخضع لوهم الزمان و المكان.

و هنا نتذكر التعاليم الروحانية التى وردت فى نظرية ممفيس لنشأة الكون و التى وجدت مدونة على حجر شباكا, حيث يصف النص كيف خلق بتاح الكون باستخدام قوة الفكر , فقط

الفكر.

ان المهمة الأساسية لطالب العلوم الروحانية هى أن يخرج من الحدود الضيقة للجسم المادى و أيضا العقل, لأن العقل يستمد معلوماته من الحواس الخمسة المحدودة.

عندما ينجح الطالب فى ذلك, سيرى الكون بعين مختلفة, و ستموت "الأنا" (الشخصانية) المادية المحدودة, و عندما يموت الوعى المادى, يولد الانسان من جديد ولادة روحانية.

*** هو الذى يخفى اسمه "الحقيقى/المطلق" عن ابنائه.... و لذلك فهو الخفى (آمين /آمون) *** هو المحتجب, الذى لا تدركه الأبصار

*** آمين (آمون).... هو الواحد الذى يخفى نفسه عن الانس و عن الكائنات الالهية... ليس له صورة و لا لون.

*** لا تستطيع الكائنات الالهية أن تناديه.... لأن اسمه خفى عنهم

تبدو الذات الالهية و كأنها "خفية/محتجبة" لمن لا يستطيع أن يرى فيما وراء العالم المادى. **من ينظر للعالم المادى كحقيقة مطلقة, و ينكر وجود أى عوالم أخرى باطنية, هو كالسجين الذى ينكر وجود العالم الذى يقع خاج أسوار السجن.**

تلعب ال "أنا" دورا كبيرا فى صناعة الوهم الذى يعمى الانسان عن رؤية العوالم الباطنية, فهى توهم الانسان أنه كيان منفصل عن غيره من المخلوقات, و عن جوهره الحقيقى, و هو الذات.

و كلما استمرت الأنا فى الضغط على عقل الانسان بشتى الأفكار التى تدور حول تلبية رغبات الجسد, كلما استمر انفصال الانسان عن الذات الالهية.

طالما أن الفكر مشتت و الرغبات هى التى تسيطر على العقل, فهذا يعنى أن الروح ستستمر

فى السفر من العالم المادى الى العالم النجمى/السفلى, ثم تعود مرة أخرى الى العالم المادى فى جسد جديد, ثم تعود الى العالم النجمى, و هكذا, الى أن تدرك ما وقعت فيه من خطأ.

عندما يموت الانسان يتحول من الوعى بالجسم المادى الى الوعى بالجسم النجمى و كلا الجسمين (المادى و النجمى) هما بمثابة المركبة التى تستخدمها الروح لكى تمر بتجارب مختلفة فى كل من العالم المادى و العالم النجمى.

و رغم أن العالم النجمى تحكمه قوانين الزمان و المكان, الا ان قوانين العالم النجمى تختلف قليلا عن قوانين عالمنا المادى, فقد تمر مئات السنين فى العالم النجمى بينما فى العالم المادى تقاس نفس الفترة بآلاف السنين. و العالم النجمى يتميز بأنه أقل كثافة و أكثر انسيابا, بمعنى أنه قد تقع أحداث و تتغير الظروف و المشاهد حولك فجأة بدون أى مقدمات, حسب رغبتك و قوة الفكرة التى تشغل عقلك.

و نحن نختبر العالم النجمى بصفة دائمة من خلال ما نراه من أحلام أثناء النوم .

عندما تنام,تحملك الأفكار الى عالم آخر لتعيش فيه أحداثا و تجارب مختلفة.

وعندما تكون داخل ذلك العالم تعتقد أنه حقيقى, و أنه كان دائما حقيقيا, فلا يساورك الشك لحظة واحدة أن ما تراه يمكن أن يكون "حلم". و لكنك عندما تستيقظ تكتشف أنه لم يكن حقيقى, وأن الأحداث كانت من صنع عقلك الباطن, ثم بمرور الوقت تنسى الحلم.

و لكنك عندما تنام فى الليلة التالية, تنسى ما اكتشفته صباح اليوم السابق, و تعود لتحلم من جديد, و فى كل ما يمر بك من أحداث تكون على يقين أن كل ما تشاهده حقيقى.

و الموت يشبه الى حد كبير تجربة الحلم. فعند الموت, نترك جسمنا المادى على الأرض و نذهب الى العالم النجمى بجسم آخر هو الجسم النجمى. و العالم النجمى الذى نزوره كل ليلة فى أحلامنا هو نفسه العالم الذى تذهب اليه أرواحنا بعد الموت مباشرة.

عند موت الجسم المادى, لا يفقد الانسان نمط تفكيره و لا مشاعره و لا رغباته الحسية, و انما يحملها معه فى العقل الباطن و تنتقل معه الى العالم النجمى. تظل الرغبات الحسية

التى لم تتحقق فى العالم المادى و التى فشل صاحبها فى "التخلى" عنها و تحويلها الى رغبات روحانية تضغط عليه و تطالبه بتحقيقها فى العالم النجمى.

و برغم أن العالم النجمى أقل كثافة من العالم المادى, الا أنه لا يستطيع أن يلبى طموح الروح الى السعادة الدائمة. فالعالم النجمى هو عالم نسبى متغير مثله مثل العالم المادى.... و لذلك فكلا العالمين غير حقيقى.

لذلك فالعالم المادى و العالم النجمى كل منهما ينكر الآخر.... لأن أحدهما هو صورة مرآه معكوسة من الآخر. فعندما تستيقظ من النوم تنكر ما دار فى الحلم من أحداث و تصفها بأنها وهم, مع أنها كانت حقيقية و أنت داخل الحلم نفسه, و أيضا عندما تذهب لعالم الأحلام, فأنت تنسى العالم المادى, و كأنه غير موجود.

و كلا من العالم المادى و العالم النجمى انبثقا من الذات الالهية أى أن العوالم النسبية المتغيرة, انبثقت من "الثابت/الحقيقى/المطلق".

لا يمكن العثور على السعادة الدائمة لا فى العالم المادى و لا فى العالم النجمى, لأنها عوالم متغيرة .

فقط عندما تعثر على الذات الالهية, عندها ستجد السعادة الحقيقية..... الدائمة.

و العالم النجمى هو العالم الذى تمر فيه الروح بتجربة الجنة أو الجحيم, حسب ما اقترفته من أفعال فى الحياة الدنيا, و حسب الأفكار و المشاعر التى قامت باختزانها فى العقل الباطن.

هذه الأفعال و الأفكار و المشاعر هى العناصر التى تشكل الكارما و التى تحدد مصير الروح بعد الموت.

اذا كانت أفعال الانسان فى العالم المادى منافية للماعت (النظام الكونى), فان تجاربه فى العالم النجمى تكون مؤلمة و هو ما يطلق عليه مفهوم "الجحيم", و هى ليست شيئا يفرض على الانسان من الخارج, و انما هى تجربة مؤلمة من صنع العقل الباطن.

و لأن العالم النجمى أكثر شفافية و انسيابية من العالم المادى, ينصح طالب اليوجا بالتركيز

على تدريبات تنقية العقل الباطن من الأفكار و المشاعر السلبية الملتصقة به, حتى لا تؤثر سلبا على مصيره فى العالم النجمى بعد الموت.

***** هو الذى يأتى بالنصر... فالنصر من أسمائه *****

الانتصار الذى يتحدث عنه النص السابق ليس هو الانتصار الذى يتحقق نتيجة الفوز بمعركة حربية, و انما هو الانتصار الذى يحققه الانسان عندما يعرف كيف يتحكم فى نوازع النفس الانسانية, ليصل فى النهاية الى التنوير و ينجح فى اكتشاف الذات الالهية الكامنة بداخله.

حين تكتشف الجوهر الخفى المطلق بداخلك, عندها ستعرف الاسم الخفى للاله.

هذا الاكتشاف هو الانتصار على كل أشكال المحن و العلل, و هو الهدف من كل التعاليم الروحانية و الطقوس الدينية, و هو أيضا الجائزة الكبرى التى تتضاءل أمامها كل أشكال المتع الدنيوية.

عندما تنتبه لوجود "الذات", ستكتشف أنها هى المصدر الذى يمنح الانسان نشوة انتصار "النور / المعرفة" على "الظلام / الجهل"... و عندها تتحرر الروح من أغلال العالم المادى الذى تحكمه قوانين الزمان و المكان.

***** هو الواحد... الشاهد... الذى لا يغفل طرفة عين... فلا تأخذه سنة و لا نوم *****

عرفت الفلسفة المصرية القديمة مفهوم "الذات الشاهدة" قبل ظهور فكرة "اليقظة" فى الفلسفة البوذية و الهندوسية بآلاف السنين.

يتناول هذ النص من أناشيد آمون مفهوم "الوعى الشاهد", و الذى يعتبر هو الجوهر الذى خلق منه عقل الانسان.

الذات الالهية هى الشاهد الصامت الأزلى الأبدى على كل ما يدور فى عقل كل انسان.

يتوهم عقلك اليقظ (أى عقلك فى حال اليقظة) أنه حقيقى و أنه كيان مستقل, برغم أنه فى الواقع مجرد انعكاس لذكريات و رغبات مخزونة فى العقل الباطن.

و لكنك عندما تبدأ بالتساؤل : ما حقيقة ذلك الكيان الذى يطلق عليه "أنا" ؟ ستكتشف أنه لا يمكنك العثور على تلك ال "أنا".

هل "أنا" تشير الى عقلى و جسمى عندما كان عمرى خمس سنوات ؟ أم عندما كان عمرى عشرون عاما, أم هى ذلك الشخص الذى أراه أمام عينى فى المرآة اليوم ؟

هل "أنا" هى الشخص الذى سأكونه بعد عشر سنوات, أم هى الشخص الذى كان قبل 500 عام, أو قبل 1000 عام فى تجسد سابق ؟

أين هى تلك ال "أنا" ؟   هل هى جسدى ؟

و اذا كانت ال "أنا" هى جسدى, ففى أى جزء من أجزاء الجسد تقع الأنا ؟ فى الساقين أم الذراعين أم الكبد أم المخ ؟

هناك بعض البشر الذين فقدوا جزءا من الجسد, بما فى ذلك جزء من المخ, و مع ذلك ما زالوا على قيد الحياة. و لما كانت أجزاء الجسد عرضة للفقدان, بل يمكن تعويضها بأجزاء صناعية أو مزروعة (مثل زراعة الكلى أو قرنية العين), لذلك فالجسد المادى ليس هو كينونتك الحقيقية, و لا يمكن أن تشير اليه ب "أنا".

تأمل نفسك : فعندما كنت طفلا, كنت تتصرف بطريقة معينة. و عندما أصبحت مراهقا, صرت تتصرف بشكل مختلف. و لما وصلت الى سن الشباب, تغير سلوكك ليصبح شيئا آخر. فى كل مراحل نموك هناك تغيرات تطرأ ليس فقط على جسدك, و انما أيضا على عقلك و تستمر التغيرات تعترى جسدك و عقلك من الطفولة حتى الموت.

لقد مررت بتغيرات كثيرة جدا منذ طفولتك و حتى شيخوختك و برغم كثرة هذه التغيرات, فهناك شئ ما بداخلك يقول أن كل هذه الشخصيات العديدة من الطفولة, حتى الشيخوخه هى "أنت", و ليست أى كيان آخر غيرك.

و لكنك اذا وصلت الى المعرفة الغنوصية (المعرفة عن طريق الحدس), ستكتشف أن كل هذه التغيرات التى مرت بك أثناء حياتك فى العالم المادى هى مجرد مراحل انتقال و شخصيات ليست حقيقية قمت بتقمصها لفترة معينة, و ينتهى دور كل شخصية بانتهاء مرحلتها. و بالتالى فكل هذه الشخصيات ليست هى كيانك الحقيقى.

ان "الذات الشاهدة" هى كيانك الحقيقى.

الذات الشاهدة ليست كيانا منفصلا عنك يراقب سلوكك من بعيد, و أنما هى جزء من وعيك الذى مر بكل التجارب المختلفة فى حياتك ما بين سعادة و حزن و ما بين متعة و ألم. **الذات الشاهدة كانت معك أثناء كل تلك التجارب و عاشتها معك بكل تفاصيلها.**

و عندما ينتقل عقلك من وعى اليقظة الى حال النوم, تنسحب الذات الشاهدة من العالم المادى, و تنتقل معك الى العالم النجمى لتعيش معك تجربة الأحلام بكل تفاصيلها. **تلك الذات الشاهدة التى تنتقل معك من عالم الى عالم آخر, تراقب كل ما يحدث لك من تغيرات فى الظاهر و الباطن... تراقبك فى صمت... مثل الشاهد الذى يقف بعيدا فى صمت بانتظار أن تلاحظ وجوده. و فى اللحظة التى تنتبه فيها الى وجود ذلك الشاهد, عندها ستكتشف أن هذا الشاهد هو "أنت"....... هو ال "أنا" الحقيقية..... هو الذات الشاهدة.**

ال "أنا" الحقيقية ليست الجسد و لا العقل, و انما هى "الذات".

و الذات هى السبب فى وجود كل من الجسد و العقل و تقوم باستخدامهما كمركبة أثناء رحلتها فى العالم المادى الذى تمر فيه بتجارب مختلفة.

و مهمة اليوجا الأساسية هى مساعدة الانسان على اكتشاف زيف الأنا المادية و ادراك وجود

الذات الحقيقية.... الشاهد الذى لا يغفل و لا ينام.... ذلك الجزء من وعيك الذى يراقب كل ما يحدث لك فى كل من العالم المادى و العالم النجمى.

ان كيانك الحقيقى يشبه المحيط, أما ما تمر به من تجارب فى العالم المادى و العالم النجمى من مشاكل و احباط و نجاح و سعادة و ألم و حياة و موت ما هو الا أمواج تضطرب فوق سطح المحيط. و مهما اختلف شكل الأمواج على السطح, الا أن العمق واحد / مطلق / ثابت.

فاختلاف صور و أشكال الأمواج فوق سطح المحيط لا يضيف شيئا جديدا له و لا ينتقص من امتلائه و لا من كماله.

المحيط يحتوى كل ما فوق سطحه من أمواج.

و بغض النظر عن شكل الأمواج و حركتها سواء كانت صاعدة أو هابطة, يبقى المحيط ممتلئا... كاملا.

كذلك أنت..... فذاتك الحقيقية تعانق الذات الالهية فى كل لحظة.

و كما تنبثق من الشمس أشعة النور التى تغذى كل أشكال الحياة فى هذا العالم, كذلك وعى الاله كالنور الذى يشرق فوق كل الكائنات و هو الذى يمنحها الوجود.

ان علاقتك بالذات تشبه علاقة عقلك بأحلامك . فعندما تحلم, تكون أنت الشاهد الوحيد على كل ما يدور فى الحلم من أحداث, و عقلك هو الدعامة الوحيدة التى تستند اليها كل تفاصيل الحلم . وكل ما يدور فى الحلم هو انعكاس لما يدور فى عقلك الباطن و هو المصدر الذى انبثقت منه كل تفاصيل الحلم. و مهما وقعت من أحداث رهيبة فى الحلم فأنت لا تتأثر بما يحدث, و لا يصيبك أى مكروه لأنك فى الحقيقة نائم فوق سريرك.

كذلك الذات الشاهدة التى هى جوهرك الحقيقى تراقب كل ما تمر به من تجارب فى العالم المادى و العالم النجمى, و لكنها لا تتأثر بما يقع من أحداث و لا يصيبها مكروه.

هذا الشاهد الصامت الذى يراقب تقلباتك من حال الى حال هو نوع من أنواع الرؤية, التى يجب عليك أن تنتبه لوجودها داخل وعيك, بأن تدرب وعيك على الخروج من دائرة المشاكل

و الرغبات و التعلق بالأشياء أو كراهيتها.

عليك أن تدرب وعيك على أن تنظر الى نفسك من الخارج.... خارج حدود الرغبات الحسية... حيث لا رغبة و لا كراهية.

تلك هى الرؤية الالهية التى تقودك الى التنوير.

ان عين الاله ترى الصورة الكاملة بوضوح . فالخلق كله, و الكون بكل مستويات وجوده ما هو الا فكرة. و لكن الانسان العادى الذى لم يمارس اليوجا, و لم يسعى لاكتساب معرفة روحانية لا يدرك أن هذا الكون بكل ما فيه ما هو الا حلم.

لذلك فهو يتوهم أن كل ما يحدث له حقيقى, و يتوه فى تفاصيل الحلم و بالتالى يقع ضحية للرغبات و الأوهام و المخاوف النابعة من عقله.

و هذا بدوره يقوده الى العديد من التعقيدات و الاحباطات و الأسف و الحزن. ان كل ما يمر به الانسان من احباط و ألم فى حياته, مهما بلغت حدة ذلك الألم, فهو مثل الألم الذى ينتابك فى الحلم, و الذى يختفى بمجرد استيقاظك من النوم.

لذلك فالانسان الغير مستنير (الذى لم يكتسب معرفة روحانية) يكون ضحية المشاعر **المتضاربة كالحزن و الألم و الاحباط, أما المستنير فهو يعرف أن ما يمر به من تجارب لا يؤثر على ذاته الحقيقية التى لا يصيبها أى مكروه, لأنها تقف شاهدة على كل ما يحدث, تماما كما تكتشف أنك ترقد آمنا فى سريرك بعد أن تستيقظ من كابوس مفزع.**

ان جهل الروح يرافقها فى حالات الوعى الثلاثة :-

(اليقظة.... الحلم..... النوم العميق الخالى من الأحلام)

فالجهل عندما يتمكن من من الانسان يسيطر على العقل اليقظ و أيضا على العقل الباطن و ينتقل معه من حال الى حال.

ينتقل الانسان خلال حياته اليومية بين ثلاث حالات رئيسية من حالات الوعى هى :-

اليقظة.... الأحلام... النوم العميق الخالى من الأحلام.

و أثناء الانتقال من حال الى حال تقع الروح فى فخ الوهم, و تصدق أن كل ما تراه حقيقى و تمزقها المشاعر و الأفكار المضطربة, **و تنسى أنها هى الشاهد الذى يراقب ما يحدث و لا يصيبه سوء.**

يقع عمق اللاوعى فيما وراء العقل و الحواس.

اذا عاش الانسان حياته و هو سجين العقل و الحواس فقط, فهو أسير عالم زائل و زائف.

تخيل ما الذى سيحدث اذا ذهبت للنوم و بدأت تحلم حلما مخيفا لا تستطيع الاستيقاظ منه, و أنك نسيت تماما حالة اليقظة, فرحت تنتقل من تجربة مفزعة الى تجربة أخرى داخل الحلم و أنت تتوهم أن كل تجربة فى الحلم حقيقة, لأنك تجهل ذاتك الحقيقية, تلك التى ترقد فى السرير تفكر و تخلق أحلاما من العقل الباطن و تشاهد ما يحدث.

و الخلاص الوحيد لك من الاستمرار فى هذا الموقف هو أن يأتى شخص ما فيوقظك من النوم , لتفيق و تكتشف أن كل ما رأيته فى نومك هو مجرد حلم. و عندها يختفى كل ألم و كل سعادة مررت بها فى الحلم, لأن الألم و السعادة فى العالم النجمى (و كذلك العالم المادى) ليست حقيقة, و انما هى وهم من صنع العقل.

يقول أحد الأمثال المصرية القديمة :-

***** ان الحكيم يستيقظ مبكرا, لهدفه الأسمى الخالد... بينما الأحمق يظل أسير الأحلام******

***** الخلاص هو تحرير الروح من أغلال الجسد... و الارتقاء الى وعى الاله عن طريق المعرفة و الحكمة... و التحكم فى القوى الكونية, بدلا من أن تصبح عبدا لها.... و اخضاع الوجود الأدنى عن طريق الاتصال بالذات العليا.... لتنتهى دائرة اعادة التجسد مرة بعد أخرى... ليحيا الانسان مع ال "نترو" (الكيانات الالهية), الذين يشرفون على تنفيذ الخطة الالهية *****

الأحلام التى تراها أثناء نومك مثلها مثل التجارب التى تمر بها فى حالة اليقظة, لأنها تجارب من نتاج العقل و الحواس, و لذلك فهى ليست حقيقية.

و وجودك الأدنى الفانى و كل تجسداتك السابقة فى عالم الزمان و المكان ما هى الا أحلام فى نظر "الذات". و كلما كبرت فى السن كلما تغير عقلك و تغيرت طريقة تفكيرك, و بالتالى تتغير طبيعة أحلامك.

تأمل حياتك... ستجد أنك تولد و تكبر و تموت, لكى تولد من جديد فى زمان و مكان آخر من العالم المادى. و عندما تصل الى التنوير و تكتشف الذات الحقيقية, **و ترى الصورة الكاملة بوعى الشاهد الذى لا ينخدع بتفاصيل الحلم, بل يراقبه من بعيد و هو يعى أنه حلم, عندها ستكتشف ذاتك الحقيقية التى هى خارج حدود الزمان و المكان و التى هى خالدة, ثابتة, لا يعتريها التغير.**

عليك ان تتعلم كيف تخترق الأمواج التى تضطرب فوق سطح المحيط, و تغوص فى أعماقه لتكتشف ذاتك الحقيقية, التى تقع فيما وراء العقل و التى هى أبعد من أى حس.

تأمل نفسك عندما تحلم, و ترى فى الحلم شيئا مفزعا كحيوان مفترس يطاردك. ان المهرب من ذلك الحيوان المفترس ليس بالفرار منه, لأنك كلما حاولت الجرى و الفرار سيستمر فى مطاردتك, و انما الحل هو "اليقظة".

بمجرد أن تستيقظ من النوم سيختفى الحيوان المفترس, لأنك اكتشفت الحقيقة و ادركت أنه ليس له وجود, و أنه من صنع عقلك.

و الملجأ و الملاذ الوحيد من كل ما يعصف بنا فى العالمين (العلم المادى و العالم النجمى) من تجارب مختلفة تمزق مشاعرنا و تشتت عقولنا هو "اليقظة".

اذا عرفت كيف تسمو فوق حالات الوعى الثلاث (اليقظة.... الأحلام... النوم العميق الخالى من الأحلام) و تصل الى الحالة الرابعة من الوعى و هى "الوعى الشاهد" أو "الذات الشاهدة" (آمون), عندها لن تؤذيك أى تجربة فى العالم المادى أو العالم النجمى, لأنك ستراها بوعى

الشاهد.

عليك أن تتحرر من ثلاثية (اليقظة – الحلم – النوم العميق) لأن هذه الحالات الثلاث هى جزء من عالم الزمان و المكان النسبى المتغير , و كل ما هو نسبى ليس حقيقى.

و الهدف من كل العلوم الروحانية هى مساعدتك على أن ترقى فوق هذه الحالات الثلاثة, لتصل الى مستوى الوعى الشاهد الذى كان يقف دائما هناك مراقبا كل ما يحدث منذ الأزل .... و لكنك كنت غافلا عنه.

عناق الذات الالهية :-

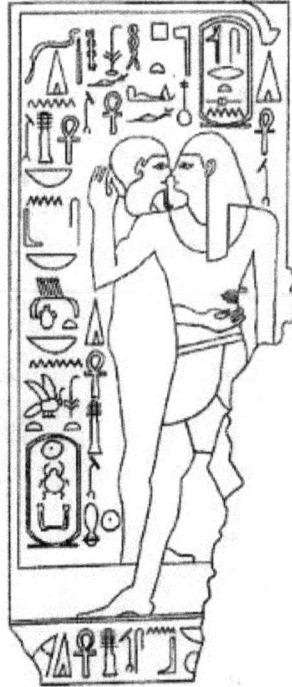

من المقصورة البيضاء بالكرنك....... بتاح يعانق الملك سنوسرت الأول.

مشهد يصور الأم الكونية (حتحور) و هى تحتضن ملك مصر

من معبد الكرنك....... مشهد يصور أحد المفاهيم التى تتعلق بيوجا التانترا, ألا و هو العناق الالهى

يرمز هذا الطقس الى فكرة الزواج الالهى أو الاتحاد بين الانسان و بين الذات الالهية/العليا.

لا أحد يعرف تفاصيل كيف يحدث هذا الزواج لأنه من الأسرار التى لا يطلع عليها الا القليلون.

حين يصل الانسان لدرجة معينة من النضج الروحى, يرى نفسه متحدا بالذات الالهية فى عناق يوصف أحيانا بأنه يشبه عناق الأب أو الأم للابن, أو عناق الحبيب لحبيبه. و فى الزواج الالهى قد تتخذ الذات الالهية هيئة احدى الربات أو الأرباب, لأن الذات ليست ذكرا و لا أنثى, و لذلك ينطبق عليها كلا الوصفين.

يمكننا ان نرى المريد أو طالب المعرفة الروحانية فى حالة عناق مع أى من ال "نترو", وهو وضع يصف حال الانسان عندما يكون فى عناق مع الذات الالهية (آمون) الكامنة بداخله.

يحوى معبد الكرنك أكثر من مشهد من مشاهد العناق الالهى, كما يتضمن أيضا مشاهد تصف تحكم الانسان و سيطرته على الطاقة الجنسية لديه و هى طاقة الحياة التى يطلق عليها أحيانا اسم طاقة الحية.

و هذا الكتاب لا يتناول موضوع يوجا التانترا بالتفصيل, لأنه من طرق اليوجا المتقدمة جدا التى يجب تدريسها عن طريق معلم أو حكيم.

للمزيد من المعلومات عن يوجا التانترا أنصحكم بقراءة كتابى "يوجا التانترا المصرية و طاقة الحية" (Egyptian Tantric Yoga and The Serpent Power).

يصف هذا النص المصرى القديم فلسفة العناق الالهى فى هذه العبارات التى وردت فى سياق قصة بعث أوزير. و فى هذا النص يتقمص أوزير شخصية "خبرى – آتوم" و يقول :-

*** أنا الذى خلقت الخلق.... بعد أن أتيت أنا للوجود فى هيئة "خبرى – رع"..... خرجت من مياه الأزل, و تزاوجت مع يدى, و عانقت ظلى عناق العشق...... و سكبت بذور الخلق من فمى لينبثق من ذاتى "شو" (الهواء) و "تفنوت" (الرطوبة/النار)..... أتيت للوجود فى

هيئة "خبرى – رع".... خلقت نفسى بنفسى من مياه الأزل, و فى مياه الأزل..... و كان اسمى أوزير)****** كنت وحدى فى مياه الأزل, حين لم تكن ال "نترو" (الكيانات الالهية) قد خلقت بعد... و لم يكن "شو" و "تفنوت" قد جاءا للوجود........ حين جعلت ال حكا (السحر الأزلى/الكونى) فى فمى...... و أتيت للوجود فى كل الأشكال و الهيئات التى تجلت من خلال "خبرى – رع" ***

كانت ماعت فى الفلسفة المصرية هى ابنة "رع". و قد جاء فى أحد ابتهالات "رع" هذا النص الذى يصف عناق ماعت ل "رع" لدى وصوله الى مملكة الغرب (العالم النجمى) :-

*** ان أرض "مانو" (الغرب) تستقبلك و هى مبتهجة, راضية...... و الربة ماعت تعانقك فى الصباح و المساء....... و قد دون تحوتى و ماعت تفاصيل رحلتك التى تقوم بها كل يوم***

جاء فى أحد الأمثال المصرية القديمة :-

*** الشمس هى التى تغذى و تحفظ كل كائن حى..... و كما يملأ الفكر الكون بكل الأشكال و الصور, و يجعله فى حالة تمدد و امتلاء دائم.... كذلك الشمس تجعل الكون يتسع, بأن تخلق دائما حياة جديدة و تمنح المخلوقات الصحة و القوة ***

يقول الفيلسوف اليونانى "ايامبليكوس" فى كتابه (Egyptian Initiate) :-

*** من الأشياء التى تدعونا للتأمل, أن الاله الذى أبدع كل أجيال الخلق و كل عناصر الطبيعة, هو كيان أسمى من كل ما خلق, فهو لا يخضع لقوانين عالم المادة, و هو ليس متجسدا, و هو فوق الطبيعة, و ليس منقسما فى ذاته... و هو خفى / محتجب .... الاله فوق كل شئ و لكنه فى نفس الوقت يحتوى كل شئ و يحتنضه و يعانقه..... و لأنه يحتوى كل

شئ, و لأن كل شئ يستمد وجوده منه, لذلك فهو يتجلى فى كل شئ....... و لأنه أسمى من الكون, فقد سكب ذاته فى كل الخلائق, فأصبحت تجلياته لا حصر لها...... و مع ذلك يبقى هو الأسمى, المتعالى فوق كل قوى و عناصر الطبيعة ***

ما هو الوعى ؟

الوعى هو الحالة الأزلية (الأولية) للوجود.

و صفت الميثولوجيا المصرية و الهندية تلك الحالة الأولية للوعى الخالص النقى بأنه (المحيط الأزلى.... مياه الأزل.... الطاقة فى صورتها الخام / الأولية.... الذات..... الروح الأسمى). الوعى الخالص النقى هو المادة الخام التى يتكون منها كل شئ, و هو المنبع الذى تخرج منه كل الصور و الأشكال.

الوعى هو الفكر قبل أن يتشكل الى أفكار, و هو القماش قبل أن يحيكه الخياط و يحوله الى قطع من الملابس.

الوعى هو الادراك, و لكن بدون أن يرتبط هذا الادراك بشئ محدد, و هو العقل بدون أفكار.

و كما اكتشفت الفيزياء الحديثة أن كل أشكال المادة فى الكون هى فى جوهرها عبارة عن طاقة, اكتشف حكماء الحضارات القديمة أن هناك جوهر واحد لكل ما هو موجود, هذا الجوهر الذى يتشكل منه كل شئ هو الوعى النقى/ الخالص..... هو المحيط الأزلى.... هو مياه الأزل.

ان تعبير "مياه الأزل" الذى ظهر فى الميثولوجيا المصرية القديمة هو تعبير مجازى يشير الى الوعى النقى, الذى لم يتشكل بعد بأى صورة من الصور, و لم يتلون بأى فكرة من الأفكار و لا يخضع لقوانين الزمان و المكان.

و بمجرد أن تطرأ على هذا الوعى فكرة.... أى فكرة (مهما كانت صغيرة) يبدأ هذا الوعى فى التشكل الى أشكال, تماما كالصلصال الذى يشكله الفخرانى الى تماثيل و أوانى على

عجلته , أو كالقماش الذى يحوله الخياط الى ملابس.

فالذبذبات الناتجة عن الأفكار يمكنها أن تحول الوعى النقى الخالص الى أى شكل من الأشكال , فتأثير ذبذبات الفكر على المحيط الأزلى يشبه الى حد كبير تأثير الرياح على سطح مياه المحيط , حيث يتسبب هيجان الرياح فى تكوين أشكال و أحجام و ارتفاعات مختلفة من الأمواج , حسب شدة الرياح و سرعة و اتجاه دورانها.

عندما نستخدم مصطلح "الوعى" فى حياة الانسان , فهو عادة يشير الى ادراك الفرد بأنه يحيا و بأن له شخصية و هوية مستقلة عن غيره من البشر.

ان وعى الانسان و ادراكه بأنه فرد و أنه حى و بأنه كائن مفكر هو ما يميزه عن غيره من المخلوقات كالحيوان , كما يميز كل انسان عن الآخر , لأن لكل انسان عقل مستقل.

فالحيوانات لا تدرك وجودها بنفس وعى الانسان فهى لا تطرح أسئلة مثل من أنا ؟ و من أين أتيت ؟ و الى أين أنا ذاهب ؟ و ما هو الهدف من حياتى على الأرض ؟

لا يمكن للحيوانات أن تؤلف كتبا فى التاريخ أو علم الفيزياء , ولا أن تكتب قصائد الشعر , و لا أن تنشئ نظاما اجتماعيا. هذا الميل الى التنظيم و التقسيم و التصنيف تحت مسميات مختلفة هو صفة تميز الانسان و هذه الصفة هى السبب فى شعور الانسان بالانفصال عن غيره من البشر و عن الكون و الاله.

الوعى مرتبط بالوجود . فوجود "الوعى" هو ما ينفى العدم.

كل ما هو موجود يعى أنه موجود , و كل ما له وعى فهو موجود.

للأرض وعى....... و للأشجار وعى.... و للشمس وعى.... و للطيور وعى..... و للرياح وعى , و ما يجعل وعى الانسان مميزا بين كل المخلوقات هو وعيه بشخصانيته..... بأنه كيان منفصل عن غيره من البشر و عن الكون.

ينقسم وعى الانسان الى ثلاث حالات رئيسية :-

*** وعى اليقظة : حين يكون الانسان يقظا (غير نائم)

**** الوعى النجمى : حين يرى الانسان حلما أثناء النوم

**** وعى النوم العميق : حين يكون الانسان نائما نوما عميقا, خاليا من الأحلام

عندما كان الوعى فى حالته الأزلية (الأولية), لم يكن هناك سوى الذات.

لم يكن هناك أى شكل من أشكال الفكر.... و لا حتى فكرة واحدة.

لم تكن الذات تعى أى شئ سوى ذاتها.

و بمجرد ظهور أول فكرة على سطح محيط الوعى الأزلى, أصبح هناك شئ آخر غير الذات , شئ له هيئة و شكل, بعكس الوعى النقى الخالص الخالى من أى صورة أو شكل أو فكرة.

و من هنا نشأ مبدأ الثنائية (duality)... ثنائية الذات و الفكرة التى طرأت عليها.

و بعد أن تشكلت أول فكرة, ظهر مبدأ الثالوث, حيث أصبحت الذات تراقب ما طرأ عليها من فكر.. أى أصبح هناك (الشاهد... و المشهود... و المشهد), أو بمعنى آخر (الرائى... و المرئى... و الرؤية) .

و كلا من مبدأ الثنائية (duality), و مبدأ الثالوث ما هم الا وهم, <u>**لأنه لا موجود حقيقى**</u> <u>**سوى الذات**</u>, أما ما طرأ عليها من أفكار فهو يشبه الأمواج التى تتحرك فوق سطح المحيط, و لكنها لا تغير شيئا من جوهره, لأن عمقه يظل ثابت / مطلق / لامتغير.

السطح (الظاهر) فقط هو الذى يتغير, أما العمق (الباطن/الجوهر) فلا يعتريه أى تغير.

وظيفة العقل هى التعامل مع ما طرأ على محيط الوعى من أفكار أدت لظهور الازدواجية , ثم ظهور الثالوث. و كلا من وعى اليقظة و وعى الحلم انبثقا من نفس المصدر, ألا و هو محيط الوعى النقى الخالص الذى كان موجودا فى الأزل.

عرف حكماء الحضارات القديمة منذ آلاف السنين أن الوعى الخالص (الذات) هو المنبع الذى انبثق منه وعى الانسان, و أن الأفكار هى التى تشكل هذا الوعى الخالص و تحوله الى

صور مختلفة للحياة.

خلق الاله نفسه بأن حولها الى الصورة التى ظهرت بها مخلوقاته, تماما كما يخلق الانسان كل التجارب التى يمر بها فى أحلامه بقوة الأفكار النابعة من العقل الباطن.

عندما يتحول الوعى الخالص النقى الى شئ... أى شئ سواء شجرة أو صخرة أو كوكب أو انسان, عندها يقال ان الوعى خلق شيئا ماديا.

و بعد انبثاق الأشكال المختلفة من الذات , لم تعد الذات تعى وجودها فقط ككيان كامل مطلق ساكن .

عندما تخلق الذات شيئا ماديا مثل حيوان أو نبات أو انسان ثم تمنحه الروح (الوعى), عندها يقال أن الذات تحيى الموجودات.

و عندما تنغمس الذات فى أفكار ما أحيته من موجودات و تنسى ذاتها (أى حالتها الأزلية / الساكنة / الكاملة / المطلقة) و تتوهم أنها أصبحت ذلك المخلوق الذى خلقته و منحته الحياة , يطلق على هذه الحالة "التعريف" (Identification) أى أن الذات قامت بتعريف نفسها و تشخيصها بشكل و صورة معينة, مع أن الذات لا تعريف لها ولا تشخيص.

تعبر كل حالة من حالات الوعى الرئيسية للانسان عن أحد أضلاع ثالوث الخلق الرئيسى :-

*** النوم العميق الخالى من الأحلام......... "آمون" (الروح)

*** الأحلام .... "رع" (العقل الباطن)

*** اليقظة............................... " بتاح" (العقل اليقظ)

بتاح هو الوعى المادى الذى نختبره من خلال جسمنا المادى و الحواس الخمسة.

و "رع" هو الوعى النجمى الذى نختبره فى الأحلام.

و آمون هو وعى الروح الذى نختبره أثناء النوم العميق الخالى من الأحلام.

و هذه المستويات الثلاثة للوعى تنبثق جميعا من المطلق "نبر – تشر".

*** هو الذى يكشف السوء و يشفى العلل ***

الذات هى منبع كل أشكال الحياة بما فى ذلك حياة الانسان.

والذات هى التى تدعم وجود كل من الجسم و العقل.

الذات لا تتواجد فى عالم منفصل و انما هى تتخلل عالم الطبيعة (عالم الزمان و المكان),

و فى نفس الوقت تتواجد فى عالم الروح الذى لا يخضع لقوانين الزمان و المكان.

تستخدم الروح كلا من الجسد و العقل كأداة تعمل من خلالها فى عالم الزمان و المكان.

يرى الطب الحديث أن المرض يصيب الانسان لأسباب تأتى من خارج ذاته, كالجو المحيط

به أو الطعام و الشراب الذى يتناوله.

أما فلسفة اليوجا فترى أن أسباب المرض تنبع من ذات الانسان, أو بمعنى أدق بسبب جهله

بذاته الحقيقية.

ان الانسان الذى لم يكتسب بعد معرفة روحانية يتوهم أن ذاته هى الجسد و العقل. و عندما

تتمكن هذه الفكرة من عقل الانسان تحجب عن الروح الرؤية الواضحة, و تجعلها تتوهم أنها

هى نفسها ذلك الجسد المادى الفانى الذى يعتريه النقص و المرض و فى النهاية يتجرع كأس

الموت.

فى عالم الزمان و المكان تضعف ذاكرة الروح, و يصبح من السهل على العقل التأثير عليها

بما لديه من أفكار, و هى ليست دائما أفكار صحيحة.

تتأثر الروح بما يصدره لها العقل من أفكار خاطئة عن كينونتها و عن علاقتها بالجسد,

فتتوهم أنها هى الجسد الضعيف الفانى.

و لما كان النقص و المرض و الموت ليسوا من طبيعة الروح, تبدأ الروح فى انكار ما

يصدره لها العقل من أفكار, فينشأ صراع بين العقل و الروح, و يمتد الصراع الى العقل

الباطن و يترك أثره هناك فى شكل بؤر لأمراض مختلفة.

هذه الحالة من عدم التوازن بين العقل و الجسد من ناحية و بين الروح من ناحية أخرى يؤدى الى خلل فى تدفق طاقة الحياة (سخم / برانا / تشى) فى جسم الانسان, فيحدث انسداد فى بعض مسارات الطاقة الحيوية يؤدى بعد ذلك الى ظهور أمراض جسدية.

تنبع الطاقة الحيوية من الجسم السببى (الروح / اللاوعى), ثم تتدفق عبر الجسم النجمى (العقل الباطن / الحواس النجمية), و من خلال قنوات غير مرئية فى الجسم النجمى تتدفق الطاقة الحيوية الى كل أجزاء الجسم المادى لتمنحها طاقة الحياة.

وجود هذه الطاقة (سخم / برانا / تشى) هو ما يسمى "حياة", أما غيابها فهو ما يسمى "موت". اذا تأملت كلمة مرض (dis-ease) بالانجليزية ستجد أن الكلمة فى حد ذاتها تشرح ما هو المرض . فالكلمة تتكون من مقطيعن. المقطع الأول هو (dis) و معناه نقص.

و المقطع الثانى هو (ease) و معناه راحة.

و المقصود هو راحة الروح أو الذات التى هى فى طبيعتها كونية / لا محدودة /, خالدة / كاملة.

فراحة الأرواح فى حريتها و عدم تقييدها بالأغلال.

تخيل ما الذى قد يحدث لو حاولت أن تضع المحيط داخل قارورة صغيرة. و ما الذى سيحدث لحيوان وحشى اعتاد الحياة فى الغابة حرا طليقا, لو تم اصطياده و وضعه داخل قفص فى حديقة حيوان. **ان تقييد الروح بأغلال العقل و الجسد المحدود أشبه بوضع المحيط داخل اناء صغير.**

عندما يغذى العقل الروح بأفكار خاطئة و يجعلها تتوهم أنها هى ذلك الجسد المادى الضيق, المحدود, الفانى مع أن ذلك ضد طبيعتها الخالدة اللامحدودة, يبدأ الصراع على مستوى الروح, لأن الروح تتوهم ما هو ضد طبيعتها, فيبدأ المرض (dis-ease) فى الظهور. لذلك

فليس من العجيب أن يكتشف الطب الحديث مؤخرا أن أفضل نشاط يمكن للانسان أن يقوم به هو أن يجلس فى هدوء مرة أو مرتين فى اليوم ليمارس التأمل.

التأمل هو أفضل وسيلة لتنقية العقل و القلب مما قد يعلق بهما من أفكار قد تؤذى الروح.

فعندما ينشغل العقل بأمور مادية حسية, تشكل ذبذبات تلك الأفكار ما يشبه الأمواج على سطح محيط الوعى و تعكر صفوه.

أما عندما يتوقف العقل عن التفكير, فان سطح محيط الوعى يهدأ و يصفو و يصبح كالمرآة الصافية التى تعكس صورة السماء.

عندما تهدأ أفكار العقل فى جلسة التأمل, تنعكس الذات الحقيقية على سطح محيط الوعى, فتبدأ الروح تشعر بطبيعتها اللامحدودة الخالدة الكاملة, و من هنا تأتى السكينة و الرضا (حتب).

عندما تجلس فى هدوء, و تبدأ جلسة تأمل بأن تتنفس بعمق و بانتظام, و تتخلص من كل أشكال التفكير المادى, فى هذه الحالة تتدفق الطاقة الحيوية بانسياب و قوة من الجسم السببى (الروح) الى الجسم النجمى (الأثيرى) الى الجسم المادى, و بالتالى يحصل الجسم المادى على ما يكفيه من الطاقة الحيوية ليحيا و يصلح ما به من أخطاء و يعالج ما به من ضعف أو مرض.

ان ما يحدث لك أثناء جلسات التأمل يشبه الى حد كبير ما تمر به أثناء تجربة النوم العميق الخالى من الأحلام.

و لكن الفرق أن فى حالة النوم العميق يكون الانسان فاقدا الوعى تماما, و عندما يصحو من النوم لا يتذكر أى شئ من هذه التجربة. ان حالة النوم العميق الخالى من الأحلام هى حالة سلبية من اللاوعى, فكل ما يتذكره الانسان عند الاستيقاظ من هذه الحالة هو فقط الشعور بالراحة و الاسترخاء و تجدد النشاط و لكن هذا النشاط سرعان ما يستهلك و يستنفذ فى

غضون ساعات, و يحتاج الانسان للنوم مرة أخرى ليجدد نشاطه.

لذلك ينصح الطبيب المريض بأن يأخذ قسطا كافيا من الراحة و ينام لساعات طويلة, حتى يستطيع الجسم الحصول على قدر كافى من الطاقة الحيوية أثناء النوم, لأن الجسم فى الحقيقة هو الذى يعالج نفسه بنفسه باستخدام الطاقة الحيوية التى تتدفق بشكل سليم أثناء النوم العميق الخالى من الأحلام... و أيضا أثناء جلسات التأمل.

يأتى الشفاء عندما تعانق ذاتك المادية ذاتك الحقيقية و تترك الوعى بالجسد, و تتخلى عن الرغبات الحسية (detachment), و تتوقف عن الأنشطة الدنيوية لفترة مؤقتة تستعيد فيها اتزانك و تتصل فيها بالروح الأسمى.

ان النوم هو الوسيلة التى تستخدمها الطبيعة لتعلمك تلك التجربة, و لكنها ليست الوسيلة الوحيده المتاحة للانسان فهناك وسيلة أخرى أكثر ايجابية و تأثيرا و هى التأمل.

و لذلك كانت مهمة فلسفة اليوجا هى أن تدربك على طرق التأمل, لتتيح لك الاتصال بعالم الروح "بوعى", بدلا من تجربة النوم اللاواعية.

من خلال ممارسة طرق اليوجا و التأمل يمكنك أن تصل الى حالة من الوعى تشبه تلك الحالة التى تكون فيها أثناء النوم العميق الخالى من الأحلام, حيث تتصل بالعالم السببى (عالم الروح).

و لكن الفرق أن تجربة النوم هى تجربة سلبية تكون فيها غير واعى بأى شئ, و لا تترك أى أثر فى نفسك. أما أثناء التأمل, فانك تكون واعيا لكل شئ و تبقى التجربة فى ذاكرتك لترفع مستوى وعيك تدريجيا بعد ذلك من مستوى الوعى المادى الى مستوى الوعى الكونى.

حين تجعل التعاليم الروحانية جزءا من حياتك اليومية و تعيها بقلبك, ستجد أنه يمكنك ممارسة التأمل حتى و أنت وسط أكثر المواقف ضجيجا و فوضى.

يعتبر التأمل هو مفتاح الوصول للاتزان و الصحة العقلية و الجسمانية, لأن الصحة فى

جوهرها هى التنوير (المعرفة الروحانية), و هى التناغم و الانسجام بين أجسام الانسان الثلاثة (الجسم السببى/الروحى... الجسم النجمى/الأثيري.... الجسم المادى).

تطلق فلسفة اليوجا الهندية على الصحة اسم "سواستات" (Swastat), و هى كلمة سنسكريتية تعنى "الوصل بالذات", و هو مصطلح يعبر عن التنوير و اكتساب المعرفة الروحانية.

برغم أن الانسان يحتاج عادة الى اتباع نظام غذائى صحى متوازن, و الى ممارسة بعض التمرينات الرياضية, و الى الراحة و النوم بعمق ساعات كافية الا أن هذه العوامل كلها ليست كافية للوصول الى حالة الاتزان التام و الصحة الجيدة.

يحتاج الانسان أيضا الى ممارسات روحانية لكى يستطيع أن يتعرف الى ذاته الحقيقية و يتصل بالروح الأسمى.

أدرك أطباء الهند و مصر القديمة ذلك فكانوا لا يكتفون بوصف أنظمة غذائية معينة و أعشاب و مستحضرات طبية للمرضى, و انما كانوا يصفون لهم بعض كلمات المانترا (الانشاد الدينى) و الحكاو (الكلمات السحرية المقدسة) التى يتلوها المريض أثناء جلسات التأمل لتساعده على الوصول الى حالة التوازن, و تنقى القلب و العقل من الأفكار التى تتنافى مع الماعت (النظام الكونى).

ان الهدف من كل طرق اليوجا هو تحقيق التوازن التام بين الجسم و العقل و الروح, بحيث تتحرر الروح من سيطرة الجسم و العقل, و تتولى هى قيادة مركبة العقل و الجسم لتصل الى غايتها, و هى العودة الى موطنها فى عالم الروح, و الاتحاد مرة أخرى بالروح الأسمى.

عند قيامك بتمرينات التأمل المختلفة, تتوقف كل أشكال التعقيدات العقلية التى ينتجها العقل نتيجة أنشطة الحياة اليومية, مما يساعد على تدفق الطاقة الحيوية بشكل أفضل بين الأجسام الثلاثة (الجسم السببى/الروحى... الجسم الأثيرى... الجسم المادى).

هناك طريقان أمام الانسان عليه أن يختار أحدهما : طريق الحكمة, أو طريق الجهل. يختار

عامة الناس عادة طريق الجهل الذى يقودهم الى مواقف و أفكار و أفعال و تجارب سلبية فى حياتهم, و هى السبب فى ظهور العلل و الأمراض المختلفة.

أما الطريق الآخر, فهو طريق الحكمة الذى يقود الانسان الى التفكير الايجابى و بالتالى الى الصحة و السعادة و الاتزان.

و لكن وصول الانسان الى التنوير و اكتسابه معرفة روحانية لا يعنى بالضرورة أنه أصبح بمأمن من التعرض لأى مرض.

فحالة الانسان الصحية فى العالم المادى تتأثر بقانون الكارما (قانون السبب و النتيجة).

و حتى أكثر الناس تنورا و معرفة روحانية قد يكون عرضة لأمراض جسدية نتيجة كارما من حياة سابقة أو من ماضيه فى هذه الحياة التى يعيشها.

هناك العديد من الحكماء عبر التاريخ الذين كانوا عرضة لأمراض مختلفة كالسرطان أو السكر, أو غيرها من الأمراض.

و لكن هذا لا يعنى أن يقل حرصنا على أن نحيا بصحة جيدة, بحجة أن المرض هو كارما لا حيلة لنا فيها.

لنفترض أن ما أصابك من مرض هو نتيجة كارما من حياة سابقة أو من هذه الحياة, فما زال لديك الخيار فى أن تقوم بتعديل هذه الكارما و تحاول علاج أسبابها.

يمكنك أن تعمل على اصلاح الكارما عن طريق يوجا الحكمة و يوجا الفعل (الماعت) و يوجا التأمل, و ذلك جنبا الى جنب مع اتباع نظام غذائى صحى و التماس الشفاء بمختلف الأساليب التى يكمل بعضها بعضا.

فاذا نجحت فى تغيير نظام حياتك الى نظام أكثر تناغما مع الطبيعة و مع ذاتك الحقيقية, فأنت بذلك تقوم بزرع بذور كارما جديدة ايجابية, و بالتدريج تزيل الكارما القديمة, لتضيف بذلك الى عمرك بضع سنوات تحياها فى صحة جيدة, و تكتسب فيها المزيد من المعرفة الروحانية

التى تفتح لروحك أبواب الاتصال بالروح الأسمى.

أما اهمالك لصحتك, و استسلامك للمرض, فسيؤدى الى موتك فى سن مبكرة و يحرمك من الحياة التى هى فرصة للتخلص من الكارما القديمة السلبية و زرع كارما جديدة ايجابية. و فى النهاية ستموت و أنت ما زلت تحمل نفس الكارما القديمة, و سيكون عليك أن تتجسد مرة أخرى فى جسد مادى جديد لتحاول اصلاح الكارما السلبية التى لم تنجح فى اصلاحها فى الحياة السابقة.

ان اتباع نظام صحى متوازن فى حياتنا اليومية (كالنوم و الأكل باعتدال) هو أحد أهم ممارسات اليوجا, لأن العقل و الجسم هما الوسيلة التى ستنقلنا الى محطة أخرى من محطات تطورنا الروحى حيث نصل الى السعادة الحقيقية و الرضا الدائم, و لذلك يجب على الانسان الحكيم أن يعتنى جيدا بعقله و جسمه , كما تعتنى بسيارتك و تخضعها لعمليات الصيانة و الاصلاح بصفة دورية, لأنها هى الوسيلة التى تتنقل بها فى حياتك.

على الانسان أن يسعى بكل جهده للاستشفاء من الأمراض و لا يستسلم لها بحجة أنها نتيجة كارما قديمة, لأن المرض قد يعطل الانسان عن التطور الروحى.

تخيل أنك أصبت بصداع أو آلام فى البطن مثلا, عند ذلك لن تتمكن من ممارسة جلسات التأمل, و لا أن تقرأ أو تتأمل التعاليم الروحانية, لأن وعيك سيكون منتبها بالكامل الى الجزء المريض من جسمك المادى, لدرجة لا تسمح لك بالتواصل مع عالم الروح من شدة الآلام الجسدية.

لذلك كان اتباع نظام صحى متوازن فى حياتنا اليومية و الحفاظ على صحة الجسد, من أهم الخطوات لاكتساب المعرفة الروحانية.

ينشأ المرض نتيجة جهل الانسان بذاته الحقيقية.

عندما تكتشف أن ذاتك الحقيقية هى "آمون" (الذات العليا) التى تحتوى كل الموجودات عندها

ستختفى الرغبات الدنيوية التى تشتت عقللك و تسبب لك القلق و فقدان الاتزان.

ستختفى الرغبة فى الثروة و الشهرة و السمعة و القوة, و لن يكون هناك حاجة لتحقيق هذه الرغبات و لا خوف من نقصها.

الانسان الجاهل يرى الحياة فى صورة "صراع" يجب عليه أن يخوضه و عليه أن يلهث و يتسابق مع غيره من البشر لتحقيق أهداف معينة و اقتناء أشياء مادية محددة من أجل الوصول الى السعادة.

و لكنك اذا تأملت, ستكتشف الحقيقة, و هى أن الروح الأسمى (الاله) هو الجوهر الحقيقى لكل الأشياء و هو المحرك لكل ما يدور فى هذا العالم, و هو الشاهد, و هو الذى ينظم كل شئ فى الكون بما فى ذلك حياتك أنت, و عندما تدرك ذلك سيهدأ عقلك و يسترخى, و سيتوقف الحاح الرغبات المادية لأنها ستتحول لتخدم أهداف الروح بدلا من أن تعوقها, و ستتناغم مع الارادة الالهية بدلا من ان تتضارب معها.

فالصراع و التنافس المادى الذى يخوضه الانسان فى حياته الدنيا يتنافى مع الارادة الالهية و مع الماعت (النظام الكونى).

لا يجب أن يكون هناك أى تنافس بين البشر أو صراع على اقتناء أشياء مادية.

عندما تثق فى ذاتك الحقيقية الالهية, سيختفى من طريقك أى شر.

كيف يمكن أن يكون هناك شر, و الروح الأسمى (الاله) هو كل شئ ؟

ان كل شئ فى الكون يتحرك حسب خطة الهية.

فالرياح تهب, و الأمواج تعلو و تهبط فى البحار, و الكواكب و النجوم تتحرك فى مساراتها بايقاع منتظم حددته المشيئة الالهية.

و كذلك حياة الانسان, كل شئ فيها يحدث وفقا لقانون كونى هو قانون الكارما (قانون السبب و النتيجة). ان كل ما يقع فى حياتك من أحداث, و كل من تتقابل معهم من أشخاص, و حتى الأفكار و الرغبات التى تطرأ على بالك, كلها تصب فى اتجاه تطورك الروحى. و لكن عقلك

هو الذى يقوم بتصنيف موقف معين دون آخر بأنه "شر", بينما يصنف موقفا آخر بأنه "خير".

تخبرك الأنا الزائفة بأن شخصا معينا قابلته هو شخص شرير أو شخص طيب. و لكن الحقيقة هى أن ظهور الأشياء و الأشخاص فى حياتك يسير حسب قانون الكارما, و حسب خطة كونية. و بالتالى فالأشخاص الذين تقابلهم ليس لهم علاقة بذلك الحكم الذى أصدره عقلك عليهم (هذا جيد, و هذا سيئ).

و حتى ادعاءك بأنك تمتلك شيئا, هو ادعاء غير صحيح. فأنت تقول هذا بيتى, و هذه أرضى, وهذا كتابى, و لكن فى الحقيقة أن البيت و الأرض و الكتاب لا تدرك فكرة الملكية التى يدعيها عقلك. هى فقط أشياء موجودة فى هذا الزمان و المكان, و أنت تستعملها لفترة مؤقتة, و ستتركها عندما تترك هذا العالم المادى, و سيختفى كل شئ كما يختفى الحلم عندما تستيقظ من النوم.

ان فكرة الامتلاك هى فكرة وهمية من صنع العقل, و هى نابعة من الأنا المادية الزائفة, التى يغذيها الكبرياء و الأنانية و الطمع و الجشع.

هذه الصفات السلبية فى الانسان هى الأغلال التى تقيد الروح, و تربطها بالعالم المادى حيث تحيا فيه حياة بائسة تمزقها الرغبات و الأفكار المادية الضيقة المحدودة تماما كالطير الذى أصبح سجين قفص ضيق.

عندما تتحرر الروح من قفص الرغبات المادية الضيق ستكتشف أن هناك عالما واسعا رحبا, يقع فيما وراء تلك الحياة اليومية الرتيبة.

لكى تكتشف ذاتك الحقيقية, عليك أن تتخلى عن أفكارك النابعة من الأنا الزائفة.

اذا عرفت كيف تتخلى عن الأشياء المادية الصغيرة التى يتعلق بها قلبك, عندها ستفوز بالكون كله و **المقصود بالتخلى ليس أن تتبرع بكل ما تملك للآخرين و تبقى بدون أى**

مقتنيات تعينك على الحياة. و لكن المقصود به اعادة النظر فيما تملك, و هل هو "ضرورى" لحياتك, أم أنك تقتنيه نتيجة شهوة حب التملك و التنافس مع الآخرين فى المظاهر الاجتماعية.

فامتلاك المرء أشياء أكثر من احتياجاته, قد يعقد حياته.

ليس التخلى أن تقطع صلتك المادية بالشئ, و انما المقصود أن تقطع صلتك السيكولوجية به, فلا تتلهف على اقتنائه و لا تجزع من فقدانه.

و لكى يحدث ذلك عليك أن تغوص فى أعماقك أثناء قيامك بالتأمل, و تفهم جيدا أن ذاتك الحقيقية ليست هى ذلك الشخص المسمى فلان و الذى يعمل بمهنة كذا. فذاتك الحقيقية أبعد من ذلك الكيان المادى.

ذاتك الحقيقية هى الذات العليا.... هى الوعى الشاهد الذى يقف هناك يراقب كل ما يحدث لك, ينتظر أن تنتبه لوجوده, ليذهب ظلام الجهل و يحل محله نور المعرفة الروحانية. بمجرد أن ترى ذاتك الحقيقية, ستختفى من عقلك كل الأفكار النابعة من الجهل, و تختفى كل الرغبات الحسية التى تشتت العقل و تمزقه.

اذا نجحت فى ذلك, فستكون قد عرفت نفسك, و عندها ستصبح مستنيرا.

هذا هو التعريف الحقيقى للانسان.... "الكائن المستنير" و أى تعريف آخر للانسان يسجنه فى الوجود الأدنى, هو تعريف يضع الانسان فى مرتبة أقل من مرتبة الحيوانات التى تعجز عن ادراك وجود الذات الالهية, لأنها لا تملك وعى الانسان الذى لديه القدرة على التطور من خلال التجارب المختلفة من ألم و قلق و ندم.

ان دراسة و تأمل التعاليم الروحانية تساعدك لكى تسمو فوق تلك الآلام و تستخلص منها المعرفة الروحانية التى ترتفع بها من الوجود الأدنى الى الوجود الأسمى.. حيث السعادة الحقيقية و الرضا الدائم.

***** هو الطبيب الذى يشفى "العين" بدون دواء..... هو الذى يفتح عين البصيرة... و هو الذى به تطيب الجراح *****

فى مصر القديمة, عندما تطلق كلمة "عين" فهى دائما تعنى "عين حورس", عين البصيرة التى يرى بها الانسان ذاته الحقيقية بقلبه و ليس بعقله.

و كما تؤلم الالتهابات العين المادية و تضعف رؤيتها, كذلك تضعف الأفكار النابعة من الأنا الزائفة الرؤية الباطنية و تضعف الحدس و عين البصيرة.

عندما تتضخم الأنا, قد تصل الى الحد الذى يعمى عين البصيرة. و تضخم الأنا يأتى نتيجة التفكير فى الأشياء المادية طوال الوقت, و تركيز الفكر حول المتع الحسية. و بمرور الوقت يتوهم الانسان أن "ذاته" هى جسده المادى الفانى, و يتعلق قلبه و عقله بما يملك من أشياء مادية و بما يحيط به من أشخاص كزوجته و أبنائه.

عندما تتاح لك الرؤية الباطنية لذاتك الحقيقية "آمون" , فذلك يعنى أنك نجحت فى اختراق الزمان و المكان و القاء نظرة خاطفة على الأبدية, و اطلعت على ما هو كامن بداخلك من صفات الألوهية تلك الرؤية الباطنية هى المعرفة الحقيقية التى تولد من اتصالك المباشر بالذات. تلك اللحظة الذهبية التى تتصل فيها بالذات الالهية التى بداخلك, تشبه الى حد كبير اللحظة التى تفهم فيها شيئا صعبا كمسألة حسابية كانت تستعصى على فهمك لفترة طويلة و أخيرا عرفت كيف تجد حل اللغز.

تخيل أن شخصا ما أعطاك صندوقا أسود مغلقا, و طلب منك أن تخمن ما بداخل هذا الصندوق. و لكن الصندوق مغلق, و أنت لا تعرف كيف تفتحه. هناك من وصف لك ما بداخل الصندوق من محتويات, و لكنك ما زلت عاجزا عن معرفة حقيقة ما بداخل الصندوق لأنك لم تفتحه بعد و تلقى نظرة بداخله.و قد وعدت بمكافأة كبيرة اذا تمكنت من معرفة ما

الذى يحويه الصندوق, لذلك فأنت تحاول جاهدا أن تكشف سر ذلك الصندوق الأسود.

و برغم كل ما تقوم به من جهود, الا أنها جميعا تفشل, لأنك لم تتدرب على الحركة الصحيحة التى تمكنك من فتح الصندوق.

اذا أخبرك شخص مثلا أنه يجب عليك أن تخطو نحو الصندوق, ثم تمسكه بيدك بطريقة معينة, ثم تدير غطاءه بطريقة معينة, فتلك المعلومات هى التى ستساعدك على فتح الصندوق, بدلا من مجهوداتك السابقة التى ضاعت بلا فائدة. و عندما تنجح فى فتح الصندوق بيدك و ترى ما بداخله بعينك, ستحصل على معرفة لا يضاهيها أى معرفة أخرى فى الكون.

أنت الآن "تعرف" ما بداخل صندوقك الأسود معرفة مباشرة, فقد فتحت الصندوق بيدك و رأيت محتوياته بعينك. **و من الآن فصاعدا, ستتغير حياتك بالكامل لأنك أصبحت <u>تعرف</u>".** و لا عودة للوراء, لا عودة للأيام التى كنت فيها غافلا.

هذه الخطوة من الجهل الى المعرفة, هى ما يحدث عندما يصل قلب الانسان الى المعرفة الغنوصية (المباشرة). تلك المعرفة التى تشفى العقل من كل ما فيه من تراكمات الجهل فى لحظة واحدة كما لو كانت سحرا, تماما كما أن نظرة واحدة داخل الصندوق الأسود (الذى كان مغلقا) و رؤية ما بداخله أذهبت الجهل فى لحظة واحدة.

ان اكتشاف الذات الالهية الكامنة هناك فى قاع الصندوق الأسود (قلب الانسان) هو الذى يشفى كل الأمراض النابعة من الجهل, و يفتح عين البصيرة. و عندما تكتشف الذات الالهية الكامنة داخل صندوقك (قلبك), فلن يعد هناك شئ يخفى عنك.... ستفتح لك كل أبواب المعرفة, و ستنكشف لك كل أسرار الكون.لأن الذات هى سر الأسرار.

*** هو الذى يجيب من دعاه... و ينجيه... حتى من الدوات (العالم السفلى) ***
*** هو الذى ينجى بمشيئته الانسان (ذكرا كان أم أنثى) من أسوأ ما يأتى به القدر ***

- 196 -

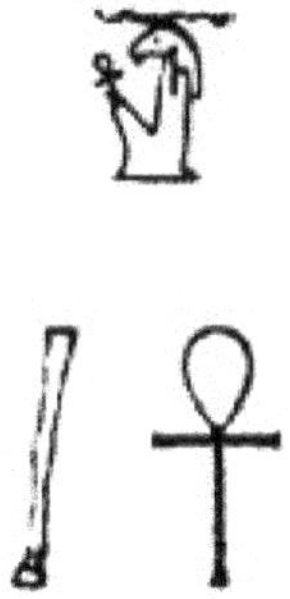

(اعادة التجسد.......... Re-incarnation)

يتناول هذ النص من أناشيد آمون مفهوم "مسخينيت" (الكارما).

ارتبطت الكارما بشكل خاص بالأديان الشرقية.

فقد عرفت مصر القديمة ذلك المفهوم تحت مسمى "مسخينيت" (Meskhenet), بينما عرفته الفلسفة الهندية تحت مسمى "كارما".

تكشف لنا دراسة النصوص الدينية المصرية أن قدماء المصريين عرفوا مفهوم الكارما قبل أن يعرفه أى دين آخر فى العالم, حيث كانت "مسخينيت" جزءا هاما من الفكر الدينى المصرى.

وتعتبر "مسخينيت" أحد أوجه الماعت (النظام الكونى), و كانت تصور على شكل امرأة.

وكلمة "مسخينيت" تعنى مكان الولادة أو موضع الولادة أو عنق الرحم, حيث يخرج الطفل الوليد للعالم.

ارتبطت "مسخينيت" فى مصر القديمة بشكل خاص بكل من "شاى" (Shai), أى "القدر / الزرع", و "رينينوتت" (Renenutet), أى "الحصاد".

و الثلاثة (مسخينيت, و شاى, و رينينوتت) يعملون تحت اشراف "تحوتى", حيث يظهر الثلاثة فى قاعة المحاكمة التى يوزن فيها قلب الانسان يوم الحساب.

و هذه الكيانات الالهية جميعا تعمل داخل منظومة واحدة تشكل مفهوم القدر فى مصر القديمة

و تحدد مصير الروح و تنظم دائرة اعادة التجسد حسب أفعال الانسان و أفكاره و مشاعره كما يقضي قانون السبب و النتيجة (الكارما).

فكل سبب له نتيجة, و كل نتيجة انبثقت من سبب.

مسخينيت (الكارما / القانون الأسمى)

↑

شاى و رينينوتت (الحظ و القدر)

↑

جحوتى (العقل و الفهم)

↑

ماعت (الضمير / الفضيلة)

↑

ايزيس (الأم الكونية التى تمنح المخلوقات الحياة)

يوضح الشكل السابق كيف يسيرقانون الكارما.

الكون المخلوق هو المدرسة التى يتواجد فيها الفرد و يقوم فيها بأفعال و يتعلم من مختلف الخبرات التى يمر بها كيف يحيا فى سعادة أو شقاء.

ان ما تؤدى اليه أفعال الانسان من نتائج, هى المعلم الأول له.

فالنتيجة السلبية لفعل من الأفعال تعلمنا أن هذا الفعل يتنافى مع النظام الكونى (الماعت), و يؤثر سلبا على أقدارنا, و علينا أن نقوم باصلاحه فى المستقبل.

Maat · MAATI

الماعت هى قوانين النظام الكونى القائم على الاتزان و التناغم و الحق و العدل و الفضيلة.

و ريشة الماعت هى المقياس الذى يقاس به مدى تناغم الأشياء أو تنافرها مع النظام الكونى.

أما تحوتى فهو زوج ماعت (كما جاء فى تراث الأشمونيين), و هو رمز الحكمة و المعرفة

و قوة الفكر الذى يستطيع التمييز بين ما يتناغم مع النظام الكونى و ما يتنافى معه.

تحوتى هو الذى يشرف على وزن قلب الانسان فى قاعة المحاكمة يوم الحساب, و هو الذى

يدون وقائع المحاكمة. أما "شاى" (Shai), و "رينينوتت" (Renenutet) فهما أيادى تحوتى

التى تساعده فى اتمام عملية وزن القلب.

و "مسخينيت" (كارما) هى التى تحدد مصير الروح بعد وزن القلب و تحدد وجهتها القادمة

ان كانت ستخرج الى النهار و تذهب الى العالم الأعلى (عالم السموات), أم ستعود الى العالم

الأدنى لتتجسد فى جسد مادى مرة أخرى .

يعرف قانون الكارما باسم "قانون السبب و النتيجة".

و الكارما هى النتيجة الاجمالية لكل أفعال الانسان و تصرفاته فى مرحلة معينة من مراحل

وجوده . و لكن كيف يتم حساب هذه النتيجة الاجمالية لأفعال الانسان ؟

كيف تؤثر أفعالنا فى الماضى على حاضرنا و مستقبلنا ؟

ان الأفعال و التصرفات التى نقوم بها فى حياتنا ليست شيئا منفصلا عنا, و انما هى جزء من كياننا و تعبير عما يدور بداخلنا من مشاعر و أفكار.

كل فعل أو تصرف قمت بها فى الماضى سواء فى حياتك الحالية أو فى حيوات سابقة ترك انطباعا فى "الاوعيك", يشبه الى حد كبير تأثير البقعة على الثوب الأبيض, حيث تظل هذه البقعة ملتصقة بالروح و تنتقل معها من عالم الى عالم آخر.

و بعد موت الجسد المادى تنتقل تلك الانطباعات مع الروح من العالم المادى الى العالم النجمى. **تشكل الانطباعات المخزونة فى اللاوعى البذرة التى تنبثق منها أفكار و رغبات تضغط على الروح و تطالب باشباعها.**

و هنا يجب أن نفرق بين الانطباعات و بين الذكريات. فعندما نتحدث عن الانطباعات, فان ذلك لا يعنى ذكريات و تفاصيل أحداث معينة وقعت فى الماضى.

فمثلا : الخوف اللاواعى من شئ معين.

بعض الناس لديهم مخاوف منذ الطفولة من شئ معين بدون أن يتذكروا على وجه التحديد ما هو الموقف الذى أدى لوجود الخوف من ذلك الشئ تحديدا (مثل الخوف من الأماكن الضيقة أو المرتفعة, أو الخوف من الكلاب).

فى تلك الحالة لا يتذكر الانسان تفاصيل الأحداث السابقة لأن اللاوعى لا يقوم بتخزين تفاصيل الموقف, و انما ما يتم تخزينه هو المشاعر التى ارتبطت بالموقف.

فاذا كانت المشاعر المرتبطة بالموقف هى الخوف فان اللاوعى يقوم بتخزين شعور الخوف و لا يخزن السبب فى وجود هذا الخوف. تتجمع تلك الانطباعات و تؤثر على أفعال الانسان و تصرفاته طوال حياته. و بعد الموت, يترك الانسان جسده المادى على الأرض و يذهب الى العالم النجمى بجسده النجمى, و هناك يقف فى قاعة المحاكمة ليتم تقييم أفعاله.

و فى الحقيقة ان ما يتم تقييمه ليس الأفعال نفسها, و انما الانطباعات التى تم تخزينها فى اللاوعى الذى رمز له المصرى القديم بالقلب, لذلك فالذى يوزن ليس هو الأفعال, و انما القلب الذى تأثر بتلك الأفعال و حمل المشاعر و الانطباعات الناتجة عن كل التجارب التى مر بها فى الحياة الدنيا و بعد وزن القلب, يتم تحديد مصير الروح اذا كانت ستمضى الى عالم السموات, أم ستعود مرة أخرى الى دائرة اعادة التجسد.

جاء فى أحد نصوص الحكمة المصرية القديمة و المعروف باسم حكمة "مرى – كا – رع":-
*** اعلم يا بنى أن يوم وزن القلب (يوم الحساب) يوم عصيب على الانسان الشقى...... لا يغرك طول الأجل..... فمهما طالت حياتك على الأرض, ستجد أحداثها تمر أمام عينيك و كأنها ساعة زمن واحدة فقط بمجرد أن تتركها و تذهب الى العالم الآخر.... فالانسان لا يفنى بعد الموت, و انما يبقى و تتراكم أفعاله بجواره.... ان الحياة فى العالم الآخر هى الحياة الأبدية.... فمن أتى بقلب سليم, طاهر, لم يرتكب خطيئة, فسيحيا فى العالم الآخر ككائن الهى, و سيسير فى الكون حرا طليقا, متحكما فى أقداره) ***

خلال رحلة الانسان فى حياته الدنيا, تتراكم الانطباعات التى تنتج عن مختلف المواقف و التجارب التى يمر بها, و يتم تخزينها فى اللاوعى, و تنتقل معه بعد الموت من العالم المادى الى العالم النجمى.

اذا عاش الانسان حياة الفضيلة و كانت أفعاله فى تناغم مع الماعت (النظام الكونى), فانه يخرج بانطباعات ايجابية تجعله فى سلام و رضا و تقوده لمعرفة الذات الالهية.

أما اذا عاش حياة فوضوية و كانت أفعاله نابعة من الأنا و تصرفاته تعبيرا عن مشاعر الجشع و الكراهية و الغضب و الخوف, فانه يخرج بانطباعات سلبية تجعله فى قلق و توتر يقوده للتجسد فى جسد مادى مرة أخرى, بحثا عن ذاته الحقيقية التى لا يعرف كيف يراها

وسط كل ما يمزق وعيه من مشاعر و أفكار غير نقية.

فهل يمكن للانسان أن يقتلع الكارما السلبية و يغرس مكانها كارما جديدة ايجابية ؟

و اذا كان ذلك ممكنا فكيف ؟

نعم يمكن للانسان تحقيق ذلك عن طريق اليوجا.

فعندما تقرأ التعاليم الروحانية و تعيها بقلبك , و تتأملها بفكرك , و تغير نظام حياتك , عند ذلك يمر وعيك بعملية تحول و تغير جذرية تؤثر فى طريقة تفكيرك و فى ردود أفعالك و فى تصرفاتك , بل و فى ذبذبات جسمك الأثيرى و اشراقة الهالة المحيطة به.

هذا التحول فى الوعى هو ما كان يطلق عليه فى مصر القديمة مصطلح "تطهير القلب" , و هو الموضوع الرئيسى الذى يدور حوله كتاب "الخروج الى النهار".

(تطهير القلب)

يدل مصطلح تطهير القلب على اقتلاع الكارما السلبية القديمة التى كانت تثقل القلب بالمشاعر و الانطباعات السلبية , و استبدالها بوعى جديد يدرك وجود الذات الالهية فى أعماقه , و تخرج كل أفكاره و أفعاله معبرة عن تلك الذات النقية. و عند ذلك يقال ان هذا الشخص يحيا فى الماعت , أى أن كل أفكاره و أفعاله تخرج منسجمة مع النظام الكونى , لأن الذات الالهية حاضرة فى قلبه فى كل لحظة , و تلك هى يوجا الماعت , أو يوجا الفعل.

تعتبر فلسفة الماعت من أهم التعاليم الروحانية التى تتضمن نشأة الكون و علاقة الانسان بالكون و الاله , و أقدار الانسان و علاقتها بأفعاله النابعة من ارادته الحرة.

جاء فى ميثولوجيا نشأة الكون المصرية أن الروح الأسمى "نبر – تشر" أوجد الخلق

بالماعت (النظام / الاتزان / الحق / العدل) أى أن تدفق الطاقة من عالم الروح الى عالم المادى يتم حسب نظام متزن لا يختل هو الذى يضمن للكون الاستمرار.

الماعت (النظام الكونى) هى التى تنظم حركة الكواكب و النجوم فى الأفلاك. كل شئ فى الفلك يتحرك حسب ايقاع منتظم. كل شئ فى الكون يتحرك حسب قانون يحكمه. فالعشب ينمو حسب قوانين محددة لا تختل و الشمس تشرق حسب قانون كونى, و خلايا الانسان أيضا تنمو بقانون و نظام.

ان النظام الكونى يسير حسب قوانين غاية فى الدقة و التناغم و الانسجام و التوازن بين الأضداد..... النور/الظلمة..... الليل/النهار...... البرد/الحر..... الذكر/الأنثى.

معظم الناس تكون أفعالهم عبارة عن ردود أفعال لمختلف القوى و الغرائز التى تعصف بهم طوال الوقت, كالجوع و الغضب و الخوف و الكراهية و الكبرياء و الجشع.

بل انهم كثيرا ما يفقدون السيطرة تماما على هذه المشاعر و الغرائز, لأنهم لا يدركون جوهرهم الحقيقى. و لكنهم لو تأملوا بعمق داخلهم و بحثوا عن مصدر هذه الأفكار و المشاعر, سيكتشفوا أنها نابعة من الأنا المادية الزائفة, و ليس من الذات الحقيقية التى هى فى طبيعتها الهية نقية. تعلمنا يوجا الحكمة أن للانسان ارادة حرة, و أن لديه القدرة على اختيار أفكاره و أفعاله و تصرفاته, و تحويلها من مجرد ردود أفعال لقوى أو غرائز أو مشاعر هائجة الى أفكار و أفعال تقوده نحو معرفة الذات الالهية و الاتصال بالروح الأسمى.

فى كل المواقف التى تمر بها فى حياتك, يمكنك أن تختار أن تتصرف بانسجام و تناغم مع الماعت (النظام الكونى), أو تكون ضد الماعت.

تعلمك يوجا الحكمة كيف ترقى فوق طقوس العبادة الشكلية التى تعنى بالمظهر الخارجى فقط, لتكون شاهدا على وعيك و مراقبا له طوال الوقت الى أن تنجح فى تحويله من الوعى المادى الضيق الى الوعى الالهى, الذى يرى كل شئ بعين الاله.

- 203 -

فى حياتنا اليومية, ينظر "العامة" (الذين لم يصلوا بعد الى المعرفة الروحانية) الى الطبيعة على أنها مجموعة من القوى الكونية التى لا يمكن التنبؤ بها أو السيطرة عليها. أما اليوجى, فيعرف أن ما يبدو فى الطبيعة و كأنه "فوضى" هو فى الحقيقة جزء من الخطة الكونية الكبرى التى وضعها الروح الأسمى, و التى يتم تنفيذها على مراحل حسب قانون السبب و النتيجة.

فكل سبب له نتيجة, و كل نتيجة وقعت لسبب حدث قبلها و أفضى اليها.

عندما يصل عقل اليوجى الى هذا المستوى من الوعى, عندها سيعرف **أن خلف كل ما يبدو على السطح من مظاهر الفوضى و العشوائية, هناك نظام محكم, هناك قانون كونى يحكم كل الموجودات, و لا شئ يخرج عن هذا القانون.... قانون السبب و النتيجة (الكارما).**

تهدف أحكام الماعت المتعلقة بالقيم الأخلاقية الى حفظ النظام داخل المجتمع الانسانى بين عامة الناس الذين لم يصلوا بعد الى الوعى الروحى الذى يمكنهم من اكتشاف الذات الالهية داخلهم.

أما مفهوم الماعت المتعلق بنشأة الكون و تطوره فيعطينا فكرة عن النظام الكونى و الطرق الروحانية التى باتباعها يحيا الانسان فى تناغم مع النظام الكونى.

خرج الكون للوجود عندما أقام الروح الأسمى ال "ماعت" مكان ال "اسفت", **أى أحل النظام مكان الفوضى.**

خلق الكون بنظام, و كل شئ فيه يتحرك بنظام.

يدرك الانسان فى أعماقه ذلك النظام الكونى, و يعيه بالحدس.

عندما يضبط الانسان احساسه الداخلى بالنظام, مع النظام الكونى كله, و يجعل حياته و أفعاله و تصرفاته فى تناغم و انسجام مع ذلك النظام الكونى, عند ذلك سيشعر بوحدة و ألفه بينه و بين كل شئ فى الكون. و اذا رأى الانسان النظام الكونى فى كل ما حوله, عندها سيتحول

من اتباع القيم الأخلاقية بطريقة عمياء جوفاء, الى رؤية جوهر الفضيلة و ستصبح كل أفعاله تعبيرا تلقائيا عن تلك الفضيلة النابعة من معرفته بذاته الحقيقية / الالهية.

اذا فهمنا منظومة الخلق و عرفنا كيف نشأ الكون بالنظام, و عرفنا كيف نضبط أفعالنا و تصرفاتنا تتناغم مع ذلك النظام الكونى, سنصل الى حالة من السكينة و السلام المطلق.

و عندها سيصفو الذهن و يصبح مثل مرآة مصقولة خالية من أية شوائب, تنعكس عليها الصورة الحقيقية للذات الانسانية التى لا تنفصل عن الذات الالهية.

كلمة "ماعت" باللغة المصرية القديمة تعنى "الاستقامة / ما هو مستقيم".... (بالتعبير المصرى الشعبى تعنى "دوغرى").

تكتب كلمة "ماعت" بالهيروغليفية باستخدام رمزين لهما علاقة وطيدة بمعنى الكلمة, و هما الريشة (رمز الاتزان) و "المنصة" (رمز عرش الاله).

كانت المنصة (أو التل الأزلى) أحد أهم رموز علم نشأة الكون فى مصر القديمة, فقصة الخلق تحكى عن خروج الروح الأسمى من مياه الأزل "نون" على هيئة "بتاح".

و بعد خروجه مباشرة لم يكن هناك عرش للروح الأسمى كى يقف فوقه, لأن "نون" ليس لها سطح. فأخرج بتاح التل الأزلى من مياه الأزل و هو يشبه المنصة, و أصبح هو العرش الذى استوى فوقه, و لذلك يظهر بتاح دائما و هو يقف فوق المنصة الأزلية, رمز التل الأزلى.

جاء فى أحد الابتهالات ل "رع" :-

*** ان أرض "مانو" (الغرب الجميل / العالم النجمى) تستقبلك برضا و سلام... و ماعت تحتضنك كل صباح و كل مساء... و تحوتى و ماعت يدونان الرحلة التى تقوم بها كل يوم ***

و جاء فى بردية "قننا" هذا الابتهال الجميل الذى يصف الماعت, يقول "قننا" :-

*** لقد أتيت اليك يا رب الأرباب..... يا من توجهه الماعت.... "آمون – رع" يستوى على الماعت.... و "رع" يحيا بالماعت...... و "أوزير" يحمل الأرض فى موكبه بالماعت***

تقول الميثولوجيا المصرية ان "ماعت" هى ابنة "رع" و أنها كانت فى قاربه عندما خرج من مياه الأزل "نون" فى الزمن الأول "سب – تبى" (الزمن الذى وقعت فيه أحداث النشأة الأولى).

و ما زالت "ماعت" ترافق "رع" فى رحلته الأبدية فى قارب ملايين السنين, و لا تفارقه أبدا.

تلقب ماعت أيضا ب "عين رع".... و "ربة السماء".... و "ملكة الأرض".... و "سيدة العالم النجمى"...... و "سيدة كل الكيانات الالهية".

تأتى كلمة ماعت فى اللغة المصرية القديمة فى كثير من الأحيان فى صيغة المثنى, فيقال "ماعتى" و هى بذلك تعبر عن تكامل الجنوب و الشمال, أى النصف الجنوبى من قبة السماء و النصف الشمالى منها, أو مصر العليا و مصر الدنيا.

ماعت هى أيضا رمز قوانين الاتزان و التناغم التى بهما خلق الكون و بهما يستمر.

و قد ارتبط الاتزان بالعدل و الحق, لأن جوهر العدل هو التوازن.

لذلك كانت الماعت هى التى تحكم على الأرواح يوم وزن القلب فى قاعة المحاكمة فى العالم الاخر كان الفنان المصرى القديم أحيانا يصور وزن قلب المتوفى فى أحد كفتى الميزان

مقابل تمثال الماعت فى الكفة الأخرى , أى أن الماعت هى المعيار الذى يقاس به نقاء القلب .

ماعت هى المقياس الذى به يعرف الانسان ان كان قد عاش فى تناغم و انسجام مع الكون و مع ذاته الحقيقية (الالهية) أم لا. و هنا نجد تشابه بين مفهوم الماعت فى مصر القديمة و مفهوم "التاو" (الطريق) فى الفلسفة الصينية, و الذى يعنى طريق الطبيعة, أو التناغم بين وعى الانسان و بين الوعى الكونى / الالهى.

كما أن هناك تشابه أيضا بين الماعت و بين مفهوم "دارما" (Dharma) فى الفلسفة الهندية, و الذى يعنى القيم الأخلاقية و التعاليم المتعلقة بالكارما .

يقول أحد الأمثال المصرية القديمة :-

*** هناك طريقان أمام الانسان و عليه أن يختار أحدهما... الطريق الأول هو طريق الذين يحيون فى الماعت.... أما الطريق الثانى فهو طريق من يسعون الى اشباع غرائزهم الحيوانية ***

توصف "يوجا الماعت" بأنها هى "يوجا الفعل", أى أن كل فعل نقوم به فى حياتنا يؤثر على أقدارنا و على مصير أرواحنا بعد الموت حسب قانون االكارما (قانون السبب و النتيجة).

و قبل أن نفكر فى معنى كلمة "فعل" على المستوى الفردى علينا أولا أن نفهم المعنى الكونى لكلمة "فعل" (action).

فى الأزل (قبل خلق الكون), لم يكن هناك أى شئ سوى مياه الأزل "نون", و هى عبارة عن محيط أزلى من الوعى الذى يتواجد فى حالة من السكون و الصمت و الكمال, حيث لا شكل و لا سطح و لا أى شئ يتحرك على الاطلاق. لا شئ سوى السكون التام و الصمت.

ثم بدأت الحركة فى ذلك المحيط الأزلى الساكن حين خطرت على بال الروح الأسمى (الاله) أول فكرة. انبثقت الفكرة عندما راودت الاله "رغبة".

أراد الاله أن يخلق من ذاته.

كانت الفكرة الأولى التى طرأت على الذات هى أول حافز للحركة فى الكون, بعد أن كانت الذات فى حالة سكون تام لا تعى سوى ذاتها.

و بعد ظهور أول فكرة فى تاريخ الكون و هى رغبة الاله فى أن يخلق من ذاته, توالى ظهور الأفكار الالهية بصورة ديناميكية, حيث تجلت الارادة الالهية على هيئة مجموعات من القوى الكونية (النترو) يطلق عليها الجمع الالهى, مثل تاسوع هليوبوليس و ثامون الأشمونيين, و ثالوث طيبة و ثالوث منف.

عندما انبثقت أول فكرة من محيط الوعى الأزلى النقى الخالى من أى صورة أو شكل, على الفور ظهر هناك شئ آخر بجانب محيط الوعى.

و حين انبثقت الفكرة, بدأ ظهور التميز و التشكل, فأصبح هناك كيان له هيئة (و هو الفكرة) يرى نفسه متميزا عن بقية أجزاء المحيط الأزلى التى لم تتشكل بعد الى أى شكل أو صورة.

و هكذا نشأ مبدأ الثنائية (duality)....ثم مبدأ الثالوث... (الرائى و المرئى و وسيلة الرؤية), حيث العقل هو وسيلة الرؤية. و لما كان الانسان هو صورة للكون, نجد أن مبدأ الثالوث ينعكس على وعى الانسان.

فهناك الرائى و هو الذات الحقيقية/الالهية... و هناك المرئى و هو الأنا الزائفة... أما وسيلة الرؤية فهى العقل و الحواس.

بمجرد ظهور أول فكرة فى محيط الوعى الأزلى, بدأت الأحداث فى الخروج تباعا من مياه الأزل فى تسلسل لانهائى.

هذا الخروج الأزلى لأفكار الروح الأسمى من محيط الوعى النقى الذى كان ساكنا و خاليا من أى فكر هو الأساس الذى بنى عليه الخلق.

اذا عرفت كيف تفكر و تفعل بالطريقة التى يفكر بها الروح الأسمى و يفعل, عندها ستتحول الى كائن الهى.

فالانسان هو قبس من نور الوعى الالهى, و لذلك فهو يمتلك صفات الهية و أهم هذه الصفات هى الارادة الحرة.

عندما تتحكم الأنا الزائفة المادية فى الارادة الحرة, فانها تعمى بصيرة الانسان و تجعله يتوهم أنه منفصل عن الكون و عن الروح الأسمى, و بالتالى تأتى أفعاله متنافية مع النظام الكونى, حيث تجد تصرفاته نابعة من رغباته الحسية, فيسعى لاهثا لاشباع رغباته المادية, و كلما حقق منها جزءا ظهر المزيد و المزيد من الرغبات. و فى النهاية لا يجنى سوى الاحباط. لأن الاحساس الذى ينتاب الناس عند تحقيق جزء من المتع الحسية هو فى الحقيقة احساس زائف لا يعبر عن السعادة الحقيقية. فالمتعة الحسية هى مجرد لمحة سريعة خاطفة من السعادة الحقيقية الدائمة التى يصل اليها الانسان عندما يكتشف بداخله مصدر السعادة و الكمال و الامتلاء, و هو الذات الالهية.

ترشدنا الماعت الى طريق الخروج من دائرة الألم و الاحباط.

فعندما تختار أن تكون أفعالك نابعة من الأنا المادية الزائفة, عندها ستأتى أفعالك منافية للماعت (النظام الكونى), أى منافية للضمير, و بالتالى ستترك انطباعا سلبيا فى عقلك الباطن, يثقل قلبك حتى بعد موتك و انتقالك الى العالم النجمى.

عندما تكون الروح متجسدة فى جسد مادى, فانها تتأثر بوعى الجسد, و ترى تجاربها فى العالم المادى من خلال العقل و الحواس.

فى العالم المادى هناك حدود للمتعة و للألم. فعندما يتعرض الجسم المادى لألم أكثر من احتماله, عندها يصاب بالاغماء أو الغيبوبة. و عندما يمر بتجارب متع حسية أكثر من استيعابه تضعف الحواس, و قد يستغرق الجسد فى نوم عميق.

قد تؤدى تجربة المتعة فى العالم المادى أحيانا الى حالة من التعالى و الكبرياء تتوهم فيها الروح أنها وصلت للسعادة الحقيقية, فتلهث وراء المزيد من المتع الحسية, و يستمر السعى

المضنى بلا نهاية.

و بعد الموت, يترك الانسان جسمه المادى على الأرض و ينتقل الى العالم النجمى ليحيا فيه بجسم آخر هو الجسم النجمى.

فى العالم المادى هناك حدود للمتعة و الألم, أما فى العالم النجمى فالمتعة و الألم ليس لهما حدود, لعدم وجود جسم مادى.

فى العالم النجمى يمكن للروح أن تمر بتجارب من الألم أو المتعة بدون حد أقصى, حسب الكارما و الانطباعات التى خرجت بها من حياتها الدنيا.

فاذا شعرت الروح مثلا بالندم على جريمة ارتكبتها فى الماضى, فان الاحساس بالندم فى العالم النجمى يكون أشد ايلاما من الندم فى العالم المادى بآلاف المرات.

و اذا شعرت الروح بالمتعة, فان الاحساس بالمتعة فى العالم النجمى يكون أقوى من المتعة فى العالم المادى بآلاف المرات. و هذا هو مفهوم الجنة و الجحيم فى العالم النجمى.

و لكن فى الحقيقة ان كلا القطبين فى العالم النجمى سواء **متعة** أو **ألم** مجرد وهم, لأن العالم النجمى عالم "نسبى / متغير / وهمى / غير حقيقى", مثله مثل العالم المادى.

ان الانسان الذى تأتى أفعاله فى حياته الدنيا متناغمة مع الماعت, لا يمر بتجربة الجنة الزائفة أو الجحيم الزائف فى العالم النجمى, لأن حالة الاتزان السيكولوجى التى قام بتنميتها فى العالم المادى تظل معه و ترافقه عند انتقاله من العالم المادى الى العالم النجمى.

هذا الاتزان يجعل الانسان قادرا على الرؤية الواضحة و التمييز بين الحقيقة و الوهم. عندما يمارس الانسان يوجا الماعت, بأن يضبط أفعاله لتكون فى تناغم مع النظام الكونى و مع الضمير, عندها يصبح العقل فى حالة من الاتزان و السكينة, و تهدأ أمواج الأفكار و الرغبات التى تضطرب فوق محيط الوعى, لتسمح للروح برؤية الذات الحقيقة فى قاع المحيط.

ان الأفعال (actions) هى الأساس يقوم عليه تنفيذ الخطة الالهية لنشأة الكون و تطوره.

كل ما يفعله الانسان فى الوقت الحاضر هو الأساس الذى سيحدد مصيره و أقداره فى المستقبل. و كذلك حياته الحالية و ما يحيط به من ظروف و أحداث و أشخاص هو نتاج أفعال قام بها فى حياة سابقة.

و من وجهة نظر العلوم الروحانية, لا يوجد موقف جيد أو موقف سيئ فى حياة الانسان, لأن هدف الروح هو الوصول الى معرفة الذات. فتقييم المواقف و الأحداث يتم بناء على ما تعلمته الروح منها, حتى و ان كانت المواقف مؤلمه على المستوى المادى أو العاطفى.

و مهما تعرض الانسان لمواقف سعيدة أو مؤلمة فى العالم المادى أو العالم النجمى, فلا قيمة لذلك لأن الروح تعرف أنها خالدة, لا يعتريها نقص أو ألم أو مرض.

فأى متعة أو ألم مرت بالروح فى العالم المادى أو العالم النجمى ما هى الا وهم, و هى كالمتع والآلام التى تراها فى الأحلام.

تخيل أنك وجدت كنزا فى الحلم, ما قيمة هذا الكنز اذا كان سيذهب بمجرد أن تستيقظ من النوم و تدرك أنك كنت تحلم.

كذلك المتعة و الألم فى العالم المادى و العالم النجمى, تذهب و تختفى بمجرد أن يصل الانسان الى يقظة الروح (التنوير).

لا يمكن للانسان أن يبقى ساكنا, دون أن يأتى بأى "فعل".

ان "الفعل" أمر لا مفر منه لكل البشر. فحتى التنفس يعتبر احد أشكال الفعل.

لا يمكنك أن تقول (سأهرب من المدنية و من العالم, و سأذهب لأعيش فى مكان منعزل تماما, و لن أقوم بفعل أى شئ, حتى أصل الى صفاء الذهن و خلو البال الذى يمكننى من معرفة الذات, و أيضا أهرب من قانون الكارما الذى تؤثر فيه أفعالى على مصيرى بعد الموت).

فى الحقيقة هذه مقولة خاطئة, لأن كل حركة تقوم بها فى حياتك هى أحد أشكال "الفعل".

- 211 -

فعندما تتنفس, أو تأكل أو تشرب, أو تجلس, أو تمشى, أو تنام, أو تصحو من النوم, كل ذلك هو عبارة عن أفعال تقوم بها. ان تحرير الروح من الكارما القديمة و من أغلال الأنا الزائفة يتطلب أكثر من مجرد الصمت و العزلة.

العزلة عن العالم المادى وحدهما لا تكفى للوصول الى التنوير.

فقد تذهب مثلا الى كهف منعزل أو الى معبد أو دير أو كنيسه لتنشد العزلة, بينما ذهنك ما زال مشغولا بأفكار غير نقية تفصلك عن الذات الالهية, بدلا من أن تقربك منها.

و الأفكار فى الحقيقة هى عبارة عن "أفعال", و لكن فى هيئتها الأثيرية قبل أن تتجسد.

فالتفكير فى فعل شئ معين له نفس التأثير على الكارما, حتى و ان كان الفعل لم يتجسد بعد.

لأن أى فعل تقوم به ينبثق أولا من القلب و العقل. <u>**كل فعل يبدأ أولا برغبة,**</u> حيث يرغب القلب أولا, ثم يفكر العقل فى كيفية تنفيذ الرغبة, ثم تقوم الجوارح المختلفة كاللسان و الأيدى و الأقدام بتجسيد الفعل.

الرغبة هى المحرك الرئيسى لأى فعل سواء على المستوى الفردى أو المستوى الكونى.

فالخلق بدأ حين راودت الروح الأسمى "رغبة", حيث أراد الروح الأسمى أن يخلق من ذاته,و بمجرد ظهور الرغبة, بدأت مياه الأزل التى كانت ساكنة فى التحرك, ثم توالت الحركة, كل واحدة تفضى الى أخرى فى تسلسل أدى الى ظهور الكون بالشكل الذى نراه عليه الآن . **كل ما تراه عينك الآن فى الكون بدأ بفكرة واحدة..... فكرة واحدة فقط أوجدت كل هذا.**

كل فعل قمت به فى حياتك نشأ أولا من رغبة, أعقبها فكرة, أعقبها تجسيد الفكرة لتصبح "فعلا". و بعد تحقيق الرغبة الأولى, تؤدى الأفعال الناتجة عنها الى ظهور مزيد من الرغبات و الأفكار, و من ثم المزيد من الأفعال و هكذا.

يعيش معظم الناس أسير هذه السلسلة اللانهائية من الأفعال و ردود الأفعال طوال حياتهم.

و تستمر هذه السلسلة الى أن يكتشف الانسان أن الرغبات لا يمكن اشباعها أبدا بهذه الطريقة,

و أن اللهاث وراء اشباع الرغبات ليس حلا نهائيا, و انما الحل هو اقتلاع الجذر التى تنبثق منه كل الرغبات.... و هذا الجذر هو الجهل... جهل الانسان بذاته الحقيقية التى هى أبعد من الجسد المادى و أبعد من العقل و الحواس.

ان الذات "كاملة" فى جوهرها.... و هى ممتلئة, خالدة, غير ناقصة, لا يعوزها شئ. و هى أيضا ساكنة... أى فى حالة سكينة دائمة لا تسعى لتحقيق شئ, لأنها هى المنبع الذى تنبثق منه الأشياء.

عندما تدرس تعاليم الحكمة و تتأملها لتعرف ذاتك الحقيقية ستدرك أن الذات الالهية هناك فى أعماقك, و أنها هى ذاتك الحقيقية, و هى وحدها التى يمكن أن تمنحك الاحساس بالكمال و الامتلاء و السكينة و الرضا التام.... "حتب".... حيث لا شئ بعد الرضا.

قام حكماء الحضارة المصرية القديمة بوضع خطوط عريضة لارشاد طالب المعرفة الروحانية ليعرف ما هى الأفكار و الأفعال التى تتوافق مع الماعت (النظام الكونى), و ما يتعارض معها.

تلك هى قوانين الماعت ال 42 التى جاءت فى كتاب الخروج الى النهار فى صيغة الاعترافات المنفية (أنا لم أكذب, أنا لم أقتل, أنا لم أسرق, أنا لم ألوث ماء النيل, الخ).

تشكل الاعترافات المنفية الجزء المحورى فى كتاب الخروج الى النهار, و الهدف منها هو "تطهير القلب", أى تطهير اللاوعى من الانطباعات السلبية التى تلتصق به و تؤثر على مصير الروح بعد الموت.

يقول احد الأمثال المصرية القديمة :-

***** ان الحكيم الذى تأتى أفعاله متوافقة مع "الماعت" (النظام الكونى), يتحرر من الوهم و من الفوضى *****

عندما تكون تصرفاتك و أفعالك متوافقة مع "الماعت", فأنت تمارس يوجا الماعت, أى أنك

تمارس تعاليم الحكمة فى كل خطوة تخطوها فى حياتك اليومية و تراقب كل فكرة و كل فعل يصدر عنك و تضبطه على معيار الماعت (النظام الكونى).

عندما تفهم المعانى العميقة للتعاليم الروحانية و ترسخ تلك المعانى فى قلبك, فأنت بذلك تقوم بما يعرف ب "بتطهير القلب", أى تطهير الفكر و الفعل.

لكى تصبح موصولا بالذات الالهية, يجب أن يكون تفكيرك الهيا, و فعلك أيضا.

يجب أن تحول أفكارك و أفعالك لتكون "روحانية", أى توجهها لتحقيق أهداف الروح فى العودة الى موطنها فى عالم السموات و الاتحاد بالروح الأسمى.

و فى كل خطوة تخطوها, يجب عليك أن تقيم كل فعل بالوعى الأعلى (أنوبيس / سيا) لتعرف ان كان متوافقا مع أهداف الروح أم لا, ثم تقوم به بتفانى و اخلاص.

حين يكون العقل مشغولا بتحقيق أهداف الروح, عندها يتحول من التركيز على عالم الظاهر الى الغوص فى عالم الباطن. فانشغال الفكر بالعالم الخارجى هو بمثابة الأغلال التى تقيد الروح و تحبسها فى سجن الزمان و المكان.

يرجع انشغال الفكر بعالم الظاهر الى جهل معظم الناس بطبيعة العالم المادى, فيتوهمون أنه عالم حقيقى, مع أنه عالم "نسبى / متغير / زائف".

أن تحول فكرك نحو عالم الباطن, معناه أن يصبح فكرك مشغولا بتحقيق أهداف الروح, و يقل الاهتمام بالرغبات المادية تدريجيا, بحيث لا تحتل قدرا أكبر مما تستحقه فى عقلك.

تعتبر هذه المرحلة التى يبدأ فيها تحول الفكر من أولويات مادية الى أولويات روحانية أهم مرحلة يمر بها طالب اليوجا فى رحلته لاكتساب المعرفة الروحانية.

حين يكون وعيك متصلا بجذوره فى عالم الروح, تصبح فى حالة تأمل دائم فى كل دقيقة تمر بها فى يومك, حتى أثناء قيامك بعملك و واجباتك اليومية, و هذا هو مفهوم "تطهير القلب".

أن يطهر الانسان قلبه معناه أن يقوم بمراقبه أفكاره و يتحكم فى الأفكار النابعة من مشاعر سلبية كالخوف و الغضب و الجشع و الأنانية.

يعد **"التخلى"** (detachment) من أهم المبادئ المرتبطه بيوجا الماعت. و التخلى ليس معناه اعتزال العالم و التجرد من أى ممتلكات, و انما هو يعنى الانفصال سيكولوجيا عن العالم المادى حتى أثناء قيامك بعملك و نشاطات حياتك اليومية **بحيث لا تتعلق بأى شئ أو أى شخص, و يستوى عندك اقتناء الشئ أو فقدانه, فلا يكون اقتناؤه مصدرا للسعادة ولا يكون فقدانه مصدرا للحزن.** هذا هو الطريق لاكتساب المعرفة الروحانية, **أن تحيا فى العالم المادى دون أن تتعلق به.....** أن تمر بتجارب مختلفة فى عالم الظاهر دون أن تنفصل عن عالم الباطن... **أن تعيش فى عالم تحكمه قوانين الزمان و المكان, دون أن تسمح لتلك القوانين أن تسجن روحك و تعوقها عن الوصول الى هدفها.**

ان فن الحياة الروحانية ليس أن تحارب قوانين الزمان و المكان أو تعيش منعزلا عنها, و انما السر يكمن فى أن تمتطى تلك القوانين كما يمتطى الفارس البارع الحصان الهائج و يعرف كيف يتحكم فيه و يستخدمه فى الوصول الى وجهته.

عالم الزمان و المكان هو العالم الذى يمكن فيه معالجة الماضى و اصلاح الكارما القديمة و زرع بذور كارما جديدة تؤثر ايجابيا على مستقبل الروح.

قد تبدو فلسفة الماعت غريبة لأول وهلة, و لكنك بمجرد أن تتأملها ستجد بها حكمة عميقة تساعدك فى الوصول الى السلام و السكينة فى حياتك.

عندما تبدأ بممارسة يوجا الماعت فى حياتك اليومية, ستكتشف كم هو رائع أن يتحكم الانسان فى تفكيره, بدلا من أن يكون ضحية لرغبات و مشاعر متضاربة, أحيانا تكون ايجابية كالحب و التسامح و أحيان أخرى تكون سلبية كالخوف و الغضب.

يمنحك التحكم فى الأفكار شعورا طيبا لا يمكن مقارنته بأى متعة مادية. تبدأ ممارسة يوجا

الماعت أولا بدراسة التعاليم الروحانية المرتبطة بالماعت, ثم بعد ذلك ممارسة تلك التعاليم فى حياتك اليومية.

عند البدأ بممارسة يوجا الماعت قد تستشعر رغبتك فى تغيير مهنتك أو مسكنك, و قد تضع خطة طويلة الأجل لتغيير نظام حياتك تشمل تغيير أشياء كثيرة مرتبطة بالمهنة و العادات و الأشخاص المحيطين بك. و الى أن يتحقق التغيير على المستوى المادى, عليك أولا ان تغير رؤيتك للأشياء و طريقة تفكيرك, فالتغيير يجب أن يبدأ أولا على المستوى السيكولوجى , ثم يتجسد بعد ذلك على المستوى المادى.

يمكنك أن تغير كل موقف تمر به و تحوله الى موقف ايجابى بأن تنظر اليه باعتباره جزءا من الخطة الكونية/الالهية التى وضعتها لك الذات العليا.

ان التجارب المختلفة التى تمر بها روحك تعلمك دروسا روحانية كالصبر و التسامح, والشجاعة و الرحمة و التخلى.

يسعى بعض الناس لترك العالم المادى و العيش فى مكان بعيد فى عزلة تامة, معتقدين أن ذلك أطهر لقلوبهم و أنه الطريق الأمثل لاكتساب المعرفة الروحانية.

و لكن فى الحقيقة ان العزلة ليست هى المدرسة التى يتعلم فيها الانسان, و انما المدرسة الحقيقية هى "الحياة" بكل ما فيها من تناقضات و صخب و أحداث و تطورات.

ان ممارسة اليوجا داخل العالم المادى و ليس خارجه هى أفضل مدرسة يمكنك أن تتعلم منها, لأن الدروس التى تتعلمها تكون أقوى و أكثر تركيزا من حياة العزلة.

فالحياة فى العالم المادى تعلمك القوة و الشجاعة و مواجهة التحديات, و التعرض لتجارب مختلفة ما بين ألم و سعادة و خوف و شجاعة و غضب و تسامح تكون ثمرته معرفة مباشرة نابعة من تجارب حقيقية تترك أثرا عميقا فى وعيك و هى أفضل من قراءة آلاف النصوص الروحانية.

عليك ان تكتشف ذاتك الحقيقية بنفسك, و لا تكتفى فقط بأن تقرأ عنها فى النصوص التى

تركها الحكماء. فالنصوص هى مجرد خريطة ترشدك للطريق, و لكنها لا تسير الطريق بالنيابة عنك.

عليك أن تسير طريقك بنفسك, لا أحد يسير طريقك بدلا منك.

المعرفة الروحانية لا تكتسب باعتزالك العالم المادى و انفصالك عنه بحثا عن السلام و السكينة, و انما التحدى الحقيقى هو أن تواجه مختلف المواقف و الاغراءات و الرذائل و الاستفزازات التى يضعها العالم فى طريقك بشجاعة .

فاذا كنت تعمل تاجرا, يمكنك أن تخدم الآخرين من خلال مهنتك و لا تجعل كسب المال هو كل همك و بذلك تمارس يوجا الماعت أثناء عملك.

و اذا كنت طبيبا, يمكنك أيضا أن تخدم الفقراء و تساعدهم من خلال مهنتك. يمكنك أن تمارس يوجا الماعت بأن تجعل من نفسك مجرد قناة أو وسيلة يستخدمها الروح الأسمى لشفاء المرضى, بدلا من استغلال مهنة الطب فى جمع المال.

و فى كل مهنة هناك طريق للمعرفة الروحانية, اذا عرفت كيف تتخلى عن الأنا الزائفة و تترك نفسك للروح الأسمى ليوجهك نحو ذاتك الحقيقية.

‫--------------------‬

تشير كلمة "مسخينيت" (Meskhenet) المصرية القديمة الى الأفعال التى يقوم بها الانسان فى حياته الحالية أو السابقة و القدر الذى يصنعه الانسان لنفسه من خلال هذه الأفعال. ان أفعالك هى امتداد لك.

اذا كانت أفعالك ايجابية, فستؤدى الى نتائج و مشاعر و ذبذبات ايجابية تجعلك فى حالة من السلام الداخلى و السكينة. و اذا قمت بأفعال سلبية, فستؤدى الى نتائج و مشاعر و ذبذبات سلبية تستمر معك حتى بعد الموت و تجعل تجربتك فى العالم النجمى تجربة مؤلمة و هى ما يطلق عليه تجربة "الجحيم".

لذلك كان من الضرورى ممارسة يوجا الفعل (يوجا الماعت) لأن الأفعال الايجابية هى التى

تقود الانسان للوصول الى السلام و السكينة و الرضا التام...... "حتب".

بعض الناس يعتقد أنه بمجرد أن يبدأ فى دراسة التعاليم الروحانية و يقوم ببعض الأفعال الأيجابية فأن ذلك كفيل بازالة الكارما القديمة و التحرر منها دفعة واحدة, و لكن فى الحقيقة ان قانون "مسخينيت" (قانون السبب و النتيجة) لا يعمل بهذه الطريقة .

فمثلا, اذا كنت قد آذيت شخصا منذ عشر سنوات لأنك فى ذلك الوقت كنت طائشا, ثم قابلته الآن بعد أن اكتسبت معرفة روحانية, فلا تتوقع أن ينسى ذلك الشخص مشاعر الغضب تجاهك لمجرد أنك تغيرت منذ سنتين فقط و أصبحت شخصا ناضجا روحانيا.

مثال آخر : اذا قمت بارتكاب جريمة و هربت بعد ارتكابها مباشرة, ثم بعد ذلك ندمت على ما قمت بارتكابه, فان ندمك هذا لا يلغى الجريمة و لا يلغى القانون الذى يقضى بأنك يجب أن تنال عقابا على تلك الجريمة,و لا يمنع الشرطة من البحث عنك و تقديمك للقضاء ليتم تنفيذ القانون عليك. **ان الندم شئ, و تنفيذ القانون شئ آخر.**

كذلك فى قانون الكارما أو قانون مسخينيت (قانون السبب و النتيجة), فالمعرفة الروحانية التى تكتسبها لا تلغى الأفعال السابقة التى قمت بها, و لا تلغى تأثيرها عليك دفعة واحدة.

و انما هى تساعدك على زرع كارما جديدة ايجابية ستجنى ثمارها فى المستقبل, فى نفس الوقت الذى تتوقف فيه عن ارتكاب المزيد من الأفعال السلبية و بذلك يتغير اتجاه البوصلة تدريجيا من الاتجاه السلبى الى الاتجاه الايجابى. و عليك بالاصرار و المثابرة, حتى يذوب تأثير الكارما السلبية القديمة يوما بعد يوم و بمرور السنين.

ان أهم خطوة لتغيير مسار الكارما, هى اقتلاع جذور الكارما السلبية عن طريق اقتلاع الجهل الذى هو منبع كل الأفكار و المشاعر السلبية التى تؤدى بدورها الى أفعال سلبية كايذاء الناس بالكلمة و الفعل.

ثم بعد ذلك تأتى مراقبة النفس أولا بأول لمعرفة مصدر كل فكرة و هل هى نابعة من وعى الروح أم من وعى الجسد.

تلك المراقبة الدائمة للأفكار و الرغبات التى تطرأ على البال هى ما يعرف بتطهير القلب.

و قد وردت فكرة مراقبة النفس فى انجيل توماس :-

*** اذا عرف رب البيت أن هناك لصا قادما لسرقة البيت, فسيراقب البيت بيقظة و حذر, و لن يسمح له باقتحام البيت و سرقته. كذلك عليك بمراقبة نفسك و حراستها من العالم الخارجى, حتى لا تكون عرضة لأى هجوم, فاللصوص يهاجمون الموضع الذى تغفل عن حراسته) ***

و يقول المسيح :-

*** (مبارك هو الرجل الذى يعرف من أين ينوى اللصوص اقتحام بيته فيراقبه جيدا, و يجمع ممتلكاته و ينتبه لها و يمنع اللصوص من اقتحامه) ***

ان الذات العليا هى التى تحمى الانسان من الأنا الزائفة التى تلتصق بالعالم المادى. و هى التى يشير اليها المسيح فى كلمته التى تدور حول حراسة البيت من اللصوص.

فاللصوص هم الأنا الزائفة و الجهل الذى يجعل الانسان عرضة لاقتحام مشاعر سلبية كالخوف و الغضب و الجشع و الكبرياء.

أما الانسان اليقظ الذى يراقب أفكاره دائما و يوجهها نحو الذات العليا, فسيحمى بيته (نفسه) من التعرض لهجوم اللصوص (المشاعر السلبية).

ان التركيز يجب أن لا يكون على اللصوص (المشاعر السلبية) لأن ذلك يجعلهم أقوياء, و انما على الذات العليا.

من يتجه الى الذات - حتى لو بلغ ما ارتكبه فى الماضى من كارما سلبية ارتفاع الجبال - فان هذه الكارما ستذوب و تزول كما تزول الأوساخ عندما تغسل بالصابون.

أن الأقدار لا تفرض عليك من الخارج, و انما أنت من تصنع أقدارك بنفسك.

أنت المسئول عما أنت فيه الآن فى هذا الزمان و المكان و أنت من صنعت الظروف التى أنت فيها, و اجتذبت الأشخاص المحيطين بك.و لأن ذاتك الحقيقية هى الذات الالهية, فلديك

قدرة لامحدودة على تحقيق أى شئ و تغيير حياتك بالكامل.

*** هو الأذن التى تسمع و هو العين التى تبصر و تنير الطريق لمن يحبه ***

الذات فى كل مكان و فى كل زمان, لأن الذات هى كل الوجود.

حين تكون الأنا الزائفة (المادية) هى المسيطرة, فان الأعين و الآذان تكون قدراتها محدودة بالعالم المادى الضيق. أما حين تكون موصولة بالذات الالهية, فسيرى الانسان بعين الذات الالهية و يسمع بأذنها...... أى يرى بعين الهية و يسمع بأذن الهية.

يشبه هذ النص من أناشيد آمون أحد نصوص الأوبانيشادا الهندية الذى جاء فيه :-

*** (خلق العالم فى الأزل كالبذرة التى نبتت و انبثقت منها مختلف الأشكال و الأسماء.....

و كما تكمن الشجرة فى البذرة, و كما تكمن النار فى الخشب, كذلك فالذات الالهية كامنة فى كل شئ, فى كل الأشكال و الصور و الأسماء, حتى أطراف الأنامل. ان الجاهل لا يعى وجود الروح الأسمى, لأنه يبقى خفيا / محتجبا خلف الأشكال و الصور. فلتعلم أنك عندما تتنفس فان الذات الالهية هى النفس الذى تتنفسه, و عندما تتكلم فان الذات الالهية هى الكلمة التى تنطقها, و عندما تنظر فان الذات الالهية هى العين التى ترى بها, و عندما تسمع فان الذات الالهية هى الأذن التى تسمع بها, و عندما تفكر فان الذات الالهية هى العقل الذى تفكر به) ***

يتشابه هذ النص من الأوبانيشادا مع النص السابق من أناشيد آمون, من حيث وصف الذات الالهية (آمون) بأنها خفية / محتجبة خلف العديد من الأشكال و الأسماء فى الكون.

الذات الالهية هى الكيان الحقيقى الموجود, لأنها موجودة بذاتها, و لا تعتمد على أى كيان آخر, و هى التى تمنح الوجود لكل الأشياء.

يتوهم الجاهل أنه كيان منفصل عن الذات الالهية و أنه هو الذى يرى و هو الذى يسمع, و لكن فى الحقيقة ان الذات هى التى ترى و هى التى تسمع, لأن الذات الالهية هى كل الوجود.

اذا قدر لك أن تكتشف الذات الالهية الكامنة بداخلك, عندها ستعرف أنك لست منفصلا عن الكون و لا عن الروح الأسمى, و أنك كائن الهى خالد.

*** هو الذى يجيب المضطر اذا دعاه ***

*** من يدعو "آمين", يجيبه فى طرفة عين ***

لما كانت "الذات" هى جوهر كل انسان و حقيقته المطلقة, فان أى جهد يبذله الانسان على طريق التطور الروحى لا يذهب سدى.

فكل صلاة, و كل دعاء للروح الأسمى, و كل شعور بالحب الغير مشروط يقرب الانسان خطوة فى اتجاه معرفة الذات.

ان أرواح البشر جميعا انبثقت من الذات الالهية, و لذلك فكل روح تمتلك قدرات الهية, كل انسان لديه قدرات روحانية هائلة, و لكنها كامنة, بانتظار أن يعرف صاحبها كيف يكتشفها و يكون متصلا بها طوال الوقت.

و الوصل بالذات يأتى من خلال السيطرة على العقل, بأن يضع العقل الذات فوق العالم المادى بكل ما فيه من اغراءات و متع وهمية.

و كلما كانت الذات الالهية حاضرة فى وعى الانسان طوال الوقت, كلما كان أقرب الى جوهره الحقيقى.

يشبه تيار الأفكار المادية التى تتوارد على ذهن الانسان طوال الوقت غيمة من السحب التى

تظلم سماء الوعى و تحجب عنه رؤية الذات.

عندما يبدأ الانسان بالصلاة الى الاله, و خصوصا اذا كان فى بداية طريق المعرفة الروحانية , قد ينتابه شعور زائف بأن الاله موجود فى مكان ما, و أن عليه البحث عن ذلك الاله . كما يراوده أحيانا شعور بأن الاله موجود فى عالم سماوى أعلى, بعيد تماما عن عالم الانسان . تلك هى العقبة الرئيسية التى تواجه الانسان فى طريق تطوره الروحى, لأن تلك الأفكار نابعة من الجهل, و هى التى تحجب عنه رؤية الحقيقة.

ان الروح الأسمى (الاله) موجود فى كل مكان, و اذا كان هناك مكان يتجلى فيه الحضور الالهى بشكل خاص, فان هذا المكان هو "القلب"..... قلب كل انسان.

و لكن الحواس الظاهرة توجه عقل الانسان نحو العالم الخارجى, بدلا من النظر الى الباطن.... "القلب".

عندما تتولى الروح قيادة العقل و الحواس (من خلال الممارسات الروحانية), عند ذلك ستتمكن من رؤية الذات الالهية فى أعماقها و عندها ستكتشف الروح أنها هى نفسها الذات الالهية, تماما كما ترى "نفسك" عندما تنظر الى المرآه.

فالروح الفردية للانسان (البا) هى جزء من الروح الكونية (آمون / الذات الالهية).

ان أى صلاة أو دعاء يدعوه الانسان لا يذهب سدى, و أى فكرة يوجهها نحو الروح الأسمى لا تكون أبدا عديمة الفائدة. و لكن اجابة الدعاء تكون حسب احتياجات الروح, و حسب قانون الكارما (السبب و النتيجة).

لذلك فالطريق الذى تسير فيه حاليا هو الطريق الذى اختارته الروح لتتطور من خلاله, أى لتعرف ذاتها الحقيقية عن طريق تلك التجارب التى اختارت أن تمر بها, حتى لو كانت تجارب مؤلمة.

*** هو الذى يطيل الأعمار و الآجال, أو يقصرها ***

***** هو الكريم الذى يمن على من يحبه و يمنحه أكثر مما يتمنى *****

تمر الروح بتجارب مختلفة فى العالم المادى, و هى تجارب نابعة من الكارما (قانون السبب و النتيجة). فالروح جاءت الى العالم المادى كنتيجة لأفعال قامت بها فى الماضى.

تأتى الروح الى العالم المادى لتعرف ذاتها, و تتعلم كيف تخضع العقل و الحواس لارادتها, و لكن الكثير من الأرواح تنسى الهدف الذى جاءت لأجله و تقع ضحية الأنا المادية الزائفة.

الذات العليا هى التى تحدد عمر الانسان و أجله الذى سيقضيه على الأرض ليتعلم من خلال تجربته فى العالم المادى.

الكثير من الناس ينتابهم الفزع عندما يفكرون أن الانسان قد يكون حيا اليوم, ثم يموت فى اليوم التالى, أو فكرة أن يولد طفل ليعيش فترة قصيرة ثم يموت.

كل ذلك قد يبدو عبثيا اذا نظرت اليه من الخارج.

و لكن فى الحقيقة ان قانون الكارما (قانون السبب و النتيجة) يقضى بأن كل ما يحدث للانسان فى العالم المادى و العالم النجمى هو ثمار ما فعله فى الماضى. فأى موقف يتعرض له الانسان هو نتيجة ما صدر عنه فى الماضى من أفعال و أفكار و رغبات.

يمكنك أن تنظر الى ما يحدث للآخرين من تجارب مؤلمة بتعاطف, و لكن فى نفس الوقت لا تنسى أن كل ما يقع من أحداث لا يخرج عن قانون الكارما.

على طالب اليوجا أن يتعلم الانفصال سيكولوجيا (detachment) عن التجارب التى يمر بها الآخرون, فلا تؤثر عليه سلبيا و لا تؤلمه, لأن كل ما يمر به الانسان من تجارب هو جزء من خطة الهية يتم تنفيذها حسب قانون كونى هو قانون السبب و النتيجة.

و حتى التجارب المؤلة التى تمر بها أنت نفسك, يجب أن تتعلم أن تنفصل عنها. **فبمجرد أن تعرف ما هو الدرس الذى تعلمته من تلك التجربة المؤلمة سيذهب الألم من نفسه, و يبقى**

فقط نور المعرفة الروحانية التى تلقيتها نتيجة هذا الدرس القاسى.

و بمجرد ذهاب الجهل يتغير اتجاه دفة الكارما من الاتجاه السلبى الى الاتجاه الايجابى, و تبدأ الروح تستشعر السلام و السكينة.

*** عندما يلقى "آمين" (آمون) كلماته السحرية و اسمه فوق الماء, يفقد التمساح قوته , و تهدأ العاصفه, و يسكن الاعصار ***

ان ترتيل الكلمات السحرية له تأثير قوى على تغيير حالة الوعى, بشرط أن يفهم الانسان أولا معانيها و يستشعر تلك المعانى بقلبه.

عرفت الكلمات السحرية فى الفلسفة المصرية القديمة باسم "حكاو", و فى الفلسفة الهندية باسم "مانترا", و هى الكلمات التى تستخدم فى الانشاد الدينى و فى الأدعية و الصلوات مثل كلمة "آوم" فى الثقافة الهندية, و كلمة "مدو" فى الثقافة المصرية القديمة, و كلمة "مدد" عند الصوفية المصرية الحديثة, و كذلك كل أسماء "الكيان الالهي الأسمى" بشتى لغات العالم.

عندما يرتل الانسان أحد أسماء الاله, فان هناك قوة روحانية هائلة تجتاحه و تتخلل كل ذرة فى كيانه, حيث يبدأ فى الخروج من الأنا المادية الضيقة, و يذوب فى الوجود الالهى الذى يردد اسمه حين يرتل الانسان أسماء الذات الالهية بايقاع منتظم أثناء الانشاد الدينى فان هذا الترتيل يساعده على الخروج من الوعى المادى تدريجيا ليستشعر الحضور الالهى.

فأثناء الانشاد الدينى ينسى الانسان اهتمامات الجسد المادى و يتوقف تفكيره عن الانشغال بالأشياء المادية, و يستعد للدخول فى حالة أرقى من حالات الوعى.

يؤثر علينا ايقاع الحياة المادية سلبا بأن يجعل أذهاننا مشغولة طوال الوقت بالتفكير فى أشياء مادية, و طوال الوقت هناك سلسلة من الأفكار مثل :

هل سأنجح فى امتحانى أم سأفشل ؟ هل سأحصل على ما يكفينى من طعام أم سأجوع ؟ هل سيقبلنى فلان أو فلانه أم أنه سيرفضنى ؟

كل هذه الأفكار النابعة من الأنا الزائفة تلح طوال الوقت على العقل و تمزق سكينته, و لا تدع له فرصة ليشعر بالسلام و يتصل بالذات الالهية.

تلك الأفكار المادية تشبه الى حد كبير التمساح الرابض تحت سطح الماء, لا تلاحظه الأعين,و لكنه يتربص دائما بفريسته و يتحين الفرصة لينقض عليها.

ربطت الفلسفة المصرية القديمة بين الفم و بين الوعى . فعندما تنطق الكلمات السحرية (حكاو) و أنت تدرك معانيها و تستشعرها بقلبك, فان لتلك الكلمات تأثير السحر على الوعى , فتهدأ الأفكار المادية التى تعصف بعقلك طوال الوقت, و يذهب القلق حول المستقبل و يختفى الندم على ما فات, و يصبح وعيك صافيا نقيا مطمئنا , و تصبح واعيا فقط بالحاضر / الحضرة / الحضور.

ان الذات الالهية (آمون) لا يعوزها شئ..... فهى ممتلئة... كاملة.... ساكنة, بل هى منبع السكينة و الرضا.

و بمجرد ذكر اسم الذات الالهية, تهدأ العواصف التى تجتاح الفكر, و يسكن اعصار العقل, و يطمئن القلب لأنه أصبح موصولا بالذات الالهية التى أصبحت "حاضرة" بعد أن كانت غائبة عن البال.

*** آمين (آمون).... الذى بذكره تطمئن القلوب... و يهدأ الغضب فى قلب الرجل الغاضب***

عندما يبدأ طالب اليوجا ممارسة التأمل و مراقبة النفس, سيلاحظ أن المشاعر السلبية النابعة

من الأنا الزائفة كالغضب و الخوف و الكراهية و الجشع لا يمكن أن تتواجد فى القلب الذى يعى وجود الذات الالهية (آمون) فى أعماقه.

حين تهيمن الأنا الزائفة على العقل, يهرب منه الوعى بالذات الالهية, و العكس صحيح.

حين يذوب الوعى فى الحضور الالهى, يذهب عنه الجهل و الأفكار السلبية النابعة من الأنا المادية, فلا يعد يسكنه خوف أو غضب.

و نجد صدى هذه التعاليم الروحانية أيضا فى انجيل متى, فقد جاء على لسان المسيح أنه قال:-

*** (لا يمكن للانسان أن يخدم سيدين فى وقت واحد, فلا يمكنك أن تكون فى خدمة الاله و خدمة المال فى نفس الوقت) ***

فالقلب لا يسع الحضور الالهى و الحضور المادى فى وقت واحد.

تهتم طرق اليوجا بتدريب طالب المعرفة الروحانية على اخضاع الأنا المادية الزائفة و التحكم فيها, حتى لا تتحكم هى فى القلب و تجعله عرضة لمشاعر سلبية كالخوف و الغضب.

و أحد التعاليم الرئيسية فى يوجا التأمل هى تركيز الوعى طوال الوقت على الذات الالهية (آمون), و بذلك يمتلئ القلب بالحضور الالهى و يذهب عنه الخوف و الغضب.

و أيضا عندما تتذكر الذات الالهية لحظة الغضب, فأنت لا تتذكر حضورها داخلك أنت فقط و انما تتذكر حضورها فى الخصم الذى أغضبك أيضا, و بذلك يحل التعاطف مكان الغضب , لأن خصمك مهما أساء الفعل, فالذات الالهية كامنة فى أعماقه و لكنه غافل عن وجودها, و قد ارتكب ما ارتكب من خطأ نتيجة جهله بذاته الحقيقية.

ان يوجا التأمل تعلمك تذكر الذات الالهية فى كل لحظة, فتصبح كالشمس التى تشرق بنورها على كل المخلوقات بغض النظر عن أفعالهم ان كانت طيبة أو شريرة.

فمهما أغضبك شخص أو آذاك, فأنت لا تغضب لأن الذات الالهية حاضرة فى وعيك فى كل

لحظة ولا تسمح للمشاعر السلبية أن تتسلل الى قلبك.

و اذا كنت فى وسط موقف يحتدم فيه الغضب, فبمجرد أن تتذكر الذات الالهية و تردد أسماءها فى قلبك, ستعود اليك السكينة و الهدوء و السلام الداخلى, و تختلف رؤيتك للموقف, فتراه بعين أخرى , عين يملؤها الهدوء و السكينة.

*** هو الأنفاس الذكية لمن يدعوه و يرجوه ***

عندما يبدأ طالب اليوجا باكتساب معرفة روحانية و يغير من نظام حياته و يوجه دفته نحو أهداف الروح , يغمره احساس بالراحة كلما تذكر الذات العليا و استشعر وجودها فى أعماقه , تماما كنسمة الهواء البارد فى يوم حار.

فى أى لحظة من لحظات حياتك, عندما يطفو وعى الأنا الزائفة على السطح, بمجرد أن تتذكر الذات العليا تهدأ النفس و يطمئن القلب.

لا يوجد مكان على الأرض يمكنه أن يمنحك ذلك النسيم العليل الذى ينشرح له الصدر و يطمئن له القلب, و الذى تهبك اياه الذات العليا ..... "آمون".

ان أى مشهد من مشاهد الطبيعة مهما بلغت روعته و جماله, لا يمكن مقارنته بالسلام و السكينة التى تغمرك كلما اقتربت خطوة نحو الروح الأسمى.

*** هو القوى المعين لمن لا حيلة له ***

يرتبط هذا النص بالنص الذى جاء قبله, فالأنا المادية الزائفة لا حيلة لها فى العالم المادى.

- 227 -

فهى لا يمكنها أن تتحكم فى الزمان و لا الطقس و لا الناس.

الذات الالهية هى وحدها التى تستطيع انقاذ الروح من وهم الأنا المادية الزائفة.

اذا تأملت أقوى انسان على وجه الأرض, ستجده فى الحقيقة ضعيفا, قليل الحيلة, بدون المعرفة الروحانية.

ان الأمان و الطمأنينة و السكينة لا يمكن أن تجدها فى العالم المادى, لأنه عالم "نسبى / متغير / غير حقيقى".

عندما تتعرض لمشكلة أو أزمة, ثم يأتيك العون من شخص ما, عليك أن تتذكر أن الذات الالهية هى التى تقدم لك يد العون.

الذات الالهية هى التى أرسلت لك أحد أفراد أسرتك أو صديق أو قريب أو رجال الشرطة أو المطافى أو حتى شخص لا تعرفه ظهر فجأة ليلبى أمرا الهيا بانقاذك.

فاليد التى تمتد لتنقذك وقت الشدة هى فى الحقيقة يد "الذات الالهية" و لكنها اتخذت صورة يد أحد البشر, لأنك تعيش فى عالم المادة.

فى عالم الزمان و المكان يعمل الروح الأسمى (الاله) من خلال قوانين ذلك العالم و يستخدم ما فيه من أشياء و أشخاص لتفعيل ارادته.

ان كلا من الخير و الشر يعملان معا جنبا الى جنب فى العالم المادى حسب خطة الهية هدفها التطور الروحى للانسان عن طريق قانون الكارما.

لذلك فان انقاذ الانسان من موقف سلبى أو من مصيبة يتوقف على درجة وعيه بالذات الالهية و ليس على الظروف المحيطه به.

من يعرف الذات الالهية الكامنة فى أعماقه, فقد عرف منبع السلام و السكينة الدائمة التى تسمو فوق كل تقلبات الكارما و ما تفرضه أحيانا على الانسان من مواقف مؤلمة أو مصائب أو شدائد.

تلك المعرفة بالذات هى التى تمنحك قوة هائلة لمواجهة تحديات الحياة المادية و تقلباتها,

و عندما تعرف ذاتك الحقيقية عندها ستصغر أى مصيبة تقابلها فى حياتك و تصبح كذرة تراب ضعيفة يمكن ازاحتها بعيدا بمجرد أن تنفخ فيها أنفاس المعرفة الروحانية.

*** هو الحكيم..... فأقداره و خططه كلها خير ***

وضع الروح الأسمى للكون نظاما تحكمه قوانين الزمان و المكان بحيث تتعلم الروح من خلال رحلتها فيه دروسا معينة تؤدى فى النهاية الى التنوير (المعرفة الروحانية).

و طريق كل روح يختلف عن غيرها تبعا لدرجة نضج هذه الروح و أفعالها السابقة, و لذلك كانت تجارب كل انسان و أقداره تختلف عن غيره, حتى عن أقرب الناس اليه.

ان درجة وعيك هى التى تجذب اليك مواقف بعينها و أشخاصا بعينهم يدخلون حياتك فى وقت ما ليقوموا بدور مرسوم لهم فى تعليم روحك دروسا تحتاجها فى هذه المرحلة من مراحل نضجها. الروح هى التى تجتذب اليك مواقف و تحديات معينة لكى تتعلم منها.

و كلما واجهت التحديات و المواقف بشجاعة, و تأملت السبب فى حدوثها و النتيجة التى انبثقت عنها, كلما اكتسبت معرفة روحانية.

تلك هى الخطة الالهية التى وضعتها الذات, و هذا هو الطريق الذى رسمه لك الروح الأسمى لكى تصل اليه فى النهاية, مهما بدا الطريق وعرا و مليئا بالأشواك.

و لنأخذ السرقة كمثال للتعلم من التجارب.

فأنت اذا سرقت ستتعرض للعقوبة. و قد تكون العقوبة الدنيوية (كالسجن مثلا) هى السبب الرئيسى الذى يمنع معظم الناس من ارتكاب هذا الخطأ.

فاذا فرضنا أنك ضمنت عدم التعرض لعقوبة فى الدنيا على ارتكاب جريمة السرقة, فهل سيغريك هذا بالاقدام على ارتكابها ؟

تعتبر الاغراءات من أهم التحديات التى تواجه الانسان فى حياته, لأنها تشجعه على ارتكاب جرائم و أخطاء مختلفة, يقدم عليها بدافع الجهل. لأنه اذا كانت لديه معرفة روحانية راسخة, فسيدرك على الفور أن أى فعل يتنافى مع "الماعت" (النظام الكونى) و مع الضمير سيؤثر على مصيره و مستقبله حسب قانون الكارما (قانون السبب و النتيجة).

فكل فعل يخالف الضمير كالسرقة أو الكذب أو القتل أو تلويث الأرض أو مصادر المياه, يجعل القلب غير طاهر و يعرض الانسان لتجارب مؤلمة فى المستقبل سواء فى العالم النجمى أو فى العالم المادى.

عندما يكتسب الانسان المعرفة الروحانية, سيدرك أن الذات العليا (الاله) هى كل شئ, و أن أى جريمة يفكر فيها انما هو يرتكبها فى حق نفسه أولا قبل أن يرتكبها فى حق الآخرين, و بذلك سيختفى الدافع لأى جريمة قد تخطر على باله.

عندما يمارس الانسان اليوجا يتسع وعيه و ادراكه للجوانب الخفية من نفسه و يتصل اتصالا مباشرا بالذات العليا التى هى مصدر السلام و السكينة و الرضا الدائم, و هى مشاعر لا يجدها الانسان فى أى شئ مادى يمكن أن يقتنيه.

*** هو المعين لمن طلب العون.... و هو الذى معونته خير من معونة ملايين الرجال ***

ان كل التعقيدات التى تواجه الانسان فى طريقه سببها اعتقاده الخاطئ بأنه هو ذلك العقل المحدود و ذلك الجسد المادى الفانى.

تظهر هذه التعقيدات على هيئة مشاعر سلبية كالغيرة و الغضب و الخوف و الطمع, تضطرب فى عقل الانسان و تكون مصدرا لرغبات لا تتوقف و لا تنتهى. فكلما حقق

- 230 -

الانسان رغبة مادية اكتشف أنها لم تجلب له السعادة التى كان يبحث عنها, فيلهث وراء المزيد من الرغبات التى لا تجلب له سوى المزيد من الاحباط و الألم.

فقط عندما يعرف الانسان ذاته, و يدرك أن جوهره الحقيقى هو الروح الأسمى الكامن فى أعماقه, و هو **الوعى الشاهد الذى يراقب كل تجاربه بدون أن يتعلق بأى شئ,** عندها ستنطفئ نيران الرغبات المادية التى تشتعل فى عقله و التى تجلب له القلق و الاحباط.

لا توجد كلمات يمكنها أن تصف الارتياح و البهجة التى يشعر بها الانسان الذى حرر وعيه من التعلق بالعالم المادى و عرف الذات الالهية الساكنة فى أعماق قلبه.

فالعالم المادى بكل ما فيه من متع مختلفة لا يمكن أن يجلب للانسان السعادة الدائمة و سكينة القلب . تأمل حالك فى العالم المادى.

اذا لم يتوافر لك المال, فأنت فى قلق لأنك تريد الحصول عليه.

و اذا توفر المال فأنت أيضا فى قلق لأنك تريد أن تحافظ عليه من الضياع و تزيد من ثروتك. و فى كلتا الحالتين, تنتابك مشاعر القلق, و لا يعرف قلبك الهدوء و السكينة.

هذا القلق و تشتت الذهن هو الذى يخلق المزيد من الرغبات التى تسعى لتحقيقها متوهما أنها ستجلب لك السعادة و تعالج القلق و الاحباط الذى انتابك من التجربة الأولى.

و هكذا تتوالى الرغبات و الاحباطات و التجارب التى لا تجلب لك السعادة و انما مزيد من القلق و الألم.

اذا كنت تخاف الموت لأنك تعتقد أن جوهرك هو ذلك الجسم المادى الفانى, فلن تستطيع كنوز الدنيا أن تمنحك السلام و السكينة لحظة الموت. فعند الموت, ستترك ثروتك و كل ما تملك, كما تترك جسدك المادى على الأرض و تذهب الى العالم النجمى.

والشئ الوحيد الذى ستأخذه معك الى العالم النجمى هو الروح و العقل الباطن و ما يحمله من أفكار و رغبات و مشاعر هى نتاج كل تجاربك فى كل حيواتك السابقة.

فاذا كان العقل الباطن يحمل مشاعر سلبية كالطمع و الغضب و الأنانية و الكراهية, ستكون

تجربة الروح فى العالم النجمى تجربة مؤلمة, و هى ما يطلق عليه "الجحيم".

أما اذ كان العقل الباطن يحمل مشاعر ايجابية كالحب و الرحمة و يخلو من التعلق بالرغبات المادية, فستكون تجربة الروح فى العالم النجمى تجربة سعيدة, و هى ما يطلق عليه "الجنة"

***** جندى واحد يحارب تحت راية "آمين" (آمون) أفضل من مئات الآلاف من لرجال الأقوياء ** *** هو القوى المعين *****

ان الأفكار التى تتوارد على أذهاننا هى بمثابة جنود.

فاذا كانت أفكارك مشتتة بين أشياء و رغبات مادية, فان ذلك سيضعف قوتك الروحانية, **لأن الفكر هو فى الأصل طاقة روحانية.**

و كلما استنفذت طاقة الفكر فى أشياء مادية, فان ذلك يؤثر سلبا على قوتك الروحانية.

اذا استطعت (بالاستعانة بالحدس) أن تحمى أفكارك من التشتت فى العالم المادى, فستحصل على قوة روحانية هائلة, و ستصبح كالفارس الذى يمتلك قوة مئات الآلاف من الجنود, بل يفوقهم قوة.

تلك هى المعركة التى يخوضها الانسان. معركة الفكر.

ان كل انسان هو فى الحقيقة جندى أو محارب.

تدور الحرب بين الذات العليا و الذات الدنيا, متمثلة فى كل من حورس (رمز الذات العليا) و "ست" (رمز الذات الدنيا).

عندما توجه وعيك نحو الذات العليا طوال الوقت, فأنت بذلك توقظها بداخلك و تعزز وجودها, و بذلك تحصل على قوة روحانية هائلة.

ان الطاقة المستمدة من الذات العليا هى التى تمنحك القوة اللازمة لكى تواجه تحديات الحياة

و كل عمل تقوم به يصبح له قيمة أعلى عندما يكون نابعا من الذات العليا و ليس من الأنا المادية الزائفة.

***** هو الكامل... الذى يختار اللحظة التى يتجلى فيها..... و هو الذى لا غالب له *****

ان اكتساب المعرفة الروحانية عادة ما يحدث بالتدريج, و الذات الالهية هى التى تختار اللحظة التى تكشف فيها عن وجودها, و تلك هى لحظة التنوير (الرؤية الباطنية المباشرة).

و قبل أن يحدث التنوير الكامل, يمر طالب اليوجا بتجارب روحانية مختلفة يتصل فيها بالذت العليا فى لمحات تكون سريعة و خاطفة, و لكنها تترك أثرا كبيرا فى وعيه, لأنها أعمق بكثير من التجارب المادية.

و بعد المرور بالعديد من التجارب الروحانية, يحدث تحول لعقل الانسان و وعيه, و يمر بتغير جذرى, فلا يعد كما كان من قبل.

تخيل أنك نائم و تحلم, ثم فجأة فى منتصف الحلم تستيقظ لتدرك أن ما تراه هو حلم, ثم تستمر فى الحلم و تواصل مشاهدته, و لكنك الآن تعى أنه حلم, فترى الأحداث و لكنك لا تتأثر بها.

ترى كل الأشياء التى كانت تخيفك قبل ذلك كالثعابين و الوحوش المخيفة, و لكنها الآن لم تعد تخيفك, لأنك أصبحت "تعى" أن ما تراه ليس حقيقى و انما هو حلم.

ان ما حدث ببساطة هو أنك ارتقيت فوق وعى الحلم, بحيث لم تعد الأحداث تؤثر عليك, لأنك أصبحت تدرك أنك ستبقى موجودا بعد انتهاء الحلم و اختفاء كل تفاصيله و التى هى من صنع العقل تخيل أنك الآن و أنت فى حال اليقظة أدركت فجأة أنك لست جسدك, و أن ذلك الجسد المادى ما هو الا مركبة تمتطيها الروح فى العالم المادى و أنها ستتخلص منها بمجرد أن تترك ذلك العالم و تنتقل منه الى عالم آخر.

تخيل أنك الآن و أنت فى حال اليقظة أدركت أنك لا تنفصل عن الكون و لا عن الروح الأسمى (الاله).

فى بداية طريق المعرفة الروحانية يرى الطالب لمحات من ذلك الوعى الكونى, ثم بعد ذلك يزداد الوعى بالتدريج الى أن تأتى لحظة التنوير الكامل... عندما يدرك الانسان أنه و الروح الأسمى واحد.

جاء فى أحد نصوص الأوبانيشادا الهندية و يدعى (كاثا أوبانيشاد) :-

***** (لا يصل الى الذات الالهية الا المختار..... الذات لا تكشف عن نفسها الا لمن يبحث عنها) *****

ان الذات الالهية لا تكشف عن كينونتها الا لمن يبحث عنها بجد و مثابرة و يبذل الجهد من أجل ذلك الهدف الأسمى.

و فى الوقت الذى تبحث فيه أنت عن الذات, تبحث هى أيضا عنك.

و كلما تأملت مختلف التعاليم الروحانية, كلما اقتربت منها خطوة و اقتربت منك هى أيضا خطوة الى أن تأتى اللحظة التى تنكشف فيها كل الحجب, و تصبح موصولا بالذات العليا اتصالا مباشرا.

تلك اللحظة هى التى تحددها الأقدار (مسخينيت).

ان تعاليم "مسخينيت" لا تعنى أن تعتزل العالم المادى لكى تتفرغ للبحث عن الذات الالهية. فالعالم المادى ليس عبثا حسب تعاليم اليوجا, و ليس مكانا مرتبطا بالخطيئة كما يصوره بعض المتشددين, و انما هو مدرسة تتعلم منها الروح دروسا مختلفة.

على طالب اليوجا أن لا يعتزل العالم المادى, و انما يشارك فيه بوعى, و يمارس يوجا الماعت (يوجا الفعل) بأن يحكم ضميره قبل القيام بأى فعل مادى بحيث تأتى كل أفعاله منسجمة مع الضمير و مع النظام الكونى.

*** الجمع الالهى ثلاثة...... "آمون – رع – بتاح"..... و لامثيل لهم فى الوجود ***

يحوى هذا النص (و النصوص الثلاثة التى تليه) أهم تعاليم آمون, و هى التعاليم الخاصة بالثالوث, اى الجمع الالهى الذى يشمل ثلاثة تجليات للألوهية يكمل أحدها الآخر.

و فى تلك النصوص تكمن خلاصة التعاليم الروحانية, و سرالأسرار, و هى كيف يعمل الاله الواحد من خلال الثالوث.

ان أول درس نستخلصه من تلك التعاليم هو أن الأسماء العديدة التى تطلق على الاله (المذكر منها و المؤنث على حد سواء) هى أسماء تجليات متعددة لكيان واحد هو "الروح الأسمى".

(كنت واحدا, فصرت ثلاثه)

و كل الموجودات سواء "نترو" (كائنات الهية) أو بشر أو نباتات أو حيوانات أو أجرام سماوية انبثقت جميعا من الثالوث الالهى الأزلى (آمون – رع – بتاح).

جاء فى كتاب الخروج الى النهار (فصل رقم 83) :

*** (أتيت للوجود من المادة الأزلية التى لا شكل لها و لا صورة..... أتيت للوجود فى الأزل على هيئة خبرى..... أنا الكامن داخل النبات.... و المختفى داخل السلحفاة..... أنا جوهر كل كائن الهى.... أنا الأمس) ***

*** آمون هو الخفى , و "رع" بالنسبة لآمون هو بمثابة الوجه , أما الجسد فهو "بتاح"
*** "آمون – رع – بتاح"..... ستبقى مدنهم (طيبة – أون – منف) خالدة فى الأرض الى

- 235 -

آمون هو "الذات" الخفية / المحتجبة.... هو الوعى الخالص النقى قبل أن يتشكل فى أى صورة و قبل أن تطرأ عليه أى أفكار.

و "رع" هو العقل الكونى (العقل الباطن) و هو بذلك يمثل أول أشكال الحركة فى الكون, فكل أشكال الحركة فى الكون انبثقت من الفكر.

أما "بتاح" فهو تجسيد الفكر الى أشكال و صور و كائنات فى العالم المادى.

كانت مدينة طيبة فى مصر القديمة تسمى "واست", أى مدينة السماء, و هى مدينة "آمون".

فى حين كانت مدينة "آون" (هليوبوليس) هى مدينة "رع".

أما "منف" أو "ممفيس" (حت – كا – بتاح), فهى مدينة "بتاح".

***** عندما ترفع رسالة أو دعاء الى السماء..... فانها تسمع أولا فى مدينة "أون" (هليوبوليس)..... و يعاد ترتيلها فى مدينة صاحب الوجه الجميل بتاح, مدينة (منف)..... ثم تدون بالحروف الالهية (الهيروغليفية) فى مدينة "تحوتى" (الأشمونيين).... و بعد ذلك ترسل الى مدينة "آمين" (طيبة) حيث يجاب الدعاء*****

"ست" على هيئة حيوان, و على هيئة رجل برأس حيوان

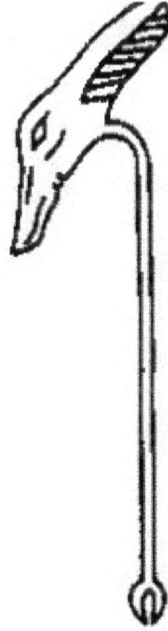

عصا الواس, و هى فى الأصل عصا "ست"

واست (ربة طيبة).... تحمل فوق رأسها عصا الواس

يشكل هذ النص من أناشيد آمون واحدا من أهم التعاليم الروحانية التى تفسر لنا علاقة عقل الانسان بكل من الروح أو الوعى الشاهد و الحواس أو الوعى المادى.

يربط هذا النص بين كل درجة من درجات الوعى فى كل من الكون الأكبر و الكون الأصغر (الانسان) و بين المدن المقدسة فى مصر القديمة, حيث كل مدينة تمثل أحد مستويات الوعى.

يتكون الوعى من ثلاثة مستويات رئيسية :-

*** الوعى الشاهد / النقى / الخالى من الفكر : **آمون** / الذات العليا (مدينة طيبة)

*** الوعى النجمى / الباطن (العقل الباطن) : **رع** (مدينة أون)

*** الوعى المادى (العقل اليقظ) : **بتاح** (مدينة منف)

و الى جانب هذه المستويات الثلاثة للوعى هناك أيضا الذكاء أو الفكر الذى يميز بين هذه المستويات و الذى يمثله "تحوتى" و مدينته المقدسة و هى مدينة الأشمونيين (خمنو).

عندما تطرأ على بال الانسان فكرة أو رغبة فان أول مستوى يتعامل معها هو الوعى النجمى أو العقل الباطن (رع) و الذى تمثله مدينة "أون" (هليوبوليس).

ثم بعد ذلك تنتقل الفكرة من الوعى النجمى الى الوعى المادى أو الوعى اليقظ (بتاح) الذى يبحث فى كيفية تجسيدها, و هو الوعى الذى تمثله مدينة "منف" (ممفيس).

و لكن قبل البدأ بتنفيذ الفكرة و تحويلها من مجرد طاقة الى شئ مادى ملموس, يجب أن تمر أولا على الذكاء و الفكر المتمثل فى "تحوتى" فى مدينته المقدسة "الأشمونيين" ليعقل امكانية تنفيذها.

ثم أخيرا تعرض الفكرة على الذات العليا "آمون" فى مدينته المقدسة "واست" (طيبة) ليقرر ان كان تنفيذ هذه الفكرة يتفق مع أهداف الذات العليا أم لا.

فتشبيه مدينة طيبة (الأقصر) بأنها هى المدينة المقدسة التى يجاب فيها الدعاء, يشير الى أن الذات العليا "آمون" هى الكيان الأسمى الذى ينظم حركة الكون حسب خطة الهية حكيمة.

فكل شئ يتحرك فى الكون بحساب و بنظام و بخطة الهية.

لا شئ يترك للفوضى أو العشوائية.

يمتلك الانسان ارادة حرة, و لديه الحق أن يفكر و يرغب و يحقق ما أراده بقلبه, و لكن تنفيذ الأفكار و الرغبات و تجسيدها فى العالم المادى لا يسمح به الا بعد أن يعرض على الذات العليا, لتقرر اذا كان يتفق مع الخطة الالهية أم يتعارض معها.

و الانسان المستنير هو الذى يعود دائما الى الذات العليا و يحتكم اليها فى كل شئ, قبل أن يحتكم الى الوعى النجمى (العقل الباطن / رع), أو الوعى اليقظ (بتاح).

و لذلك كانت عصا "الواس" (السيطرة) فى مصر القديمة هى رمز مدينة "واست" (طيبة).

فعصا الواس هى رمز السيطرة التى يجب أن لا تعطى الا للذات العليا "آمون", لأنها هى التى تهيمن على مستويات الوعى الأخرى.

كانت مدينة "طيبة" (الأقصر) فى مصر القديمة تحمل اسم "واست", و هو اسم مشتق من

اسم عصا ال "واس", رمز القوة و السيطرة. و المتأمل للفن المصرى سيلاحظ ظهور هذه العصا فى الكثير من المشاهد فى أيدى ملوك مصر و كذلك فى أيدى "النترو" (الكيانات الالهية). و أينما ظهرت, فهى دليل على أن من يحملها لديه القوة و القدرة على اخضاع قوى الفوضى و الظلام و تحويلها لخدمة النظام الكونى بدلا من الاصطدام به.

كانت عصا الواس فى الأصل هى عصا "ست", رمز الأنا/الشخصانية (ego) و الجهل, و أيضا رمز الطاقة الأولية التى تحمل سمات الفوضى و العنف و القسوة. و تظهر فى الفن المصرى برأس حيوان ميثولوجى كان يرتبط ب "ست" منذ العصر العتيق.

يرمز "ست" الى ذلك الجانب من عقل الانسان الذى يميل الى الشخصانية و الأنانية و الطمع و الشهوة و االكبرياء و الغضب و القسوة.

يقول المؤرخ الاغريقى بلوتارك **أن "ست" هو اسم ذلك الكائن الذى بجهله و أنانيته مزق و أخفى العلوم الروحانية التى قامت ايزيس بجمعها من أجل الباحثين عنها.**

ان الأنانية و الجهل هما أكبر عقبة فى طريق الوصول الى "الروح الأسمى".

لذلك احتلت فكرة اخضاع الأنا أهمية كبرى فى قصة ايزيس و أوزوريس حيث عبرت عنها القصة من خلال وصف الصراع بين "حورس" و "ست".

صورت القصة الميثولوجية "ست" فى هيئة شخص قام بدافع الحقد و الغيرة بقتل أخيه أوزوريس الذى يمثل روح الانسان, ثم قام بتمزيقه الى أشلاء.

أما حورس فهو يمثل طموح البشر للوصول الى "الكمال", ليعود الانسان كما كان "كيان كامل" يمتلك المعرفة الروحانية و القدرة على السيطرة على الجانب المظلم من نفسه و الذى تسكن فيه الأنانية و الجهل و الفوضى.

تحكى القصة أنه فى بداية الصراع بين حورس و ست, قام "ست" باقتلاع عين حورس (عين البصيرة / عين الرؤية الروحانية). و لكن تحوتى قام بعد ذلك بعلاجها و اعادتها الى

حالتها الأولى. و باستعادة عين البصيرة مرة أخرى انتصر حورس على ست و نجح فى اخضاعه و السيطرة عليه, و لكنه لم يقتله.

فكل شئ فى الكون له دور و وظيفة, حتى الأنا و الفوضى المتمثلة فى "ست" لها دور فى منظومة الخلق.

لم يقضى حورس على "ست" لأن الكون لا يمكن أن يستمر بدون الدور الذى يقوم "ست".

ستستمر الأنا و الفوضى فى الوجود طالما استمر الكون فى الوجود, و دور الانسان ليس القضاء عليها و انما فقط السيطرة عليها و اخضاعها.

موكب من ال "نترو" (الكيانات الالهية).... من اليمين الى اليسار : ست, حورس, نفتيس, أوزير, ايزيس

موكب من ال "نترو" (الكيانات الالهية).... من اليمين الى اليسار : سوبك, حتحور, تحوتى, رع, أنوبيس

لذلك بعد انتصار حورس على "ست" و اخضاعه, قام تحوتى بتوجيه طاقة "ست" لخدمة الروح, فأسند تحوتى ل "ست" وظيفة مهمة جدا فى قارب "رع" عند ارتحاله فى "الدوات" (العالم النجمى), و هى الدفاع عن القارب و حمايته من ثعبان الفوضى و الظلام "عبيب" (أبوفيس) الذى دأب على مهاجمة القارب المقدس فى أكثر المناطق خطرا و فى أكثر ساعات الليل ظلمة . و هنا يقوم "ست" بدور ايجابى و يتحول من كائن فوضوى الى بطل, يرافق "رع" فى رحلته و يقوم بدور الحارس الذى ينقذ "رع" من قوى الفوضى التى كان هو نفسه رمزا لها قبل أن يصبح أحد ركاب القارب المقدس.

عندما ينجح الانسان فى اخضاع الذات الدنيا و يجعلها فى خدمة الذات العليا, فقد وصل الى المعرفة الروحانية و الى التنوير.

عبر الفنان المصرى القديم عن تلك الفكرة بتصوير حورس و ست فى بعض الأحيان بجسد واحد تخرج منه رأسين, رأس حورس و رأس "ست".

كما عبر عنها أيضا بتمثال أبو الهول, حيث جسم الحيوان (الأسد) يرمز للذات الدنيا, و رأس الانسان ترمز للذات العليا.

لم يكن "ست" هو الرمز الوحيد للوجود الأدنى فى مصر القديمة, فقد عرفت الفلسفة المصرية أيضا "سوبك" , و كان رمزا للجانب المظلم من النفس الانسانية الذى تسكنه الغرائز الحيوانية.

تلك الغرائز تصبح فى منتهى الخطورة على التطور الروحى للانسان اذا لم يعرف كيف يتحكم فيها و يسيطر عليها. و قد عبر الفنان المصرى القديم عنها بصورة التمساح, لأنها

تكون عادة كامنة فى اللاوعى, تماما كالتمساح الرابض فى قاع النهر يتربص بفريسته و يتحين الفرصة للانقضاض عليها.

عندما يكون سوبك خارج السيطرة فهو يشكل خطرا على الانسان, أما عندما يتم التحكم فيه و السيطرة عليه, فهو فى هذه الحالة يصبح أحد صور "أوزير", و يتحول من خطر على الانسان الى حارس له. لذلك فبعض مشاهد كتاب الخروج الى النهار تصور روح المتوفى و هى فى وضع تبجيل و تحية ل "سوبك". قد يبدو ذلك المشهد غريبا لأن "سوبك" هو أحد رموز الموت و يعتبر عدوا للانسان, و لكن عندما يكتسب الانسان معرفة روحانية و يعرف كيف يخضع طاقة "سوبك" الحيوانية العشوائية, عندها سيتحول سوبك من عدو الى صديق, و من رمز للموت الى رمز للحماية, و بدلا من أن يهاجم الروح فى العالم السفلى, سيقوم بحمايتها لكى تستطيع فى النهاية ان تكمل رحلتها....... رحلة الخروج الى النهار.

جاء ذكر سوبك فى متون الأهرام, حيث وصفته النصوص بأنه ساعد حورس فى التغلب على "ست" بأن قلب "ست" على وجهه.

كما ظهر "سوبك" أيضا فى بعض النصوص الدينية و هو يقوم بدور مشابه لدور أنوبيس, و هو ارشاد الأرواح فى العالم النجمى بتزويدها بالمعرفة الروحانية, كما وصف "سوبك" أحيانا بأنه هو الذى أعاد العين (عين البصيرة) الى حورس.

ظهر سوبك أيضا فى بعض مشاهد كتاب الخروج الى النهار و هو يحمل مومياء أوزير فى العالم النجمى, و هو الذى توكل اليه حراسة مقبرة أوزير.

كانت عصا الواس فى الفلسفة المصرية رمزا لطاقة الحياة, و التى لا يجب أن تترك للأنا المادية الزائفة لتتحكم فيها, و الا كانت العواقب وخيمة.

على الانسان أن يتعلم كيف يتحكم فى طاقة الحياة و ينظمها من خلال العقل الواعى, ليتيح الفرصة لأيادى الاله أن تعمل من خلاله و للصفات الالهية أن تتجلى فيه.

عندما تشاهد فى الفن المصرى كائنا يحمل عصا الواس (سواء انسان أو كائن الهى), فان ذلك يعنى أن هذا الكائن يعرف كيف يسيطر على طاقة الحياة التى تأتيه من منبعها (الروح الأسمى).

و بالنسبة للانسان, يعنى امتلاك عصا الواس أن من يمتلكها يعرف كيف يسيطر على رغباته و كيف يتخلى عنها ليحرر روحه من الجهل و من أغلال الجسد المادى.

ظهرت عصا الواس فى الفن المصرى فى أيدى ملك مصر الذى يسكن "واست" (طيبة), ليس فقط كرمز للزعامة السياسية و انما أيضا للزعامة الروحانية, فالملك فى مصر القديمة هو رمز الانسان الكامل الذى استعاد ذاكرته الكونية و استرد كل علم الروح و أصبح مسيطرا على مصيره و أقداره و على القوى الكونية, و لم يعد ضحية لهم.

و ظهور عصا الواس فى أيدى ملوك مصر معناه أن من يمسك بتلك العصا هو فى حالة اتصال برب "واست" (طيبة), ألا و هو "آمون", أى أنه على اتصال دائم بالذات العليا.

لذلك كانت عصا الواس هى رمز مدينة "واست" (طيبة), و كان الفنان المصرى يرمز لمدينة "واست" أحيانا بسيدة تحمل فوق رأسها عصا الواس.

***** عندما ترفع رسالة أو دعاء الى السماء..... فانها تسمع أولا فى مدينة "أون" (هليوبوليس)..... و يعاد ترتيلها فى مدينة صاحب الوجه الجميل بتاح, مدينة (منف)..... ثم تدون بالحروف الالهية (الهيروغليفية) فى مدينة "تحوتى" (الأشمونيين).... و بعد ذلك ترسل الى مدينة "آمين" (طيبة) حيث يجاب الدعاء *****

```
                          The Self

Mind  →  →  →  →  →  →  →  →    Physical
                                Universe
```

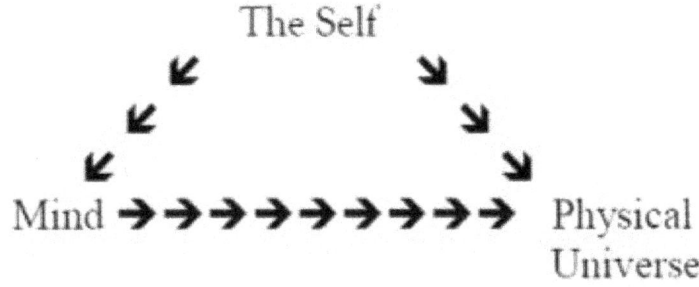

(صورة تعبر عن ثالوث الذات و العقل و الكون المادى)

يتناول هذا النص العلاقة بين كل من آمون و رع و بتاح, باعتبارهم الثالوث الذى يلخص

فكرة الخلق و العلاقة بين الرائى أو الشاهد "آمون" و المرئى أو المشهود و هو الكون المادى

المتجسد "بتاح", و وسيلة الرؤية و هى العقل الباطن او الوعى النجمى "رع".

و الثلاثة (آمون – رع – بتاح) هم فى الحقيقة انعكاس للذات أو الروح الأسمى "نبر – تشر"

(Neber-Tcher), و ليسوا كيانات منفصلة عنه.

ان العالم الذى نحيا فيه يعبر عن الثالوث الالهى (الروح – العقل – الخلق).تنشأ الارادة

الالهية فى السماء, أى من مستوى الروح, و هو مستوى وعى "آمون" و الذى تمثله مدينة

"واست" (طيبة). ثم تنتقل الارادة الالهية بعد ذلك الى الوعى النجمى, وعى "رع" الذى

تمثله مدينة "أون" (هليوبوليس) و الذى يحول الارادة الى "حلم" فى العالم الأثيرى.

ثم ينتقل الحلم بعد ذلك الى العقل الكونى, الى وعى "تحوتى" الذى تمثله مدينة الأشمونيين,

ليبحث فى امكانية تجسيد الحلم و تحويله الى واقع مادى.

و أخيرا تنتقل الفكرة من عقل تحوتى الى الوعى المادى اليقظ "بتاح" و الذى تمثله مدينة

"منف" (ممفيس), و هنا يقوم بتاح بتجسيد الفكرة و تحويلها الى واقع مادى ملموس.

ثم بعد ذلك يعود كل شئ الى عالم الروح مرة أخرى.... الى "آمون"... الى مدينة السماء,

مدينة "واست" (طيبة), مدينة الذات العليا التى تهيمن على كل الأفكار و الرغبات و الحواس.

يعبر الروح الأسمى "نبر – تشر" (Neber-Tcher) عن نفسه بثلاث مستويات للوعى, و هى نفس المستويات الثلاث التى يتكون منها وعى الانسان, باعتبار الانسان صورة مصغرة من الكون و الاله.

*** وعى "بتاح" : عندما تكون فى حالة يقظة و أثناء ممارسة أنشطة حياتك اليومية فأنت فى وعى اليقظة, أو الوعى المادى, و عى "بتاح".

*** وعى "رع" : عندما تحلم أثناء نومك و تعيش أحداثا فى العالم النجمى فأنت فى الوعى النجمى, وعى "رع".

*** وعى "آمون" : عندما تكون فى حالة نوم عميق خالى من الأحلام فأنت فى الوعى السماوى, و عى "آمون", حيث تتصل روحك بالعالم السماوى الذى جاءت منه. و عند استيقاظك من النوم لا يترك هذا الاتصال أى أثر فى ذاكرتك, فلا يمكنك أن تتذكر أى شئ, سوى أنك فقط تشعر بالراحة و بأن هناك شئ ما أمدك بطاقة جديدة بطريقة سحرية.

هذه المستويات الثلاثة لوعى الانسان هى نفسها المستويات الثلاثة للوعى الكونى.

فالروح الأسمى "نبر – تشر" (Neber-Tcher) يعبر عن نفسه من خلال ثالوث الوعى الكونى "آمون – رع – بتاح".

آمون : عالم الروح

رع : العالم النجمى

بتاح : العالم المادى

يتقلب وعى الانسان بين حالات ثلاث... (اليقظة / الحلم / النوم العميق الخالى من الأحلام).

فى حالة اليقظة يختبر الانسان العالم المادى و يمر فيه بتجارب مختلفة من خلال الحواس المادية الخمسة التى لا ترى سوى عالم المادة النسبى المتغير.

و أثناء النوم نختبر العالم النجمى (و هو أيضا عالم نسبى متغير) من خلال الأحلام, حيث

- 246 -

تذهب أرواحنا الى ذلك العالم الأثيرى و تمر فيه بتجارب مختلفة من خلال الحواس النجمية / الباطنية.

للانسان حواس أخرى باطنية بخلاف الحواس المادية الخمسة المعروفة, فخلف العين المادية التى فى وجهك و التى تنظر الى الخارج و ترى العالم الظاهر هناك عين أخرى تنظر الى الداخل و ترى عالم الباطن و هى العين التى ترى بها الأحلام و هى نفس العين الباطنية النجمية التى سترى بها فى العالم النجمى بعد أن يموت جسدك المادى و تتركه على الأرض و تنتقل لتحيا فى العالم النجمى. و مثل العين النجمية الباطنية لديك أيضا حاسة سمع باطنية و حاسة شم باطنية, و لديك أيضا جوارح باطنية, فلديك أرجل باطنية تنقلك من مكان الى مكان فى لمح البصر بقوة الفكر.

ان الحواس المادية التى ترى عالم الظاهر انبثقت من الحواس النجمية الباطنية, التى انبثقت بدورها من العقل الباطن (رع), الذى انبثق بدوره من الوعى الروحى (آمون).

أما فى حالة النوم العميق الخالى من الأحلام, فان أرواحنا تذهب الى الوطن الذى هاجرت منه, الى عالم الروح, حيث تتصل بالروح الأسمى, و عندما تصحو من النوم لا يمكنها أن تتذكر تفاصيل التجربة, و انما هى تحمل فقط الاحساس بالراحة و الشعور بتجدد الطاقة.

و المستويات الثلاثة للوعى (المادى – النجمى – الروحى) انبثقت جميعا من الروح الأسمى/ الاله / الواحد / المطلق.

هذا الفهم لمستويات الوعى الثلاث يقودنا لادراك وحدة الكون و الاله, فالثلاثة هم فى الأصل تعبير عن الواحد.

و هذه الحالات الثلاث للوعى تعتبر كلها حالات سلبية لا تقود الانسان الى معرفة ذاته الحقيقية, طالما أنه يتقلب فيها بدون وعى.

كل حالة من هذه الحالات السلبية للوعى يقابلها حالة ايجابية يقترب فيها الانسان من ذاته الحقيقية. فالوعى المادى الذى نختبره فى حالة اليقظة, هو اليقظة السلبية لأننا نعى فيه العالم

من خلال حواسنا المادية فقط و التى لا تنقل لنا حقيقة الأشياء.

اليقظة الايجابية هى أن يدرك الانسان وجود العوالم الأخرى كالعالم النجمى و عالم الروح و يعى وجود الروح الأسمى أثناء يقظته, و ليس فى الحلم و لا فى حالة النوم العميق.

و الوعى النجمى الذى نختبره فى الأحلام هو أيضا وعى سلبى و ليس ايجابى لأننا نقع فيه ضحية الوهم و الخيالات النابعة من العقل الباطن. و هو وعى سلبى لأننا فى الأحلام ننكر وجود العالم المادى, فبمجرد أن تعى وجود العالم المادى تجد نفسك قد استيقظت من الحلم, لأن كلا العالمين (المادى و النجمى) وهم, و لذلك ينكر أحدهما الآخر, و يتبادلان المواقع فى عقل الانسان و ادراكه.

أما الوعى النجمى الايجابى, فهو أن تعى وجود العوالم الأخرى (المادى و الروحى) أثناء تجربة العالم النجمى و لا تنكر وجود أى منهما, و عندها سترى الأشياء بوضوح, تماما كأنك كنت تبحث عن حل مسألة حسابية صعبة و أخيرا ظهر الحل فى عقلك من تلقاء نفسه.

و كذلك اللاوعى الذى تختبره فى حالة النوم العميق الخالى من الأحلام هو أيضا وعى سلبى و ليس ايجابى. فبرغم أن روحك تتصل بالروح الأسمى فى حالة النوم العميق الخالى من الأحلام, الا أنه اتصال غير واعى, يمحى من ذاكرتك و لا يترك أى أثر بمجرد استيقاظك من النوم و تحولك الى الوعى المادى, أو الوعى النجمى. **و مهما التقت روحك بالروح الأسمى فى النوم فان ذلك لا يؤدى بك الى المعرفة الروحانية لأنه اتصال غير واعى.** أما الحالة الايجابية التى تقف على النقيض من اللاوعى فهى الوعى الفائق أو الوعى الأسمى و هى التى تحدث أثناء التأمل العميق جدا عندما يصل المتأمل الى حالة النيرفانا أو السامادى و تتصل روحه بالروح الأسمى اتصالا واعيا يترك أثره فى الذاكرة, فيشعر الانسان أن شيئا ما تغير بداخله و أنه لم يعد نفس الشخص الذى كان قبل حدوث تلك التجربة الفريدة.

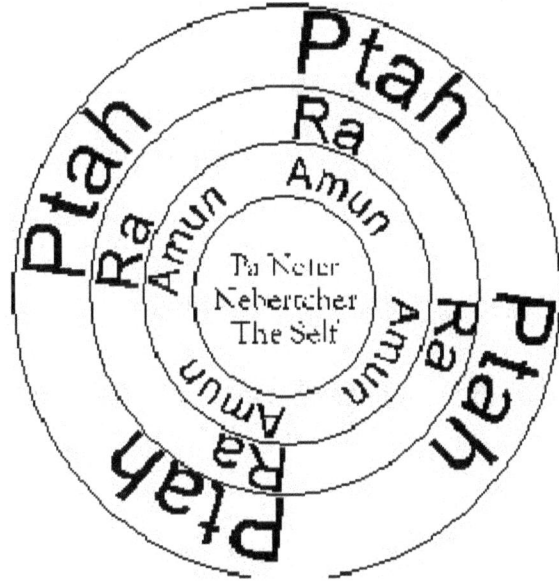

كل ما هو "نسبى/متغير" يعتبر "وهمى/غير حقيقى".

العالم الظاهر فى تغير دائم, بينما الجوهر الذى انبثق منه لا يتغير أبدا.

الجوهر أبدى / لامحدود........., و الظاهر نسبى / محدود .

و برغم هذا التناقض الا أن التعاليم الروحانية تخبرنا ان ما هو "نسبى / محدود / متغير"

انبثق مما هو "مطلق / أبدى / لامحدود".

و مهمة طالب اليوجا هى اكتشاف الجوهر الكامن خلف كل ما هو متغير حولنا, و الذهاب

فيما وراء الأنا المحدودة الزائفة للوصول الى الذات العليا.

يصف النص السابق من أناشيد آمون العلاقة بين الروح و العقل و الجسد و الحواس.

الانسان ليس مجرد جسد مادى. فهو يتواجد فى العالم المادى و كذلك فى العالم النجمى

والعالم السببى (الروحى), و أيضا فى العالم المتسامى, فيما وراء الزمان و المكان.

و السؤال هو : هل الانسان يعى ذلك ؟

اذا لم يكن الانسان واعيا بذلك فهو يعانى من جهل الروح . أما اذا كان واعيا, فقد وصل الى

التنوير / الخلاص / البعث.

- 249 -

<u>تتمثل مستويات الوجود الانسانى فى هذه الرموز :-</u>

نبر – تشر : و هو يمثل الجوهر / المطلق

آمون : و هو يمثل الوعى الروحى / السببى

رع : و هو يمثل الوعى النجمى (العقل الباطن و الحواس الباطنة)

بتاح : و هو يمثل الوعى اليقظ (العقل اليقظ و الحواس المادية)

فى العلوم الروحانية , عندما نتحدث عن الجهل و الخداع , فالمقصود به هو الانطباعات الخاطئة التى نكتسبها من خلال الحواس المادية و النجمية , و هى انطباعات الانفصالية , و الازدواجية (duality) , و المشاعر السلبية كالخوف و الغضب.

يطلق على اللاوعى اسم "الوعى السببى" , لأنه المستوى الذى تكمن فيه الرغبات التى تعتبر هى السبب و المحرك لكل الأفكار والأفعال.

الوعى السببى هو العالم الذى تكمن فيه أسباب خلاص الروح أو أغلالها , لأن الرغبات هى سبب كل شئ.

ان العلاقة الصحيحة بين الروح و العقل و الجسد يجب أن تكون كالآتى :-

الجسد و الحواس الظاهرة المتمثلة فى "بتاح" الذى يسكن ممفيس يجب ان تكون تحت سيطرة العقل الباطن المتمثل فى "رع" الذى يسكن (أون / هليوبوليس).

و العقل الباطن يجب ان يكون تحت سيطرة "الفكر / الذكاء الكونى" المتمثل فى "تحوتى" , الذى يسكن "خمنو / الأشمونيين".

أما الفكر و الذكاء , فيجب أن يكون تحت سيطرة الروح المتمثلة فى "آمون" الذى يسكن "واست" (طيبة).

و هم جميعا ينضمون تحت لواء الروح الأسمى أو الذات العليا "نبر – تشر", التى انبثقوا منها, و اليها يعودون مرة أخرى.

اذا كانت العلاقة بين مستويات الوعى الانسانى فى هذا الاطار, عند ذلك سيذهب الجهل و ستتحرر الروح من الأغلال التى تسجنها فى العوالم الوهمية, و هى العالم المادى و العالم النجمى.

الروح هى الأجدر باحتلال موقع القائد الأعلى و الملك الوحيد المهيمن على كل أفعال الانسان. أما اذا حدث العكس و احتلت رغبات الجسد المادى موقع القيادة, فذلك هو جهل الروح الذى يؤدى بها الى عواقب وخيمة. حيث سيمضى الانسان فى طريق حياته يلهث وراء اشباع رغبات الجسد متوهما أنها قد تجلب له السعادة, و فى النهاية سيكتشف أن السعادة لا توجد فى العوالم النسبية المتغيرة (العالم النجمى و العالم المادى).

جاء وصف العلاقة بين الجسد و العقل و الروح فى نصوص الأوبانيشادا الهندية. حيث شبهها النص بالعلاقة بين العربة وقائدها. يقول النص الهندى (Katha Upanishad) :-
*** (اعلم أن الذات هى قائد العربة.... و أن الجسد هو العربة... و العقل هو اللجام.... و الحواس هى الحصان.... و الطرق التى تقطعها العربة هى رغبات النفس... عندما يفقد الانسان القدرة على التمييز, و يفقد السيطرة على عقله, تصبح الحواس كالحصان الجامح. من كان عقله مشتتا و قلبه غير طاهر, سيضل الطريق لأنه لا يعرف كيف يسيطر على حصان العربة و يوجهه ان من يعرف فن قيادة العربة, هو الذى سينجح فى السيطرة على عقله و حواسه, و سيصل الى غاية الرحلة و منتهاها, الى موطن فيشنو...... براهمان .... الروح الأسمى) ***

تتلخص مهمة اليوجا الأساسية فى تعليم طالب المعرفة الروحانية كيف ينظم العلاقة بين الروح والعقل و الجسد, بحيث تتولى الروح قيادة العربة و تكون فى موقع القائد.

يتعلم طالب اليوجا من خلال الممارسات المختلفة كيف تمتثل الحواس و العقل و الفكر و الجسد لأوامر الروح.

ان العالم العقلى (الوعى النجمى) هو حقيقة أسمى من العالم المادى (الوعى اليقظ). فبدون العقل, لا يمكن للعالم المادى أن يتواجد.

و التجارب العقلية أقوى فى طبيعتها من التجارب المادية التى نمر بها فى حالة اليقظة. أما الوعى الشاهد (آمون) فهو حقيقة أسمى من الوعى النجمى و الوعى المادى, لأنه هو الأصل الذى انبثق منه كل من العقل و الحواس المادية.

من خلال التأمل و ممارسات اليوجا يمكن للانسان أن يكتشف **الذات الشاهدة** أو **الوعى الشاهد** بداخله, و ينتقل الى مستوى أرقى من الوجود...... مستوى أبعد من العقل و الحواس. الذات الشاهدة هى أرقى مستويات الوجود. و فى ذلك المستوى لا توجد أى رغبات, و لا توجد أزدواجية (duality), و لا يوجد ألم و لا جهل.

لأن معرفة الذات تقتلع الجهل من جذوره.

العلم و الجهل كالنور و الظلام.... **بمجرد أن يأتى النور, يذهب الظلام من تلقاء نفسه.**

و عندما يذهب الجهل يذهب معه كل الوهم و الرغبات, و لا يبقى سوى الشعور بالكمال و الامتلاء و الرضا التام..... "حتب".

عند اختفاء الرغبات, تختفى معها كل المشاعر السلبية كالاحباط و الغضب و الخوف و الكراهية و الجشع. لذلك فالحكيم يحيا فى سلام دائم, لأن جسده يحيا فى عالم الازدواجية و التناقضات, بينما وعيه فى عالم أسمى, حيث لا صراع بين متناقضات.... و لا شئ سوى السكينة و الرضا.

فى حالة النوم العميق الخالى من الأحلام, تذهب الروح الى العالم "السببى/الروحى" الذى يخلو من القطبية و الازدواجية (duality) و حيث السلام و السكينة, و هذا هو السبب فى شعورنا بتجدد الطاقة عند الاستيقاظ من النوم العميق الخالى من الأحلام. و لكن هذا الاتصال

أثناء النوم هو اتصال سلبى و ليس ايجابى, لأنه يحدث فى غياب الوعى.

ان الفرق بين الحكيم الذى يتصل بالروح الأسمى أثناء التأمل و بين الشخص العادى الذى يتصل بالروح الأسمى أثناء النوم العميق الخالى من الأحلام, هو أن الشخص العادى لا يعى هذا الاتصال, و بالتالى لا تترك التجربة أى أثر فى نفسه و لا يرتقى بها وعيه, لأنه ينساها تماما بمجرد الاستيقاظ من النوم.

فحيث لا يوجد وعى...... لا توجد حكمة.

عندما يصل اليوجى الى درجة التنوير, يتسع وعيه, و يذهب وهم العقل, و يعود الوعى الى حالته الأولى... الى محيط الوعى الأزلى الذى انبثق منه كل شئ.

ان الحكيم حين يتأمل يستعيد ذاكرته الروحانية و يعود الى بذرة الوجود عندما كان جزءا من الروح الأسمى لحظة خروجه من مياه الأزل و هو يحمل أول فكرة ظهرت للوجود, و التى انبثق منها كل شئ. و برغم أن هذا المحيط الأزلى انتابه بعض التغير, حيث أصبحت الأمواج تضطرب فوق سطحه بعد أن كان ساكنا, الا أن الجوهر ما زال كما هو فى الأعماق.... لم يعتريه أى تغير.

فالعالم كما تراه أعيننا, هو فى نظر الحكيم ليس سوى رحلة "رع" الأبدية التى يرتحل فيها فوق سطح المحيط الأزلى.... محيط الوعى.... لكى يتجلى آمون (الخفى), بعد أن كان محتجبا.

*** ان قلب آمين هو الفهم..... و شفتاه هما التذوق..... و "كاواته" هى كل الأشياء التى فى فمه ***

*** عندما يدخل "آمين", يصبح الكهفان تحت قدميه... و يخرج النيل من تجويف تحت صندله... روحه هى "شو" (رب الهواء)..... و قلبه هو "تفنوت" (ربة الرطوبة).... هو حورس الذى يرتحل بين الأفقين فى السماء العليا ***

- 253 -

ان قلب آمون (الذات الالهية) وسع كل شئ. كما وسعت شفتاه جوهر كل الموجودات.

كان الفم فى مصر القديمة هو رمز الوعى.

يصف هذا النص علاقة آمون بالكون و ما فيه من مخلوقات بأن كل ما هو موجود من صور و أشكال و كائنات ما هم الا "كاوات" (تجليات) لوعى آمون (الذات).

فالكون "الظاهر / المتجلى" يعبر عن آمون "الباطن / المحتجب".

كلمة "كاوات" باللغة المصرية القديمة هى جمع "كا", و تعنى الجسم الأثيرى الذى يتسبب فى تجسد المخلوقات فى العالم المادى.

ان "الذات" هى مصدر الحياة لكل الأشياء, و هى المنبع الذى يتدفق منه نهر الحياة, و الذى يخرج منه "شو" (الهواء) و "تفنوت" (الرطوبة) و هما الجوهر الذى انبثقت منه بقية العناصر التى خلق منها الكون.

*** عينه اليمنى هى النهار..... و عينه اليسرى هى الليل..... هو الذى يهدى سبيل السائرين فى كل طريق.... جسده هو "نون" (مياه الأزل), التى ينبع منها النيل الذى يمنح الحياة للمخلوقات ***

*** هو الذى يهب أنفاس الحياة لأنف كل كائن حى ***

يعتبر الليل و النهار أحد النماذج الأساسية لقانون القطبية الذى تقوم عليه منظومة الخلق.

يتجلى هذا القانون الكونى فى العديد من الثنائيات و الأقطاب, كالشمس و القمر..... الذكر و الأنثى.... الظلام و النور.... الموجب و السالب.... الحرارة و البرودة, الخ.

كل هذه النماذج كانت معروفة لكل الثقافات و الحضارات فى كل أنحاء العالم كتعبير عن مبدأ الازدواجية (duality), أى وجود قطبين يناقض أحدهما الآخر, و لكنه فى نفس الوقت يتكامل معه, تماما كوجهى عملة واحده, حيث يعطى أحد وجهى العملة ظهره للأخر, و لكنه فى نفس الوقت يكمله, فالاثنان معا يصنعان وحدة واحدة هى "العملة".

لا توجد عملة بوجه واحد دون آخر. لابد من وجود الوجهين معا و الا لن يكون هناك عملة. كذلك الشمس و القمر / الليل و النهار, فلا يمكن أن يوجد "يوم كامل" بدون تتابع الليل و النهار, فاذا جاء الليل ذهب النهار, و اذا جاء النهار ذهب الليل, و بتتابع الاثنين نحصل على وحدة زمنية واحدة أو كيان واحد يسمى "اليوم".

الشمس فى العلوم الباطنية هى رمز "الروح الأسمى / العقل الكونى / العقل الأعلى", الذى تستمد منه المخلوقات وجودها.

أما القمر فهو رمز "العقل الأدنى / العقل الباطن", الذى يعتبر انعكاسا لنور الوعى الكونى.

يصف هذا النص آمون بأن عينه اليمنى هى النهار, و عينه اليسرى هى الليل, أى أنه يحتوى كلا من الليل و النهار, و هو بذلك يسمو فوق الأقطاب لأنه هو المنبع الذى خرجت منه تلك الأقطاب.

ان "الذات" (آمون) هى الهوية الحقيقية لكل سائر فى هذه الحياة. و جسد "الذات" هو مياه الأزل "نون" كل شئ انبثق من محيط الوعى الكونى المسمى "نون", و كل شئ فى هذا العالم ما هو الا تجسيد لذلك الوعى الكونى.

"فالذات العليا" (آمون) هى نفس الذات الموجودة داخل كل مخلوق خرج من مياه الأزل ليتجسد فى جسد مادى.

الذات العليا هى السبب فى وجود كل الكائنات, و هى التى تمنحها أنفاس الحياة.

الذات هى المنبع الذى يستمد منه كل شئ وجوده.

*** الذى بيده أقدار كل انسان, ذكرا كان أم أنثى ***

يعتقد الكثير من الناس أن الكارما تعنى القدر, و لكن هذا المفهوم يختلف عما كان يقصده حكماء الحضارات القديمة.

كلمة "كارما" فى الأصل هى كلمة سنسكريتية مشتقة من "كارمان" (Karman), و تعنى "الفعل" و هى تستخدم فى فلسفة اليوجا للدلالة على الأفعال التى يقوم بها الانسان فى حياته, و التى تؤدى بدورها الى نتائج تؤثر على مستقبله و مصيره عند الانتقال من عالم الى عالم آخر (أى من العالم المادى الى العالم النجمى أو العكس).

عرفت الحضارة المصرية مفهوم الكارما, و كان يطلق عليها باللغة المصرية القديمة اسم "مسخينيت" (Meskhenet), و هى كلمة تعنى حرفيا مكان الميلاد أو موضع الميلاد, أو الرحم الذى يولد منه الانسان.

تقوم "مسخينيت" بالاشراف على ميلاد الانسان فى العالم المادى و كذلك العالم النجمى لتحدد موقعه فى كل عالم حسب الأفعال التى قام بها فى الماضى.

تظهر "مسخينيت" فى مشهد المحاكمة الشهير الذى يصور وزن القلب يوم الحساب, حيث تقف عند الميزان لتنفذ الأوامر التى سيصدرها تحوتى بعد وزن القلب و تحديد مصير الروح.

يقوم تحوتى بتدوين ما قام به الانسان من أفعال فى حياته الدنيا ثم يحدد مصير الروح بناء على هذه الأفعال.

تقوم "مسخينيت" بمساعدة كل من "شاى" (Shai) و هو القدر, و رينينوتت (Renenutet) و هى الحصاد, بتحديد نوعية التجارب التى ستعيشها الروح فى العالم الذى تنتقل اليه, سواء

تجارب مؤلمة أو تجارب سعيدة, و ما هم الأشخاص الذين ستلتقى بهم, و متى و كيف, و ما هى الصعوبات التى ستواجهها الروح فى طريقها حسب درجة نضجها و وعيها.

تنتقل الروح بعد الموت من العالم المادى الى العالم النجمى (السفلى) حيث تمر فيه بتجارب, قد تكون مؤلمة أو سعيدة, و قد تعود لتتجسد فى جسد مادى مرة أخرى فى مكان آخر و زمان آخر.

كل ذلك تقوم "مسخينيت" بتحديده فى قاعة المحكمة أمام عرش أوزير, و بمساعدة كل من تحوتى و "شاى" و "رينينوتيت".

تتحدد أقدار الانسان نتيجة لأفعاله, و مشاعره, و رغباته و أفكاره, و كل ذلك ينبع من درجة وعيه و ما اكتسبه من معرفة روحانية.

ان من يمتلك معرفة روحانية و حدسا (ذكاء كونى) سيفهم معنى وحدة الوجود, و سيدرك أن كل شئ فى الكون هو تعبير عن الذات الالهية الخفية/المحتجبة, و ستكون كل أفعاله متوافقه مع الماعت (الضمير/النظام الكونى), و سيعرف كيف يتحكم فى مشاعره و أفكاره و رغباته,و يصل الى ما يعرف ب "سا – أمنتى – رع", أى فهم العقل الباطن.

و كلمة "سا" باللغة المصرية القديمة  تعنى اكتساب المعرفة من خلال التجربة, و ليس عن طريق العقل أو القراءة أو الاستماع.

لذلك يطلق على الحكماء فى مصر القديمة اسم "ساو". و كلمة "سا" بالمصرية القديمة هى أيضا أحد أشكال تحوتى. و نطق كلمة "سا" يتشابه أيضا مع كلمة مصرية أخرى تستخدم بمعنى "ضعيف" أو "شرير", أى أن الشر مرتبط بضعف العقل و قلة المعرفة.

ان الطبيعة نفسها تعتبر أحد الطرق التى يتعلم الانسان من خلالها و يكتسب معرفة مباشرة.

يتعلم الانسان من الطبيعة عن طريق التجربة و الخطأ, و هذا الطريق دائما محفوف بالألم, لأن الانسان لا يفهم الا من خلال المعاناة التى تسببها له التجارب المختلفة التى يمر بها,

و هو طريق طويل و شاق, يتطلب المرور بالعديد من دورات اعادة التجسد.

أما طريق اليوجا, فهو يعتبر طريقا مختصرا للوصول الى المعرفة الروحانية, و يجنبك الكثير من الألم, لأنه يعلمك كيف تصل الى المعرفة الروحانية من خلال التأمل, و كيف تستطيع أن ترتقى بوعيك لتعرف الذات العليا معرفة مباشرة أثناء دورة حياتك الحالية.

و النجاح فى طريق اليوجا يتوقف على رغبة الانسان و استعداده للتخلى عن الأنا الزائفة من أجل الوصول الى الذات العليا.

تستطيع اليوجا عن طريق تدريبات التأمل و عن طريق تعاليم الحكمة أن تقتلع جذور الجهل الكامنة فى العقل الباطن و التى تنبع منها كل الأفعال السلبية التى تؤثر سلبا على مصير الانسان و أقداره.

*** زوجته هى الأرض... اتحد معها فى الأزل ***

*** بذرته هى القمح.... و عرقه هو الغلال ***

تعتبر الذات هى الجانب المذكر للوجود (المانح للوجود), أما الخلق فهو الجانب المؤنث للوجود (الجسد الذى يستمد وجوده من الذات).

الذات هى الروح التى تغذى الخلق (الجسد) بطاقة الحياة, و التى كان المصرى القديم يعبر عنها باسم "كا – موت – اف", أى ثور أمه.

تظهر "النترو" (التجليات الالهية) دائما فى هيئة أزواج – (مذكر و مؤنث) – لتعبر عن تلك الازدواجية الأزلية, ازدواجية الذات و الخلق (الروح و الجسد), و هى فى الحقيقة ازدواجية وهمية و ليست حقيقية, لأن الخلق هو تعبير عن الذات, تماما كما يعبر وجهك عما يدور فى رأسك من أفكار و مشاعر.

الخلق ليس شيئا منفصلا عن الذات, فالروح الأسمى يسرى فى كل شئ فى الوجود.

الذات هى البذرة التى ينبت منها كل شئ, و فى نفس الوقت هى الأرض التى تنبت فيها البذور.

آمون هو البذرة.... و هو الأرض.... و هو الماء.... و هو الشجرة التى تنبت من البذرة.... و هو الغلال التى تخرج من كل البذور......... آمون هو كل شئ..... و كل شئ فى الكون هو تعبير عن وجود "آمون" (الذات الالهية المحتجبة).

*** أنت "تمو"..... الذى خلق كل شئ بقدر.... و جعل الناس شعوبا وأجناسا بألوان مختلفة.... و برغم تعدد أجناس البشر, فأنت الذى تحييهم جميعا ***

يعد هذا النص من أهم النصوص التى تتناول صفات الذات الالهية المحتجبة الذى رمز لها المصرى القديم باسم "آمين" (أو آمون).

يصف النص العلاقة بين "آمون" و "آتوم" (المحتجب و المتجلى.... الباطن و الظاهر),فنحن فى الحقيقة لسنا أمام كيانين منفصلين, و انما أمام كيان واحد.

فالظاهر هو الوجه الآخر للباطن, تماما كوجهين مختلفين لنفس العملة.

و كما جاء فى نظرية ممفيس لنشأة الكون و التى سجلت على لوحة شباكا, فان كل من آمون, و آتوم, و بتاح هم جميعا أسماء مختلفة لكيان واحد.

هم جميعا تجليات عديدة للروح الأسمى (الاله).

و مهما تعددت التجليات و الأسماء, فهى جميعا تصف كيانا واحدا لا يمكن وصفه باسم واحد و لا برمز واحد, لأنه أبعد من أى اسم أو وصف أو هيئة.

ان اختلاف أشكال البشر و أجناسهم و أسماءهم و ألوانهم تعبر عن طبيعة القوة الالهية التى

أوجدت هذه الاختلافات.

فكما أن الاله واحد مهما تعددت تجلياته وأسماؤه و صفاته, كذلك الكيان الانسانى هو فى جوهره واحد, مهما تعددت أجناس البشر و أشكالهم و ألوانهم.

الانسان فى جوهره كائن الهى خالد, كامل, برغم اختلاف شكل و هيئة الجسد الذى يرتديه كل شخص أثناء رحلته فى االعالم المادى.

تعددت أجناس البشر و ألوانهم و أسماءهم, و لكن الجوهر واحد, و هو الذات العليا.

***** أنت رب العلم و الذكاء..... و المعرفة هى ما يخرج من فمك *****

الروح الأسمى (الاله) هو منبع كل العلم و المعرفة, و هو القوة التى تصنع الذكاء "سا" (Saa) القادر على الفهم و الاستيعاب.

انبثقت المعرفة الكونية و الحكمة من الروح الأسمى فى الأزل على هيئة "حكاو", أى "كلمات مقدسة / سحرية" خلقت الكون و أخرجته للوجود بعد أن كان فى كامنا فى مياه الأزل.

الروح الأسمى هو الذى يحيط بكل شئ علما, فعلمه يتخلل كل شئ من خلال ذبذبات و ترددات الصوت.

الصوت هو الوسيط الذى ينقل العلم من مصدره و هو محيط الوعى الكونى الى كل المخلوقات.

ان الصور و الأشكال التى انبثقت من محيط الوعى الكونى هى مجرد تطور عابر فى تاريخ الكون لا يلبث أن يتغير و يتحول مرة أخرى, حين تعود الأشكال الى حالتها الأزلية و تذوب مرة أخرى فى محيط الوعى الكونى.

عرف المصري القديم فكرة الصوت الذي أخرج الخلق من محيط الوعي الكوني و الذي يتخلل كل الموجودات و يعمل كوسيط بين الوعي الكوني و بين كل المخلوقات, و رمز لتلك الفكرة برمز "حكا" (Heka).

ثم ظهرت نفس الفكرة بعد ذلك في الفلسفة الهندية باسم "أوم", و في الثقافة المسيحية باسم "الكلمة" و في الفلسفة الهرمسية كانت "لوجوس" تعني "الكلمة" كما تعني أيضا العقل و الفهم (Intellect).

"لوجوس" هو العقل الذي يدير الكون وفقا لنظام محكم, و هو بذلك يتشابه مع مفهوم الماعت في الفلسفة المصرية القديمة.

كان هناك جدل واسع حول معنى كلمة "لوجوس" الاغريقية التي وردت في انجيل يوحنا. فعند ترجمتها للانجليزية تحولت الى "كلمة", فجاء النص كالآتي

*** (في البدء كانت الكلمة.... كانت الكلمة مع الاله.... كانت الكلمة هي الاله) ***

"الكلمة" اذن تعني الاله, كما تعني الحكمة.

الكلمة هي الاله نفسه, الذي هو منبع الحكمة والمعرفة, و هو أيضا منبع كل الوجود.

هناك بعض الأصوات التي تتردد كثيرا في الطبيعة و ترتبط بمفاهيم معينة, و لذلك تجدها قاسما مشتركا بين معظم لغات العالم.

على سبيل المثال : الصوت أو المقطع "ما" (ma). تجد هذا الصوت يظهر في اللغة السنسكريتية, و الأسبانية, و الانجليزية و المصرية القديمة, و هو في كل اللغات يحمل نفس المعنى, وهو "الأم / الأمومة".

و من التعاليم الباطنية المرتبطة بعلم الصوتيات, أنك اذا مارست التأمل الصوتي أو "الانشاد" (chanting) مستخدما صوتا مرتبطا بمعاني باطنية مثل "أوم" (Aum) , فان تكرار

استخدام ذلك الصوت يساعدك فى الوصول الى مستوى أرقى من الوعى و الى معرفة الذات الالهية معرفة مباشرة.

فالصوت ينبثق من مستويات عليا من الوعى, و عندما تنشده بالطريقة الصحيحة فان مراكز الطاقة السبعة الرئيسية فى جسمك تتجاوب معه.

ينقسم وعى الانسان الى ثلاثة مستويات رئيسية, يتم ترتيبها ترتيبا تصاعديا من الأبعد الى الأقرب للذات العليا بالترتيب الآتى :-

(1) الوعى اليقظ

(2) الوعى النجمى

(3) اللاوعى

يرتبط الصوت بمستوى "اللاوعى", و هو أقرب المستويات الى الذات العليا.

لذلك فعندما يقوم طالب المعرفة الروحانية بالانشاد (chanting) و هو فى حالة تأمل, فان ذلك يعتبر أحد وسائل الاتصال بالذات العليا.

هذا هو الأساس الذى قامت عليه فكرة الكلمات السحرية أو الـ "حكاو" (Hekau).

و تعتبر أسماء التجليات الالهية مثل "آمون – رع – بتاح", و كذلك "أوزير" و "أوم" من الكلمات السحرية أو الحكاو التى يمكن أن تستخدم فى التأمل الصوتى.

*** أنت الذى تبدأ كل عمل جديد..... فحين تبدع أياديك فى السماء, يتجلى جمال النور..... فتتهلل الكائنات الالهية لروعة حسنك الالهى...... و تبتهج قلوبهم عند رؤيتك و تبتهج قلوبهم عند رؤيتك ***

"الذات" (آمون) هى السبب الذى يقف وراء كل أشكال حركة, و هى منبع كل ما هو موجود

من حسن و جمال . فحتى الكائنات الالهية تخشع فى حضرة "آمون" (الذات).

الذات الالهية هى السبب الكامن وراء كل الأسباب الظاهرة.

هناك ثلاثة أبعاد رئيسية فى الكون :-

*** العالم المادى

*** العالم النجمى/السفلى (الدوات)

*** العالم السماوى

و هناك بعد رابع و هو ال "أمنتيت (Amentet), و يعتبر جزءا من "الدوات", أو هو بالأحرى يقف على حدود كل من العالم النجمى و العالم السماوى, و ما وراء السماوى.

جاء فى كتاب الخروج الى النهار وصفا لذلك العالم "أمنتت", حيث يوصف بأنه عالم متصل بالدوات, و بأنه عالم لا تنمو فيه أشجار الأرز, و لا أشجار السنط, و لا تنبت فيه أى حشائش أو أعشاب.

ذلك هو البعد الأسمى من الكون, و الذى يقع خارج حدود المكان و الزمان, فيما وراء الفكر و العقل و الصور و الأشكال... و هو عالم حقيقى / أبدى / مطلق.

ال "أمنتيت" هو عالم خالى من الأفكار, و لا يوجد فيه أى شكل من أشكال الازدواجية (duality), بعكس العالم المادى و العالم النجمى.

ال "أمنتيت" هو العالم الذى تسكنه الذات الالهية, و هو المنبع الذى انبثقت منه كل أشكال الازدواجية (duality).

من "الوحدة / الوحدانية" (singularity) تنبثق الازواجية (duality).

من "الواحد" يخرج "المتعدد" ليمر بتجارب فى العوالم المختلفة (العالم المادى و العالم النجمى), ثم يعود ليذوب فى الواحد مرة أخرى.

اذا فهمنا أن الكل انبثق من الواحد, عند ذلك يمكننا أن نفهم كيف يعمل العقل الكونى.

تخيل أن العقل الكونى هو عبارة عن محيط كبير.

عندما يخلو المحيط من أية ذبذبات, فان الوعى يكون نقيا, خاليا من أى صور أو أشكال, لأن الأفكار هى منبع الصور و الأشكال.

ذلك هو ال "أمنتيت" الذى جاء وصفه فى كتاب الخروج الى النهار بأنه ذلك البعد من أبعاد الكون حيث لا تنمو أى أشجار أرز أو سنط, و لا تنمو أى حشائش أو أعشاب.

و هو تعبير مجازى عن خلو ذلك العالم من كل الصور و الأشكال و الأفكار, أى انه وعى نقى, خالص. و عندما تبدأ الأفكار فى التوارد على محيط الوعى, تحدث به ذبذبات تصدر عنها مختلف الصور و الأشكال.

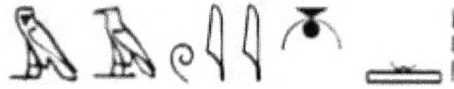

(كلمة "ماوى" بالهيروغليفية, و معناها يفكر / يتأمل / يركز)

عندما يخلو الوعى من الأفكار, يخلو أيضا من الصور و الأشكال و من ادراك الزمان و المكان والازدواجية .

تلك الحالة التى يخلو فيها الوعى من الأفكار و الصور, و التى أطلقت عليها الفلسفة المصرية اسم "أمنتت" هى الهدف الذى تسعى اليها تمرينات اليوجا و التأمل.

فالهدف من كل طرق اليوجا هى مساعدة طالب المعرفة الروحانية فى الوصول الى تلك الحالة الأرقى من الوعى و التى يتصل فيها الانسان اتصالا مباشرا بالذات الالهية.

على الانسان أن يتدرب على الوصول الى هذه الحالة أثناء حياته فى العالم المادى.... قبل الموت وليس بعده . لأن بذور أى تطور روحى يجب أن تزرع فى العالم المادى, و ليس فى العالم النجمى. و عندما ينجح المتأمل فى الوصول الى ال "أمنتت", سيجد فيه السكينة و الرضا التام و السعادة التى لا يمكن وصفها بالكلمات.

فهى سعادة لا تقارن بأى تجربة من تجارب العالم المادى أو النجمى... سعادة لا يعرفها الا من ذاق حلاوتها.

تعاليم كيباليون (Kybalion) ... و طبيعة العقل :-

يمكن للانسان أن يتحكم فى العقل و يسيطر عليه الى الحد الذى يجعله يشعر بالانفصال عن "الأنا" (الشخصانية). فالأنا ما هى الا تموجات فوق سطح محيط واسع.

اذا استطعت أن تغوص تحت الأمواج التى تضطرب فوق السطح و ترى قاع المحيط الساكن الهادئ, ستجد ذاتك الحقيقية هناك فى الأعماق... و هى الذات الالهية.

و عندها ستتمكن من السيطرة على كل جوانب الأنا الزائفة (العقل و الجسد و الحواس).

عرفت الفلسفة الهرمسية مجموعة من التعاليم الروحانية التى نسبت الى كهنة مصر القديمة, و أطلق عليها اسم "كيباليون", و هى مجموعة من النصوص تتناول كيفية التعامل مع حالات العقل المختلفة, من أجل الوصول الى الوعى الأسمى و الاتصال بالذات العليا.

جاء فى نصوص الكيباليون :-

*** اذا أردت أن تغير مزاجك أو حالتك العقلية, فعليك بتغيير ذبذباتك.

*** ان التحكم فى النفس لا يتأتى من خلال الأحلام أو الرؤى أو الخيالات, و انما يمكن الوصول اليه يكون باستخدام القوة المستمدة من الذات العليا, للسيطرة على الذات الدنيا.

يمكنك الهروب من آلام الوجود الأدنى, بأن تسمو بذبذباتك الى الوجود الأعلى.

*** ان العقل كالمادة... يمكن تحويله من حالة الى حالة.... و من قطب الى قطب آخر....ومن ذبذبات الى ذبذبات أخرى. و تحويل العقل من حال الى حال هو فن.

*** لكى تتخلص من ذبذبات حالة عقلية لا ترغب بها, عليك أن تركز فكرك على نقيضها.

*** الحكيم هو من يجعل وعيه دائما فى حال الوجود الأسمى, و بذلك يتحكم فى الوجود "الأدنى /المادى", بدلا من أن يكون عبدا له.

*** ان من يعرف كيف يتحكم فى ذبذبات عقله, يمتلك صولجان القوة فى يده.

**** لا شئ ثابت فى الكون, فكل شئ يتحرك. كل شئ يتذبذب.

*** كل شئ فى الكون يخضع لقانون الازدواجية, فهو اما مذكر أو مؤنث. كل شئ له جانب مذكر و جانب مؤنث, لأن قانون القطبية هو قانون الهى يحكم كل مستويات الكون.

*** كل شئ له وجهان... كل شئ له قطبان.... كل شئ يتكون من قوتين متناقضتين و متقابلتين . تختلف المتناقضات فى مظهرها, أما الجوهر فهو واحد. اذا نظرت الى اختلاف الأقطاب الظاهر, فسترى نصف الحقيقة فقط. أما اذا نظرت الى تكاملها, فسترى حقيقة الأشياء.

*** كل شئ فى الكون يتمدد و ينكمش... يتسع و يتقلص.. كالمد و الجزر... و الشهيق و الزفير... كل شئ يرتفع ثم يهبط.... كحركة البندول الذى يتأرجح يمينا و يسارا, و كلما مال يمينا, عاد و مال يسارا بنفس المقدار... فى ايقاع منتظم.

*** كل سبب يؤدى الى نتيجة.... و كل نتيجة حدثت لسبب وقع قبلها..... كل شئ فى الكون يحدث وفقا لقانون... لا شئ يحدث صدفة.... فالصدفة هى اسم لقانون لم نكتشفه بعد..... هناك عدة مستويات للأسباب, فهناك أسباب ظاهرة, و أسباب أخرى باطنية..... و لكن لا شئ يفلت من قانون السبب و النتيجة.

تفسر تعاليم الكيباليون الكون بأنه ذبذبات.

و كذلك العقل الذى تنبثق منه الأفكار هو عبارة عن ذبذبات.

توجد هذه الذبذبات فى كل أبعاد الكون, ما عدا "الأمنتت", و هو البعد الذى يسكنه أوزير فى العالم الآخر.

فى "الأمنتت" لا توجد أفكار, لذلك يخلو هذا العالم الهادئ من الأحداث, و من الصور و الأشكال "الأمنتت" هو عالم خارج حدود العقل.

حين يعمل العقل و يفكر تصدر عنه ذبذبات, تتسبب فى تحرك موجات فوق سطح محيط الوعى . تلك الموجات هى ما نطلق عليه خبرات الحياة, لأنها هى السبب فى وجود كل الأحداث و الأشكال و الصور.

اذا تأملت حياتك, ستجد أن خبراتك فيها اختلفت من مرحلة الى أخرى... من الطفولة, الى الصبا, الى الشباب, الى الرجولة, الى الكهولة, و لكنك فى النهاية تظل أنت نفس الكيان.

تظل "ذاتك" كما هى لا يعتريها التغير.

الذات كانت و تظل دائما كما هى لا يعتريها التغير, مهما اختلفت و تعددت تجاربها.

و تجربة يقظة الوعى (awakening) لا تختلف كثيرا عن تجربة الاستيقاظ من حلم, فهى كلها مجرد اختلاف ذبذبات العقل.

عندما تستيقظ من النوم يذهب الحلم و تحل محله اليقظة نتيجة لتغير ذبذبات العقل من الوعى النجمى الى الوعى اليقظ.

و كذلك التنوير أو معرفة الذات تحدث عندما تتغير ذبذبات العقل الى الوعى الأسمى.

كل تلك الحالات المختلفة لوعى الانسان ما هى الا موجة فى محيط لانهائئ.... هو محيط الوعى الكونى.

يمر الانسان فى رحلة تطوره الروحى بخبرات مختلفة, و هذه الخبرات تحدث فى عالمين اثنين فقط هما العالم النجمى (الدوات) الذى يتكون من العقل الباطن و الحواس الباطنية, و العالم المادى الذى يتكون من العقل اليقظ و الجسد المادى و ما يرتبط به من حواس مادية.

و كلا العالمين (النجمى و المادى) هما من صنع العقل الالهى (الذات), و تجارب الانسان تعبر عن تداخله مع هذه العوالم.

تتداخل تجارب الانسان مع العالم النجمى و العالم المادى, بحيث يرى الانسان نفسه و كأنه كيان منفصل يحيا فى عالم الزمان و المكان. يتكون هذا التداخل من ثالوث, هو الفاعل

و المفعول و طريقة التفاعل.

فأنت فى الأصل روح, و روحك هى انعكاس لنور الوعى الأسمى الذى ينبثق من "الذات".

الروح هى السبب فى وعيك بأنك موجود و أنك تحيا.

و لكن الروح نسيت حقيقتها, و هذا النسيان هو ما يطلق "جهل الروح", و هو السبب فى أنك تهيم على وجهك فى عالم العقل الذى لا يعمل سوى فى العالم المادى أو العالم النجمى.

نسى الانسان ذاته "الحقيقية / العليا / الالهية", التى تقع فيما وراء العقل و الحواس, لأنها أرقى من ذبذبات العقل.

ان مشاعر الانسان و رغباته مثل الوقوع فى الحب, أو رغبته فى امتلاك شئ من أجل الحصول على السعادة, هى أيضا خبرات عقلية, أى تنبع من العقل.

فالمشاعر و الرغبات هى انعكاس لعقل الانسان و درجة نضجه و فهمه لما هو حقيقى و ما هو زائف.

الفكر هو المادة الأساسية التى يتكون منها كل شئ.

فكل شئ يتكون من ذرات, و الذرات تتكون من طاقة, و الطاقة مصدرها "الذات".

ان الشئ الذى ترغب فيه هو فى جوهره انعكاس للذات الالهية, و لكن جهل الروح يجعلك تتوهم أن ما تريده هو كيان منفصل عنك, و انك بدورك منفصل عنه و عن الكون و الاله.

و لكن عندما يحدث لك يقظة روحية (awakening), ستدرك أن الحدود التى تفصل بين الموجودات هى حدود وهمية من صنع العقل.

ستدرك ذلك فجأة, تماما كما تستيقظ من النوم لتكتشف أن كل الأحداث التى رأيتها فى الحلم و التى كانت تبدو واقعية و حقيقية ما هى الا "حلم" أى وهم من صنع عقلك الباطن.

ان "الذات" هى الحقيقة المطلقة, الباطنة, الكامنة وراء كل ما هو "متغير/ نسبى".

و "الذات" هى المصدر الذى تنبثق منه كل الذبذبات التى تتخلل كل أبعاد الكون.

فأنت عندما ترغب فى شخص أو شئ ليمنحك السعادة أنت فى الحقيقة تسعى للوصول الى

السعادة الدائمة التى لا تتحقق الا من خلال الوصل بالأصل.... الوصل بالذات الالهية.

و لكن الأمر يختلط عليك, و تبحث عن السعادة بطريق غير مباشر, فبدلا من أن تتوجه مباشرة الى الذات التى هى مصدر السعادة و السكينة و الرضا, فأنت تسعى للحصول على انعكاساتها فى العالم الوهمى .

أنت بذلك أشبه بشخص يبحث عن الدفء قام بالقاء نفسه فى بحيرة تنعكس الشمس على سطحها, بدلا من أن يجلس فى الشمس.

اذا تأملت حياة الحكماء و المعلمين الروحيين الذين استطاعوا, الوصول الى "الذات", و أعادوا الوصل بالأصل, ستجد أن "التخلى" (detachment) كان أحد أهم الممارسات التى حرصوا عليها. **و المقصود بالتخلى ليس أن تعتزل العالم المادى, و انما أن تحيا فيه بدون أن يتعلق قلبك بشئ , و بدون أن تنتظر الحصول على السعادة من أى شئ مادى** .

فكل من التجارب السعيدة و التجارب المؤلمة هى مجرد وهم لأنها تحدث فى عالم "نسبى / متغير /غير حقيقى". لذلك لا يجب أن تكون المتعة المادية مصدرا للسعادة و لا يجب أن يكون الألم مصدرا للحزن.

فالعقل هو الذى يقوم بتصنيف التجارب التى يمر بها الى تجارب "جيدة/سعيدة" أو تجارب "سيئة/مؤلمة/تعيسة" . العقل هو الذى يضع الاطار و يضع الموازين ليزن بها الخبرات حسب درجة نضجه و وعيه.

الانسان الذى لم يكتسب بعد معرفة روحانية, يرى الأحداث التى تمر به (سواء فى العالم المادى أو فى العالم النجمى) حقيقية, أما الحكيم فيعرف أن كلا العالمين وهم.

الحكيم هو من اكتشف الحقيقة التى هى أبعد من عالم العقل المحدود, فلم يعد ينظر للخبرات المختلفة التى يمر بها و يصنفها الى خبرات جيدة و خبرات سيئة, لأن وعيه وصل الى حالة أرقى من تصنيفات العقل المحدود فأصبح يحيا فى سكينة و سلام دائم.

هناك أربعة أربعة أبعاد رئيسية للكون توازى مستويات الوعى الأربعة, و ترتيبها تنازليا تبعا لقربها من "الذات" هو كالآتى :-

*** نبر- تشر : الذات / الوعى النقى / المطلق / اللامحدود

*** آمون : اللاوعى / العالم السببى / عالم الروح

*** رع : العقل الباطن / العالم النجمى

*** بتاح : الوعى اليقظ / العالم المادى

ينبع كل شئ من "الذات", و هى الوعى النقى, الخالى من أى أفكار.

تنعكس "الذات" فى عالم الزمان و المكان من خلال ثالوث "آمون – رع – بتاح" , ثم تبدأ فى الخروج من الباطن الى الظاهر عن طريق ذبذبات الفكر الذى تنبع جذوره من اللاوعى "آمون" و هو العالم السببى, ثم تتخذ أشكالا و صورا فى العقل الباطن أو العالم النجمى "رع", ثم تتجسد الأشكال و الصور فى العالم المادى عن طريق الوعى اليقظ "بتاح".

عن طريق اليوجا و التأمل يستطيع الانسان أن يرتقى بالعقل و الحواس و يرفع من ذبذباتهما , ليكتشف البعد الأسمى من أبعاد الكون حيث لا توجد ذبذبات و لا أفكار, و حيث لا يوجد زمان و لا مكان.

ذلك العالم الأسمى هو "المطلق", حيث لا وجود و لا عدم, و هو عالم أبعد من أى أفكار أو مفاهيم عقلانية.

كيف يمكن رؤية الاله ؟

جاء فى أحد النصوص الاغريقية على لسان "ايزيس المحتجبة" أنه لا يمكن لعين مخلوق فانى أن ترى الاله الخالد اللامحدود.

تقول ايزيس المحتجبة :-

*** أنا كل ما كان.... و ما هو كائن.... و ما سيكون.... و لن يستطيع أى مخلوق فانى أن يخترق الحجب و يطلع على أسرارى ***

و جاء فى كتاب الخروج الى النهار من بردية "نسى – خونسو" :-

*** الاله هو الأب لكل المخلوقات........ الاله واحد... مطلق.... لامحدود...... أزلى /
أبدى....الاله محتجب...... لم يطلع أى مخلوق على هيئته....... الاله "خفى", لا تدركه
أبصار الانس و لا الكائنات الالهية...... للاله أسماء و صور لا حصر لها... بعدد مخلوقاته
.... و مع ذلك يظل اسمه الحقيقى خفيا عن العالمين (الانس و الكائنات الالهية) ***
*** يتجلى الاله فى شتى الصور و الأشكال التى تراها العين, و مع ذلك يظل عصيا على
فهم كل من الانس و الكائنات الالهية ***

جاء فى كتاب الخروج الى النهار من بردية "نسى – خونسو" هذا النص, و هو عبارة عن
ابتهال ل "آمون – رع" :-

*** أنت الكيان الأسمى الذى تجلى للوجود فى الزمن الأول..... أنت الاله العظيم الذى يحيا
فى الماعت (الحقيقة) منك انبثق التاسوع الأول, الذى خرج منه التاسوع الثانى أنت الكيان
الأسمى الذى تحيا فيه كل الكائنات الالهية أنت الواحد .... الواحد ....
خالق الملوك الذين ظهروا على الأرض حين تشكلت فى الزمن 
الأول صاحب التجليات التى لا حصر لها الذى لا يعرف أى مخلوق بذرته, و لا يعرف
كنهه ***

يعمل عقل الانسان من خلال ثالوث يعرف باسم ثالوث الوعى, و عن طريق فهم ثالوث
الوعى يمكن له أن يعرف الاله و يراه, و لكنها رؤية ليست عن طريق حاسة النظر.
**ان رؤية الاله هى عبارة عن تجربة فريدة يشعر الانسان فيها أن هناك شيئا تغير بداخله
و أنه لم يعد كما كان من قبل.**

رؤية الاله هى تجربة يتحول فيها الانسان من كائن ناقص, فانى الى كيان الهى.

كيف يمكن أن تتحقق هذه الرؤية الالهية ؟

لكى يتغير مستوى وعيك من الوعى المادى الى الوعى الكونى عليك أن تغير من أسلوب حياتك.... عليك أن تغير نظرتك للحياة و الطريقة التى تحياها.

تبدأ أول خطوة بدراسة التعاليم الروحانية و تأملها بعمق.

ثم ممارسة تمرينات التأمل المختلفة سواء تأمل حركى أو صوتى أو عقلى, أو ممارسة الصمت.

التأمل هو مفتاح الوصل بالذات الالهية...... هو الذى يفتح لك الطريق لرؤية الروح الأسمى رؤية مباشرة, أى أن تعيه بقلبك بدون الحاجة الى النظر الى أى صورة أو شكل.

يتجلى الروح الأسمى فى الكون عن طريق ثالوث الوعى "آمون – رع – بتاح" (اللاوعى – الوعى النجمى – الوعى اليقظ) .

تكمن معرفة الثالوث الالهى فى فهم كيف يعمل عقل الانسان.

يتقلب وعى الانسان بين ثلاثة حالات رئيسية, هى :-

<u>آمون</u> : اللاوعى (النوم العميق الخالى من الأحلام)

<u>رع</u> : الوعى النجمى / العقل الباطن (النوم المصحوب بأحلام)

<u>بتاح</u> : الوعى المادى (اليقظة)

و هذه الحالات العادية التى يتقلب فيها وعى الانسان بصفة يومية هى حالات "نسبية / متغيرة / سلبية", و لا يمكن للانسان أن يرى الروح الأسمى (الاله) رؤية مباشرة فى أى منها.

ففى حالة النوم العميق الخالى من الأحلام تتصل روحك بالروح الأسمى, و لكنك تكون فى حالة لاوعى أثناء ذلك اللقاء, لذلك فعند استيقاظك من النوم لا تتذكر اى شئ من تلك التجربة و لا تشعر بأن هناك أى شئ تغير داخل وعيك. أنت فقط تشعر بالراحة و لكنك تبقى سجين الوعى المادى اثناء يقظتك.

و فى الأحلام تختبر العالم النجمى, حيث يقوم عقلك الباطن بخلق تجارب تعيشها أثناء الحلم و أنت تعتقد أنها حقيقية, ثم تكتشف أنها وهم بمجرد استيقاظك من النوم.

لذلك فالوعى النجمى هو وعى سلبى, و مهما رأيت من أحلام أثناء نومك, لا يمكنك أن ترى الاله فى تلك الحالة.

أما فى اليقظة فأنت تختبر العالم المادى و تمر فيه بتجارب مختلفة, و لكن العالم المادى محدود جدا, كما أنه هو أيضا عالم وهمى. فالمادة فى حقيقتها ليست كما يبدو لعينك, فما يبدو أمام عينيك مادة صلبة هو فى الحقيقة طاقة لها ذبذبات معينة هى التى تجعلها تبدو صلبة أمام عينيك. لذلك فالعالم المادى ليس عالما حقيقيا, و بالتالى فان حالة اليقظة هى حالة سلبية, و لا يمكنك أن ترى الاله فى تلك الحالة.

تلك هى الحالات الثلاثة للوعى التى يتقلب فيها الانسان كل يوم, و هى حالات نسبية متغيرة و كل ما هو "نسبى/متغير" لا يمكن أن يكون حقيقى.

و لكن هناك حالة رابعة للوعى تعرف ب "اليقظة الروحانية" أو "الوعى الفائق", و هى حالة أرقى من هذه الحالات الثلاث, حيث يتصل الانسان بالروح الأسمى اتصالا مباشرا.

و تلك الحالة يصل اليها الانسان عن طريق تمرينات التأمل, حيث يهدأ العقل و يصمت, لكى يتيح للروح أن تتصل بالمصدر الذى جاءت منه أثناء اليقظة وليس أثناء النوم و لا الأحلام.

بعد فترة من ممارسة التأمل يبدأ الانسان فى الوصول الى تلك اليقظة الروحانية, و هى لا تأتى دفعة واحدة, و انما تأتى أولا على شكل لمحات خاطفة أثناء ممارسة التأمل.

بعض الناس ينتابهم الخوف عند بداية وصولهم الى تلك الحالة, و بعضهم يخشى أن تكون قد أصابته لوثة عقلية, بل أن بعض الناس قد ينكر التجربة أو يحاول نسيانها . كل هذا الخوف نابع من الجهل.

فتجربة اليقظة الروحانية هى تجربة فريدة لا يدركها الانسان العادى فى حياته, لذلك فأول اختبار لها قد يسبب قلقا لبعض الناس و خصوصا من يمارس التأمل بدون اشراف معلم

روحى.

لكل انسان شخصية فريدة تختلف عن غيره من البشر.

و لكن الحكماء و معلمى اليوجا حددوا أربعة عناصر رئيسية لشخصية الانسان و هى عناصر مشتركة بين جميع البشر.

هذه العناصر الأربعة هى : (العاطفة – العقل – الفعل – الارادة).

و لكى يصل الانسان الى التنوير (Enlightenment), يجب أن تتطور كل جوانب شخصيته الأربعة معا بشكل متكامل. لذلك كانت هناك أربعة أنواع أو مدارس رئيسية لليوجا تتكامل معا لتعتنى بكل جوانب الشخصية الانسانية.

و هذه الأنواع أو المدارس الأربعة الرئيسية لليوجا هى :-

*** يوجا الحب الالهى (الغير مشروط) : و هى تعتنى بالجانب العاطفى من شخصية الانسان وتوجه مشاعره نحو الذات العليا.

*** يوجا الحكمة : و هى تعتنى بالجانب الفكرى من شخصية الانسان و توجهه نحو فهم الذات العليا.

*** يوجا الفعل (الماعت) : و هى تعتنى بأفعال الانسان و تصرفاته و تضبطها لتصبح فى تناغم مع النظام الكونى, و توجهها لاقتلاع الكارما السلبية القديمة, و زرع كارما جديدة ايجابية, و بذلك يقترب الانسان من الوصل بالأصل... بالذات العليا.

*** يوجا التأمل : و هى تعتنى بارادة الانسان, و اختياراته, و أهدافه, و توجهها نحو اكتشاف الذات العليا.

تعبر الشخصية الانسانية عن نفسها من خلال ثلاثة حالات رئيسية للوعى هى :-

*** "اللاوعى – الوعى اليقظ/المشتت – الوعى النقى/الشفاف/الأسمى" (Dullness – Agitation – Lucidity).

ان التطور الروحى يعنى الانتقال من الوعى السلبى (اللاوعى) و الوعى اليقظ/المشتت, الى الوعى "النقى/الشفاف/الأسمى" و هو ما يعرف بمصطلح التنوير (enlightenment) .

و أفضل حالة يمكن للانسان أن يزرع فيها بذور التطور الروحى هى حالة اليقظة العادية التى نعيشها فى حياتنا اليومية, و ليس الأحلام و لا النوم العميق.

لا يمكن للانسان أن يمارس تمرينات التأمل و اليوجا فى العالم النجمى و هو نائم, يحلم. لأن عالم الحلم يظهر فى ثوانى و يختفى أيضا فى ثوانى. و كذلك النوم العميق الخالى من الأحلام لا يصلح لغرس بذور التطور الروحى, لأن الانسان فى النوم العميق يكون فى حالة لاوعى, غير مدرك لأى شئ, **و حيث لا يوجد وعى, لا توجد حكمة**.

أما العالم المادى فهو يشكل التربة المناسبة لغرس بذور التطور الروحى لأنه العالم الأكثر كثافة, و هو العالم الذى تعمل فيه العناصر الأربعة للشخصية (العاطفة – العقل – الفعل الارادة) بشكل متكامل.

يصل طالب المعرفة الروحانية الى حالة الوعى "النقى/الشفاف" (Lucidity) أثناء اليقظة و ليس أثناء النوم, و ذلك عن طريق التحكم فى العوامل التى تشتت العقل كالرغبات و التعلق بالماديات و الغضب و الخوف و الطمع و الشهوة, الخ.

عندما يصل العقل الى الهدوء و الاسترخاء التام أثناء اليقظة و الذى يطلق عليه (Lucid) فان ذلك يقوى عزيمة الروح و ارادتها فى الوصول الى هدفها و هو اعادة الوصل بالذات الالهية.

تتوق أرواح كل البشر للوصول الى ذلك الهدف, حتى أعتى المجرمين على الأرض, تهفو أرواحهم للوصل بالأصل , و لكن السبب فى انحرافهم نحو الجريمة هو "الجهل".

عندما ينجح طالب اليوجا فى الوصول الى حالة ال (Lucidity) فهو بذلك قد حقق تقدما على

طريق الروح, و أصبح فى مستوى أعلى من "العامة" الذين يضيعون حياتهم فى اللهاث وراء رغبات و متع مادية محدودة واهمين أنها ستجلب لهم السعادة.

ان انشغال العقل بتحقيق الرغبات المادية يشتت طاقته و يجعله فى قلق و توتر دائم يحرمه من الشعور بالهدوء و السكينة و السلام الداخلى. مثل هؤلاء اللاهثين وراء المادة يتمتعون عادة بفكر ضحل و ارادة ضعيفة, و يفتقدون العزيمة لتحقيق أهداف الروح.

جاء وصف التحكم فى النفس و توجيهها نحو التطور الروحى فى كتاب الخروج الى النهار, فصل رقم (77), على لسان أحد الموتى الذى ذهبت روحه الى العالم النجمى :-

*** (لقد بعثت...... لقد جمعت شتاتى كصقر ذهبى جميل, له رأس طائر البنو "العنقاء", و دخل "رع" ليستمع الى حديثى..... لقد تبوأت مقعدى بين الكائنات الالهية, أبناء "نوت"..... ها هى حقول الرضا "سخت – حتب" أمامى, و قد تحولت فيها الى روح.... فيها أجد الطعام الوفير, كما أحب و أتمنى.... لقد منحنى "نب – رى" رب الغلال الطعام الذى أحتاجه... لقد أصبحت سيد نفسى و متحكما فى عقلى و مصيرى) ***

ان الخطوة الأولى على طريق التطور الروحى هى أن يعى الانسان جيدا أن السعادة الحقيقية التى تبحث عنها الروح لا توجد فى العالم المادى, و انما في عالم الروح.

عن طريق ممارسة التأمل يمكن للانسان أن يتحول من الوعى المادى اليقظ الى الوعى "الشفاف /النقى" (Lucid) حيث يمكن للروح أن تعيد الوصل بالذات الالهية.

و الوعى "الشفاف/النقى" هو حالة أشبه بالحلم, و لكنك تصل اليها أثناء اليقظة و ليس أثناء النوم. فالوعى "الشفاف/النقى" يشبه الأحلام, و لكنه فى الحقيقة ليس تجربة حلم, لأنك لا تذهب للعالم النجمى و انما تذهب لما هو أبعد من العالم النجمى.

يعتبر العالم النجمى (عالم الأحلام) عالما أرقى من العالم المادى, و لكن العالم النجمى هو أيضا عالم "نسبى/متغير" و ليس عالم الحقيقة المطلقة.

فغاية الروح و منتهاها هو الوصول الى العالم السببى / عالم الروح, و هو أبعد من العالم النجمى الذى نرى فيه الأحلام.

و لكى يصل وعيك الى العالم السببى يتطلب ذلك قدرا كبيرا من النقاء, أو ما يعرف ب "تطهير الجسد و الفكر".

لذلك تحث التعاليم الروحانية طالب اليوجا على التحكم فى أفكاره و رغباته المادية بحيث لا يتعلق قلبه بأى شئ مادى, فيستوى عنده اقتناء أى شئ مادى أو فقدانه, و لا ينتظر الحصول على السعادة من أى شئ أو شخص.

عندما يتوقف القلب عن التعلق بالمادة, يهدأ الفكر و يستطيع أن ينظر الى قاع محيط الوعى, ليكتشف الذات الالهية الكامنة فى الأعماق, و التى كانت محتجبة خلف الأمواج التى تضطرب على السطح.

الوعى "الشفاف/النقى" هو وعى خالى من أى فكرة أو رغبة... هو الوجود و لكنه وجود غير مرتبط بأى شكل أو صورة أو اسم أو شخصانية.... و عندما تختفى كل الأفكار و الرغبات تتسع الرؤية الى ما لا نهاية.

الوعى "الشفاف/النقى" هو أن تتخطى كلا من الوعى المادى (اليقظة) و الوعى النجمى (الأحلام) لتصل الى "العالم السببى / عالم الروح", حيث يختفى العالم المادى و تختفى شخصيتك و يختفى كل ما هو "متغير/نسبى", و تشعر و كأنك أنت مصدر الوجود, لأنك اتصلت بالذات الالهية, التى هى منبع كل شئ.

تصف التعاليم الروحانية المصرية القديمة هذه الحالة من الوعى بأنها "قدس الأقداس", أو"محراب الذات".

عندما تدخل الى محراب الذات بعد أن تواجه مختلف التحديات من مشاعر و أفكار سلبية مثل الغضب و الخوف و الجشع و الكراهية و غيرها من نوازع النفس الانسانية, عندها ستكون قد وصلت الى المعرفة الروحانية .... التنوير.

جاء ذكر هذه الحالة من الوعى فى كتاب الخروج الى النهار (فصل رقم 77 و 78),وصفها النص كالآتى :-

*** (لقد بعثت من جديد فى بيت ايزيس.... و نظرت الى الأشياء التى بداخله.... و رأيت الكيان الذى يسكنه ... رأيت أوزير..... رأيت الذات الالهية) ***

كما يحتاج الطائر الى جناحين ليطير, كذلك طالب اليوجا يحتاج الى ممارسة نوعين من التأمل يكمل أحدهما الآخر, لكى تستطيع روحه التحليق الى السموات و التخلص من أغلال الجسد.

النوع الأول من التامل هو قراءة التعاليم الروحانية قراءة واعية و استيعابها بالقلب و ليس بالعقل. النوع الثانى هو الممارسة العملية لتمرينات التأمل التى تهدف الى تدريب العقل على التركيز, حيث يقوم طالب اليوجا بتدريب عقله على التركيز على شئ واحد أو معنى واحد بدلا من تشتته فى سلسلة لامتناهية من الأفكار التى تتوارد عليه بصفة دائمة و تبدد طاقته.

عندما يتدرب العقل على التركيز على شئ واحد لفترة طويلة بحيث لا يتحول عنه, عندها يهدأ و يسكن و بذلك تستطيع الروح أن تتخلص من ضوضاء العقل و أن تنظر الى أعماق الوعى لترى الذات القابعة هناك فى العمق.

فى البداية قد يحتاج المرء الى مرشد روحى لتدريبه على تمرينات التأمل, و لكن بعد فترة من ممارسة اليوجا سيجد الطالب أن "الذات" أصبحت هى المرشد. و عندما تصبح الذات هى المرشد, سيكتشف طالب المعرفة الروحانية أنه هو نفسه "الذات"... التى انبثقت منها كل مستويات الوجود.. و اليها يعود كل شئ ليسكن فيها مرة أخرى.

ان تجربة اكتشاف الذات و الاتصال بها اتصالا مباشرا تمنح الانسان شعورا لا يوصف بالسعادة و البهجة, و ادراك "المطلق/اللامحدود" و المعرفة الكاملة, فلا يعد هناك مجهول و لا غيب, كما تمنحه أيضا الشعور بالكمال و الامتلاء, فلا تعد هناك أى رغبات مادية.

- 278 -

الذات بطبيعتها "محتجبة", لا تكشف عن نفسها الا لمن يبذل مجهودا مضنيا فى البحث عنها.

يجب على الانسان أن يبحث, و يسأل و يبذل الجهد, لكى يصل الى هدفه..... الى الذات.

لذلك قال المسيح :-

*** (اسأل, تجاب......... ابحث, و ستجد..... اقرع الباب, و سيفتح لك) ***

ان الممارسات و تمرينات التأمل المختلفة التى تقوم بها هى السؤال, أما الاجابة فهى معرفة الذات و الوصل بالروح الأسمى (الاله).

تلك التجربة هى ما يعرف ب "الغبطة الالهية".

تتجه "الذات" نحو من يبحث عنها و يبذل الجهد فى سبيل ذلك, و تنكر من ينكرها.

يحدث انكار الذات بطرق مختلفة.

فالانسان ينكر الذات العليا عندما يتصرف بدافع الأنا المادية الزائفة, و عندما يقرأ التعاليم الروحانية بطريقة سطحية و يتجاهل ما فيها من معانى عميقة.

مثال ذلك الميثولوجيا (الأساطير), فهناك من ينظر اليها باعتبارها قصص خرافية و يتجاهل ما فيها من رموز روحانية.

عندما تقرأ الميثولوجيا قراءة متأملة, تأتى اليك المعانى من تلقاء نفسها.

أى أن القارئ و المعنى الذى يبحث عنه يتجه أحدهما نحو الآخر فى نفس الوقت.

اذا لم يبذل طالب المعرفة الروحانية جهدا فى قراءة الميثولوجيا بعمق و تأمل فقد يكون بين يديه قصة تحوى من العلوم الروحانية و الأسرار الكونية التى تنير له الطريق, و لكنه يعمى عن رؤية ما فيها من أسرار و معانى, لأنه ينكر وجود الذات العليا, و لا يسعى للوصول اليها.

(واا = التأمل)

يمكن للانسان أن يمارس التأمل بطرق مختلفة.

بعض الناس يفضلون التركيز على أحد الأيقونات الدينية, و البعض الآخر يفضل التركيز على أحد صور التجليات الالهية, و هناك من يترك أفكاره تتدفق بدون مقاطعة لتتلاشى فى النهاية و تصل الى "المطلق".... حيث لا أفكار.

و أيا كانت الطريقة التى تتبعها فى التأمل اليك هذه التعاليم التى تساعد فى نجاح ما تقوم به من تمارين :-

اذا كنت تتأمل شخصيتك بحثا عن ذاتك الحقيقية, فعليك أن تعى أولا أنك تملك ثلاثة شخصيات, و ليس شخصية واحدة. و هذه الشخصيات الثلاثة هى (<u>الشخصية اليقظة</u> .... و <u>الشخصية الحالمة</u>, أى التى تتقمصها عندما تحلم..... و <u>الشخصية النائمة</u>, أى التى تكون عليها أثناء النوم العميق الخالى من الأحلام).

و هذه الشخصيات الثلاثة هى شخصيات نسبية, متغيرة و لذلك فهى شخصيات وهمية و ليست هى ذاتك الحقيقية.

فشخصيتك أثناء اليقظة تنكر شخصيتك الحالمة, لأنك بمجرد أن تستيقظ من النوم تنكر كل ما رأيته فى الحلم و تتوقف عن تصديقه, مع أنك أثناء الحلم كنت تصدقه و تراه حقيقيا. و كذلك الشخصية الحالمة تنكر الشخصية اليقظة, لأنك بمجرد دخولك عالم الأحلام, تنسى العالم المادى و تنكر شخصيتك المادية و يبدأ عقلك الباطن فى خلق عالم موازى للعالم المادى, يشبهه, و لكنه لا يعترف به. و كذلك شخصيتك أثناء النوم العميق الخالى من الأحلام هى شخصية غير حقيقية, لأنك تنسى كل شئ يتعلق بها بمجرد استيقاظك من النوم.

لا يمكن لأى من تلك الشخصيات أن تكون شخصية حقيقية, و الا بقيت كما هى بدون تغير كلما انتقلت من عالم الى آخر (أى من العالم المادى الى العالم النجمى الى العالم السببى,

أو العكس).

و لأن ذلك لا يحدث, فهذا يدل على أن شخصيتك تمر بتغيرات تبعا لتغير مشاعرك و أفكارك.

ان تقلب الانسان بين حالات الوعى الثلاث (اليقظة / الأحلام / النوم العميق الخالى من الأحلام) كل يوم, أشبه بحال راكب قطار يتوقف كل يوم فى نفس المحطات التى اعتاد الراكب أن يمر بها, و لكن هذا الراكب يسافر بدون أمتعة و بدون تذكرة و لا يملك أى وسيلة للسيطرة على مسار الرحلة, و لذلك فهو يستمر فى السفر و الارتحال هكذا دون أن يعرف ما هى وجهة الرحلة و لا متى سيصل ؟

فأنت كلما وصلت الى محطة توهمت أنها هى نهاية الرحلة و أنها هى الحقيقة المطلقة, ثم لا تلبث أن تترك المحطة الى محطة أخرى لتكتشف أن ما مررت به هو مجرد محطة نسبية متغيرة, و أنها ليست غاية الرحلة و منتهاها . عندما تعى ذلك جيدا, فان هذا الوعى سيساعدك فى الوصول الى "التخلى" (detachment) , بمعنى أن لا يتعلق قلبك بأى رغبة أو شئ مما تراه فى حياتك, سواء فى العالم المادى أو العالم النجمى.

التخلى هو أن تعيش حياتك بدون أن تتعلق بأى شئ فيها..... أن ترى حياتك و أنت تعى أنها مجرد حلم ستستيقظ منه فى يوم من الأيام, لتكتشف أنه وهم, برغم أنه كان يبدو حقيقيا و أنت تعيش أحداثه.

ان التخلى هو أن ترى حياتك <u>بعين "الشاهد"</u> الذى يراقب الأحداث و هو منفصل عنها سيكولوجيا, بحيث لا تلتصق بعقله الباطن أى رغبة و يبقى قلبه نقيا طاهرا.

و عندما ترى حياتك بوعى "الشاهد" عندها ستبدو لك كل الصفات المرتبطة بالأنا المادية الزائفة (كالكبرياء و الغرور) شيئا غريبا و سخيفا. و ستبدو مشاكل الحياة صغيرة أمام عينيك بما فى ذلك الرغبات المادية و المشاكل الناتجة عن علاقاتك مع الآخرين. سترى الصورة الكاملة بوضوح, و هى أن حياتك المادية ما هى الا تجربة قصيرة جدا تشبه الحلم, و مهما

طال الحلم فعندما تستيقظ ستكتشف أنه قصير جدا و أن أحداثه ليست حقيقية, و انما هى تجربة صنعها عقلك الباطن.

ان التعلق بالأفكار و الرغبات هو السبب فى التصاقك بالعالم المادى, و كلما مارست التخلى (detachment) كلما اتسعت الرؤية و ارتقى وعيك ليرتفع من العالم المادى الى العالم "السببى / الروحى".... حيث تسكن الذات الالهية.

لكى تستطيع أن تمارس "التخلى" (detachment) فى حياتك اليومية, عليك أولا أن تعى معانيه الباطنية.

فممارسة التخلى لا تعنى العزلة و الوحدة و اللامبالاة بما يجرى فى العالم حولك, و انما تعنى فهما أعمق لما يستحق اهتمامك انتباهك و ما لا يستحق.

ليس المقصود بالتخلى أن تهجر من تحب من أقارب أو أصدقاء و تتركهم لتعيش فى عزلة و وحدة, أو أن تعاملهم ببرود و لامبالاة, و انما المقصود أن لا يتعلق قلبك بهم, بحيث ينظر اليهم باعتبار أن وجودهم مصدر للسعادة و فقدانهم مصدر للحزن.

التخلى هو أن تنظر الى جسدك المادى و ما يحيط به من أشياء و أشخاص باعتباره وجودا نسبيا و ليس وجودا مطلقا لذاتك.

ان رؤية ما تمر به فى العالم المادى و العالم النجمى باعتباره مجرد تجارب ستنتهى, و ليست وجودا مطلقا سيجعلك تنظر للآخرين بحب, و لكن دون تعلق.

فهم جميعا يقومون بأدوار فى حياتك, و لذلك لا داعى للتعلق بشخص دون غيره.

التخلى هو أن لا تتوقع حدوث شئ معين لكى تصبح سعيدا, أى تكون منفتحا لقبول كل الأحداث مهما كانت سيئة باعتبارها جزءا من تجربتك التى تستخلص منها روحك دروسا معينة تساعدها فى الوصول الى هدفها وهو اعادة الوصل بالأصل... بالذات العليا.

عند ذلك سترتقى مشاعرك الى مستوى أعلى من الحب يتسع لكل المخلوقات, و لا يفضل

شيئا على آخر أو شخصا على آخر, لأنك ستكون قد حررت وعيك من كل التوقعات. التخلى هو أن لا تبنى سعادتك على أى توقعات نابعة من العقل... لا تتوقع و لا تنتظر أى شئ من أى شخص.

و عندما تنجح فى ذلك, سيصبح بمقدورك أن تتصل بمصدر الطاقة الروحانية فى العالم السببى (الروحى), و عندها يمكنك أن تخدم الانسانية بدافع الحب لهم جميعا.... الحب الغير مشروط (unconditional love).

اذا كانت مستويات الوعى الثلاثة الرئيسية (اليقظة – الحلم – النوم العميق الخالى من الأحلام) هى حالات نسبية متغيرة للوعى, فما هو اذن الثابت الذى لا يتغير فيهم جميعا ؟ هناك عنصر مشترك ثابت لا يتغير فى الحالات الثلاثة.

هذا العنصر هو "الوعى" نفسه. الوعى هو العنصر المشترك بينهم جميعا.

اذا لم يكن هناك وعى, فلن يمكنك أن تمر بأى خبرة, لأنك ستكون "غير موجود".

"الوعى" هو الدليل على أنك "موجود" فى كل الأحوال و التقلبات, و لكن عندما يعتريه الجهل و التشتت و العمى فانه يفقد رؤيته المستقلة, رؤية المسافر الذى لا يرتبط بشئ, و الذى هو فى جوهره "ثابت / مطلق / خالد".

يظل المسافر كما هو لا يعتريه التغير, مهما تعددت المشاهد التى يراها فى رحلته.

هناك ثلاثة مستويات رئيسية للوجود, هى (العالم المادى – العالم النجمى – العالم السببى/ الروحى), و أنت دائم التقلب بين هذه المستويات الثلاثة فى حياتك اليومية, فأنت تختبر هذه المستويات الثلاثة فى حالات (اليقظة – الحلم – النوم العميق الخالى من الحلام).

عندما تقطع شوطا طويلا فى التأمل و تبدأ الصورة فى التكشف أمام عينيك, ستدرك أن العالم المادى هو انعكاس للعالم النجمى (الدوات), و أن العالم النجمى هو انعكاس للعالم السببى (عالم الروح).

و على طالب المعرفة الروحانية أن يستمر فى التأمل حتى يصل الى ما هو أبعد من هذه المستويات.... الى "الذات" التى انبثقت منها العوالم الثلاثة.

ان المحطة النهائية للمسافر فى العوالم الثلاثة (عالم المادة – العالم النجمى – العالم السببى) هو أن يصل الى الذات العليا, و هى مصدر كل شئ... مصدر كل السعادة و السكينة و السلام و الرضا التام.

الذات كاملة, ممتلئة..... ليست فقط موجودة و مكتفية بذاتها, بل أنها تفيض على كل ما هو موجود و تمده بالطاقة ليحيا.

ان العقل قد يكون أحيانا سجن للروح.

تمد الحواس العقل بمعلومات خاطئة عن عالم المادة و توهمه بأنه عالم حقيقى, فيتعلق الانسان بالأشياء المادية و يبحث فيها عن السعادة.

يسجن العقل الروح فى العالم المادى بما يتوصل اليه من معلومات خاطئة عن طبيعة ذلك العالم , و لكن عند تنوير العقل بالعلوم الروحانية فانه يتحرر من الجهل و يتحول من سجن للروح الى منقذ و "مخلص" لها.

و عوامل تحرير العقل من الجهل هى الشفافية و الاستقامة و طهارة القلب.

ان عملية الخلق فى جوهرها لم تكن مجرد خروج أشياء أو مخلوقات مادية من محيط أزلى.

المادة ليس لها وجود حقيقى, و ما تراه حواسك الخمسة على انه مادة هو فى الحقيقة طاقة.

فالخلق كان – ولا يزال – عبارة عن محيط من الوعى يستمد وجوده من وعى الذات الالهية.

يعبر الوعى عن نفسه من خلال مستويات مختلفة من الشفافية تختلف من العالم "السببى / الروحى", للعالم النجمى, للعالم المادى و لكن فى النهاية كل العوالم تتكون من نفس المادة الخام...... "الوعى".

لذلك كان المصرى القديم ينشد فى ابتهالاته الدينية (أنا "آمون... أنا "أوزير".... أنا "رع"...

أنا "بتاح") لأن الكل انبثق من أصل واحد..... من الذات الالهية.

نصائح لنجاح تمرينات التأمل :-

اليك بعض النصائح التى تساعد على نجاح تمرينات التأمل :-

*** ابدأ بالتأمل لمدة 5 دقائق فقط يوميا, على أن تزيد مدة التمرين بالتدريج. فالأفضل أن تتأمل خمس دقائق فقط يوميا, من أن تتأمل لمدة 20 دقيقة اليوم, ثم 10 دقائق غدا.

*** حينما تشعر أنك مستعد للتأمل, اجلس فى وضع اللوتس حاول أن تفعل ذلك مرة واحدة على الأقل كل يوم.

*** لا تتناول أى طعام قبل القيام بتمرين التأمل بساعتين على الأقل. و يفضل ان تكون آخر وجبة قبل تمرين التأمل ب 12 ساعة, فتكون الوجبة مثلا الساعة 6 مساءا, بينما تمرين التأمل فى الساعة 6 صباحا.

*** لا تبدأ بأى تمرين تأمل قبل مرور 24 ساعة على الأقل على آخر لقاء جنسى.

*** تأمل وحدك بعيدا عن الأصوات المزعجة, فى غرفة هادئة ذات اضاءة خافته.

*** يفضل أن يسبق تمرين التأمل القيام ببعض التمرينات الرياضية الخفيفة مثل تمرينات التاى تشى, أو التشى كونج, أو الهاثا يوجا. كما يفضل أيضا ترديد المانترا أو الحكاو أو الكلمات المقدسه (مثل كلمة "أوم") أو كلمات الانشاد الدينى بأى لغة تفضلها. فترديد الابتهالات و الأناشيد و الكلمات الدينية يرفع من ذبذبات العقل و يجعلها ايجابية.

*** يمكنك أن تستخدم البخور ذو الرائحة المفضلة لديك قبل البدأ بتمرين التأمل, لأن رائحة البخور العطرة تطهر المكان من الطاقة السلبية و ترفع من المعنويات.

*** حاول ان تحافظ على الميعاد اليومى للتأمل و تجعله ميعادا طقسيا لا يمكن اهماله.

*** أثناء الاعداد لتمرين التأمل, افعل كل شئ ببطء شديد, و لكن باصرار. فالايقاع البطئ يقوم باعدادك لحال التأمل.

*** عندما تكون مستعدا, ابدأ بتركيز ذهنك على رمز واحد أو شئ واحد فقط, و ليكن القلب (آب) على سبيل المثال.

*** اذا لاحظت أن هناك أفكارا أخرى تتداعى الى عقلك, أعده الى الشئ الذى كنت تركز فيه بهدوء.

*** مفاتيح نجاح تمرينات التأمل هى الصبر, و مسامحة النفس, و الاصرار.

*** بالتدريج سيتعلم العقل أن يركز فى شئ واحد و لا يشرد. ثم يتجه بعد ذلك من التفكير فى الأشياء المادية الى مستويات أعلى من الادراك.

*** ان روعة حسنك تأسر القلوب... و حبك يمنح السكينة.... و جمالك يصيب الأيدى برجفة.... و تنصهر القلوب عند رؤية حسن محياك ***

"الذات" هى مصدر الكمال و السكينة و الرضا.

اذا اتيح لطالب المعرفة الروحانية أن يطلع على "الذات", حتى و ان كانت نظرة سريعة خاطفة, فان هذه التجربة كفيلة بترك بصمة كبيرة فى أعماقه, و احداث تغيير فى وعيه. فالعقل الذى اعتاد اللهاث وراء متع الحياة المادية, بعد أن يذوق حلاوة الوصل بالذات الالهية لا يسعه الا أن يجتهد سعيا للمزيد من القرب و الوصل.

يتناول هذا النص من أناشيد "آمون" يوجا الحب الالهى, التى تعتنى بالجانب العاطفى من شخصية الانسان و توجهه نحو الذات الالهية.

فالقارئ المتأمل للتعاليم الروحانية سيدرك أن الذات الالهية كامنة فى كل شئ فى الوجود, و هى بطبيعتها كاملة, ممتلئة, تفيض على الكون بطاقة الحياة.

عندما يحب الانسان يضع ما يحب قبل كل شئ, حتى قبل رغباته هو نفسه.

عندما تتخلى عن رغباتك فى سبيل ما تحب, و توجه عقلك نحو الذات الالهية, تبدأ "الأنا" (الشخصانية) فى الانصهار, فتذوب فى حضرة الذات الالهية.

ان الحب الالهى يقودك للوصول الى الحكمة... و الاثنان معا يعملان كجناحى طائر, يحلق بهما فى السماء.

و باكتمال الحب الالهى بالحكمة يتحول طالب اليوجا من الايمان الأعمى الى المعرفة الروحانية... أى يعرف الذات الالهية معرفة مباشرة عن طريق التجربة.

ان مفهوم الحب الالهى فى فلسفة اليوجا أعمق من مجرد ترديد الابتهالات للاله و مدحه. **فترديد الصلوات و الأناشيد الدينية للاله لا يعنى بالضرورة أن قلب من يرددها قد مر بتجربة الحب الالهى.**

تقدم يوجا الحب الالهى لطالب المعرفة الروحانية نظاما متكاملا يقوم على فهم التعاليم الروحانية و ما فيها من حكمة, ثم دمج كل طرق اليوجا الأخرى (يوجا التأمل, و يوجا الفعل) من أجل الوصول الى تجربة الحب الالهى.

تقدم يوجا الحكمة الخطوة الأولى على طريق الحب الالهى من خلال شرح نشأة الكون من محيط الوعى أو "الذات", تلك "الذات" الكامنة فى كل شئ.

يصف النص السابق "ذوبان القلوب" عند رؤية حسن "الذات الالهية" (و تنصهر القلوب عند رؤية حسن محياك), و المقصود هو ذوبان الأنا المادية (الشخصانية) فى محيط الوعى النقى

الخالص "آمون" الذى خرج منه الخلق.

عندما ينجح طالب اليوجا فى الاتصال بمحيط الوعى النقى الخالص, سيجد أن شخصيته الفردية (الأنا) قد اختفت و لم يعد لها وجود. سيختفى وجوده ككيان منفصل و سيحل محله شعور آخر بأنه نقطة فى محيط لانهائى أو حبة رمل و سط رمال صحراء لا حدود لها, و سيتوقف عن تعريف نفسه ب "أنا" المادية, لأنه سيدرك بداخله وجود الذات الالهية, و هى ذاته الحقيقية.

بسبب الجهل بالذات العليا يعيش غالبية الناس سجناء العقل المادى المحدود الذى يقع ضحية الصراع بين الأقطاب, و تمزقه المشاعر السلبية و الرغبات المادية. فيتوهمون أن العالم المادى سيجلب لهم السعادة يوما ما, برغم كل ما يلقونه كل يوم من احباط و خيبة أمل.

و هم بذلك كشخص يلعب القمار و يخسر كل يوم, و برغم ذلك يستمر فى اللعب على أمل أن يكسب, و لكن ذلك لا يحدث. و كلما خسر لعبة أصابته خيبة أمل, و بدلا من أن يتوقف و يبحث عن السعادة فى مصدر آخر, تجده يستمر فى اللعب على أمل واه بحدوث المعجزة, و هى الحصول على السعادة.

و حتى اذا حدثت المعجزة و حقق المقامر الكسب فى احدى الجولات, فان ذلك الكسب سيصيبه بنشوة كاذبة تدفعه لمزيد من المغامرة للحصول على مزيد من السعادة فيغامر بمبلغ أكبر من المال, ليصل فى المرة القادمة الى خسارة أكبر, ثم يعود لخيبة الأمل مرة أخرى.

ان التعاليم الروحانية لا تمنعك من الاستمتاع بمباهج الحياة, و انما تعنى أن لا تتوقع من العالم المادى أن يمنحك السعادة الحقيقية.

لا تتوقع أى شئ من أى شخص.... لا تنتظر السعادة من الأشياء المادية و لا من الآخرين. انظر الى ما حولك بعين المسافر الذى يرتحل و الذى أوشك على الوصول الى نهاية الرحلة و مغادرة القطار.

ان الحكيم هو الذى يقبل البهجة و المتعة (بامتنان و شكر) اذا اتيحت له, و لكنه لا يلهث

وراءها, و لا يحزن اذا لم تتوفر له.

الحكيم يقبل الحالتين : الحصول على البهجة و أيضا فقدانها بدون أن تلتصق بقلبه أى مشاعر سلبية فقلبه ممتلئ دائما بالسعادة و الرضا الذى يستمده من الذات, و لذلك لا يتأثر بتجربة المتعة المادية لا بالسلب و لا بالايجاب.

تماما كشخص ينظر الى أمواج المحيط فيراها تضطرب على السطح و تختلف فى أشكالها و أحجامها, و لكنه لا يفقد الرؤية الواضحة المستنيرة لما هو كامن فى أعماق المحيط.

ان معرفة الذات الالهية هى التى تمنح السعادة الدائمة, و تجعل "العارف" يتغلب على المصاعب و التحديات التى يقابلها فى العالم المادى.

الحكيم لا تتوق نفسه لامتلاك شئ و لا تمزقه الرغبات المادية, و لذلك فهو فى سكينة دائمة ورضا تام لا يعكر صفوه شئ, حتى و هو يقوم بأشق الأعمال التى ترهقه جسمانيا.

الحكيم يعرف كيف يتخطى المشاعر السلبية كالغضب و الخوف و الحقد و الطمع و الأسف و الندم, و يحمى طاقته الفكرية و الروحانية من التبديد و التشتت فى صراعات العالم المادى, و يوجهها نحو الوجود الأسمى.

هذا هو فن الحياة الذى يعلمه الحكيم لطالب المعرفة الروحانية, ليحيا فى تناغم مع ذاته العليا و مع العالم كله.

ان الانسان الذى لم يكتسب بعد معرفة روحانية يحيا فى قلق دائم, و يشعر أنه يقف فى مركز ذلك القلق الذى يحيط به من كل جانب كالعاصفة الهوجاء. فهو يهيم على وجهه معتقدا أنه سيحصل على السعادة اذا حصل على أشياء مادية معينة, و يصيبه الحزن اذا فقدها.

و لكن روحه (ذاته العليا) فى الحقيقة أبعد من ذلك الصراع بين الأقطاب الذى يختبره الانسان فى كل من العالم النجمى و العالم المادى.

عندما تخرج الروح من العالم السببى و تأتى لتتجسد, فانها تعرف نفسها بالجسم النجمى

و الجسم المادى لكى تستطيع أن تعيش تجاربها المختلفة فى هذين العالمين و كأنها تجارب حقيقية. ثم تنسى الروح ماضيها الكونى, تماما كالشخص الذى أصيب بفقدان الذاكرة.

هذا النسيان للأصل هو الذى يجعل الانسان يتوهم أنه مجرد جسد مادى فانى و أنه ضحية الكارما أو الأقدار التى كتبت على ذلك الجسد المادى.

فاذا عانى ذلك الجسد المادى و تألم فانه يقول (أنا أعانى.... أنا أتألم) و اذا ابتهج الجسد المادى و فرح فانه يقول (أنا مبتهج... أنا سعيد).

و بسبب ذلك الالتصاق الشديد بوعى الجسد, يغدو الانسان فى حالة بحث دائم عن الظروف و الأشياء التى تقدم للجسد أكبر قدر من المتعة و البهجة و تصرف عنه الألم و المعاناة أملا فى الحصول على السعادة الدائمة.

هذا هو وهم الأقطاب و التناقضات الذى تختبره الروح فى العالم المادى و العالم النجمى. فأنت تتقلب في هذين العالمين بين الشئ و نقيضه (فرح و حزن..... متعة و ألم.... ليل و نهار..... شباب و شيخوخة..... صحة و مرض...... الخ) فلا تعرف طعم الراحة و السكينة و السلام و الهدوء, لأنك مشغول دائما بما يجب عليك فعله للحصول على الأشياء التى تجلب السعادة التى تبحث عنها.

هذا القلق و التشتت العقلى لا ينتهى بموت الجسد المادى, لأن خبرات الانسان فى العالم المادى تترك انطباعات قوية فى العقل الباطن تدفع الروح لمواصلة البحث عن السعادة فى المتع الحسية بعد الانتقال الى العالم النجمى (الدوات), حيث تختبر الروح مختلف المتع و أيضا الألم و المعاناة فى ذلك العالم الأثيرى عن طريق الحواس النجمية.

ان وصول الروح الى العالم النجمى لا يعنى خلاصها, و لا يعنى أنها وصلت الى عالم السموات حيث السكينة و الرضا التام, لأن العالم النجمى هو أيضا عالم "نسبى / متغير / غير حقيقى".

و بعد قضاء فترة فى العالم النجمى (سواء فترة طويلة أو قصيرة) تكتشف الروح أنها لا

يمكنها العثور على السعادة الدائمة أيضا فى ذلك العالم "النسبى/ الوهمى", فتعود و تتجسد مرة أخرى فى جسد مادى فى زمان آخر و مكان آخر, لتختبر الحياة المادية مرة أخرى على أمل أن تحصل على الخلاص فى هذه التجربة الجديدة.

و هذا هو ما يعرف ب "دورة اعادة التجسد".

ان البحث عن السعادة لا يتعارض مع الممارسات و التعاليم الروحانية.

فالتنوير الذى هو هدف كل العلوم الروحانية يعرف بأنه هو الوصول الى السلام الدائم و الغبطة الالهية, أى "السعادة الدائمة".

و لكن المشكلة أن جهل الانسان يقوده للبحث عن السعادة فى الأشياء الزائفة, الزائلة.

و كل ما هو زائل لا يستطيع أن يمنحك السعادة الحقيقية.

السلام الدائم لا يمكن أن تعثر عليه من خلال الأنشطة المختلفة لعوالم قائمة على القطبية والازدواجية (duality), و هما العالم المادى و العالم النجمى.

فى الحقيقة ان أى نشاط تقوم به و أى انجاز تحققه مهما كان عظيما فانه سيتلاشى بمرور الوقت.

و ما يجلب لك السعادة المؤقتة الآن سيصبح غدا شيئا مملا, عاديا, لا يستحق اهتمامك.

و حتى أعظم القادة العسكريين فى التاريخ كالاسكندر الأكبر و يوليوس قيصر ذهبوا و ذهبت انجازاتهم و أصبحت طى النسيان, برغم أنهم فى عز مجدهم كانوا يتمتعون بالشهرة التى وصلت الى حد التبجيل و التقديس.

و مهما بلغت عظمة انجازاتك, ففى يوم من الأيام ستتلاشى هذه الانجازات و بالتالى فهى لا تصلح أن تكون مصدرا للسعادة الدائمة.

فكل الانجازات التى يحققها الانسان فى العالم المادى تشبه تماما الانجازات التى يحققها فى الأحلام و هو نائم. فبعد كل ما ترى من أحداث فى الحلم, فى النهاية تكتشف أن كل ما رأيته

غير حقيقى.

و مهما بدت أحداث الحلم حقيقية لدرجة جعلتك تصدقها, فعندما تستيقظ يختفى كل شئ.

و كل من العالم النجمى الذى تختبره فى الأحلام, و العالم المادى الذى تختبره فى حالة اليقظة , هما عوالم "نسبية / متغيرة / غير حقيقية ".

أما الحقيقة فلا يعتريها التغير, و تبقى كما هى فى البداية, و الوسط و النهاية.

الحقيقة ثابته... مطلقة.... دائمة.... موجودة بذاتها, لا تستمد وجودها من كيان آخر أو عالم آخر فهل يوجد أى شئ فى الكون لا يعتريه التغير ؟

هل يوجد شئ لا يمر بمراحل التغير المختلفة من ميلاد, الى نضج, الى موت ؟

ان ما تختبره الروح منذ لحظة ميلادها (سواء فى العالم المادى أو العالم النجمى) ما هو الا مجرد انعكاس لامكانيات الوعى الكونى التى لا حصر لها. فالوعى الكونى بامكانه خلق عوالم نسبية تمر فيها الروح بتجارب مختلفة, و لكن هذه العوالم ليست حقيقية لأنها غير موجودة بذاتها, و انما تستمد وجودها من وجود الوعى الكونى. كل عالم هو انعكاس لعالم أرقى منه. فالعالم المادى انبثق من العالم النجمى, و العالم النجمى انبثق من العالم السببى/الروحى, و العالم السببى انبثق من "الذات".

الحكيم ينظر دائما الى العالم المادى على أنه حلم أو سراب, و لا ينخدع بمظاهره و يتخيل أنها حقيقة مطلقة.

يخدع الناس أنفسهم عندما يحاولون اقناعها بأنهم أصبحوا سعداء لأنهم حصلوا على أشياء ثمينة, أو أنهم حققوا شهرة أو وصلوا الى مركز اجتماعى مرموق, و لكن هذه السعادة زائفة, لأنها محاطة بالكثير من التوتر و القلق و المنافسه.

و هى ليست سعادة حقيقية, لأنها مرتبطة بالشئ الذى حصلت عليه, فاذا ذهب هذا الشئ أو ضاع تذهب السعادة و يحل محلها الحزن و الهم, كمكعب الثلج الذى يذوب اذا وضع فى كوب من الماء الدافئ.

لذلك فهذه السعادة الزائفة هى فى حقيقتها "ألم" و لكنه متنكر و مختفى تحت رداء من المتعة المؤقتة

ينظر الحكيم الى التجارب المختلفة التى يمر بها فى حياته بعين التخلى و عدم التعلق (detachment), و لذلك فهو لا يقع أبدا ضحية المشاعر التى تضطرب فى قلوب الناس عادة والتى لا يستطيعون التحكم بها, كالغضب و الخوف و الطمع و الحقد و الكراهية.

الحكيم هو من يعى دائما الحقيقة المطلقة التى هى أبعد من عالم الأقطاب و الازدواجية (duality), و لذلك فهو يحيا فى سكينة و سلام داخلى دائم, لا يعكر صفوه تقلبات و أحداث العالم. الحكيم يعى دائما أنه يحيا فى عالم نسبى متغير, و لكنه لا يفقد أبدا احساسه بالثبات لأنه يستمد ذلك الثبات من اتصاله بالذات العليا.

الحكيم لا يخاف الموت, لأنه يعرف أن الجسد المادى ليس هو الذات, و أن الذات الحقيقية لا يعتريها التغير أو النقص أو الموت.

الحكيم يحيا فى تناغم مع الكون كله, لأنه اكتشف أن الجوهر واحد فى كل شئ.

الحكيم هو من لا يفقد الشعور بالسكينة و السلام الداخلى, حتى وهو مشغول بأنشطة الحياة اليومية و ما تتطلبه من عمل.

و مهما كان منشغلا, فهو ينظر الى ما يقوم به بعين التخلى (detachment), كالممثل الذى يقوم بدور فى مسرحية, فأداؤه للدور مهما كان متقنا لا يغير جوهر شخصيته.

الحكيم يعى أن ذاته الحقيقية هى الذات العليا (الذات الالهية), لذلك فان أى عمل يقوم به الجسد المادى أشبه بالحلم, يكون حقيقيا فقط و أنت تحلم, أما عندما تستيقظ فستجد أنه غير حقيقى.

الحكيم هو من استيقظ من الوعى المادى و الوعى النجمى و وصل الى وعى أرقى منهما......
وصل الى محيط الوعى الذى انبثقت منه كل العوالم..... الى "الذات".

*** تعاليت يا "آمين", يا من خلقت الأرض كما اقتضت مشيئتك ***

*** آمين..... الذى بكلمته أتت الكائنات الالهية للوجود... و بها خلق كل طعام..... و خلق كل شئ... آمين هو الأبدى..... الذى يجدد شبابه دائما بأزواج من العيون و الآذان لا حصر لها ***

يعتبر هذا النص من أناشيد آمون مكملا لنص آخر يبتهل الى الكيان الالهى الأسمى (با ـ نتر) قائلا *** ان أسماء الاله متعددة, لا حصر لها.... لا يستطيع أحد أن يحصى أسماء الاله *** ان البشر و أجسامهم و أسماءهم و كل ما يمتلكون من قدرات و حواس هم فى الحقيقة تعبير عن قدرات و صفات الكيان الالهى الأسمى.

فعيون و آذان البشر هى فى الحقيقة عيون و آذان الاله.

كل من كان موجود و ما هو موجود و من سوف يوجد من البشر هو تعبير عن الذات الالهية و عن مشيئتها.

و برغم أن الذات أزلية (أى كانت موجودة قبل خلق الزمان) الا أنها أيضا فى حالة حضور دائم, و هى تتجلى فى كل الأشكال و الصور التى تراها عيناك.

الذات الالهية ليست بعيدة و لا منعزلة هناك فى الأزل, و لكنها حاضرة دائما.

عندما يبدأ المريد رحلة البحث عن الذات الالهية, عادة ما ينصحه الحكماء (و خصوصا المنتمين منهم لأنظمة دينية معينة) بأن يمارس طقوس التأمل فى مكان معين ككنيسة أو عبد. ينصح الحكماء المريد عند دخوله الى المكان المقدس بأن يستحضر الخشوع فى قلبه و يسمو فوق نوازع النفس المادية لأن الاله هناك يراقبه.

و لكن العارف يدرك أن الحضور الالهى لا يقتصر فقط على المكان المقدس (الكنيسة او المعبد), لأن الكون كله هو المعبد الذى يتجلى فيه الحضور الالهى و الاله موجود معنا فى كل مكان, و هو يرانا من خلال عيون لا حصر لها.

كان قدماء المصريين يشيدون المعبد بحيث يكون كل جزء منه عبارة عن رمز و انعكاس للكون و لمنظومة الخلق كلها. فالمعبد هو انعكاس للثالوث الالهى, و هو تجسيد لحكمة الثالوث التى لا يعيها الا المطلعون على المعانى الباطنية للرموز.

معبد الملكة حتشبسوت بالبر الغربى بالأقصر.

معبد آمون بالكرنك, البر الشرقى, الأقصر.

من السمات المعمارية التى تميز المعبد فى مصر القديمة وجود صرحين فى واجهته, حيث يقع مدخل المعبد بين هذين الصرحين.

جاء فى احد نصوص معبد ادفو أن الصرحين فى مدخل المعبد هما رمز ايزيس و نفتيس, أختا أوزوريس اللتان قامتا بدور كبير فى بعثه من جديد, و فى وصوله للخلود.

أما المدخل الواحد, فهو رمز الأصل الواحد الذى انبثق منه كل شئ, للوحدانية (singularity) التى تسمو فوق الأقطاب و التى انبثقت منها كل الأقطاب.

تعتبر لحظة الدخول الى المعبد المصرى بمثابة رمز لطقس تأملى ينقل الانسان من الوعى المادى القائم على التفاعل بين الأقطاب (ذكر/أنثى.... ليل/نهار..... نور/ظلمة, الخ) الى وعى آخر أسمى, و يأخذ بيده الى المحراب أو قدس الأقداس الذى تتجلى فيه وحدة الكون و الاله.

المعبد هو المكان الذى يتجاوز فيه وعى الانسان كل أشكال الازدواجية و الانقسامية.

جسد المصرى القديم ما لديه من معرفة روحانية فى التصميم المعمارى للمعبد, بحيث يصبح

المعبد هو العلم نفسه مجسدا فى الحجر.

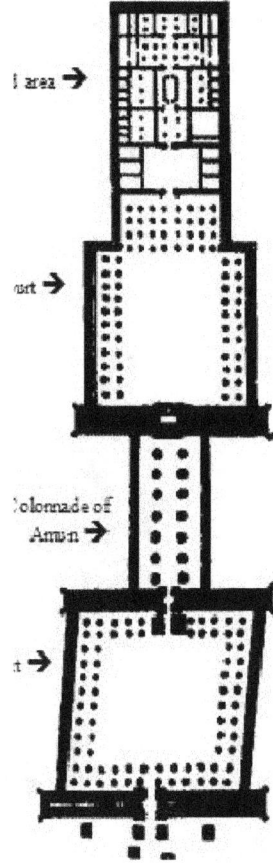

التصميم الهندسى لمعبد "آمون – مين" (معبد الأقصر)

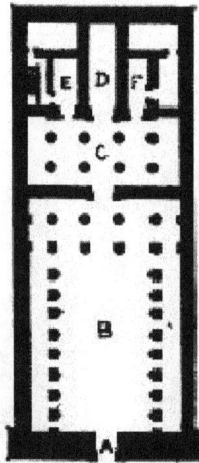

التصميم الهندسى لمعبد "آمون – رع" بالكرنك, و هو يوضح بالترتيب من أسفل الى أعلى

(A) : مدخل المعبد محاط بصرحين

(B) : الفناء الخارجى

(C) : صالة الأعمدة

(D) : محراب آمون

(E) : محراب موت

(F) : محراب خونسو

فى الفترة التى سبقت بداية عصر الأسرات و التى عرفت باسم "العصر العتيق", كان "بيت الاله" (حوت – نتر) أو المعبد يتكون من ثلاثة أقسام رئيسية :-

*** قدس الأقداس أو المحراب

*** صالة الأعمدة

*** الفناء الخارجى

فى قدس الأقداس يتم حفظ الصورة المقدسة للنترو (التجليات الالهية), و فيه تجرى أهم الطقوس الروحانية الخاصة بالوصل بالذات الالهية (الحضرة الالهية).

و قدس الأقداس هو دائما المكان الأصغر حجما, و الأقل اضاءة, فهو غير معرض لضوء النهار, و عادة ما يكون السقف فيه منخفضا.

و كلما اتجهنا من قدس الأقداس نحو الخارج, كلما ازداد حجم الغرف و ارتفع سقفها, و أصبحت معرضة أكثر لضوء النهار.

كانت الصروح المحيطة بمدخل المعبد رمزا لايزيس و نفتيس و هما يرفعان معا قرص الشمس لكى يشرق فى الأفق.

(معبد آمون بالكرنك)

كان المعبد فى مصر القديمة رمزا للكون فأرضه رمز للأرض كلها. و من هذه الأرض تخرج ثلاثة نباتات هى البردى و اللوتس و النخل على هيئة أعمدة تتجه نحو السماء.

أما سقفه فهو رمز للسماء بكل ما فيها من أجرام سماوية, و لذلك كانت الفنان المصرى غالبا ما يزين أسقف المعابد بنجوم و كيانات الهية مرتبطة بالعالم السماوى, و فى بعض المعابد (كمعبد دندرة) كان قدماء للمصريين يسجلون خرائط فلكية.

فالمعبد هو الكون الأصغر تماما كما أن الانسان هو الكون الأصغر.

فى المعبد كان المعلمون الروحانيون و المريدون يجتمعون لتدارس المعرفة الباطنية و لممارسة الطقوس الروحانية و أيضا للتركيز على تعليم و قيادة باقى أفراد المجتمع نحو الرقى.

لذلك كان التصميم المعمارى للمعبد يحاكى منظومة الخلق و يجسد مبدأ الثالوث الذى ينعكس فى الكون و فى وعى الانسان, من خلال أقسامه الثلاثة الرئيسية و من خلال ثلاثية الأعمدة النباتية (البردى و اللوتس و النخل).

من ثنائية الأرض و السماء تنبثق ثلاثية الوعى (الفاعل و المفعول و طريقة التفاعل).

و من ثنائية ايزيس و نفتيس تشرق بقلب الانسان شمس الوعى.... الوعى القادر على رؤية الذات الالهية التى هى جوهر كل شئ.

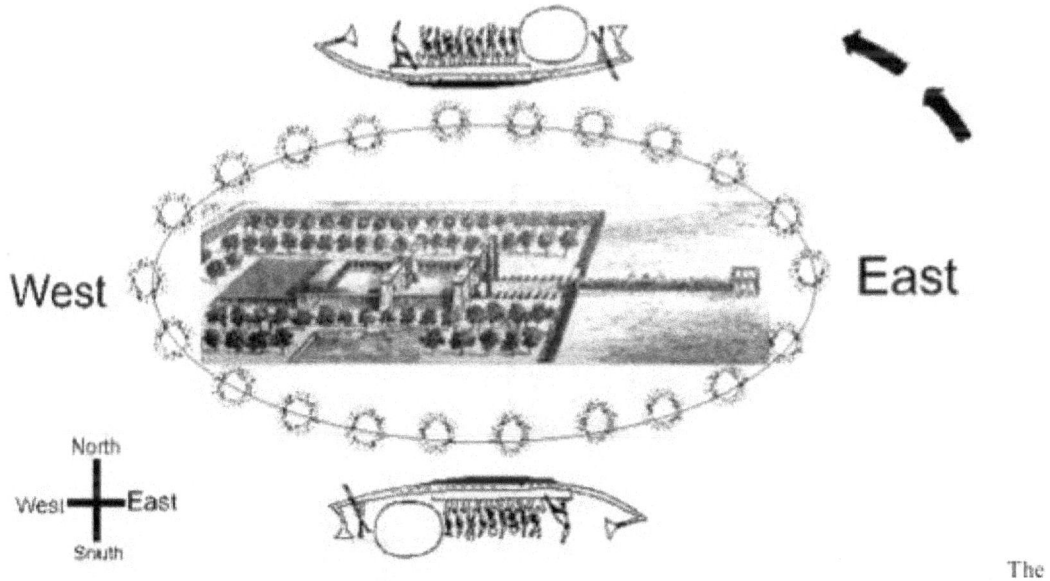

West
East
North
West
East
South

The

كان محور المعبد المصرى فى أغلب الأحيان يحدد فى اتجاه "شرق – غرب", لكى تشرق الشمس من مدخله (بين الصرحين) و تغرب عند قدس الأقداس . حيث يعتبر الصرحين عند مدخل المعبد رمزا للجبلين اللذين تشرق الشمس بينهما.

و يعتبر منظر شروق الشمس بين جبلين من أهم المناظر التى أخذت بألباب قدماء المصريين فاتخذوا هذا المنظر بالذات ليصبح الرمز الهيروغليفى الدال على كلمة "الأفق" و هو نقطة التقاء الأرض بالسماء.

تشرق الشمس بين الصرحين, و تعبر صفحة السماء أثناء النهار, لتصل فى نهاية النهار الى أرض "مانو".... الى الغرب الجميل, موطن ال "نترو" (الكيانات الالهية) و المبجلين و الأرواح المستنيرة.

و فى بعض الحالات كان محور المعبد يحدد فى اتجاه "شمال – جنوب", و أشهر الأمثلة لذلك معبد الأقصر و معبد دندرة.

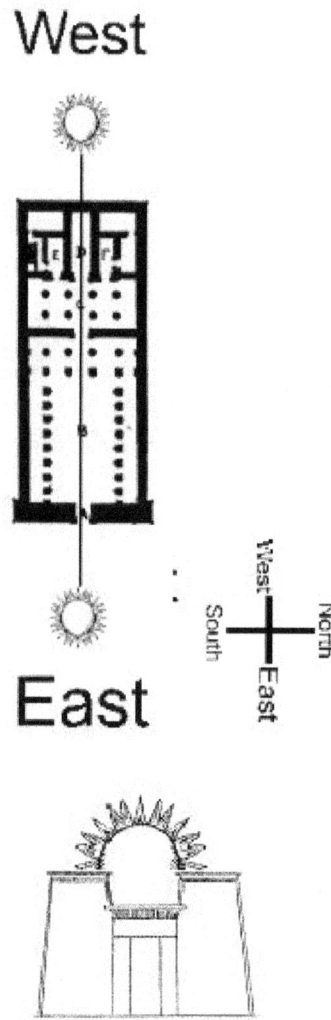

كان المعبد فى مصر القديمة يوجه فى الغالب فى اتجاه "شرق – غرب", لكى تشرق الشمس

عند مدخله و تغرب فوق قدس الأقداس, ليكون المعبد بذلك رمزا لرحلة "رع" فى السماء ما بين الأفق الشرقى و الأفق الغربى.

كانت حركة "رع" فى السماء رمزا لحركة الزمن و تتابع دورات الخلق.

و من خلال رحلته اليومية فى قارب النهار و قارب الليل يقوم "رع" بتجديد طاقة الحياة للكون كله فيحفظه من عوامل الفوضى و الظلام وأما الخلق نفسه فقد أتى للوجود حين خرج "رع" من مياه الأزل فى الزمن الأول.

واذا توقف "رع" عن الحركة لحظة واحدة, سيتوقف الزمن عن الدوران, و سينهار الكون ويتحلل لعناصره الأولية, أى سيعود كل شئ مرة أخرى الى مياه الأزل.

يعتبر فهم رمزية رحلة "رع" فى قاربه السماوى ضروريا لاستيعاب مفهوم التنوير و كيف يحدث للانسان.

عندما يبحر قارب "رع" فى العالم النجمى (السفلى) يقوم بنشر النور فى هذا العالم, و يمنح طاقة الحياة لأرواح الصالحين من البشر الذين انتقلوا للعالم الآخر.

حين ينتقل الانسان الى العالم النجمى بعد الموت, و يجتاز المحاكمة بنجاح و تثبت طهارة قلبه, يخير بين أمرين : اما أن يبقى فى العالم النجمى حيث يستمتع هناك فى حقول الايارو, أو أن ينتظر مرور قارب "رع" فيصعد اليه و يصبح من ركاب قارب "رع" الى الأبد, أى يصبح جزءا من منظومة النور فى الكون ليخدم الخلق كله.

قد يرتحل الانسان الى العالم السفلى بعد الموت, و قد يفعل ذلك أثناء حياته, كما يحدث فى بعض تمرينات التأمل العميق و تجارب خارج الجسد, و هو ما يتطلب وصول اليوجى أولا الى الحكمة و المعرفة الالهية, و التنوير و طهارة القلب.

عليك أن تكون متأملا, خاشعا, عفيف اليد و اللسان, و أن تكتسب الفضائل بأن تعى دائما الحضور الالهى الذى لا يكتفى فقط بأن يحيط بك من كل مكان, بل انه أيضا يتخللك الحضور الالهى لا يقتصر على المعبد, و انما هو فى كل مكان, حيثما وليت وجهك.

فى البداية قد يكون من الصعب على اليوجى استحضار الذات الالهية فى كل وقت و كل مكان, بل ان البعض قد يصعب عليه تصديق ذلك.

و لكن بعد فترة من بداية ممارسة اليوجا, و قراءة التعاليم الروحانية و تأملها و ممارستها فى الحياة اليومية من خلال الفعل, ستلمس بنفسك الحضور الالهى و تختبره.

يتناول النص الأخير من أناشيد آمون العلاقة بين الذات الالهية و بين الخلق, و بشكل خاص بين الذات الالهية و بين روح الانسان.

يصف النص الاله بأنه كالرجل المسن الذى يجدد شبابه من خلال أزواج من العيون و الآذان لا حصر لها.

تعبر هذه الكلمات السحرية بشكل مجازى عن أن الذات الالهية برغم وجودها منذ الأزل الا انها لا تشيخ, لأنها تجدد شباباها باستمرار. فالاله هو كل الكائنات التى تحيا فى هذا الكون , هو كل ما يولد و ينمو و يشيخ و يموت و يعود ليولد من جديد.

الاله هو العشب الذى ينبت من الأرض و ينمو و يموت, ليتحلل و يذوب فى التربة, و يعود ليولد من جديد.

و فى نفس الوقت الاله فى قلب كل انسان, و يتجلى فيه فى كل مراحل عمره من الميلاد الى الشباب الى الشيخوخة الى الموت الى الميلاد من جديد.

لذلك فكل الآذان و العيون و الأفواه و كل المخلوقات التى لا حصر لها هى الاله, لأنهم جميعا تجلياته.

يتجلى الاله فى أقربائك من بنى البشر و فى الغرباء منهم على حد سواء.

الاله يسكن فى كل ذرة من ذرات الخلق, و هو الوحدة الكامنة وراء كل مظاهر التعدد فى الطبيعة الاله فى كل شئ, و فى كل مكان, و لكن لا يوجد مكان يتجلى فيه الاله كما يتجلى فى قلب الانسان.

ظهر "آمون" فى الفكر الدينى المصرى أولا كقوة خفية لا تدركها الأبصار, بدون شكل أو هيئة, و هى القوة التى تخلق الأشياء و تهبها الحياة.

ان غياب الشكل و الاسم عند الحديث عن تلك القوة الماورائية يرتبط بالتعاليم الباطنية التى تقول أن وراء هذا العالم المادى المتجسد الذى يتخذ كل شئ فيه هيئة و اسم, هناك بعد آخر خفى, لا توجد فيه أشكال و لا أسماء و لا تنطبق عليه أيا من المفاهيم العقلانية التى تستخدم لوصف العالم المادى.

هذه القوة الماورائية التى توجد فيما وراء مظاهر الطبيعة, و فيما وراء حدود الزمان و المكان و خارج اطار حواس الانسان المادية الخمسة, هى أسمى من كل المفاهيم العقلانية و من كل محاولات التصنيف.

حين يريد العقل فهم شئ ما, فلابد له أولا من نقطة انطلاق.

ونقطة الانطلاق هى ما نعرفه تحت مسمى "المفاهيم العقلية".

لكى تفهم معنى "فوق" عليك أن تقارنه بمفهوم "أسفل", و لكى تفهم معنى "هنا" يجب أن تقارنه بمفهوم "هناك", و لكى تفهم معنى "أنت" يجب أن يكون هناك "أنا", الخ.

كل هذه المفاهيم العقلية مبنية على الفردية و الشخصانية.

الشخصانية (Individuality) هى أن ترى نفسك منفصلا عن الكون و ما فيه من كائنات أخرى و أن تكون هذه الكائنات فى نظرك أشياء مادية منفصلة عن بعضها البعض.

تظهر مثل هذه المفاهيم العقلية عندما تنسى الروح الصلة التى تجمعها بالكون و الاله, فتتوهم انها شخصية منفردة لها كيان و تاريخ منفصل عن "الآخر".

و فى الحقيقة ان كل هذه المفاهيم العقلية وهم لأنها مبنية على معلومات محدودة مستمدة من الحواس المادية الخمسه.

العقل وحده لا يستطيع أن يرى الكون كله بنظرة واحدة شاملة, و لا يمكنه أن يكشف أسراره

بفكرة واحدة. فكل ما يدور فى العقل من أفكار و كل ما يدخل فى نطاق الحواس المادية الخمسه محكوم بقوانين عالم الزمان و المكان.

ان عقل الانسان و حواسه أشبه بأمواج تضطرب فوق سطح محيط, فهى تعطيه احساس زائف بالانقسامية و التعدد, و فى نفس الوقت تعوقه عن رؤية قاع المحيط حيث الهدوء والسكون.

لذلك فلا يمكن للانسان أن يعتمد على عقله و حواسه فى كشف القوة الخفية الكامنة وراء كل مظاهر الطبيعة و وراء وجود الانسان فى هذا العالم المادى.

ان مهمة طالب اليوجا هى أن يخرج من الحدود الضيقة للعقل و الجسد و ينمى قدرته على الرؤية الباطنية. على طالب اليوجا أن يسعى ليصبح حكيما بأن يتصرف و يشعر و يفكر و يتكلم كالحكماء لا يعنى ذلك يقلد طالب اليوجا الحكماء تقليدا أعمى, و لكن المقصود هنا أن يحاول الطالب تنمية تلك الصفات التى يتمتع بها الحكيم داخل نفسه بالبحث و التدريب و الصبر و مراقبة النفس.

و عندما ينجح طالب اليوجا فى ذلك, سيمتلك وعيا جديد.

توصف هذه التجربة بأنها موت للأنا المادية و ميلاد جديد للروح أو الذات العليا و الى أن يتحقق ذلك, توصف المعرفة التى يمتلكها طالب اليوجا بأنها معرفة عقلانية.

فقط حين يمر طالب اليوجا بتجربة روحانية و يقيم اتصالا مباشرا بالعالم الماورائى يمكن أن يقال عنها أنه أصبح لديه معرفة حقيقية.

كل طقوس اليوجا و الممارسات الصوفية تساعد طالب اليوجا على أن يختبر بنفسه العالم "الماورائى / الحقيقى / المطلق".... حيث يمكنه أن يكتشف الذات الالهية و أن يتحد بها و يذوب فيها و هو ما يعرف بالوصل بالذات. تلك التجربة الباطنية هى ما يجعل الانسان مستنيرا.

فقط من خلال تجربة الوصل بالذات الالهية, يمكن للانسان يقهر الخوف من الموت و يتغلب

على الجهل الذى هو سبب كل آلام الانسان و معاناته, و هو أيضا السبب فى عودة الروح للتجسد فى العالم المادى مرارا.

بمجرد أن يختبر الانسان بنفسه العالم "الماورائى / المطلق", يترك التعلق بالأشياء المادية و بالجسد المادى, لأنه فى تلك اللحظة يكتشف ذاته الحقيقية, و هى الذات الالهية التى يستمد منها الجسد وجوده.

و الى أن يتحقق ذلك, تظل معرفة الانسان عقلانية, محدودة, ملتصقة بالعالم المادى, تلك المعرفة الزائفة هى الأغلال التى تقيد الروح و تسجنها فى الوجود الأدنى.

قد تسافر الى كل الأماكن المقدسه, و تتلو كل الصلوات و الابتهالات, و تقوم بكل الطقوس و الأفعال الحسنة التى يحث عليها الحكماء, و لكن لن يحدث تغير جذرى و تحول فى حياتك و فى وعيك الا بعد أن تمر بتجربة باطنية و تتعرف على الذات الالهية الكامنة بداخلك و التى هى أسمى من العقل و الحواس.

هناك الكثير ممن يدعون أنهم متدينون أو روحانيون, و لكن حين تواجههم تحديات و مصاعب الحياة أو اغراءاتها يجدون أنفسهم غير قادرين على التحمل أو المقاومة, فلا يستطيعون السيطرة على مشاعرهم, أو يقعون ضحية لرغباتهم و غرورهم و مخاوفهم التى واكبتهم طوال مراحل عمرهم.

مثل هؤلاء لم يتمكنوا بعد من الوصول للرؤية الباطنية التى تجعل الحكيم يجد السكينة حتى فى أصعب المواقف و تحت أقسى الضغوط و أقوى الاغراءات.

و هم لم يختبروا بعد تلك الرؤية التى تقتلع الوهم و الجهل الذى يكمن فيه ضعف الانسان و آلامه و معاناته.... تلك الرؤية التى تجعل الحكيم يكرس حياته لخدمة الجنس البشرى و المساهمة فى ارتقائه, بل أن بعضهم قد يضحى بحياته و يقدم حياته قربانا بدافع الحب من اجل الآخرين.

فالحكماء يفعلون ذلك لأن لديهم معرفة باطنية (غنوصية), و ليس مجرد معرفة عقلية الحكيم هو من يعرف أنه ليس ذلك الجسد المادى الفانى, و انما هو جزء من كيان أكبر خالد لا يموت, هو الكيان الالهى الأسمى, و أنه موصول بالكون و ليس منفصلا عنه.

فى مصر القديمة عرفت تلك الرؤية الباطنية باسم "فتح الفم" و أحيانا باسم "الوصل بالاله", أو "البعث" أو "التحول و الصيرورة الى روح حية (ساحو)", و فى التعاليم الباطنية المسيحية عرفت باسم "الزواج الالهى", و فى الفلسفة الهندية عرفت باسم "موكشا" أو "الخلاص", و فى الفلسفة البوذية عرفت ب "النيرفانا" أو "وعى بوذا".

تلك الرؤية الباطنية هى فى الحقيقة تجربة اكتشافك لجوهرك الحقيقى الخالد الذى يسمو فوق جسدك المادى الفانى.

و هى تجربة لا تتحقق الا بالتأمل و الاتصال بمصدر الوجود – ألا و هو "الذات" – عن طريق استيعاب المفاهيم الفلسفية و أيضا عن طريق التحكم فى العقل و الحواس لكى يستطيع الوعى أن يذهب الى أبعد منهما و يتصل بالعالم الماورائى.

هذا هو الهدف من كل العلوم الباطنية و من كل ممارسات اليوجا.

فهى تتيح لك أن تفهم التعاليم الباطنية فهما عقلانيا فى بادئ الأمر, ثم بعد ذلك تذهب الى ما هو أبعد من الفهم العقلانى لتختبر بنفسك عالم الباطن و تعرف ذاتك الحقيقية و هو ما يعرف بمصطلح "التنوير".

عند ممارسة مختلف أنواع اليوجا, يكتشف الانسان طبيعة اللاوعى.

فالمياه البعيدة عن السطح, القابعة فى أعماق المحيط ليس لها شكل أو هيئة, و كذلك وعى الانسان فكلما ابتعدنا عن سطح الوعى كلما اختفت الحدود الفاصلة التى تميز الأشياء و تفصلها عن بعضها البعض.

هنا فى القاع (فى اللاوعى) لا توجد أشكال...... لا يوجد أجسام كبيرة و أخرى صغيرة.

لا يوجد هنا سوى جسم واحد فقط, هو الجوهر........ و هو البنية الأساسية التى تقوم عليها شبكة الطاقة التى خلق بها الكون و التى تخرج منها المخلوقات فى أشكال و صور متعددة لا حصر لها.

عندما ينظر المحيط الى الأمواج المختلفة التى تضطرب فوق سطحه, فهو لا يراها كيانات منفصلة عن بعضها البعض, لأنها جميعا تعبر عن المحيط الواحد.

و كذلك محيط اللاوعى, الذى تنبثق منه مختلف المواقف التى يتعرض لها الانسان فى حياته.

عندما يتجاوز الانسان سطح الوعى و ما يضطرب فيه من مظاهر الانقسام التى تخدع الحواس, و يصل الى الذات العليا, سيجده كقاع بحيرة صافية هادئة, حيث لا أمواج و لا رياح و لا شئ سوى الهدوء و السكينة.

فى تلك الحالة من السكون, يمكن للانسان أن يتصل بجوهره الحقيقى.... بالذات العليا.

قد تبدو تلك المهمة مستحيلة فى نظر البعض, و لكن بمقدور الانسان أن ينجح فيها اذا عرف كيف يتحكم فى أفكاره و مشاعره و رغباته و ذلك من خلال تمرينات اليوجا و التأمل.

فاليوجا هى علم تطهير الفكر و تنقيته من المفاهيم الخاطئة, و هو ما يعرف بتطهير القلب.

فبرغم هيمنة مبدأ الازدواجية أو الثنائية (Duality) على الكون, الا أن الجوهر هو الوحدانية و ليس الازدواجية.

تظهر الازدواجية عندما يعتمد الانسان على عقله و حواسه كمصدر وحيد للمعرفة و كوسيلة للاتصال بالأصل (الذت).

لذلك فان التطور الروحى يعنى أن يكتشف الانسان الجوهر الواحد / الأسمى / الخالد / المحتجب الذى تنبثق منه كل أشكال التعدد.

يعتبر الكبش أهم رموز آمون. تكمن أهمية هذا الرمز فى أنه يشير الى العلاقة المباشرة بين الذات العليا (الاله) و بين روح الانسان, و هى علاقة أسمى و أقوى من الروابط العائلية التى تربط الانسان بأسرته, و أقوى من أى علاقة أخرى قد تخطر ببالك.

تلك العلاقة هى درة تاج العلوم الروحانية و هى أسمى ما يمكن أن يصل اليه وعى الانسان, وهى المحور الذى تدور حوله كل الفلسفات و الممارسات الروحانية.

صور الفنان المصرى القديم آمون فى البداية على هيئة كبش  , ثم فى عصور لاحقة على هيئة انسان برأس كبش, ثم على هيئة انسان كامل.

و فى معظم المشاهد كان رمز آمون يحمل فوق رأسه قرص الشمس الذى يرمز ل "رع", و ريشتين طويلتين و هما رمز السيدتان (ايزيس و نفتيس, أو وادجت و نخبت).

يحوى آمون بداخله صفات كل من "رع", و بتاح, و لذلك دمج المصرى القديم بين الثلاثة وجمعهم فى تحت اسم واحد هو "آمون – رع – بتاح", الثالوث الالهى.

و الكبش يرمز أيضا للروح (با).

ان الذات الحقيقية للانسان ليست الجسد, و لا الأفكار, و لا المشاعر, و انما هى الروح / البا/ آمون . و روح كل انسان هى امتداد للروح الكونية..... هى جزء من "آمون".

آمون هو الروح التى تسكن كل شئ.

حين يصل الانسان الى المعرفة الروحانية و الى التنوير, تتحرر روحه من الالتصاق بالجسد, و يدرك صلته بالروح الكونية "آمون".

الثالوث فى الفلسفة الهندوسية :-

كما ذكرنا فى مقدمة هذا الكتاب , كانت هناك صلات ثقافية بين الهند و بين منطقة شمال شرق أفريقيا و خصوصا حضارة كيميت (مصر) و أثيوبيا أو النوبة , و هو ما يفسر وجود تشابه بين العديد من القصص الميثولوجية و المفاهيم الفلسفية بين الحضارتين (الهندية و الأفريقية) كما أوضحنا بالتفصيل فى الجزء الأول من اليوجا المصرى (فلسفة التنوير).

فكما عرفت كيميت (مصر) ثالوث الوعى "آمون – رع – بتاح" الذى انبثق من الواحد "نبر – تشر", كذلك عرفت الفلسفة الهندوسية الثالوث الذى انبثق من الواحد "براهما".

كما عرفت الفلسفة الهندوسية أيضا مفهوم الأم الكونية العظمى, و هى الرحم الذى خرج منه الخلق .

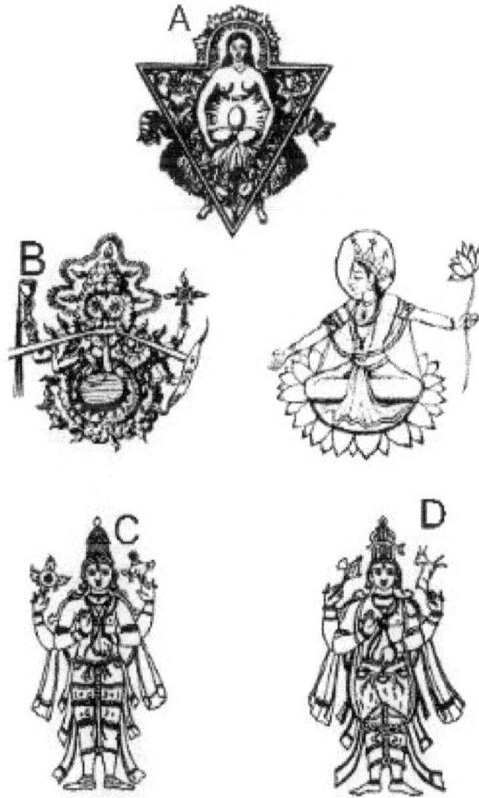

الشكل الذى يحمل رقم (A) – كما هو موضح بالأعلى – يصور الأم الكونية فى الفلسفة الهندوسية, و هى "باراشاكتى". فى بداية ظهور الفلسفة الهندوسية, كانت "باراشاكتى" هى الرحم أو المنبع الذى خرج منه الخلق, و هى بذلك تقابل "محيت – ويريت" فى الفلسفة المصرية.

و الشكل الذى يحمل رقم (B) هو أحد أقدم الأشكال التى ظهر بها براهما فى الفن الهندى. و براهما هو أول ضلع فى ثالوث الخلق. و على يمينه الشكل الأحدث لبراهما فى الفن الهندى, و يصوره و هو جالس فوق زهرة لوتس خرجت من مياه الأزل.

أما الشكل رقم (C), فهو يصور "فيشنو", و هو الضلع الثانى فى ثالوث الخلق.

فيشنو هو الكيان الالهى الذى يحفظ الخلق بعد ظهوره للوجود.

اذا كان براهما هو الخالق, فان فيشنو هو الحافظ .

رأت الفلسفة الهندوسية أن الاله يحفظ الكون بطريقتين, و هما الاحتواء و التجسد.

فالاله يحفظ الكون فى كل لحظة بأن يحتويه, تماما كما يحتوى المحيط كل ما يضطرب فوق سطحه من أمواج.

و حين تظهر عوامل الفوضى و الظلام و الشر و تهدد بانهيار العالم يتجسد فيشنو و ينزل الى العالم المادى ليحارب قوى الفوضى و الظلام بنفسه و يعيد النظام مرة أخرى.

تقول الفلسفة الهندوسية أن ل "فيشنو" عشرة من الآفاتار (التجسدات الالهية), و من أشهر هذه التجسدات "راما" و "كريشنا".

و يمكننا أن ننظر الى ايزيس و أوزوريس و حورس و جحوتى فى الفلسفة المصري باعتبارهم تجسدات (آفاتار) للكيان الالهي الأسمى.

أما الشكل رقم (D), فهو يصور "شيفا", الضلع الثالث فى ثالوث الخلق, و هو الضلع المسئول عن الهدم. شيفا هو قوى الهدم و التحلل التى تعيد الخلق الى حالته الأزلية, و بذلك تتيح الفرصة لبراهما ليبدأ دورة خلق جديدة.

يرمز شيفا أيضا فى الفلسفة الروحانية الهندوسية لانتصار روح الانسان على الجهل, لأن شيفا يحمل عينا ثالثه فى منتصف جبينه, و هى عين البصيرة التى ترى الوجود رؤية شاملة. العين الثالثه التى يحملها شيفا هى عين البصيرة التى يسعى كل طالب يوجا لامتلاكها, لكى يستطيع رؤية الجوهر الروحى الذى يسكن كل شئ.

عندما تتفتح العين الثالثه (عين البصيرة) لطالب اليوجا, ينهار فى نظره العالم المادى القديم, و يحل محله عالم جديد أكثر شفافيه, و يولد لديه وعى جديد هو الوعى الأسمى.

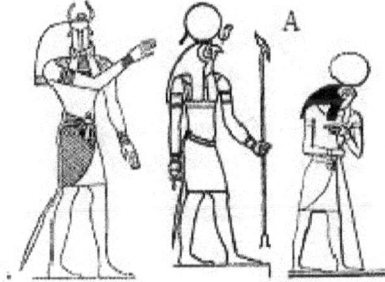

هيئات "رع" أو مراحله الثلاثة كما ظهرت فى الفن المصرى, من اليسار الى اليمين :-

*** خبرى : فى الصباح / لحظة الشروق / فى بداية دورة الخلق

*** رع : فى الظهيرة / فى منتصف دورة الخلق

*** آتوم : عند الغروب / فى نهاية دورة الخلق

صورة "حورس- نفرتوم" (أحدى هيئات الاله الخالق), لحظة خروجه من مياه الأزل فوق زهرة لوتس.

صورة براهما لحظة خروجه من مياه الأزل فوق زهرة لوتس, انبثقت من سرة فيشنو.

هذا الشكل يصور أوزير (الجوهر الساكن فى مياه الأزل) راقدا فوق التمساح "سوبك" (طاقة الحياة الكامنة فى مياه الأزل). من جسد أوزير يخرج حورس (الشمس الوليدة).

و هنا يمكننا ان نشبه حورس ببراهما, و أوزير بفيشنو.

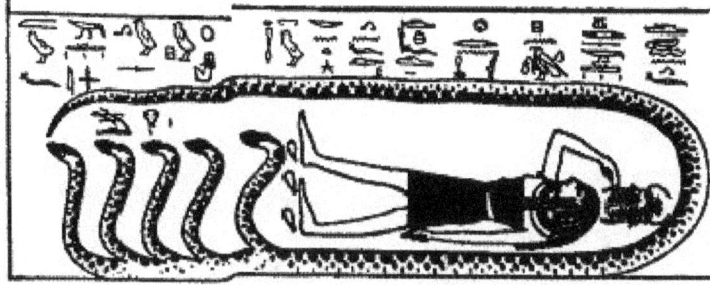

هذا المشهد من أحد كتب العالم الآخر المصرية, و هو يصور الكيان الالهى الأسمى "آتوم" على هيئة رجل يحيط به ثعبان له خمسة رؤوس.

يرمز الثعبان أو الحية لطاقة الحياة التى أخرجت الخلق للوجود و التى تغذى كل الموجودات.

عرف الثعبان الذى يسكن مياه الأزل فى مصر القديمة و الذى يلعب دورا كبيرا فى خروج الخلق من مياه الأزل باسم ثعبان "محن", كما يلعب دورا أيضا فى حماية قارب "رع" أثناء رحلته الليلية الى ال "دوات" (العالم النجمى/السفلى).

و تحت أقدام آتوم ثلاثة علامات هيروغليفية تعنى "جسد / لحم / أعضاء الجسد" .

و المعنى الباطنى الذى نستشفه من هذا المشهد أن من الجوهر الواحد ينبثق ثالوث الخلق الذى من خلاله تتجسد الأشياء فى جسد مادى. من الواحد يخرج المتعدد.

و من رأس آتوم يخرج "خبرى" (الجعران), الذى يبدأ الخلق.

و هنا علينا أن نتذكر أن المصرى القديم لم ينظر الى بداية الخلق باعتبارها حدثا وقع فى زمن ماضى بعيد و انتهى, و انما هو حدث يعيد تكرار نفسه كل يوم مع شروق شمس كل يوم جديد.

فالكون فى حالة خلق دائم, لا يتوقف أبدا, و انما يعيد تكرار نفسه.

هذا التكرار لفعل الخلق الأول هو ما يحفظ الكون فى كل لحظة.

تكرار أحداث النشأة الأولى بشكل دائم هو ما يضمن استمرار الكون, تماما كما أن توارد الأفكار و الخواطر و الصور على ذهنك أثناء الحلم هو ما يضمن استمراره. و بمجرد توقف توارد الخواطر و الصور على ذهنك يتوقف الحلم.

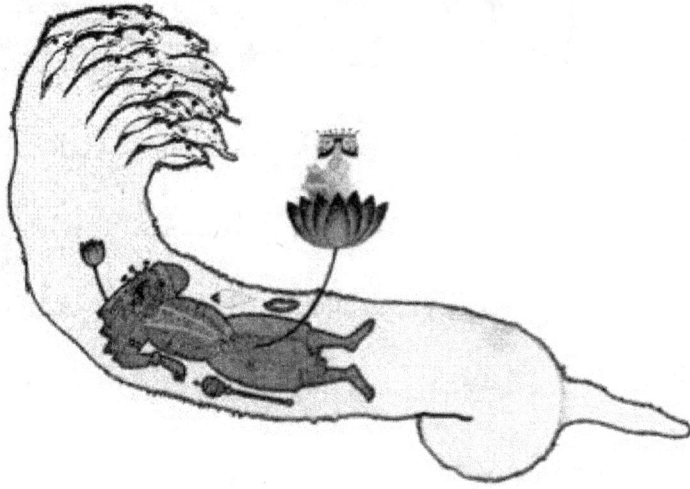

هذا المشهد يصور فيشنو و هو يرقد داخل حية لها ألف رأس (رمز التعددية), تعيش داخل مياه الأزل التى تشبه اللبن. و من سرة فيشنو تخرج زهرة لوتس تحمل براهما ذو الأربعة أوجه, رمز خلق العالم المادى.

<u>الوحدانية التى تحوى الازدواجية فى الفلسفة المصرية و الهندية :-</u>

جاء فى متون التوابيت :-

*** بعد ملايين السنين من خلق العالم و ما فيه من كائنات متعددة, تعود قوى الفوضى التى كانت سائدة قبل الخلق للظهور مجددا..... و عندما يحدث ذلك, لن يكون هناك زمان أو مكان.... لن يكون هناك سوى الكيان الالهى الأزلى و أوزير, و سيتحدان معا فى كيان

- 316 -

واحد***

يعتقد الكثير من طلاب الفلسفة البوذية و فلسفة "سامكهيا" و فلسفة الفيدا أن الهند هى أول من عرف مفهوم الوحدانية التى تسمو فوق كل أشكال الازدواجية و الثنائية.

و لكن النص السابق الذى اقتبسناه من متون التوابيت المصرية يشير الى معرفة قدماء المصريين لمفهوم الوحدانية قبل ظهورها فى الفلسفة الهندية.

يشير النص الى أن الخلق كله سيعود الى حالته الأزلية (الوعى الأزلى), بما فى ذلك ال "نترو" (الكيانات الالهية). لذلك من الضرورى أن يسعى الانسان للوصل بالأصل (الذات العليا), لأن الذات هى الجوهر الحقيقى الخالد.

الذات هى المحيط اللامتناهى الذى تنبثق منه كل الأشياء المحدودة, و اليه تعود مرة أخرى لتذوب و تنصهر و تعود لحالتها الأزلية.

و "آتوم" (و ينطلق أحيانا "توم", أو آتوم – رع) هو المطلق / اللامحدود / اللامتناهى الذى انبثق منه الخلق, و اليه يعود مرة أخرى.

بعد أن تجتاز روح الانسان الصالح المحاكمة فى العالم الآخر و تثبت طهارة قلبه, يصبح أمامه خياران, اما أن يذهب الى موطن أوزير حيث عامود ال "جد" و يسكن هناك مع أوزير الى الأبد, أو أن ينتظر حتى يأتى "رع" لزيارة العالم السفلى فى رحلته الليلية, و يلتحق بقاربه المقدس (قارب ملايين السنين) و يصبح من حاشيته, أى يصبح جزءا من منظومة النور فى الكون, فيحظى بالسعادة و النشوة الروحية الى الأبد.

يتناول كتاب الأمدوات (وصف ما هو كائن فى العالم الآخر) رحلة الروح فى ال "دوات" (العالم النجمى/السفلى) حين يكون المسافر من ركاب قارب "رع", أما كتاب "الخروج الى النهار" فيصف رحلة الروح فى ال "دوات" حين يكون المرتحل من أتباع أوزير.

اذا اختار الانسان مملكة أوزير (الدوات), فسيحيا فى العالم النجمى لفترة زمنية طويلة

(بالمقارنة بزمن الأرض) حياة أبدية أشبه بحياته على الأرض و لكن بمميزات أكبر.

جاء وصف هذه الحياة فى الفصل الثامن من كتاب الخروج الى النهار.

و كما جاء وصف الوحدانية فى كتاب متون التوابيت المصرى, كذلك وصفتها نصوص الأوبانيشادا الهندوسية بهذه العبارات :-

*** قبل أن يأتى الخلق للوجود, كان براهما (المطلق) موجودا, و لكنه كان محتجبا, لم يتجلى بعد. و من ذلك المحتجب انبثق الخلق ليتجلى فيه المحتجب. أخرج الاله الخلق من ذاته ليعبر عن ذاته..... و هو الموجود بذاته ***

و قد عبرت متون التوابيت أيضا عن "نون" (مياه الأزل) بهذه العبارات :-

*** أنا "نون"........ أنا الواحد..... ليس كمثلى شئ..... جئت للوجود فى وقت فيضانى (الفيضان العظيم)..... نشأت من الفراغ الأزلى..... خلقت جسدى بقدرتى, و شكلت صورتى كما اقتضت مشيئتى.... و كل ما انبثق من ذاتى هو فى قبضتى, و أنا أحيط به***

ان الهدف من كل ممارسات اليوجا أن يكتشف المريد أن الذات الالهية هى جوهر كل شئ فى الكون, و هى الجوهر الحقيقى للانسان. الذات الالهية موجودة بذاتها, و هى التى أخرجت الكون للوجود بمشيئتها.

تعتبر "نون" أحد جوانب أو أوجه "آتوم", يمكن أن ننظر اليها باعتبارها المادة الخام الأزلية (التى لم تتشكل بعد) التى يمكن أن تتخذ أى شكل أو تتحول الى أى عنصر سواء أرض, أو ماء, أو هواء, أو نار.

يمكن لمياه الأزل أن تتخذ أشكالا متعددة, تماما كما يتخذ الماء أشكالا متعددة باختلاف درجة الحرارة. فكوب الماء الواحد يمكن أن يتحول الى بخار بارتفاع درجة الحرارة, و يمكن أن يتحول الى ثلج باخفاضها, أما فى درجة الحرارة المتوسطه فهو يكون سائلا (ليس له شكل).

و المادة الأزلية تشبه الماء فى حالته السائلة, حين لا يكون محددا بشكل معين.

كل أشكال المادة فى الكون الذى نعرفه تتكون من نفس الجوهر الذى ليس له شكل فى الأصل, و لكنه قابل للتشكل فى كل الصور, تماما كالصلصال الذى يشكله الفخرانى على عجلته.

و لكن الصور و الهيئات التى تتخذها المادة الأزلية ليست خالدة, و انما هى الى زوال. فالذات الالهية تجلى فى كل أشكال الخلق, تماما كما يتقمص الممثل أدوارا عديدة, و لكن هذه الأدوار ليست هى ذاته الحقيقية. فبمجرد انتهاء المسرحية أو الرواية يضع الممثل القناع الذى كان يضعه على وجهه جانبا, لينكشف وجهه الحقيقى.

فى نهاية دورة الخلق, يعود كل شئ الى حالته الأزلية, و ينكشف الوجه الحقيقى للذات الالهية, تماما كما يذوب الثلج عند ارتفاع الحرارة فيعود الماء الى حالته السائلة.

و هو ما وصفته نصوص الأوبانيشادا الهندوسية بهذه العبارات :-

*** فى البدأ كان الوجود (الموجود) وحيدا...... واحدا, لا ثانى له...... ثم طرأ على خاطره فكرة.... أراد الواحد أن يصبح متعددا..... فأخرج الكون من ذاته.... و سكن كل شئ فيه ***

ليس للروح سوى ملاذ واحد, و هو الذات.... و هى الرحم الذى انبثق منه كل شئ, بما فى ذلك آتوم, و رع, و أوزير, و الخلق جميعا.

نجد وصف ذلك فى كتاب الخروج الى النهار و فى متون التوابيت التى تقول بوجود كيان الهى متعالى, أسمى من كل التجليات الالهية التى عرفها الانسان - بما فى ذلك آتوم - و هو محتجب, متعالى, لامحدود, لا اسم له.

جاء فى متون التوابيت :-

*** أنا الأسد المزدوج, أنا الأزلى.... كنت موجودا قبل آتوم ***

*** أنا رع..... المبجل للأبد..... أنا آتوم الأسمى من كل الأرواح...... أنا رب الأبدية ***

*** أنا الواحد, الذى يرتحل فوق الهاوية الأزلية..... أنا الواحد, الذى لا يعرف له البشر

اسما ***

فى هذا المشهد من كتاب ابتهالات رع (و هو أحد كتب العالم الآخر المصرية), يظهر "رع"
و أوزير فى جسد واحد.

كان القمر أحد الرموز التى ارتبطت بأوزير فى الفلسفة المصرية.
جاء فى الميثولوجيا المصرية أيضا أن الشمس و القمر هما عين رع اليمنى و اليسرى,
و هما البوابة التى يستطيع الانسان من خلالها أن يعبر الى الذات الالهية و يعرفها, تماما كما
تعرف شخصية الانسان و ما يفكر فيه من خلال النظر الى عينيه.

يعبر هذا المشهد عن وحدانية الذات الالهية مهما تعددت مظاهر التجلى.

انه أوزير الساكن فى "رع"..... و "رع" الساكن فى أوزير.

يقف الكيان الالهى الذى يحوى أوزير و رع فوق منصة الماعت, تحيط به كل من ايزيس و تفتيس. و هنا تعود فكرة الثالوث للظهور من جديد, مع ملاحظة أن هذا الثالوث يحوى ضلعين مؤنثين و ضلع واحد مذكر.

من الواحد تنبثق كل أشكال الازدواجية و الثنائية, بما فى ذلك ازدواجية مصير الروح, حيث يمكن للروح أن تلحق بقارب رع أو تبقى فى مملكة أوزير فى الدوات.

يكشف لنا هذا المشهد عن الفلسفة الروحانية الراقية التى توصل اليها حكماء مصر القديمة, و هى أن الصور المتعددة للتجليات الالهية فى الفن المصرى هى تعبير عن كيان واحد و ليس عن كيانات عديدة مختلفة. و الصور فى حد ذاتها ليست حقيقة مطلقة, و انما هى رموز, و وسائل للتعبير عن مفاهيم ماورائية.

الصور المقدسة هى نوافذ أو قنوات يمكن للانسان من خلالها أن يتصل بالعالم الأسمى (عالم الروح).

لم يشهد العالم مثل تلك الفلسفة الروحانية التى نشأت و ازدهرت فى مصر القديمة (منذ حوالى خمسة آلاف عام) , حتى ظهرت الفيدانتا الهندوسية (منذ حوالى 3500 عام).

<u>الثالوث فى المسيحية :-</u>

أثارت مخطوطات نجع حمادى الغنوصية اهتمام العلماء منذ اكتشافها , ففى عام 1945 ميلادية اكتشف علماء الآثار بمدينة نجع حمادى (و هى احدى مدن صعيد مصر) 52 مخطوطا أثريا, تعود الى فترة ظهور المسيح. و تكمن أهمية هذه المخططات الأثرية فى أنها تلقى الضوء على الظروف الاجتماعية التى كانت سائدة فى الفترة التى ظهرت فيها المسيحية .

فقبل ظهور هذه المخطوطات كان هناك اعتقاد سائد بأن المسيحية ظهرت فى بدايتها على هيئة طوائف صغيرة متفرقة تعيش جنبا الى جنب, الى أن قامت احدى هذه الطوائف (الكاثوليكية الرومانية) بفرض سيادتها على الطوائف الأخرى و أعلنت أنها هى الطائفة المسيحية الوحيدة الصحيحة, و اتهمت كل الطوائف المخالفة لها بالهرطقة. و فى اجتماعات أساقفة الكاثوليكية, تم تغيير و حذف و تعديل بعض نصوص الانجيل.

و فى الوقت الذى كانت الكنيسة الكاثوليكية الرومانية تقوم باعادة صياغة الانجيل و تقنين نصوصه التى أصبحت تشكل بعد ذلك النصوص الانجيلية التى نعرفها الآن, كانت هناك طوائف مسيحية من أصول مصرية و هم الأقباط تقوم بتدوين نصوص انجيلية مختلفة تحوى العديد من سمات الفكر الدينى فى مصر القديمة و هى النصوص التى عرفت باسم مخطوطات نجع حمادى .

تعرف مخطوطات نجع حمادى أيضا بأنها تحمل ملامح "غنوصية", و هى احدى مدارس العلم الروحانية التى ظهرت فى مصر فى نفس فترة ظهور المسيحية, و هى مدرسة تقوم على المفاهيم الروحانية التى كانت سائدة فى مصر القديمة.

بدأ أفول شمس الحضارة المصرية القديمة منذ حوالى 1000 الى 300 عام قبل الميلاد, و ذلك لأسباب عديدة منها الحروب و الاضطرابات الداخلية بالاضافة الى قانون الدورات الكونية الكبرى الذى يؤثر على صعود و أفول الحضارات. و قد أدى أفول الحضارة المصرية الى ظهور فراغ روحى جعل حكماء ذلك الوقت يلجأون الى اعادة صياغة قصة موت و بعث أوزير بأسلوب جديد.

ساهمت الصياغة الجديدة لقصة أوزير فى ظهور أديان جديدة فى منطقة الشرق الأوسط, و منها المسيحية و مدرسة أسرار اليوسيس و غيرها. فطقس "الأفخارستيا" (التناول / القربان المقدس) على سبيل المثال و هو أحد أهم الطقوس فى الديانة المسيحية مقتبس من الطقوس المصرية القديمة و قبل ظهور المسيحية كانت تفاصيل طقس الأفخارستيا قد انتقلت

من مصر الى كل انحاء الامبراطورية الرومانية فى شمال أفريقيا, و الشرق الأوسط و اليونان و روما, باعتبارها جزءا من طقوس تقديس ايزيس و أوزوريس التى لاقت شعبية كبيرة بين كل شعوب المنطقة فى تلك الفترة الزمنية.

و بمرور الوقت انتقلت طقوس التناول (القربان المقدس) من الديانة الأوزيرية الى مدارس العلوم الروحانية التى ظهرت قبل المسيحية و منها المدرسة الفيثاغورية, و الأسينية, و المثرائية, و مدرسة ديونيسيوس, ثم انتقلت بعد ذلك الى المسيحية.

رموز الثالوث فى المسيحية : الروح القدس (فى الأعلى, على هيئة طائر), و الأب (فى المنتصف), ثم الابن أو المسيح.

و لما كان المسيحيون الأقباط هم أحفاد قدماء المصريين, لذلك نجد أن الرموز و اللغة القبطية

التى ظهرت فى بدايات المسيحية تحمل فى طياتها تعاليم الفكر الدينى لمصر القديمة حيث تم تضمين هذه المفاهيم بطريقة مختلفة فى التعاليم المسيحية, مثل فكرة التوابيت التى تحمل نقوشا منها تصوير الموتى و كأنهم طيور بأجنحه و هى فكرة مقتبسة من مفهوم ال "با" (الروح) فى مصر القديمة.

و بمرور الوقت تم تضمين مفهوم الثالوث فى الديانة المسيحية و أصبح جزءا أساسيا من الديانة المسيحية, و عندما ظهرت الكاثوليكية الرومانية انفصلت عن المدارس المسيحية الأخرى, و لم تكتفى بالانفصال عنها فقط بل وصمتها بالهرطقة و كذلك وصمت كل مدارس العلوم الروحانية و الأديان الأخرى التى كانت موجودة فى ذلك الوقت بالهرطقة.

و هكذا ظهر الفكر الدوجماتيكى الباطرياركى (الأبوى / الذكورى) الاستعلائى, و بدأ يهيمن على الامبراطورية الرومانية و بدأ يمارس هيمنته و سيطرته على العالم و ازاحة كل مدارس العلوم الروحانية و الأديان الأخرى و وصمها بالهرطقة لتمهيد الطريق لسيطرة الديانة المسيحية الجديدة.

وسط هذه الأجواء المرتبكة, تم اقتباس العديد من تعاليم و طقوس الأديان الأخرى و تضمينها فى الديانة المسيحية الجديدة, فى محاولة لاقناع أتباع الديانات الأخرى بقبول الديانة الجديدة.

و برغم قيام قادة الكنيسة الكاثوليكية باقتباس العديد من تعاليم و طقوس الأديان القديمة, الا أنهم فقدوا المعنى الحقيقى لتلك التعاليم الباطنية.

و بمرور الزمن أصبحت تلك التعاليم الباطنية محل خلاف و جدال داخل الكنيسة الكاثوليكية, و أدت لنشوب نزاع بين الدول الأوروبية التى اتبعت زعماء مختلفين للكنيسة.

أدى هذا الخلاف الى انقسام الديانة المسيحية الى ثلاثة كنائس رئيسية :-

الكنيسة الغربية فى روما, و الكنيسة الشرقية (البيزنطية) فى القسطنطينية, و الكنيسه القبطية فى مصر. بالاضافة الى ظهور العديد من المذاهب الأخرى كالبروتستانتية, و المئات من المذاهب المسيحية التى عارضت الكنيسه الكاثوليكيه فى روما و انفصلت عنها.

و فكرة الثالوث فى المسيحية تختلف تماما – بل تعارض – التعاليم الباطنية فى المدارس الروحانية كالغنوصية, و التى تقول بأن كل انسان هو تجسيد أو تجلى للاله الخالق, و أن الاله موجود داخل كل انسان.

ظهر مصطلح الثالوث (trinitas) لأول مرة فى الديانة المسيحية فى القرن الثانى الميلادى, حين استخدمه رجل اللاهوت اللاتينى "ترتوليان" (Tertulian).

ظهر المصطلح أثناء المحاورات و المناقشات التى دارت فى الكنيسه حول طبيعة المسيح (Christ) و هنا تجدر الاشارة الى ان العقيدة المسيحية الأرثوذوكسية الرومانية لم تتضح ملامحها بالشكل الذى نعرفه الان الا فى القرن الرابع الميلادى.

تأثر مفهوم الثالوث فى الأرثوذكسية بكتابات القديس أوجستين (الذى عاش فى القرن الرابع الميلادى) عن الثالوث (On the Trinity) و الذى وصف العلاقة بين أضلاع الثالوث (الأب و الابن و الروح القدس) بأنها علاقة تكامل, و قال بأن الثلاثة واحد, و قال أيضا اننا يمكننا أن نفهم الروح القدس على أنها الحب المتبادل بين الأب و الابن.

و هنا تجدر الاشارة أن ديانة و معابد ايزيس و أوزوريس كانت منتشرة فى كل أنحاء الامبراطورية الرومانية, و أن هذه المعابد كانت تمارس الطقوس المصرية القديمة فى كل انحاء الامبراطورية حتى القرن الخامس, حين أغلقها المسيحيون المتعصبون.

و لكى يستطيع رجال الدين الكاثوليك استمالة أتباع الديانة الأوزيرية فى الامبراطورية الرومانية قاموا باقتباس الكثير من تعاليم الديانة المصرية القديمة و تضمينها فى الديانة المسيحية الجديدة.

و هكذا ظهرت فى المسيحية طقوس الافخارستيا (التناول / القربان المقدس), و ظهر مفهوم قيامة المسيح, و مفهوم الثالوث, و ظهر رمز الصليب.

تقول المسيحية الأرثوذكسية أن الاله خلق الانسان بقدرة الروح القدس, الذى هو أحد أضلاع ثالوث الهى.

تتشابه هذه الفكرة مع الفلسفة المصرية القديمة التى تقول بأن الكيان الالهى الأسمى خلق الكون و الانسان من خلال ثالوث الهى (آمون – رع – بتاح).

و لكن آباء الكنيسه عجزوا عن تفسير طبيعة الثالوث فى الديانة المسيحية, و اكتفوا بالتصريح بأن أضلاع الثالوث متساوون. و حين لم يستطيعوا تقديم تفسير لأتباع الكنيسه تحول الفكر الدينى من المعرفة الروحانية الى الايمان الأعمى, و صرح رجال الدين للمتدينين بأن هناك معنى باطنى للثالوث لا يعرفه أحد, و أن على المسيحي فقط أن يؤمن بالثالوث.

هذا المفهوم المشوش و المعقد للثالوث و للألوهية فى الكنيسة الكاثوليكية هو الذى فتح الباب لظهور مذاهب و أديان جديدة.

و بعكس المسيحية الكاثوليكية, تقول الغنوصية و الصوفية بأن العالم المادى و كل ما فيه من مظاهر مختلفة للطبيعة هو مملكة السماء, و أن الذات الالهية هى جوهر و حقيقة كل انسان, و هى ذاته الحقيقية و ليس جسده المادى.

تقول هذه المدارس الباطنية أن على الانسان أن يسعى لاكتساب المعرفة الروحانية ليتكشف تلك الذت الالهية الكامنه فيه و التى يحجبها الجهل النابع من الأنا المادية الزائفة.

على الانسان أن يتخلص من تلك الأنا, حتى يصبح موصولا بالأصل, حيث تذوب ذاته الدنيا فى الذات العليا, و تلك هى النشوة الروحية (بالمعنى الصوفى).

يعارض آباء الكنيسه هذه النظرة الصوفية, و يستبدلون الوصل بالذات الالهية و النشوة الروحية بفكرة قيامة الجسد المادى لكل فرد من جديد.

فاذا كان الانسان صالحا فى حياته الدنيا, سيعود (بطريقة ما !) فى نهاية الزمن الى جسده

المادى القديم الذى عاش به فى الدنيا, و يصعد به للسماء و يلتحق هناك بالاله, و يعيش سعيدا فى عالم سماوى حيث يمكنه أن يرى المسيح الى جوار الاله على عرشه.

و فى الحقيقة ان الأديان و الفلسفات القديمة تقدم لنا نظرة مختلفة لعلاقة الانسان بالكون و الاله عن النظرة المسيحية.

فالغنوصية و الفلسفة المصرية القديمة و البوذية و التاوية الصينية و علوم الفيدا الهندوسية تؤكد على أن الكيان الالهى الأسمى لا يحيا فى عالم سماوى منفصل عنا, و انما هو يسكن كل شئ فى الكون, كما يسكن أيضا فى قلب كل انسان. و انه لكى نعرف الكيان الالهى الأسمى علينا أن نكون مثله.

و هنا نلاحظ ان الكنيسة الأرثوذكسية ما زالت تحتفظ بجزء من هذه التعاليم الروحانية القديمة فى ثلاثة نصوص هامة وردت فى انجيل يوحنا و انجيل لوقا, و لكن هذه النصوص نادرا ما يتم مناقشة معانيها الباطنية و علاقتها بالتطور الروحى للانسان.

و بوجه عام, نلاحظ أن مفهوم الثالوث المسيحى (الأب و الابن و الروح القدس) فى نظر معظم الناس يرتبط بوجود اله متعالى يجلس على عرش فى السماء. و من هناك, من موقعه البعيد المتعالى يقوم بالحكم على أفعال البشر و يعاقبهم.

يمثل المسيح الضلع الثانى فى ثالوث المسيحية, و هو الابن الذى ولد بمعجزة الهية من أم بشرية متجسدة فى جسد مادى (مريم العذراء).

أما الضلع الثالث فى ثالوث المسيحية, فهو الروح القدس, و هى عبارة عن قوة الروح الخفية التى لا تدركها الأبصار, و التى تحيى الخلق.

فى بداية ظهور المسيحية كان هناك جدل و نزاع حول فكرة الثالوث, و لكن بعض طوائف المسيحية الأولى تمسكت به و أصرت على اعتباره مفهوما رئيسيا فى المسيحية لأنه كان جزءا من تراثهم الدينى القديم الذى تعود جذوره الى ما قبل ظهور المسيحية. و قد نجحت هذه الطوائف فى الحفاظ على استمرار بقاء مفهوم الثالوث, و لكن المعانى الباطنية المرتبطة

بالثالوث ضاعت بمرور الزمن بسبب تحويل التعاليم الروحانية الى عقيدة دوجماتية فى ظل سيطرة الكنيسة الكاثوليكية الرومانية.

و قبل ظهور المسيحية بآلاف السنين, عرفت مصر القديمة مفهوم الثالوث الالهى, و عبرت عنه بأكثر من طريقة, فهناك أكثر من ثالوث فى مصر القديمة (كثالوث منف, و ثالوث طيبة, و ثالوث اسنا, و ثالوث اليفانتين, الخ), و كل منها يتناول أحد جوانب الألوهية المحتجبة.

تعود جذور المسيحية الى اليهودية, و تمتد جذور اليهودية الى مصر القديمة, تماما كما تمتد جذور الهندوسية فى الهند الى ديانة أقدم كانت تطلق على الكيان الالهى اسم "اندرا", بدلا من براهما فى الهندوسية.

جاء فى العهد القديم أن "موسى تعلم من حكمة المصريين, و لذلك كانت أقواله و أفعاله عظيمة". لذلك فالمسيحية تحمل فى طياتها عناصر من الديانة اليهودية, كما تحمل أيضا عناصر من الديانة المصرية القديمة.

من رحم الديانة المصرية القديمة ولدت العديد من الديانات و المدارس الروحانية الأحدث, و منها اليهودية و الغنوصية, كما تركت الديانة المصرية أثرا كبيرا أيضا على الديانات الأخرى التى انتشرت فى حوض البحر المتوسط و آسيا الصغرى و أفريقيا.

و لكن بمرور الوقت, اختفى التسامح و التعايش, و تعرض كهنة مصر القديمة و حكماءها للاضطهاد و اتهموا بالوثنية, و تعرضت المعابد المصرية للتخريب, و أجبر كل حكماء و كهنة الأديان الأخرى بخلاف المسيحية على الصمت.

و قد أدى هذا التطرف و التشدد و الاقصاء الى نسيان التعاليم الباطنية التى وردت فى النصوص الدينية المسيحية, و التى اقتبست فى الأصل من مصر القديمة.

و يعتبر مفهوم الثالوث أحد أبرز الأمثلة على ذلك.

و لمزيد من المعلومات حول هذا الموضوع أنصحك بقراءة كتاب "دورات الزمن" (The Cycles of Time) لنفس المؤلف, مواتا آشبى.

الفصل الرابع

خلاصة ما سبق

العقل و العناصر التى يتكون منها وعى الانسان

*** أنا الاله الواحد, الذى أصبح ثلاثه ***

تناول الفصل الأول و الثانى و الثالث من هذا الكتاب الحكمة المتعلقة بالكون الأكبر.

ثم ختمنا ذلك بالبحث فى مفهوم الثالوث و التعاليم الباطنية المتعلقة به, و رأينا كيف

تعبر الذات الالهية عن نفسها من خلال الكون و من خلال وعى الانسان.

و لكن كيف يعمل وعى الانسان من وجهة النظر العملية ؟

كيف يعمل وعى الذات الالهية (الروح) و يتجلى من خلال شخصية الانسان ؟

فى هذا الفصل سنتناول المعرفة الباطنية التى تتعلق بالكيان الروحى للانسان.

فى هذا الفصل سنتناول "أصل العقل و منشؤه"

Conscious Mind and Sense Organs and body

Intellect and Senses

Unconscious Mind

Soul

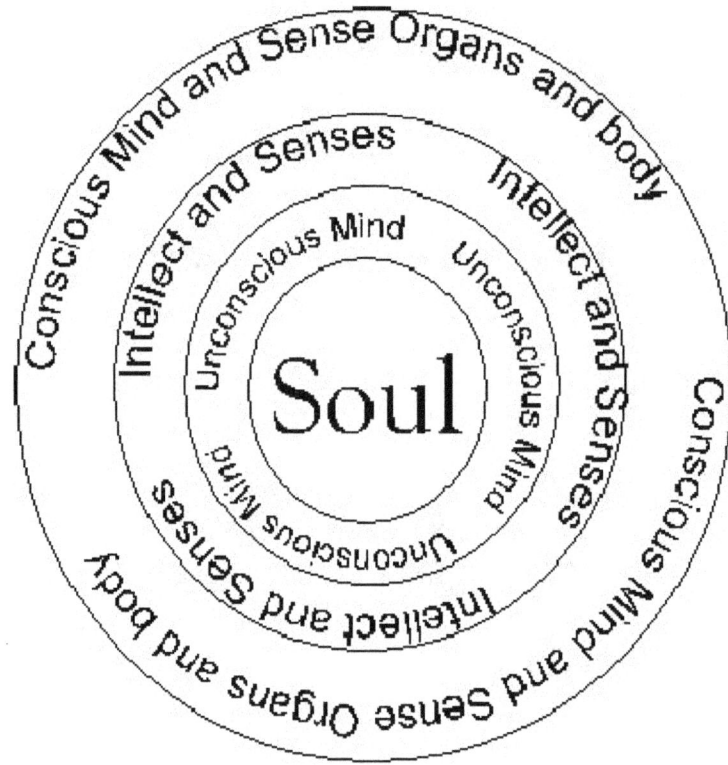

يوضح هذا الشكل مستويات الوعى الانسانى, باعتبارها امتداد للثالوث الالهى كما جاء فى الفلسفة المصرية القديمة.

تشكل الروح أساس و جوهر الكيان الانسانى, و من ذلك الجوهر ينبثق اللاوعى و الفكر و العقل و الحواس و هى ما يعرف بالشخصية.

الروح خالدة, فى حين ان الشخصية مكتسبه, و هى الى زوال.

تقوم الشخصية بشكل محدود و مؤقت بالتعبير عن الروح, و لكن الشخصية فى حد ذاتها ليست حقيقة مطلقة.

فى الجزء الأول من كتاب اليوجا المصرى (فلسفة التنوير), قمنا بالبحث فى أسئلة فلسفية مثل من هو الاله ؟ و ما هو أصل الانسان و كيف نشأ ؟

و قد حاولنا القاء الضوء على هذه المفاهيم من وجهة نظر صوفية و من خلال البحث فى

حكمة مصر القديمة و علومها الروحانية.

حظى الكتاب بانتشار كبير و شهرة واسعة, و كان هو الدافع لاصدار الجزء الثانى الذى بين يديك الآن عزيزى القارئ, و هو الجزء الذى يواصل البحث فى العالم السببى و كيف يمكن للانسان أن يكتسب الحكمة و يستخدمها فى اكتشاف و فهم أسرار الحياة.

يبحث هذا الجزء الثانى من الكتاب فى ماهية العقل و منشؤه, و يتناول حكمة مصر القديمة فيما يتعلق بالنفس الانسانية و العقل الباطن.

يقدم لنا هذا الكتاب أدلة مستقاه من النصوص المصرية على أن حكماء مصر القديمة قد توصلوا الى معرفة راقية — بل هى الأرقى بين كل الحضارات — بالروح و العقل و النفس الانسانية, و علاقة الانسان بالذات الالهية.

فى الجزء الأول من اليوجا المصرى تناولنا مفهوم المحيط الأزلى الذى خرج منه الاله بقوة الفكرة التى يحملها فى قلبه. هذه الفكرة الأزلية و ما أعقبها من أفكار كانت هى السبب فى خلق الكون بمشيئة الاله.

هذا المحيط الأزلى هو محيط الوعى الخالص, النقى, الذى لم يتشكل بعد الى أفكار.

كان محيط الوعى هكذا فى الأزل, و لذلك كان من السهل أن يتشكل الى أى شكل أو صورة أو هيئة.

ثم قامت موجات الفكرة الأزلية التى خطرت ببال الاله (حين رغب فى أن يخلق من ذاته) بتحريك محيط الوعى و خلقت منه مختلف الأشكال و الصور, فظهر الكون للوجود.

و برغم تعدد الأشكال و الصور و الأسماء التى انبثقت من محيط الوعى, يظل جوهر محيط الوعى ثابت, لا يعتريه التغير.

أراد العقل الكونى أن يكون هناك أشكال مختلفة للحياة (بما فى ذلك حياة الانسان), فظهر الخلق ليجسد تلك المشيئة.

و لكن خلق الانسان بشكل خاص يعتبر حدثا فريدا فى منظومة الخلق, لأن الجهاز العصبى

للانسان هو انعكاس للوعى الكونى بكل مستوياته.

يمتلك الانسان قدرات أكبر من قدرات عقله المادى المحدود.

فعقل الانسان محدود لأنها يعتمد على المعلومات التى يستمدها من الحواس المادية الخمسه التى تنقل له صورة ناقصه و خادعة عن العالم حوله.

ان العلم الذى يكتسبه الانسان عن طريق العقل و الحواس المادية هو علم محدود و ناقص. لذلك فان الوصل بالذات هو الذى يفتح للانسان أبواب المعرفة الحقيقية , لأنه بذلك يتصل بمحيط الوعى الخالص النقى, الذى يكمن فيه جوهر كل شئ.

مشكلة الانسان هى عقله المحدود, و لذلك تقول التعاليم الروحانية أن العقل هو الأغلال التى تقيد الروح, و هو أيضا الذى بمقدوره أن يحرر الروح من عالم الزمان و المكان.

فالانسان الذى لا يعى أن الذات الالهية هى جوهره الحقيقى يعتبر جاهل من وجهة نظر العلوم الروحانية مهما بلغت المعلومات المادية التى جمعها فى عقله.

هذا النوع من الجهل هو جهل الروح, و هو السبب فى كل الآلام و المعاناة التى يتكبدها الانسان فى حياته الدنيا.

الجهل هو الأغلال التى تقيد الروح الى الجسد و تجعلها تتوهم أنها هى ذلك الجسد الذى تسكنه بشكل مؤقت و أنها هى أفكار و مشاعر ذلك الجسد المادى الذى يعتريه المرض و الألم و الموت.

الروح بطبيعتها حرة, طليقة, خالدة, لامحدودة, لا تعرف النقص و الألم و المعاناة, و حين تقع ضحية لوهم الالتصاق بالجسد تصبح محدودة, سجينة جسد مادى ضعيف ولد فى يوم محدد و سيموت أيضا فى يوم محدد.

تساعدنا ممارسات اليوجا على التخلص من جهل الروح, و هو السبب الرئيسى فى معاناة الانسان و حين يتخلص الانسان من الجهل, يكتشف أن جوهره الحقيقى هو الذات الالهية الخالده.

ان عقل كل انسان أشبه بشعاع انبثق من العقل الكونى.

يمكننا أن ننظر الى العقل باعتباره حزمة من الأفكار.

الأفكار عبارة عن حركات و ذبذبات فوق سطح محيط الوعى, تماما كما أن الصوت عبارة عن حركات و ذبذبات.

و الانسان الغير مستنير (الذى لم يصل بعد للمعرفة الروحانية) يكون عادة سجينا لذبذبات أفكار مادية محدودة, تجعل الرؤية مشوشة أمام الروح و تمنعها من معرفة ذاتها الحقيقية و ادراك صلتها بمحيط الوعى الكونى.

يمكننا أن نشبه اضطراب الأفكار فى عقل الانسان بالقاء حجر فى بحيرة هادئة, حيث تهيج الأمواج فوق سطح الماء و تمنع رؤية ما هو موجود فى قاع البحيرة.

فذبذبات الأفكار تهيج سطح محيط الوعى, و تمنع الانسان من رؤية الذات أو الجوهر الكامن فى قاع المحيط, و تسبب توترا و تشوشا للذهن يجعل الانسان يتوهم أنه كيان منفصل عن الكون و عن الاله, و نتيجة هذا الشعور بالانفصال يسقط الانسان ضحية لمشاعر الخوف و القلق و الاحباط و الشهوة.

فاذا استطاع الانسان أن يتخلص من ذلك الشعور الوهمى بالانفصال عن الأصل (الاله) و يستعيد هدوء البال, و يوقف توارد ذبذبات الأفكار و المشاعر المشوشه, عندها سيكتشف أنه ليس فردا وحيدا فى هذا الكون, و انما هو أحد الانعكاسات لنور العقل الكونى, هو شعاع من أشعة النور الالهى. و هنا سيدرك أنه ليس مجرد جسد مادى فانى, و انما هو كيان خالد, جاء من عالم الروح و تجسد فى جسد مادى ليعبر عن الذات الالهية.

فكل ما هو موجود فى العالم المادى (بما فى ذلك الانسان) هو جزء لا ينفصل عن الذات الالهية.

تعتبر فكرة تجلى الخالق فى خلقه أحد أهم التعاليم الروحانية التى وردت فى كتب العالم الآخر المصرية, حيث نقرأ على سبيل المثال هذا النص من كتاب "الخروج الى النهار", على لسان

الاله الخالق :-

*** أنا الأمس, و أنا اليوم, و أنا الغد..... لدى القدرة على أن أولد مرة أخرى..... أنا النبع الذى تخرج منه كل ال "نترو" (التجليات الالهية) ***

العناصر التى يتكون منها وعى الانسان و شخصيته :-

الانسان كيان شديد التعقيد, يتكون من العديد من العناصر التى تتضافر معا و تكون ما يعرف بالشخصية, أو ما يطلق عليه أحيان ال "ايجو" (ego).

تنبع كل عناصر الشخصية من مصدر واحد, و هو محيط الوعى الكونى أو الذات الالهية.

ال "ايجو" (ego) هى ما يميز كل فرد عن الآخر.

هذا الشعور بالتفرد و التميز هو ما يقابل الوعى الكونى, و هو شعور يرى فيه الانسان نفسه موجة لها شكل مميز فوق سطح محيط شاسع.

الفكر هو العنصر الأساسى الذى يغذى ال "ايجو", و لكنه ليس العنصر الوحيد الذى يؤثر فيها. و لكى نفهم طبيعة الوعى الانسانى علينا أن ندرس كل العناصر التى تؤثر فى شخصية الانسان.

يبين لنا الشكل التالى هذه العناصر و العلاقة بينها :-

محيط الوعى الأزلى

(الوعى الخالص / النقى / الذى لم يتشكل بعد الى أفكار)

↓

الأنا (ego) – الازدواجية

(الانفصال عن الذات العليا و الالتصاق بالشخصية المتفردة)

↓

الثالوث

(ثالوث الرائى و المرئى و وسيلة الرؤية / أو ثالوث اليقظة و الحلم و النوم العميق الخالى من الأحلام)

شخصية الانسان أشبه بموجة تتحرك فوق سطح محيط. فكل من الموجة و المحيط يتكون من نفس المادة الخام و هى الماء. و لأن الموجة تتميز عن المحيط بأن لها شكل و أبعاد محددة (و أحيانا اسم محدد), لذلك قد يعتبرها البعض كيانا منفصلا عن المحيط الذى انبثقت منه.

كذلك روح الانسان, هى بمثابة موجة انبثقت من محيط الوعى الكونى.

الموجة ليست شيئا مختلفا عن المحيط, و انما هى المحيط نفسه.

و كذلك روح الانسان, هى محيط الوعى الكونى نفسه.

روح الانسان هى صورة مصغرة من محيط الوعى الكونى, و لذلك فكل انسان يحمل الوعى الكونى بداخله.

حين يركز الانسان على ملامح شخصيته التى تميزه عن غيره و عن محيط الوعى يرى نفسه فردا, ناقصا, محدود القدرات, لأنه بذلك ينفصل عن الأصل اللامحدود الخالد الذى انبثق منه.

جهل الروح هو أن يفقد الانسان الرؤية الواضحة, فينظر الى الأمواج التى تضطرب فوق سطح المحيط بدلا من ان ينظر الى العمق, و يرى نفسه فردا وسط عالم ملئ بغيره من الأفراد و ينسى أن الكل موصول, لأن الكل واحد.

فالمحيط واحد مهما اختلف شكل الأمواج التى تتحرك فوق سطحه.

يعمل وعى الأنا (الوعى الأدنى) من خلال عناصر الشخصية, و هى العقل و الحواس و المشاعر و الرغبات, الخ.

و لما كان وعى الأنا محدودا, فمن المستحيل ان تجد فيه الروح السكينة أو السعاة الحقيقية.

فالروح تنتمى الى عالم سماوى, خالد, لامحدود, و هى تسعى دائما للعودة الى ذلك العالم لتستعيد السعادة التى فقدتها منذ جاءت الى ذلك العالم المادى الضيق المحدود.

تبدأ الروح رحلتها فى البحث عن السعادة فى العالم المادى, و تظن فى البداية أن المتع الحسية هى السعادة التى تبحث عنها, و لكنها سرعان ما تكتشف أنها سعادة زائفة لا تدوم, فتبحث عن غيرها, و تظل كذلك الى أن يدرك الانسان أن المتع الحسية لا يمكنها أن تمنح الروح سعادة حقيقية.

هذا الخداع الذى تتعرض له الروح سببه الأنا, و هى نتاج ثالوث الوعى (الفاعل و المفعول و الفعل).

حين تكون الأنا هى القائد, فانها توجه الروح للطريق الخطأ, فيبدأ الانسان باللهاث وراء المتع الحسية بحثا عن السعادة, و يستمر فى هذا الطريق الخطأ الى أن يصاب بالاحباط و خيبة الأمل.

قد يشعر الانسان بلمحة سعادة خاطفة عند الحصول على بعض المتع الحسية, و لكنه سرعان ما يكتشف أنها سعادة زائفة, زائلة, لا تدوم.

مستويات الفكر :-

كل أشكال المادة - سواء ساكنة أو متحركة - تستمد وجودها من الذات الالهية, و تعبر عنها.

و لكن الكائنات الحية بشكل خاص, تعكس صفات الوعى و تمتلك ذكاءا خاصا يميز كل مملكة من ممالك الحياة عن الأخرى.

فالطريقة التى يعبر بها الوعى عن نفسه من خلال مملكة النبات على سبيل المثال تختلف عن الطريقة التى يعبر بها عن نفسه من خلال مملكة الحيوان, لأن كل مملكة من ممالك الحياة تتميز بجهاز عصبى مختلف يعكس صفات مختلفة من صفات الوعى.

أما مملكة الانسان, فهى تعكس أكثر من مستوى من مستويات الوعى. و هو ما يفسر وجود اختلافات كثيرة بين بنى البشر تصل الى حد التناقض.

ففى الوقت الذى نجد فيه أشخاص يمتلكون وعيا ماديا ملتصقا بالأرض و بالمتع الحسية, نجد آخرين يمتلكون وعيا روحانيا و يتميزون بالشفافيه.

و فى الحقيقة ان كل انسان لديه الامكانيتين : الوعى المادى و الوعى الروحى .

و حسب درجة نقاء القلب , يختبر الانسان مستويات الوعى المختلفة, الأدنى منها و الأسمى , فيعرف الألم و الشقاء و المعاناة, كما يعرف أيضا السعادة, و السلام, و التناغم . يمكن للانسان أن يختبر أسمى مستويات الوعى (و هو الوصل بالاله) أثناء حياته, و ليس بعد موته

جاء فى أحد الأمثال المصرية القديمة :-

*** ان البشر هم "نترو" (كيانات الهية) تذوق الموت.... و ال "نترو" هم بشر لا يذوقون الموت ***

و يقول المسيح لتلاميذه : (ألا تعلمون أنكم ربانيون)

برغم أنك تعيش فى جسد مادى سجين ذبذبات المادة الدنيا, الا أنك لست أسير هذا الجسد.

فيمكنك أن ترفع ذبذبات وعيك الى مستوى أرقى من ذبذبات العالم المادى, لتصل الى مستوى الذات الالهية, لتتحد بها و تصبح من الربانيين (كما قال المسيح), أو تصبح من ال "نترو" أى الكيانات الالهية (كما قالت الحكمة المصرية) .

كل طرق اليوجا تساعدك فى الوصول الى هذا الهدف, و فى تحويل جسدك المادى الى وعاء نقى طاهر يمكن للروح الأسمى أن يتجلى فيه.

اذا ترك الجسد لرغباته و أفكاره, فان ذلك سيبدد طاقته الروحانية, و سيصبح رهينة للوعى الأدنى.

ان الجهاز العصبى للانسان لديه القدرة على أن يعكس أدنى مستويات الوعى و أيضا أسماها,و تركه للأنا المادية بدون ترويض يجعله فريسة سهلة لرغبات الجسد و أفكاره الغير نقية و يبدد طاقته الروحانية, بدلا من استخدامها لمساعدة الروح فى الوصول الى هدفها, و هو الوصل بالذات الالهية و الانصهار فيها.

للوعى ثلاثة مستويات :

*** المستوى الأول (اللاوعى) : و هو المنبع الذى ينبثق منه المستوى الثانى و الثالث

*** المستوى الثانى (العقل الباطن) : و هو المستوى النجمى (عالم الأحلام)

*** المستوى الثالث (الوعى اليقظ) : و هو وعى اليقظة الذى نختبره أثناء أنشطة حياتنا اليومية

اللاوعى هو الأصل و المنبع, و هو عميق جدا, لا يسبر غوره.

اللاوعى هو الهاوية السحيقة التى ترقد فيها كل الانطباعات و نوازع النفس و دوافعها الخفية التى تحرك الانسان و لكنه غافل عنها لأنها هناك بعيدة فى الأعماق السحيقة التى لا يستطيع الوعى الوصول اليها.

هناك, فى أعماق اللاوعى, يتم تخزين الانطباعات و المخاوف و الرغبات, ليس فقط من فترة الطفولة و لكن أيضا من حيوات سابقة.

اللاوعى هو المنبع الذى تخرج منه الأفكار و الرغبات و المعتقدات التى لا تتضح لنا الا حينما تصعد الى مستوى الوعى و تتحول الى أفعال تشكل جزءا من حياتنا اليومية.

ان تعريفك لذاتك يتوقف على الانطباعات المتراكمة فى لاوعيك, و هى الانطباعات التى

تنبع منها كل تصرفاتك.

فاذا كانت انطباعاتك تقوم على معتقدات خاطئة (مثل الاعتقاد بأن الجسد و الروح شئ واحد) فانها ستقودك الى حياة تنتهى بالأسف و خيبة الأمل.

أما اذا كانت انطباعاتك تقوم على أفكار سليمة (مثل الاعتقاد بأن الروح هى ذاتك الحقيقية و أنها خالدة, لا تموت بموت الجسد), فان تجاربك فى الحياة ستكون ايجابية و ستنتهى بالهدف الذى تسعى له الروح, و هو العودة الى العالم السماوى.

توصف الانطباعات الكامنة فى أعماق اللاوعى بأنها أشبه بالبذور.

فعند مرورك بتجارب فى الماضى تكون التجارب عادة مصحوبة بمشاعر معينة (غضب, أو خوف, أو رهبة, أو سعادة, الخ), و بعد انتهاء التجربة يتم تخزين الشعور المصاحب للتجربة مع أحد الرموز التى ارتبطت بها, بدون تسجيل تفاصيل التجربة.

و تبقى هذه المشاعر و الرموز كامنة, خاملة فى أعماق اللاوعى, كالبذرة المدفونة تحت سطح الأرض. فاذا توفرت لها الظروف المناسبة (كظهور رمز يعمل كحافز) خرجت الى العقل الباطن, و هو المستوى "النجمى / البرزخى" الذى يربط بين اللاوعى و بين الوعى اليقظ.

و من العقل الباطن تنتقل الرغبة الى العقل اليقظ على هيئة دافع أو فكرة تحرك الانسان وتشكل تصرفاته, و قد لا يعرف الانسان فى أغلب الأحيان مصدر هذه الفكرة و لا كيف أتت و كيف ظهرت فجأة فى وعيه و حركت جوارحه.

و اليك أحد الأمثلة على كيف تختزن الانطباعات فى اللاوعى و كيف تعمل :-

لنفترض أنك عشت حياة سابقة كنت فيها طفلا ضعيفا, مريضا قليل الحيلة, و شاهدت أفراد أسرتك و هم يموتون أمام عينيك نتيجة تفشى وباء, فتكون النتيجة هى تراكم مشاعر الغضب و الخوف من المرض و تخزينها فى أعماق اللاوعى. و عندما تكبر تجد لديك رغبة شديدة فى أن تصبح طبيبا لكى تحارب المرض. و هنا نجد أن أفكارك بدلا من أن تتمركز حول

التجربة القديمة أصبحت تتمركز حول علم الطب و تحولت الى طموح عملى يجذبك فى هذا الاتجاه.

قد لا تستطيع ذاكرتك استعادة تفاصيل التجربة التى كانت هى السبب فى اختمار هذه النوازع التى شكلت سلوكك و وجهت طموحك فى مرحلة لاحقة من حياتك, لأن ما يختزن فى اللاوعى هو المشاعر المصاحبة للتجربة و ليس تفاصيلها.

ان المشاعر و الأفكار و المعتقدات و الطموحات هى ما يقود الناس الى تجارب ايجابية أو سلبية فى حياتهم.

فالانطباعات تؤدى الى رغبات, و الرغبات تؤدى الى أفكار, و الأفكار تؤدى لارتكاب أفعال فى محاولة للحصول على ما ترغبه النفس, و قد قد تنجح هذه الأفعال أو تخفق.

فاذا نجحت فى الحصول على ما ترغبه ينتابك شعور زائف بالزهور و التعالى و تطمع فى الحصول على المزيد.

و اذا أخفقت فى الحصول على ما تريد أصابك الغضب و الاحباط و خيبة الأمل.

و كل من الزهو و الطمع و الغضب و الاحباط يخلق المزيد من الانطباعات السلبية التى يتم اختزانها فى أعماق اللاوعى و تظل قابعة هناك فى الأعماق تعمل كدافع و محرك لأفعالك بدون أن تنتبه لها.

و هكذا تسير حياتنا, توجهنا انطباعات اللاوعى, فنتحرك فى الحياه بدون أن نعى الدوافع الحقيقية لأفعالنا, و قد نعجز عن ادراك هذه الدوافع حتى بعد الموت و الانتقال الى العالم النجمى, فنستمر فى سعينا لاشباع رغبات الأنا, و تسيطر علينا نفس الأفكار و المعتقدات التى تدفعنا للمرور بتجارب مؤلمة, و لاعادة التجسد مرة بعد أخرى.

ان اللهاث وراء المتع الحسية يشتت الوعى و يستنفذ طاقة الانسان, فيجد نفسه فى النهاية مستهلكا, ليس لديه قدرة و لا وقت لممارسة التأمل و الاستبطان (مراقبة النفس), و بالتالى

يفقد الاتصال بعقله الباطن.

و حين يفقد الانسان الصلة بباطنه, تصبح الأنا هى القائد. فالأنا بكل ما لديها من رغبات و طموحات تقود الفكر, و الفكر يقود الروح فى الطريق الخطأ و يوهمها أنها ستجد السعادة فى الحصول على المتع الحسية. فتستسلم الروح للفكر و تصدق أن ما يوهمها به حقيقى , و هذا هو ما يعرف ب "جهل الروح", و هو سبب معاناة الانسان و آلامه.

لكى يتخلص الانسان من الجهل, يجب أن تكون الروح هى القائد للفكر, و الفكر هو قائد الأنا (الشخصية).

فالفكر و الأنا هما أدوات تستخدمها الروح, و ليس العكس.

هذا هو المكان الصحيح للروح..... الروح أولا, ثم العقل, ثم الأنا, ثم الجسد.

حين تكون الروح فى الصدارة, ستقودك لتلتقى بروح الكون, لتكتشف بنفسك أن روحك هى امتداد للروح الكونية, و تصبح أنت سيد نفسك و المتحكم فى عقلك و جسدك و فى النوازع الكامنة فى لاوعيك.

لكى تتمكن من احداث تغير جذرى فى وعيك اليقظ, يجب أن يحدث التغير أولا فى مستوى اللاوعى. و لكى يحدث ذلك يجب أن يكون لديك تصور لما يجب أن يقبله عقلك كحقيقة.

معظم الناس يقبلون ما تمدهم به حواسهم من معلومات كحقيقة مطلقة, و لكن بعد تأمل ودراسة يتبين لهم أن بعض هذه المعلومات ليس صحيحا.

و لكن كيف يمكن لنا أن نفرق بين ما هو حقيقى و بين ما هو زائف ؟

و ما هو المعيار الذى نعرف به الحقيقة ؟

تقدم لنا فلسفة الماعت المصرية الاجابة المثالية على هذا السؤال.

تقول فلسفة الماعت أن الحقيقة "ثابته / مطلقة / لا يعتريها التغير".

كل ما يتغير و يتبدل هو نسبى, و بالتالى لا يمكن أن يكون هو الحقيقة المطلقة.

تأمل حواسك, و ستجد أنها ليست ثابته و انما هى تتغير, و أن نظرتك للأشياء تتغير من وقت

لآخر, لا شئ يثبت على حاله.

فأنت اذا اصبت ببرد و اذا تعرضت لاصابة فان حواسك لا تعمل بنفس الطريقة التى تعمل بها و أنت سليما معافى و بالتالى قد يختلف طعم الأشياء أو رائحتها فيختلف حكمك عليها. لذلك فلا يمكن للانسان أن يثق تماما بحواسه لأنها محدودة.

لعقل الانسان القدرة على أن يكتشف الحقيقة بنفسه, و لكن هذا لا يحدث الا عندما يتحرر العقل من الأنا و الرغبات و من الجهل, و عندما تغوص فى أعماقه لتكتشف ما هو كامن فيها من أفكار و رغبات و معتقدات و تعرف من أين أتت و كيف سكنت هنا و كيف تتحكم فيك و فى أفعالك.

كثير من الناس يعيشون ضحية هذه الانطباعات الكامنة فى اللاوعى, و يعتقدون أنها أفكار صحيحة. و لكنهم فى النهاية يستيقظون ليكتشفوا أن كل ذلك وهم و أن العالم الذى عاشوه ما هو الا حلم. فالحياة التى نعيشها فى حالة اليقظة لا تختلف عن الحلم الذى نراه أثناء نومنا. و بمجرد موت الجسد و انتقال الروح الى العالم النجمى (السفلى) سيتذكر الانسان حياته الدنيا كما يتذكر الحلم عند استيقاظه من النوم. و مهما حصل الانسان على أشياء و حقق انجازات فى حياته الدنيا, فان هذه الأشياء لا قيمة لها عندما يصحو الصحوة الكبرى (صحوة الموت), و ينتقل للعالم النجمى, حيث لا يستطيع أن يحمل معه أى شئ سوى طهارة و نقاء قلبه, وهى التى ستحدد مصير روحه بعد الموت.

بممارسة التخلى و عدم التعلق بالعالم المادى, يستطيع اليوجى اقتلاع جذور الرغبات و الأفكار الخاطئة الكامنة فى أعماق اللاوعى, و هو ما يعرف بتطهير الوعى أو "تطهير القلب" (حسب تعبير قدماء المصريين).

و هكذا يتحرر وعى الانسان من الرغبات و الأفكار التى تربكه, و بتحرر الوعى تتضح الرؤية و تصل الى ما هو أبعد من الوعى اليقظ و العقل الباطن و اللاوعى.

ان الرغبات النابعة من الأنا تشبه الرغبات التى تنتاب الانسان فى الأحلام, فهى ليست حقيقية و لذلك كان عليه أن يتخلى عنها.

الرغبة الوحيدة التى تستحق أن يتمسك بها الانسان و يبذل الجهد فى سبيلها, هى الرغبة فى معرفة الذات و الوصل بالأصل (بالاله). على الانسان أن يعمل على تحقيق هذه الرغبة فى كل لحظة من لحظات حياته, حتى أثناء قيامه بأداء عمله و واجباته الروتينية اليومية.

يمكنك أن تستمر فى القيام بعملك و فى السعى لكسب الرزق و اكتساب المال اللازم لحياتك, و فى نفس الوقت لا تنسى هدفك الأساسى فى الحياة.

يمكنك أن تسير فى حياتك بشكل طبيعى, و لكن فى أعماقك تكون واعيا للرغبات و الأفكار التى تطرأ على قلبك و تعرف من أين تنبع هذه الأفكار و الرغبات و تعرف أن كل هذه الرغبات وهم و ليست حقيقة و بالتالى فهى لا تحتل فى وعيك نفس الأهمية التى تحتلها الرغبة الأساسية التى تسعى لتحقيقها و هى معرفة الذات الالهية.

و اذا كانت رغبتك صادقة, فان كل ما تحتاجه لتحقيق التطور الروحى سيأتى اليك من تلقاء نفسه, و فى الوقت المناسب.

لذلك لا يجب أن تحمل بداخلك أى مشاعر خوف أو قلق حول المستقبل و لا أن تحمل هم لقمة العيش.

كل ما عليك هو التركيز فى هدفك الأساسى (معرفة الذات الالهية), و تؤدى عملك اليومى بشكل طبيعى و تقوم بتمرينات اليوجا اليومية, و ستشملك العناية الالهية.

يمكن للرغبات و الأفكار أن تقود الانسان لتجارب مؤلمة فى حياته, اذا اعتقد أن هذه الأفكار و الرغبات حقيقية.

ان هذه الأفكار و الرغبات أشبه بقفص يسجن فيه الانسان نفسه, فهو يظل يتنقل من فكرة لأخرى و من رغبة لأخرى, و هى جميعا أفكار نابعة من تجاربه السابقة التى هى نتاج جهله بذاته الحقيقة لذلك فالجهل هو المصدر الرئيسى للوهم و الخداع الذى يسيطر على العقل.

و التأمل يساعد الانسان على اقتلاع هذا الوهم من جذوره.

ففى التأمل يراقب الانسان أفكاره ليعرف من أين أتت, و يختبر مصداقيتها.

على الانسان أن يخضع كل أفكاره و رغباته للفحص بعين العقل الأسمى, و هو ما يعرف فى مصر القديمة باسم "سا", ثم يتصرف معها بحكمه و فهم.

لا يستطيع أحد أن يلقنك ما هى الأفكار الصحيحة و ما هى الأفكار الخاطئة.

عليك أن تكتشف ذلك بنفسك من خلال التأمل و الاستبطان (مراقبة النفس).

و عندما تتحرر من تلك الرغبات و الأفكار الخاطئة, ستجد أنك انتقلت الى مستوى أرقى من الوعى.**ان خلاص الروح و سعادتها الحقيقية لا تكمن فى الحصول على الرغبات, و انما فى التحرر منها فأنت فى الحقيقة كيان خالد, كامل, ممتلئ, لا يعوزك شئ, و لا ترغب فى شئ.**

و كل ما يطرأ على قلبك من رغبات هو خدعة صنعها العقل متوهما أنه بذلك سيحقق للروح السعادة التى فقدتها عندما تركت عالمها السماوى و جاءت لتتجسد فى العالم المادى.

هل يرغب المحيط فى الحصول على شئ من موجة صغيرة ؟

ان الروح هى المحيط, و أى رغبة مهما كانت تعتبر موجة صغيرة لا تقاس بعظمة المحيط و اتساعه.

أنت الذات...... أنت محيط الوعى الذى يحتوى كل شئ.

و لكن العقل يوهمك أنك كيان ضعيف محدود, أسير شخصيتك, و أسير الظروف المادية المحيطة بك.

عليك بتطهير فكرك و تنقيته, لكى تستطيع الانتقال الى ما وراء الفكر, فتصبح كما يقول الحكماء "خاليا من الفكر".

ان مصطلح "الخلو من الفكر" لا يعنى التوقف عن أى نشاط فكرى, و انما المقصود منه أن يصبح الفكر نقيا شفافا, خاليا من الوهم و الجهل و الأنا, و التى هى سبب معاناة الانسان و آلامه.

تطهير الفكر يقصد به غياب الأنا.

تتضمن ممارسة حكمة اليوجا تأمل الأفكار و المشاعر و الرغبات التى تخطر على قلب الانسان

و مراقبته لأفعاله لمعرفة اذا ما كانت هذه الأفكار نابعة من الذات الدنيا أم من الذات العليا.

بالاستمرار فى مراقبة النفس, يصل الانسان الى حالة من الوعى تجعله يرى بوضوح من أين تنبع أفكاره و مشاعره.

و لكى يصل الانسان الى هذه الحالة, عليه أن يراقب نفسه بوعى الشاهد, **بمعنى أن يراقب أفعاله و مشاعره و أفكاره و كأنه خارج المشهد, و كأنه شخص آخر محايد لا يتأثر بتلك المشاعر و الأفكار و الرغبات النابعة من الأنا.**

و أثناء مراقبة النفس بحياد, ستكتشف أن الرغبات تنشأ داخل النفس عندما ترى شيئا كانت تتوق له من فترة, و هذه الرؤية للشئ المرغوب تقوم بتحفيز الرغبة و ايقاظها و تشكل نوعا من الضغط على المشاعر و على الفكر مطالبه اياه بمحاولة تحقيق هذه الرغبة.

يتحول الضغط الى قلق و توتر, و قد يصل فى بعض الأحيان الى تعاسة و عدم رضا اذا لم يحصل الانسان على الرغبة التى تؤرقه.

تنشأ هذه المشاعر المضطربة بسبب جهل الانسان بالحقيقة, و هى أنه لا يوجد شئ أو شخص فى هذا العالم يمكنه أن يجلب لك السعادة.

فمهما امتلكت من أشياء, سيظل هناك دائما شئ ينقصك. و لن تكتفى نفسك و تشبع, حتى و ان حصلت على ما ترغب فيه.

فبعد فترة من امتلاكك لما رغبت فيه, يبدأ الملل بالتسرب الى نفسك, فتختفى الحماسة و يتحول الشئ الذى طالما حلمت به الى شئ عادى لا يثير فى نفسك أى بهجة أو سعادة.

فاذا تأملت الموقف, ستكتشف أن هذه الرغبات المادية هى فى حقيقتها وهم, و أن الرغبة الوحيده الحقيقية هى الرغبة فى معرفة الذات.

الذات هى الغاية و المنتهى, و هى مصدر السعادة الوحيد.

المغريات المادية تستنزف طاقتك الفكرية و العاطفية فى اللهاث وراء أشياء مادية تحقق لك سعادة زائفة لا تدوم سوى لفترة قصيرة, و سرعان ما تتبدد لتبدأ بعدها فى اللهاث وراء رغبات أخرى.

هذا التشتت و تبديد الطاقة يعوقك عن اكتشاف الذات الحقيقية الموجودة بداخلك, و هى مصدر السعادة الحقيقية, التى لا تزول. فعندما تلهث وراء رغبة مادية فان هذه الرغبة تشغل فكرك طوال اليوم, أثناء وعى اليقظة, و قد تلاحقك فى أحلامك أيضا, و لا تترك لك الفرصة لتأمل ذاتك و اكتشاف الكنز الحقيقى الذى تمتلكه و لكنك غافل عنه.

الجهل بالذات هو الذى يؤدى الى ظهور الرغبات المادية فى عقلك, الواحدة بعد الأخرى.

والرغبات تؤدى الى أفعال فى محاولة لتجسيد الرغبات أو الحصول على الشئ المرتبط بهذه الرغبة. و عندما يفشل الانسان فى الحصول على رغبة ما, فانه قد يصاب بالكبت أو قد يستغرق فى أحلام اليقظه.

ينشأ الكبت عندما تفشل فى الحصول على شئ ما فتقول لنفسك (حسن, أنا لا أحتاج لذلك الشئ و يمكننى أن أعيش بدون), و لكنك فى الحقيقة تخدع نفسك, لأنك لم تتعامل مع الرغبة نفسها و لم تقتلعها من جذورها, و هى ما زالت قابعة فى لاوعيك تعمل فى الخفاء و تحرك مشاعرك و تصرفاتك.

على سبيل المثال, قد ترى الشئ الذى ترغبه بشكل دائم و متكرر, لأن أحد أصدقاءك يمتلكه (كسيارة, أو قطعة ملابس, الخ).

و كلما شاهدت الشئ الذى ترغبه, كلما شكل ذلك ضغطا على مشاعرك, لأنه يوقظ فيك

الرغبة التى لم تستطع تحقيقها, و فى نفس الوقت لم تتمكن من التخلى عنها, فقمت بكبتها.

بمرور الوقت تبدأ هذه الرغبة المكبوته تثير فيك الغضب لعدم قدرتك على تحقيقها.

أما الاحتمال الثانى عند فشل الانسان فى تحقيق رغباته, هو أن يستغرق فى أحلام يقظة تدور كلها حول الشئ الذى يرغبه, فيقول لنفسه (آه, كم سأصبح سعيدا لو أنى حصلت على هذا الشئ) تشكل أحلام اليقظة و الغضب و الشغف الشديد و الولع بالأشياء ضغطا على العقل فتتسبب فى توتره, و تجعله عاجزا عن رؤية الحقيقة لأنه يكون دائما مشغول باللهاث وراء رغبات النفس.

ان العقل الذى تمزقه الرغبات هو عقل غير قادر على التفكير بمنطق سليم لأنه فى هذه الحالة يكون أسير الخداع و الوهم.

فالشئ الذى ترغبه و تلهث وراءه لا يستطيع أن يمنحك سعادة حقيقية دائمة.

قد يغمرك احساس خاطف بالسعادة لحظة حصولك على شئ رغبت فيه, و لكن فى الحقيقة احساس زائف لا يدوم الا لفترة قصيرة, و سرعان ما يختفى, لتحل محله رغبة جديدة تشغل فكرك و تدفعك للحصول على شئ جديد على أمل أن تحصل هذه المرة على السعادة الحقيقية, لتعود و تصاب من جديد بخيبة أمل و احباط. و هكذا تتنقل فى حياتك من رغبة الى أخرى و من احباط الى احباط, و تجد نفسك فى النهاية غير قادر على الوصول الى الرضا و السلام و السكينة.

ان السعادة التى تشعر بها لحظة الحصول على رغبة مادية هى سعادة مزيفة, لأنها تنشأ من شعور زائف بالزهو و الاثارة. و كل من الزهو و الاحباط يعتبر أحد أشكال الألم.

نعم, الزهو و الاحباط كلاهما يؤدى للألم, لأنه يشتت الذهن و يجعله متوترا و لا يمنحه السكينة التى تساعده على الرؤية الواضحة.

كل من الزهو و الألم يعطل العقل و يمنعه من رؤية الذات الالهية (الجوهر)..... و هذا هو جهل الروح.

ان الرغبة المادية تعمى البصيرة , لأنها تستنزف طاقة العقل التى يحتاجها الانسان من أجل البحث عن الذات الالهية.

و لكى تتحرر من الرغبات , عليك أن تدرك أولا أن وعى الشاهد الذى يرى به الانسان الذات الالهية هو وعى منفصل عن الرغبات و المشاعر.

ان ما يرغب و يريد و يلهث وراء المادة ليس ذاتك الحقيقية.

عندما تدرك أن ذاتك الحقيقية منفصلة عن تلك الرغبات و المشاعر, و أنها مكتملة, لا يعوزها شئ, عندها ستعرف من أنت. و هذ هو الهدف من رحلة الانسان فى هذا العالم المادى... أن يكتشف ذاته الحقيقية, و يعرف أن الذات لا تعرف الرغبة.

فالذات ليست ناقصه, و انما هى ممتلئة.

و كذلك الحياة التى نعيشها ممتلئة, بل هى الامتلاء نفسه.

الأشياء المادية لا يمكنها ان تمنحك سكينة أو سعادة كالسعادة التى تأتى من الرضا و القبول و الخلو من الرغبات.

ان الرضا و السكينة لا تأتى من الحصول على الرغبات الحسية, و انما من التخلى عنها.

بعض الناس يصاب بالحزن و الاحباط عندما يكبر فى السن, لأن الجسد يكبر و الحواس تضعف, بينما النفس ما زالت متعلقة بالرغبات المادية, غير قادرة على التخلى عنها.

أما من اكتسب معرفة روحانية, فان وعيه يتسع و يتجاوز الجسد المادى, و يصبح موصولا بالكون كله و بالاله, فلا يتعلق قلبه بأى رغبة مادية.

فأى رغبة تلك التى قد تشغل قلبا وسع الكون كله, و ما الذى يحتاجه الانسان بعد أن أصبح الوجود كله فى متناول يده, بل داخل قلبه.

ان عقل الانسان كالبحيرة. حين يكون العقل هادئا ساكنا, يصبح كسطح بحيرة ساكنة, خالية من أى امواج, فيعكس بوضوح صفحة السماء.

أما حين تضطرب فيه الأفكار, تتحرك ذبذبات الأفكار فوق سطح الوعى كالأمواج الهائجة التى تضطرب فوق سطح بحيرة فتعكر صفوها.

عندما يكون العقل فى حالة هدوء و سكينة, فانه يعكس صورة واحدة فقط, هى صورة الجوهر (الذات العليا), و عندما تهيجة الأفكار و الرغبات فان سطح الوعى يضطرب و تتكسر فوقه الصور و تتحول الى شظايا متناثره تبدو و كأنها أشياء عديدة مختلفة و هى فى الحقيقة صورة واحدة.

اذا ظلت الأفكار و الرغبات تهيج العقل, فلن يستطيع أبدا رؤية الذات الالهية الموجودة فى قاع بحيرة الوعى, و لن يشعر أبدا بالسكينة أو الرضا.

بممارسة اليوجا و فهم تعاليمها الروحانية كالتخلى و عدم التعلق بالرغبات المادية, يمكن للعقل أن يهدأ ليتيح الفرصة للمتامل أن يعرف ذاته الحقيقية.

عقل الانسان المستنير :-

حين يصير الانسان حكيما مستنيرا, يتحول وعيه من الالتصاق بالجسد المادى المحدود الفانى و يرتقى ليسع الكون كله, و يدرك الوحدة التى تجمع بينه و بين كل الموجودات.

و لكن ذلك لا يعنى انفصال الحكيم عن العالم المادى تماما, و انما هو يستمر فى الوعى بجسده و عقله, تماما كما يحدث فى حالات "الحلم الشفاف" (Lucid Dream) حين يحلم الانسان و هو يعى أنه يحلم.

الحكيم يرى كل الموجودات جزءا من كيانه, و لذلك فهو لا يرغب فى اقتناء شئ بعينه أو فى صحبة شخص بعينه لكى يحصل على السعادة و الرضا. و هو أيضا لا يحتاج الى الابتعاد عن أشياء معينة أو تفادى أشخاص بعينهم يعتقد أنهم يسببون له حزنا أو تعاسه.

الحكيم فى حالة هدوء و سكينة دائمة لا يعكر صفوها أى شئ, لأنه لا يتعلق بشئ و أيضا لا يكره أى شئ, و هى حالة توصف ب "اللاتأثر" (indifference).

هكذا يتحرر الانسان من أغلال العالم المادى و من الوقوع ضحية دورات اعادة التجسد, لأنه بذلك يتحرر من الرغبات الكامنة فى أعماق اللاوعى و التى تربطه بالجسد و تطالبه باشباعها سواء فى العالم المادى أو العالم النجمى.

عندما يتحرر الانسان من الرغبات, يختفى الجهل المسيطر على العقل, و تسقط الأنا المادية الزائفة التى تدفع الروح للسعى وراء رغبات الجسد بحثا عن السعادة, فيهدر الانسان حياته متنقلا من رغبة الى أخرى و من خيبة أمل الى خيبة أمل أخرى.

يدرك الحكيم أن حالات الوعى الثلاثة (وعى اليقظة – العقل الباطن – اللاوعى) هى مجرد أمواج فوق سطح محيط الوعى النقى الخالص الذى خرج منه كل شئ.

تختلف الأمواج و تتعدد مظاهرها, و لكنها تظل مجرد مظهر خادع لا يعبر عن الحقيقة, و هى أن الأمواج ليست كيانات منفصلة عن المحيط و انما هى المحيط نفسه.

لذلك فالحكيم لا يتعلق بالمظاهر, لأنه يعرف أن الجوهر واحد.

الحكيم هو الذى يرى العالم بوعى الشاهد, الذى يرى مظاهر التعدد و الاختلاف بدون أن يتعلق بها, لأنه يدرك الحقيقة الكامنة وراء هذه الاختلافات.

الحكيم فى حالة وصل دائم بالحقيقة, بالجوهر الواحد الذى سكب نفسه فى كل شئ, و لذلك فلا شئ يؤذيه و لا شئ يستطيع أن يمنحه السكينة و الرضا الذى يمنحه اياه الوصل بالأصل و الجوهر.

و لكى تصبح حكيما, عليك ان تتعلم كيف تتحكم فى عقلك, عن طريق ممارسة اليوجا و التأمل و بمراقبة النفس و الصبر و المثابرة.

حالات الوعى الثلاثة :-

يقول احد الأمثال المصرية القديمة :-

*** العقل (الكونى) هو البانى, و هو يستخدم طاقة النار فى خلق الأشياء ..... أما عقل

الانسان الذى يحيا على الأرض فقد سلبت منه ناره (الوعى بالذات)..... عقل الانسان على الأرض عاجز عن رؤية الألوهية التى تسكن كل شئ, لأنه وعى بشرى..... اذا استطاعت الروح أن تخوض حربا على الجهل و تنتصر عليه, فانها تتحرر من الأغلال التى تقيدها, و تعرف الاله, و لا ترتكب أى اثم و تتحول الى وعى خالص (نقى/ طاهر)..... أما الروح الغير طاهرة, فهى تبقى أسيرة الأنا التى تقودها للألم و المعاناة بسبب ***

كما أشرنا من قبل, يعبر الوعى عن نفسه من خلال ثلاث حالات (اليقظة – الأحلام – النوم العميق الخالى من الأحلام).

و دراسة هذه الحالات الثلاثة بالتفصيل, تقدم لنا تفسيرا لطبيعة الانسان و الاله و الكون و علاقة كل منهم بالآخر.

سنبحث فى طبيعة هذه الحالات الثلاثة للوعى من خلال أناشيد آمون و رمزية ثالوث "آمون– رع – بتاح".

و لنبدأ أولا بتأمل الذات. تأمل ذاتك.

فأنت عندما تفكر فى ذاتك تشير الى جسدك المادى و تقول (هذا انا).

يطلق على هذا الوعى اسم وعى الجسد.

و لكن كيف تنظر الى جسدك المادى باعتباره كيان منفصل فى حين أنه مكون من نفس العناصر التى تتكون منها الأرض و الكون كله (النجوم) ؟

لكل انسان ثلاث شخصيات, و ليس شخصية واحدة.

فأنت عندما تكون متيقظا, تشير الى جسدك المادى و تقول هذا أنا, و هذه حياتى, الخ و لكنك عندما تنام, تختفى شخصيتك و حياتك التى كنت تحياها فى اليقظة, لتحل محلها شخصية جديدة تتقمصها فى أحلامك, و هى شخصية لها حياة مختلفة و مشاكل مختلفة و جسد

مختلف.

أما عندما تنام نوما عميقا خاليا من الأحلام, فان شخصيتك الأولى و الثانية تختفى, لأنك تغوص فى مستوى أعمق من الوجود هو مستوى اللاوعى.

لكل انسان ثلاث شخصيات يتقلب بينها كل يوم, و كل شخصية ترتبط بحالة من حالات الوعى الثلاثة, فهناك شخصية اليقظة و شخصية الحلم و شخصية النوم العميق الخالى من الأحلام (اللاوعى), و كل من هذه الشخصيات الثلاثة تنكر الشخصيات الأخرى.

فأنت عندما تستيقظ من النوم تنكر كل ما حدث فى الحلم و تصفه بأنه وهم, مع أنك فى الحلم كنت تصدق كل شئ و تعتبره حقيقى. و عندما تعود للنوم مرة أخرى, فانك تنسى شخصيتك فى عالم اليقظة و تصنع لنفسك شخصية مختلفة تعيش أحداثا مختلفة فى الحلم.

أى أن شخصية اليقظة و شخصية الحلم كل منهما تنكر الأخرى و لا تعترف بها.

أما حين تنام نوما عميقا خاليا من الأحلام, فان كلا من شخصية اليقظة و شخصية الحلم تختفى تماما و لا يعد لها وجود.

فأى من هذه الشخصيات الثلاثة هى الشخصية الحقيقية ؟

أولا : وعى اليقظة (بتاح) :-

الشخصية اليقظة فى حالة وعى دائم بالجسد. و فى هذا المستوى, يقوم الوعى باستخدام الحواس المادية الخمسة ليختبر العالم المادى و يعيش فيه تجربة.

و لكن العالم المادى ليس ماديا و ليس حقيقيا - كما أوضحنا فى الجزء الأول من كتاب اليوجا المصرى (فلسفة التنوير).

فالعالم المادى ليس كما يبدو, و ليس كما تخبرنا حواسنا, و هى حقيقة اكتشفها حكماء الحضارات القديمة من آلاف السنين و أكدها العلم الحديث.

و الأشياء المادية التى نراها فى عالم اليقظة لا تختلف عن الأشياء التى نراها فى

الأحلام. الوعى هو المعيار الذى نحدد به مدى واقعية تجاربنا و خبراتنا و هو الذى يجعل الأشياء تبدو حقيقية أو غير حقيقية.

الوعى (و الحواس) هما ما يضفى واقعية على الأشياء, و ذلك حسب حالة الوعى, ما بين استرخاء أو توتر أو تأمل.

و هذا هو السبب فى أنك تعتقد أن عالم اليقظة عالم حقيقي, ثم بمجرد استغراقك فى النوم و انتقالك لعالم الأحلام تنسى كل شئ عن عالم اليقظه و تنكره, و تصدق أن عالم الأحلام هو العالم الحقيقى.

و لكن من وجهة نظر العلوم الروحانية, كلا العالمين (عالم اليقظة و عالم الأحلام) وهم. عالم اليقظة و عالم الأحلام هى عوالم نسبية متغيرة, صنعها العقل كما يصنع أحلام اليقظة. تتعلق الشخصية اليقظة بالعالم المادى و ترغب فى الحصول على الأشياء المادية لتحقق سعادتها و تتصل بما حولها عن طريق الحواس المادية الخمسه.

<u>ثانيا : وعى الحلم (رع) :-</u>

شخصية الحلم هى الشخصية التى تحيا بها فى العالم النجمى (العقل الباطن). فالخبرات هنا أكثر شفافية من عالم اليقظة. و لكنها فى نفس الوقت لا تقل واقعية و مصداقية عن تجارب عالم اليقظة, لأن العقل الباطن يرى أحداث الحلم حقيقة, تماما كما يرى العقل اليقظ أحداث اليقظة حقيقة.

تقع الأحداث فى العالم النجمى حسب قوانين مختلفة عن عالم اليقظة, فهى لا تقع كنتيجة منطقية لسبب سابق على وقوعها كما يحدث فى عالم اليقظة.

على سبيل المثال, فى عالم اليقظة اذا أردت أن تذهب فى جولة وسط المدينة عليك أن تنزل من بيتك و تسير أو تركب سيارة لكى تصل الى المكان الذى تريد الوصول اليه.

أما فى عالم الأحلام, فبمجرد أن تفكر فى المكان تجد نفسك فيه.

عالم الأحلام هو العالم الذى يعمل بقوة العقل الباطن... هو العالم الذى تعبر فيه شخصيتك عن نفسها من خلال قوة الفكر .

لذلك فان ما يحدد مصيرك فى هذا العالم هو مدى قوة أفكارك و اذا كانت ايجابية أو اذا كان يشوبها القلق و الأسف و السوداوية.

تنشأ الأفكار فى العقل الباطن كأشكال مختلفة نسجت من مادة خام شفافة, يقوم العقل بتمييزها عن بعضها البعض بأسماء مختلفة.

فى العالم النجمى يتمسك الوعى بالشخصانية و الأنا, تماما كما يتمسك بها فى عالم اليقظة, و يعجز عن ادراك الجوهر (الذات), اذا لم يتدرب على تحرير العقل من الجهل و الوهم.

فالمادة باختلاف أشكالها تتكون من نفس النسيج (و هو ذبذبات الفكر), و لكن بدرجات كثافه مختلفة و من المستحيل تمييز أى فرق بين مادة و أخرى بدون العقل.

العقل هو الذى يستطيع تمييز الأشياء عن بعضها البعض, و هو الذى يحكم على واقعية الأحداث و مصداقيتها فى كلا العالمين (العالم المادى و العالم النجمى).

وعى الحلم هو ذلك المستوى من الوعى الذى تعبر فيه النفس عن رغباتها من خلال الأفكار و المشاعر التى تدفع الانسان للقيام بأفعل اعتقادا منه ان هذه الأفعال ستحقق ما يرغب فيه و بذلك سيحصل على السعادة و الرضا.

و لأن الرغبات لا تنتهى ولا يمكن اشابعها بشكل كامل, يظل الانسان يتنقل من رغبة الى أخرى طوال حياته بحثا عن السعادة, بدون أن يعثر عليها.

و عندما يفشل فى العثور على السعادة فى العالم المادى, يواصل اللهاث وراءها فى العالم النجمى (بعد موت الجسد المادى) بنفس الطريقة الخاطئة, فيهيم على وجهه فى العالم النجمى باحثا عن المتع الحسية النجمية ظنا منه أنها ستجلب له السعادة.

و بعد فترة يكتشف الانسان أن الرغبات الحسية من المستحيل اشباعها, فكلما أشبعت رغبة ظهرت أخرى. و عندما يدرك الانسان ذلك يتجسد مرة أخرى و يولد من جديد فى جسد

مادى, و هو ما يعرف باعادة التجسد.

نحن جميعا نذهب للعالم النجمى بشكل يومى (فى الحلم), و ليس فقط بعد الموت.

و وعى الحلم هو وعى سلبى, يقع فيه الانسان ضحية للوهم, تماما مثل وعى اليقظة.

عند ذهابك للعالم النجمى أثناء الحلم, فأنت تمر بتجربة صنعها عقلك الباطن و صدقها.

أما عندما تذهب اليه أثناء التأمل (و فى حالات الوعى المتغير و الخروج من الجسد) عندها يمكنك أن تختبر هذا العالم اختبارا واعيا و ليس حالما.

هل اختبرت من قبل تجربة الحلم الشفاف (Lucid Dream) ؟

الحلم الشفاف هو حالة يكون فيها الانسان بين اليقظة و بين النوم, و فجأة يفقد القدرة عل تحريك جسمه المادى, برغم أنه متيقظ و واعى بوجود كل أعضاء جسده. فى هذه الحالة قد يرى بعض الناس أحلاما, و أثناء الحلم يكون الشخص على وعى بأنه يحلم.

ان الهدف من ممارسة التأمل هو تحفيز هذه الحالة, بحيث يرى الانسان العالم النجمى و هو يعى أنه عالم الأحلام. بمعنى آخر, أن تكون زيارتك للعالم النجمى زيارة ايجابية واعية, بحيث لاتنخدع فيما تراه و تعتقد أنه حقيقى. و كذلك الحال بالنسبة لعالم اليقظة الذى لا يختلف كثيرا عن عالم الأحلام, و يعتبر الوجه الآخر له.

و كما تستيقظ من نومك فتكتشف أن كل ما رأيته فى الحلم ليس له وجود الا داخل عقلك فقط , كذلك عندما تصل الى التنوير و تكتسب معرفة روحانية, ستكتشف أن عالم الزمان و المكان (عالم اليقظة) هو أيضا حلم.

فرؤيتك لذاتك و للكون تتوقف على درجة وعيك.

أنت الوعى. كل شئ حولك ينبع من وعيك و يتوقف عليه.

ثالثا : اللاوعى (آمون) :-

عندما تكون فى حالة نوم عميق, فأين تذهب عندما تتوقف الأحلام ؟

- 355 -

عندما تكون فى هذه الحالة فأنت فى أعماق اللاوعى, حيث ينتابك شعور مريح بالسكينة و الفراغ من الفكر و المشاعر و من كل شئ.و هذ هو السبب فى شعورك بالحيوية و تجدد النشاط عند استيقاظك من النوم العميق الخالى من الأحلام.

و لدى عودتك من هذه الرحلة فى أعماق اللاوعى, لا يمكنك أن تتذكر أين كنت و ماذا حدث لك. لا تترك هذه التجربة أى أثر فى ذاكرتك سوى شعور بالراحة التامة و السكينة و السلام و السبب فى ذلك هو أنك كنت أقرب ما يكون الى الوعى الأسمى, حيث يتوقف تأثير القطبية و الازدوجية التى تهيمن على عالم اليقظة و عالم الأحلام.

فى أعماق اللاوعى (النوم العميق الخالى من الأحلام) يتوقف الوعى عن التذبذب, و يصبح فى حالة كينونة فقط.

فى أعماق اللاوعى لا يوجد حواس مادية و لا حواس نجمية... لا يوجد أنا و أنت..... لا يوجد فوق و تحت.... لا يوجد هنا وهناك.... لا يوجد ذكر و أنثى..... لا يوجد نعم ولا, الخ.

هذا هو الوعى الحقيقى.... الوعى بالكينونة..... أن تعى أنك موجود, بدون أن تربط هذا الوجود بشكل أو فكرة أو رغبة.

فالوعى بطبيعته لامحدود, لا يرتبط بفكرة أو بأى شكل من أشكال الازدواجية.

و لكن هذه التجربة التى نمر بها جميعا أثناء النوم العميق الخالى من الأحلام, لا تلبث أن تتبخر عند استيقاظنا من النوم, و لا تترك أى أثر فى نفوسنا.

لذلك لا يصل الانسان الى التنوير عن طريق النوم, بالرغم من الشعور الجميل بالراحة و الاسترخاء الذى يختبره أثناء النوم العميق الخالى من الأحلام.

لكى يصل الانسان للتنوير, عليه أن يصل الى هذه الحالة و هو واعى و مدرك لما يحدث له, لكى تظل التجربة حية فى ذاكرته.

هل انتابك يوما شعور مفاجئ بالسكينة و الرضا لا تعرف مصدره, و لا يمكنك أن تفسره أو

تشرحه, و لكنه شعور قوى لا يقارن بأى متعة حسية ؟

مثل هذا الشعور ينتاب الانسان عندما يصل الى مستوى اللاوعى أثناء التأمل.

يقع اللاوعى فيما وراء العقل و المنطق و الحس و الأفكار.

رابعا : الوعي الأسمى (نبر – تشر) :-

يقول أحد الأمثال المصرية القديمة :-

*** نوم الجسد, هو يقظة الوعى الشاهد....... فعندما أغلق عينى, أرى النور الحقيقى ***

كل حالات الوعى الثلاثة التى ذكرناها سابقا هى حالات نسبية, و ليست مطلقة.

فالانسان يتقلب دائما بين وعى اليقظة و عى الحلم و و النوم العميق الخالى من الأحلام, و لا يثبت على حالة واحدة. و كل متغير ليس حقيقى.

ان الجوهر لا يمكن أن يكون نسبيا متغيرا. الجوهر مطلق, ثابت, لا يعتريه التغير. فيما وراء وعى اليقظة, و وعى الحلم, و اللاوعى, هناك حالة رابعة أسمى من هذه الحالات الثلاثة, و الوصول الى هذه الحالة هو الهدف من كل ممارسات اليوجا.

الوعى الأسمى هو الغاية التى يسعى اليها كل حكيم, و قديس, و هو الجوهر و المنبع الذى انبثقت منه حالات الوعى الثلاثة الأخرى.

من اللامحدود ينبثق المحدود...... من الجوهر الواحد تخرج الازدواجية و القطبية لتخلق ما لا يحصى من أشكال التعدد. و لكن هذا الجوهر الواحد لا ينفصل عن الأشياء التى تنبثق منها, و انما هو يسكنها.

فالذات فى حالة حضور دائم, فى كل مستويات الوعى, و ما يختلف هو رؤيتنا لها و قدرتنا على ادراك هذا الحضور الدائم.

ان كل تراه حولك من ازدواجيات و أقطاب (نور/ظلام.... نهار/ليل.... ذكر/أنثى) هو فى الحقيقة وهم صنعه العقل الذى ما زال يتقلب بين حالات الوعى الثلاثة, و لم يصل بعد الى

الوعى الأسمى, الذى يرى الجوهر الواحد الذى يسكن كل الأشياء.

حين يصل الانسان الى الوعى الأسمى, يتحرر من تأثير حالات الوعى النسبية الثلاثة (اليقظة – الحلم – اللاوعى), و بالتالى يتحرر من الألم و الأسف و الزهو و كل المشاعر المرتبطة بالوجود الأدنى, ليحل محلها شعور دائم بالسكينة و الرضا و النشوة الروحية (حتب), و يتحرر أيضا من الخضوع لدورة اعادة التجسد مرة بعد أخرى, لأن السبب فى اعادة التجسد (و هو الرغبة) تم اقتلاعه من جذوره.

فى الوعى الأسمى لا يوجد شعور بالانفصال, و لا شعور بالزمان و المكان, و لا يوجد تمييز بين شئ و آخر و لا ازدواجية, و لا قطبية.

الوعى الأسمى هو وعى يمتزج فيه كل شئ فى وحدة واحدة.

و هذ هو السبب فى فقدان الشعور بالزمن أثناء النوم العميق الخالى من الأحلام, و أيضا أثناء حالات التأمل العميق .

فأنت فى هذه الحالة لست فردا تتصل بما حولك من أشياء عن طريق العقل و الحواس, و انما أنت نقطة فى محيط الوعى الذى لا يمكن تمييز شئ فيه عن آخر, أو بمعنى آخر أنت المحيط.

و هذا هو السبب فى شعورنا بالراحة بعد الاستيقاظ من النوم العميق الخالى من الأحلام و أيضا بعد الانتهاء من تمرينات التأمل العميق.

فالتفاعل الدائم بين الأقطاب الذى يقوم عليه وعى اليقظة و وعى الحلم يستنفذ طاقتنا العقلية, و هو ما يجعلنا نشعر بالتعب و الارهاق.

أما أثناء النوم العميق الخالى من الأحلام و أثناء التأمل العميق, فلا أقطاب و لا تفاعل , و بالتالى تحافظ على طاقتك التى تجدد بها نشاطك و حيويتك.

ان الراحة التى نحصل عليها أثناء اليقظة (بتاح) و أثناء الحلم (رع) لا تقارن أبدا بالراحة التى نحصل عليها أثناء النوم العميق الخالى من الأحلام, و هو اللاوعى (آمون), و لا

بالراحة التى نحصل عليها أثناء التأمل العميق, و هو الوعى الأسمى (نبر – تشر).

و الفرق بين اللاوعى و بين الوعى الأسمى أنك تدخل حالة الوعى الأسمى بارادتك, و تحولها من لاوعى الى وعى "أسمى / فائق", حيث تظل التجربة حية فى ذاكرتك و تساهم فى تنويرك, بعكس النوم العميق الخالى من الأحلام الذى لا يترك فى نفسك أى أثر.

لا يمكنك أن تصبح حكيما, مهما بلغ عدد الساعات التى تمارس فيها النوم العميق الخالى من الأحلام, بعكس التأمل العميق الذى بممارسته تصل الى التنوير.

اللاوعى هو وعى سلبى, لا يرى فيه الانسان شيئا.

بعكس الوعى الأسمى الذى هو وعى ايجابى, يرى فيه الانسان نفسه رؤية واضحة كالماء الصافى فاذا كان الذهن مشغولا بالأفكار و الرغبات, فسيبدو أمام عين المتأمل كبحيرة عكرة تضطرب الأمواج فوق سطحها.

أما اذا كان الذهن نقيا من الأفكار و الرغبات (بممارسة يوجا التأمل و الاتزان) فانه سيبدو كسطح بحيرة صافية تنعكس فوقها صورة واحد, هى صورة الذات الالهية التى تسكن كل ركن من أركان الكون, و تتخلل كل شئ.

و الوصول الى هذه الحالة من حالات الوعى التى تتجاوز الحالات الثلاث السابقة ليس مستحيلا و انما هو ممكن, و ذلك بممارسة اليوجا بكل انواعها.

و عندما يحدث ذلك, ستنقشع الظلمة التى كانت تحاصر العقل و سيذهب الجهل الذى يصاحب حالات الوعى الثلاث.

ستتحول الشخصيات الثلاث التى تتقلب بينها (شخصية اليقظة و شخصية الحلم و شخصية اللاوعى) الى مجرد سحابة من الضباب تنقشع بمجرد أن يسلط عليها ضوء فكرة واحدة.

حين يصل الوعى الى هذا المستوى من الصفاء و النقاء (الوعى الأسمى) ستنكشف له أسرار الذات الالهية الدائمة الحضور, و التى لم تكن أبدا غائبة, و لكنه كان غافلا عنها.

تلك هى قوة العقل التى تظهر و تتجلى عندما تعرف كيف تقوم بتدريبه.

عندما تدرب عقلك على الوصول الى الوعى الأسمى, ستجد أنه بامكانك أن تتجاوز حالات الوعى النسبية الثلاثة, و أن تستمر فى حالة سكينة و رضا و سلام دائم طوال الوقت.

و هذا هو ما يعرف ببعث الروح الذى جاء ذكره فى قصة موت و بعث أوزير, و هو أيضا التنوير الذى وصفه الحكيم بوذا, و هو ال "موكشا" أو ال "كيفاليا" (أى التحرر) الذى ورد ذكره فى نصوص الفيدانتا الهندوسية, و هو "وعى المسيح" أو "الزواج الالهى" أو "مملكة السماء" فى الثقافة المسيحية.

فى أحد مشاهد الفن المصرى القديم التى تناولت قصة موت و بعث أوزير صور الفنان المصرى كلا من حورس (الذات العليا) و "ست " (الذات الدنيا) بجسد واحد و رأسين, لأن حورس و ست ليسا كيانين منفصلين و انما هما وجهين مختلفين – و متكاملين – لنفس الكيان, و هو الانسان.

و أسطورة ايزيس و أوزوريس تدور فى الأساس حول هذه الفكرة الرئيسية, و هى أن الصراع بين حورس و ست هو فى الحقيقة صراع يدور داخل كل انسان بين الذات العليا و الذات الدنيا.

يمكننا أن نلخص كل ما سبق فى هذا الشكل الذى يبين تسلسل انبثاق حالات الوعى الأربعة, الواحدة من الأخرى :-

الوعى الأسمى (نبر – تشر)

↓

اللاوعى / النوم العميق الخالى من الأحلام (آمون)

↓

الأحلام / الوعى النجمى (رع)

↓

اليقظة (بتاح)

التنوير هو أن يعى الانسان أن الحالات الثلاث (اليقظة – الأحلام – اللاوعى) هى حالات نسبية متغيرة للوعى , و بالتالى فهى ليست حقيقة مطلقة , لأن كل ما هو متغير ليس حقيقى. فى هذه الحالات الثلاث تكون الأنا دائما حاضرة و لكن بطريقة مختلفة.

و عندما يصل الانسان الى الحالة الرابعة و هى الوعى الأسمى, يدرك أن شخصيته التى تتغير من حالة لأخرى ليست هى ذاته, و ان ذاته الحقيقية هى المطلق / الثابت / الذى لا يعتريه التغير...... هى الذات. و عندها يتلاشى وعى الجسد فى محيط الذات الكونية (العليا).

رحلة "رع" للعالم النجمى, و رحلة الروح :-

تخبرنا احدى قصص الخلق فى مصر القديمة (و هى قصة تاسوع هليوبوليس) أن خلق الكون بدأ بخروج "رع" من المحيط الأزلى (نون), و هو محيط من المادة الأزلية التى لم تتشكل بعد.

تزامن هذا الخروج الأزلى ل "رع" (النور الالهى) مع ظهور الأشكال و الصور التى بدأت بالخروج للوجود تباعا, بعد أن كانت كامنة داخل "نون".

و بذلك أقام "رع" الماعت (النظام) محل ال "اسفت" (الفوضى)...... و خلق الشكل من اللاشكل . فالمادة الخام التى خلقت منها كل الأشكال, هى فى الأصل لا شكل لها.

يمكننا ان نشبه ذلك بالماء. فالماء فى حالته السائلة ليس له شكل, و لكن عند انخفاض درجة حرارته لدرجة التجمد و تحوله الى ثلج, يمكنه أن يتحول الى أى شكل.

و عندما يحدث ذلك, لا يمكننا القول أن الماء قد تحول الى عنصر آخر. فالماء يظل ماءا حتى بعد تحوله الى ثلج, و ما يختلف هو المظهر فقط.

و كذلك وصف حكماء مصر القديمة الخلق بأنه محيط من الماء, و الماء هنا هو تعبير

مجازى عن محيط الوعى, و هو المادة الخام التى خلق منها كل شئ.

ان المادة فى جوهرها ليست غازية و لا سائلة و لا صلبة, و انما هى طاقة.

توصل العلم لحديث مؤخرا الى أن الطاقة هى الجوهر الذى خلقت منه كل أشكال المادة فى الكون.

يمكننا أن نشرح ذلك من خلال هذا الشكل :-

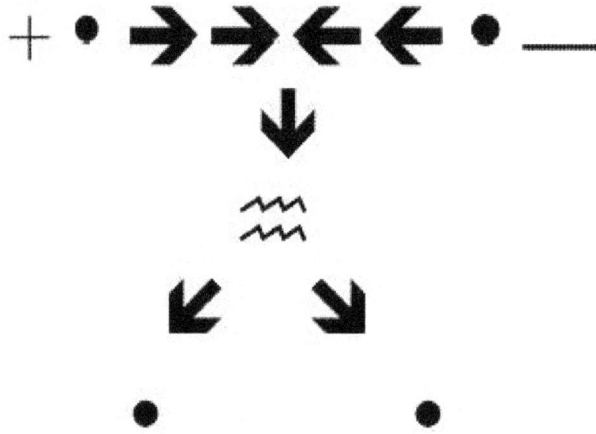

المادة (matter) و المادة المضادة (anti-matter) تتصادمان فى مفاعل نووى.

*** (A) عندما تتصادم بروتونات المادة (ذات الشحنات الموجبة) مع بروتونات المادة المضادة (ذات الشحنات السالبة) تقوم أحداهما بالغاء الأخرى, و يختفى الاثنان.

*** (B) يعتقد علماء الفيزياء أن السبب فى اختفاء المادة و المادة المضادة هو تحولهما الى طاقة.

*** (C) تعود هذه الطاقة و تتحول الى مادة مرة أخرى

أما المعنى الصوفى الباطنى لهذه التجربة, هو ان المادة تعود مرة أخرى حالتها الأولى, حيث اللاشكل. يمكن للمادة أن تتشكل فى اى صورة, ثم تعود الى حالتها الأزلية, تماما كما تتقمص

أنت أى شخصية فى أحلامك, ثم تترك كل الشخصيات و الصور و تصبح بلا صورة و لا هيئة فى حالة النوم العميق الخالى من الأحلام.

ترمز رحلة "رع" فى قاربه (قارب ملايين السنين) الى تحولات المادة الأزلية (الوعى) و تشكلها الى صور لا حصر لها. تلك الصور هى ما نطلق عليه الخلق.

و لكن المادة ليس لها وجود مستقل, قائم بذاته. المادة ما هى الا تجلى للألوهية.

و الخلق ما هو الا تعبير عن الكيان الالهى الأسمى.

فى هذا الشكل نرى خطوات انبثاق الخلق من الخالق حسب ما جاء فى الميثولوجيا المصرية القديمة :-

<u>**الكيان الالهى الأسمى**</u> "نتر – نترو" (نبر – تشر)

↓

<u>**آتوم – رع**</u>

↓

حتحور, حجوتى, ماعت

↓

<u>شو</u> (الهواء) + <u>تفنوت</u> (النار/الرطوبة)

↓

جب (الأرض) + نوت (السماء)

↓

<u>ست + نفتيس</u> <u>أيزيس + أوزوريس</u> <u>نفتيس + أوزوريس</u>

↓ ↓

حورس **أنوبيس**

قام حكماء مصر القديمة بشرح قصة الخلق من خلال نظام ميثولوجى يربط بين كل مراحل الخلق فى سياق واحد.

عند قراءتنا لقصص الخلق المصرية, نحن أمام فلسفة تبحث فى أصل الكون و طبيعته و تطوره, و تعبر عن ما لديها من معارف كونية من خلال النظام الدينى الذى ربط بين مدن مصر القديمة و بين مختلف صور الجمع الالهى (كتاسوع هليوبوليس, و ثامون الأشمونيين, و ثالوث طيبة, و ثالوث منف, الخ).

و الجمع الالهى هو مجموعة من ال "نترو" (التجليات الالهية / القوى الكونية) ترمز لأحد جوانب الألوهية و لدور هذا الجانب فى نشأة الكون و تطوره. و كل أشكال الجمع الالهى انبثقت من الكيان الالهى الأسمى الذى يحوى كل شئ.

يتجلى الاله من خلال هذ الجمع الالهى الذى عرف فى مصر القديمة باسم "بأوتى – نتر" , و أقدمها تاسوع هليوبوليس (نظرية الانبثاق) الذى يحوى بداخله أيضا ثالوث :ايزيس – أوزوريس – حورس".

يبين لنا الشكل السابق أن أعضاء التاسوع (Psedjet) انبثقوا جميعا من مصدر واحد هو الكيان الالهى الأسمى الذى يحمل فى هذا السياق لقب "آتوم – رع".

بدأ الخلق عندما خرج "آتوم – رع" من مياه الأزل "نون" (الجوهر المحتجب).

و بعد الخروج العظيم, بدأ "رع" يرتحل فى قاربه (قارب ملايين السنين), حاملا معه الكيانات الالهية التى أخرجت الكون للوجود.

يشمل تاسوع هليوبوليس (آتوم–رع / شو / تفنوت / جب / نوت / ايزيس / أوزوريس / ست / نفتيس), أما حتحور و جحوتى و ماعت فهم صفات للكيان الالهى الأسمى.

و أعضاء التاسوع هم المبادئ الأساسية (نموذج النشأة الأولى) التى نشأ بها الكون.

و أنوبيس ليس من أعضاء التاسوع, و لكنه يقوم بدور رئيسى فى أسطورة ايزيس و أوزوريس, و هو يرمز لقدرة العقل على التمييز بين ما هو حقيقى و ما هو زائف.

و عند قراءة قصة الخلق المنسوبة لمدينة هليوبوليس و المعروفة بنظرية الانبثاق, نجد أن قارب "رع" من أكثر الأشياء التى تلفت الانتباه و تدعونا للتأمل.

يرمز ابحار "رع " فى قارب ملايين السنين الى بداية ظهور الحركة فى الكون, و هذه الحركة هى السبب فى نشأة الزمن, و هكذا ظهر الكون الذى تحكمه قوانين الزمان و المكان.

و قبل ظهور هذه الحركة التى عبر عنها المصرى القديم برمزية ابحار قارب "رع", كان الكون فى حالته الأزلية, حيث لم تكن الأشكال و الصور قد ظهرت بعد, و لم يكن هناك زمان و لا مكان

ل "رع" قاربين, و ليس قارب واحد.

قارب يبحر به فى النهار حيث يسطع بنوره على العالم المادى, و الآخر يبحر به فى الليل حيث يرتحل فى ال "دوات" (العالم النجمى/السفلى) لتسطع شمس الوعى فى العالم النجمى.

و نور "رع" الذى يسطع فى العالم النجمى يختلف عن النور الذى نراه فى عالمنا, فهو أكثر شفافية "رع" هو المصدر الذى ينبثق منه النور فى العالم المادى و فى العالم النجمى.

اذا نظرنا الى رحلة "رع" فى قاربه النهارى, نجد أنها تتطابق مع وعى اليقظة الذى يختبره الانسان فى النهار. أما رحلته فى قاربه الليلى فهى تتطابق مع الوعى النجمى (العقل الباطن) الذى يختبره الانسان فى الأحلام.

أى أن "رع" هو الذات حين تتنقل بين مستويات الوعى المختلفة, و تحتويها جميعا.

و قد ذكر الفصل السابع عشر من كتاب الخروج الى النهار (كتاب الموتى) أن الاله موجود فى قلوب كل أفراد الشعب. "رع" ليس كيانا منفصلا عنا, و انما هو موجود بداخل كل انسان.

الوعى هو الذى يرتحل من عالم الى آخر, و من حالة الى أخرى (ما بين يقظة و حلم و لاوعى), و وعى الانسان هو امتداد للوعى الكونى.

الانسان ليس كيانا منفصلا عن الكون, و لكن الأنا و الشخصانية هى التى تجعله يتوهم ذلك
."رع" هو الكون و الانسان معا. كل انسان هو فى جوهره "رع".

يبحر "رع" بقارب النهار المعروف باسم (mandjet) فوق الأرض (العالم المادى),
أما العالم النجمى أو ال "دوات" فيرتحل فيه "رع" مستخدما قاربه الليلى المسمى
(Mesketet), و الذى ينتقل به بين مختلف مناطق الدوات كحقول الرضا (سخت – حتب)
و ال "أمنتت" (العالم الخفى) و هى المنطقة التى تتخلص فيها الروح من كل الأشكال
و الصور و تختبر حالة من حالات الوعى الأسمى, حيث النشوة الروحية و السكينة.
و لكى يصل الانسان الى هذه الحالة عليه أن يكون مهيئا لهذه الحضرة الالهية.

جاء فى بردية "موت – حتب" (سطر رقم 19) أحد الأناشيد التى تبتهل الى آتوم – رع,
و تقدم لنا رؤية صوفية لرحلة "رع" فى الدوات و علاقتها بالنفس الانسانية, يقول النص :-
*** تتهل الكيانات الالهية و الأرواح التى تسكن ال "أمنتت" (العالم الخفى) و تبتهج, عندما
يمر قارب "رع" فى الدوات.... و تمسك بحبال قاربه ***
تستطيع أرواح البشر الذين غادروا الحياة الدنيا (و أيضا الذين باستطاعتهم زيارة العالم
النجمى أثناء التامل العميق) أن تقترب من عالم ال "أمنتت", و عندما تصل اليه تنتظر
مرور قارب "رع" الليلى. و هو انتظار محفوف بالمخاطر, فالعالم النجمى ملئ بالأشباح
و الكائنات المخيفة التى تحاول اعتراض طريق قارب "رع" و منعه من استكمال رحلته, أو
بمعنى آخر تحاول اعتراض طريق الروح و منعها من الوصول الى هدفها و هو العودة مرة
أخرى للذات الالهية.
ترمز هذ الأشباح و الكائنات المخيفة لنوازع النفس الانسانية و الانطباعات السلبية الكامنة

فى أعماق اللاوعى, كالغضب و الخوف و الطمع و الشهوة و الاحباط و السوداوية و كل الرغبات الحسية.

بممارسة التأمل و بتطهير العقل من الأفكار و المشاعر السلبية, تصبح الروح مهيأة لاستقبال قارب "رع" و الامساك بحباله, و هو رمز لتحول وجهة الروح نحو العالم السماوى.

اذا حظى الانسان بمرافقة "رع" فى قاربه (قارب ملايين السنين), فان ذلك يعنى أن هذا الانسان نجح فى تجاوز كل حالات الوعى المختلفة (اليقظة – الحلم – اللاوعى), و وصل الى حالة أرقى من الوعى تختفى فيها كل أشكال الازدواجية (duality) و الثلاثية (trinity) و يصبح فيها الكل واحد.

التنوير و اعادة التجسد :-

ترمز رحلة "رع" فى أبعاد الكون لرحلة روح الانسان.

فكما تولد الشمس فى الأفق الشرقى و تعبر السماء و تموت فى الأفق الغربى لتبدأ رحلتها فى العالم النجمى, كذلك يولد الانسان, و يعيش حياة على الأرض يختبر فيها العالم المادى, ثم يموت و ينتقل ليعيش حياة أخرى فى العالم النجمى.

كان الغرب فى نظر المصرى القديم مكانا مقدسا, فهو المكان الذى يذهب اليه "رع" بعد انتهاء رحلته فى العالم المادى, و هو المكان الذى تسكنه الكيانات الالهية و أرواح المبجلين من البشر.

الغرب الجميل هو عالم النور و السلام و البهجة.... الغرب هو المكان الذى يسكنه الكيان الالهى الأسمى.

و لكى يستطيع الانسان أن يسكن هذا المكان بشكل دائم يجب أن يكون مؤهلا لذلك.

و الأرواح الغير مؤهلة للعيش فى الغرب الجميل هى تلك الأرواح التى ما زالت تتمسك بالجهل و التى ارتكبت أفعالا آثمة تجعلها عرضة لقانون الكارما, و لذلك كان عليها أن تعيد

التجسد فى جسد جديد لتحصل على فرصة أخرى لاصلاح الكارما القديمة السلبية.

ان هدف الروح هو الذهاب الى الأفق الغربى و ليس الأفق الشرقى, لأن الأفق الشرقى هو المكان الذى تولد منه الأرواح عند اعادة التجسد.

لذلك كان الذهاب للغرب فى الفلسفة المصرية هو رمز وصول الروح لمرحلة النضج و التنوير و خروجها من دائرة اعادة التجسد.

العناصر التى تتكون منها شخصية الانسان :-

يختبر الانسان ثلاثة مستويات رئيسية للوجود (المستوى المادى – المستوى النجمى – المستوى السببى/الروحى), و هناك عدة عناصر تتداخل معا و تشكل الكيان الانسانى بحيث يستطيع اختبار هذه المستويات الثلاثة معا.

فى هذا القسم من الكتاب سنتناول هذه العناصر حسب الفلسفة المصرية, ثم ننتقل بعد ذلك لبحث طبيعة الذات الالهية.

رأى قدماء المصريين أن الكيان الانسانى يتكون من تسعة أجسام أو عناصر تتضافر معا و تكون شخصيته. و هذه العناصر او الأجسم التسعة هى :-

(1) ال "ساحو" :-

ساحو هو الجسم الروحى الذى تحيا فيه ال "با" و ال "آخ" فى العالم السماوى.

حين يصل الانسان الى النضج الروحى تمتزج هذه العناصر الثلاثة (ساحو – با – آخ) و تشكل معا كيان واحد مقدس / الهى (أى يعكس الصفات و القدرات الالهية).

تلك الحالة من حالات الوجود هى الهدف الأسمى لكل المريدين و طلاب المعرفة الروحانية,
و هى الهدف من رحلة الانسان فى أبعاد الكون المختلفة..... أن يتحول الانسان الى كيان
الهى أثناء حياته الدنيا.

(2) ال "با" -:

تظهر ال "با" فى الفن المصرى القديم على هيئة طائر مهاجر هو طائر اللقلق, و ترمز
لطبيعة الروح التى تميل للانطلاق و التحرر من القيود و ترغب دائما فى التحليق نحو
السماء بعيدا عن الأرض و عن الجسد المادى.

ال "با" هى قلب الروح الذى يسكن داخل ال "كا", و الذى يمتلك القدرة على التحول
و الصيرورة من حال الى حال.

تترجم كلمة "با" فى كثير من الأحيان بمعنى الروح أو الذات العليا.

و ال "با" الخاصة بكل انسان ليست كيان منفصل قائم بذاته, و انما هى قبس من الروح
الكونية أو الروح الأسمى.

يمكن للانسان أن يتحاور مع بائه و أن يستشيرها فى اتخاذ القرارات المصيرية فى حياته
باعتبارها هى المرشد الروحى له.

و كلمة "با" المصرية هى المقابل لكلمة "أتمان" فى الفلسفة الهندوسية.

ال "با" هى ذلك الجزء الخالد فى الكيان الانسانى و الذى لا يذوق الموت, و هى لا تتأثر بما
يحدث للجسد و الحواس و العقل.

من خلال العقل, تتصل ال "با" بالجسد المادى, و عن طريقه تختبر العالم المادى بعناصره
المختلفة (الأرض و الهواء و الماء و النار).

و عندما تشعر ال "با" بأنها أنهت حياتها الدنيا و لم تعد بحاجة للجسد المادى, تترك الجسد و تنتقل للعالم الآخر.

اذا كانت الروح قد وصلت للنضج الكافى, فالطريق يكون مفتوحا أمامها للعودة مرة أخرى للروح الكونية (الروح الأسمى) لتذوب فيها, و تتحد بها.

أما اذا لم تكن الروح مؤهلة للاتحاد بالروح الأسمى, فهى تلجأ عادة لاعادة التجسد فى جسد جديد لتتعلم الدروس التى فاتتها فى التجسد السابق.

(3) ال "آخ" أو "خو" :-

استخدم المصرى القديم طائر الأيبيس ذو المنقار المقوس كرمز هيروغليفى لكلمة "آخ" أو "خو". يرمز طائر الأيبيس فى الفلسفة المصرية للمعرفة و هو أيضا رمز جحوتى رب الحكمة فى مصر القديمة .

ال "آخ" هى الجوهر الروحى النقى لكل انسان و التى لا يدرك الانسان وجودها الا بنقاء الفكر. ال "آخ" هى الروح الخالدة التى لا تعرف الموت.

توصف ال "آخ" بأنها كيان نورانى مشع . ال "آخ" تنير شخصية الانسان , و بدونها لا يستطيع العقل أن يعمل . ال "آخ" هى شمس الوعى .

(4) ال "خيبيت" (الظل) :-

تكتب كلمة "خيبيت" باستخدام رمز هيروغليفى على شكل مظلة تحجب الشمس, فينشأ عنها ظل. و كذلك دور ال "خيبيت" فى تكوين شخصية الانسان.

ال "خيبيت" هى ذلك الجزء من الكيان الانسانى الذى يقوم بدور يشبه الظل.

تقوم ال "خيبيت" بامتصاص الطاقة النورانية من الروح ثم تعكس ظل هذه الطاقة على شخصية الانسان.

يرتبط ال "خيبيت" (الظل) بشكل خاص بالبا و يلازمها دائما, لأنه يحصل منها على الطاقة.

و عندما تنتهى حياة الانسان على الأرض يغادر ال "خيبيت" الجسد المادى فى نفس اللحظة التى تغادر فيها البا.

يمكن للخيبيت أن يتنقل بحرية من مكان لآخر بعيدا عن الجسد المادى, و يمكنه أن يكون حاضرا فى أكثر من بعد من أبعاد الكون.

(5) ال "كا" :-

هذه العلامة التى تحاكى شكل ذراعين مرفوعين نحو السماء هى الرمز الهيروغليفى لكلمة "كا", و هى ذلك الجزء من الكيان الانسانى الذى يرتبط بالشخصانية (ego), و الذى تنبع منه كل الرغبات.

و ال "كا" هى نسخة أثيرية من الجسم المادى, تحمل نفس صفاته و أفكاره ة مشاعره و رغباته, و لديها القدرة على التحرك و التنقل بعيدا عنه و يمكنها التنقل بين العالم المادى و العالم النجمى.

ال "كا" لا تموت بموت الجسد المادى, و انما تنتقل لتحيا فى العالم النجمى.

كان مفهوم ال "كا" معروفا فى الفلسفة الهندية بنفس اللفظ تقريبا.

فالروح الأسمى "براهما" لديه "كا" (توأم / جسم نجمى).

فى الحقيقة ان ال "كا" ليست نسخة من الجسم المادى, و انما العكس هو الصحيح.

فالأوقع أن نقول ان الجسم المادى نسخة من ال "كا" (الجسم النجمى).

ترتبط ال "كا" بعنصر آخر من عناصر شخصية الانسان يطلق عليه "سخم", و هى الطاقة

الحيوية الديناميكية التى تغذى الجسم.

(6) ال "سخم" :-

(7) ال "ايب" (القلب) :-

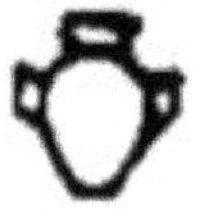

القلب فى الفلسفة المصرية هو محل الوعى, و مصدر الكارما (مسخينيت), و السبب فى

اعادة التجسد أكثر من مرة .

عبر المصرى القديم عن هذا المفهوم بصورة القلب.

فى القلب يوجد الضمير, و فيه تختزن الانطباعات و الرغبات التى يحملها الانسان من

خبراته السابقة فى حياته الحالية و حيواته السابقة.

يحمل الانسان الرغبات المادية فى قلبه, و يسعى لاشباعها من خلال خبرات حياته المختلفة.

و لما كان من المستحيل اشباع رغبات النفس بالأشياء المادية التى تنتمى لعالم الزمان

و المكان, فان هذه الرغبات تظل مختزنة فى القلب, لا تموت بموت الجسد المادى و انما

تنتقل مع الانسان للعالم النجمى (الدوات), و تظل هذه الرغبات تلح على الانسان مطالبه اياه باشباعها, فتدفعه بذلك للتجسد مرة بعد أخرى.

لذلك نقرأ فى الفصل رقم 30 من "كتاب الخروج الى النهار" (كتاب الموتى) :-

*** ان قلبى هو السبب فى مجيئى لهذه الحياة ***

كان المصرى القديم يعتقد أن القلب هو السبب فى تجسد الانسان فى جسد مادى, لأن القلب هو الموضع الذى تختزن فيه رغبات النفس.

و فى مشهد المحاكمة من كتاب الخروج الى النهار, يخضع قلب كل انسان بعد الموت لعملية تقييم تحت اشراف جحوتى, رمز العقل و الذكاء . و الذكاء المقصود هنا هو ذكاء القلب.

أى أن عقل كل انسان هو القاضى و هو المحكوم عليه فى نفس الوقت.

عقل كل انسان (أو بمعنى آخر ذكاء قلبه) هو الذى يقوم بالحكم على نفسه.

لذلك فالقلب هو الذى يحدد مصير الانسان و أقداره حسب ما يختزن فيه من رغبات, و هى رغبات يتحكم فيها فهم الانسان لذاته الحقيقية.

لذلك فان تحديد ما اذا كان الانسان سيتجسد مرة أخرى أم لا, يتوقف على ما فعله الانسان فى حياته السابقة و الرغبات المادية التى ما زال يحملها فى قلبه.

فالرغبة فى شئ مادى تعيد الانسان للعالم المادى مرة أخرى, أما الرغبة فى العودة للعالم السماوى و الاتحاد بالذات الالهية ففيها خلاص الروح و تحررها من أغلال المادة.

(8) ال "خات" (الجسد المادى) :-

تشير حروف كلمة خات الهيروغليفية الى الجسد الميت, المحنط.

ال "خات" فى الفلسفة المصرية هو الجزء المادى من الكيان الانسانى, و الذى يتكون من لحم و عظام و أنسجة و حواس مادية, و هو جسد هش, ضعيف, لا يلبث أن يزول يتحلل لعناصره الأولية عند موت الانسان و انتقاله للعالم النجمى.

(9) ال "رن" (الاسم) :-

كان الاسم فى الفكر الدينى المصرى عنصرا أساسيا من العناصر التى يتكون منها الكيان الانسانى . لا يمكن لأى انسان (أو أى شئ) أن يوجد بدون اسم.

كل شئ يأتى لعالم الزمان و المكان لابد أن يكون له اسم.

و الرموز المستخدمة للدلالة على كلمة "رن" (اسم) فى الهيروغليفية هى الفم و موجة مياه (أو موجة طاقة !).

كانت أسماء الملوك فى مصر القديمة تكتب داخل خيط أو حبل يحيط بها من كل جانب, يطلق عليه "خرطوش". و الخرطوش عبارة عن علامة "شن" (رمز الخلود) تم تحويلها الى شكل بيضاوى بدلا من الشكل الدائرى المعتاد لعلامة ال "شن".

يرمز الخرطوش لخيط من شعاع الشمس (أى من طاقة الحياة) يحيط بالاسم, ليمنحه الحياة و الحماية من أى خطر.

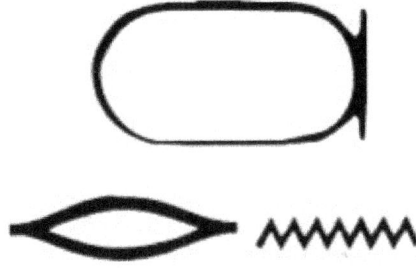

كلمة "رن" (اسم) بالهيروغليفية

يستخدم الفم كرمز للقيمة الصوتية لحرف "ر" فى الكتابة الهيروغليفية, كما يستخدم أيضا كرمز للوعى .

يظهر الفم كرمز باطنى فى اثنين من أهم التعاليم الباطنية فى مصر القديمة.

فهو يظهر فى سياق قصة الخلق التى تقول بأن الاله خلق الكون بالكلمة التى نطق بها فمه.

كما يظهر أيضا فى طقوس فتح الفم فى كتاب الخروج الى النهار و هى طقوس تقام عند الانتهاء من تحنيط المومياء, و قبل دفنها. و يرمز طقس فتح الفم الى تفتح وعى الروح.

و لكن لماذا يحتل الفم كل هذه الأهمية فى الفلسفة المصرية ؟

تأمل الأشياء حولك. ستجد أنك لا يمكن ان تفكر فى أى شئ بدون أن تقرنه باسم.

الاسماء هى رموز يستخدمها عقل الانسان لتجميع الأفكار التى تشكل العقل.

و الأفكار هى وسيلة لتحديد الأشياء و تمييزها عن بعضها البعض.

فعندما تفكر, أنت فى الحقيقة تقوم بتمييز الأشياء عن بعضها هذا التمييز هو الذى يجعل العقل قادرا على التفريق بين الأشياء.

يقوم العقل بوضع تسمية أو عنوان (label) مستمد من شكل الشئ أو طبيعته أو حجمه أو وظيفته ليستطيع تمييزه عن غيره. يميل العقل لمناداة كل شئ باسم.

فالمقعد على سبيل المثال هو شئ جامد يشبه الصخر, و لكن العقل ابتكر له اسما, بحيث اذا نطق الاسم فى أى وقت يستدعى فى الذهن شكل المقعد و الوظيفة التى يستخدم لأجلها,

و التى يتميز بها عن الصخر .

عندما يتجاوز العقل الكلمات , فهو بذلك يذهب الى ما وراء الأفكار , و يصل لحالة من الوعى الأسمى التى لا يمكن فيها تمييز شئ عن آخر . و هذا هو معنى مصطلح "فتح الفم" .

فتح الفم يعنى فتح الوعى لمستوى آخر من مستويات الوعى تعى فيه الروح وجودها المطلق المجرد من الأشكال و الصور و الأسماء .

فى مستويات الوعى الدنيا , يركز العقل على التمييز بين الأشياء التى تبدو للعقل مختلفة , مع أن الجوهر واحد .

و لكن عندما ينشط الحدس و تصل الروح للنضج , لا تعد الكلمات وسيلة للتفرقة بين الأشياء و تصبح مجرد وسيلة تستخدمها الروح لمخاطبة العالم المادى .

هناك علاقة وثيقة بين الفم و بين اللاوعى , و لهذا السبب نجد الكثير من الناس (الذين لا يمارسون التأمل و مراقبة النفس) يتفوهون فى لحظات انفعالهم بأشياء غير متوقعة , ثم يندمون على ذلك فيما بعد .

لذلك كان على طالب اليوجا ممارسة التأمل و مراقبة النفس , لكى تأتى أفعاله معبرة عن الذات العليا و ليست مجرد ردود أفعال لتصرفات الآخرين .

و بذلك يصبح الانسان "صادق القول" (ماع – خيرو) كما جاء فى كتاب الخروج الى النهار .

حين يكون الانسان موصول بالذات العليا بشكل دائم يأتى قوله معبرا عن الحقيقة , فيكون صادقا . أن يكون الانسان موصول بالذات العليا يعنى أن يكون فى تناغم مع الكون و تكون حقيقته هى حقيقة الكون .

فى مصر القديمة كان الهدف الأسمى للمريد أن يكون صادق القول (ماع – خيرو) , و هو مرادف لمفهوم التناغم مع الكون .

أما الموجة فى كلمة "رن" (اسم) , فهى ترمز لمحيط الوعى الأزلى .

فالاسم هو الوعى , عندما تجسد فى شئ مادى , حين نطق به الاله , و شكله باستخدام ذبذبات

الصوت.

المعنى الباطنى للعناصر التى تتكون منها شخصية الانسان :-

كما أشرنا من قبل, الروح الكونية هى وعى خالص, نقى.

و من هذ الوعى ينبثق الخلق.... كل ما كان, و كل ما سوف يكون.

و الانسان يشبه شعاع نور انبثق من ذلك المحيط الأزلى, ثم انقسم هذا الشعاع الواحد الى عدة ألوان (كما ينقسم شعاع نور الشمس الى ألوان الطيف السبعة فى قوس قزح) تربطه بمستويات الوعى المختلفة.

يمكننا أن نشبه وعى الانسان بانعكاس نور الشمس على سطح بحيرة من الماء .

فوعى الانسان هو انعكاس لوعى الاله فوق بحيرة العقل, الذى يعمل من خلال المخ و الجهاز العصبى.

تنعكس هذه العلاقة من خلال العلاقة بين ال "با" (الروح) و ال "آيب" (القلب).

القلب هو عرش العقل, و هو البحيرة التى تنعكس فوق سطحها ال "با" (الروح).

العقل ليس له وجود مستقل عن الروح, لأنه يتغذى على الطاقة التى يستمدها من الروح.

فالطاقة الفكرية هى فى الأصل طاقة روحانية, استمدها العقل من ال "با", ثم تحولت من طاقة روحانية الى طاقة فكرية.

و روح الانسان ليس لها وجود مستقل عن الروح الكونية, لأن روح الانسان تحيا بمدد الطاقة الذى يأتيها من الروح الكونية (الروح الأسمى).

و هكذا نجد أن الطاقة الروحانية تسلك هذ المسار :-

الروح الكونية ← روح الانسان (با) ← قلب الانسان (ايب)

الروح الأسمى هو المصدر الذى يستمد منه كل البشر (و كل الأشياء) طاقة الحياة.

و هنا علينا أن نتذكر أن للانسان ثلاثة أجسام رئيسية هى الجسم الروحى و الجسم النجمى و الجسم المادى. تنتقل الطاقة الروحانية دائما من المستوى الأكثر شفافية الى المستوى الأقل شفافية .

أى أن الطاقة الروحانية تنتقل هكذا :-

الروح الكونية ← الجسم الروحى ← الجسم النجمى ← الجسم المادى

هذه الأجسام الثلاثة للانسان تقابل الأبعاد الثلاثة الرئيسية للكون :-

"نبر – تشر" (الكيان الالهى الأسمى) ← السموات ← الدوات (العالم النجمى) ← الأرض

استطاع حكماء العالم القديم أن يروا بعين البصيرة أبعاد الكون المختلفة, و يدركوا انعكاسها داخل وعى الانسان

و هنا علينا أن ننتبه الى ان مبدأ الازدواجية و القطبية يتواجد فى المستويات الثلاثة الدنيا, و لكنه يختفى فى المستوى الأول (الأعلى), و هو "نبر – تشر", أو الروح الكونية.

روح الانسان هى انعكاس للروح الكونية فى عالم الازدواجية و الأقطاب (العالم المادى – العالم النجمى – العالم السببى).

و بمجرد ان تسكن الروح الجسم المادى تنسى أصلها, و تتوهم أنها مخلوق وسط العديد من المخلوقات الأخرى, و من هنا تنشأ ازدواجية أنا و الآخر.

ينسى الانسان أنه فى حالة وصل دائم لا ينقطع بالذات الالهية, و كذلك كل البشر, و كل المخلوقات.

ان موجات المحيط ليست كيانا منفصلا عن المحيط, و انما هى المحيط نفسه.

كذلك الانسان, هو مثل موجة فى محيط الوعى الكونى, كذلك الخلق كله.

و الجهل بهذه الحقيقة هو السبب فى ظهور مختلف المشاعر السلبية و فى ظهور الشخصانية.

- 378 -

ينسى الانسان الجاهل صلته بالذات, و هى مصدر السعادة الحقيقية و الرضا التام, و الشعور بالامتلاء و الكمال, فيهيم على وجهه سعيا وراء المتع الحسية الزائلة, بدلا من التوجه نحو الذات.

حين يصل الانسان الى الوعى الأسمى (نبر – تشر) تختفى الازدواجية, ليحل محلها شعور بالوحدة/الوحدانية, و فى نفس الوقت بالاتصال بكل ما فى الوجود.

فى هذ المستوى من الوعى لا يوجد "أنا و أنت, هنا و هناك, ذكر و أنثى", و لا يوجد رغبة فى أى شئ, لأن كل الأشياء هى الذات.

فى هذ المستوى من الوعى لا يدرك الانسان سوى وجود الذات التى تحتوى كل شئ.

لا يوجد كلمات أو مصطلحات يمكنها ان تصف تجربة الاتحاد بالذات الالهية, و كل ما يقال فى وصف هذه التجربة هو مجرد محاولات لتقريب الفكرة, التى تظل بعيدة المنال.

ان كل ما قاله الحكماء حول هذه التجربة هو بمثابة خريطه, تساعدك فى الوصول الى هدفك و لكنها لا تسير الطريق بالنيابة عنك.

عليك ان تسير طريقك بنفسك, و تعتمد على ارادتك و على جهودك الذاتية.

للانسان ثلاثة أجسام رئيسية : (جسم روحى/سببى – جسم نجمى – جسم مادى)

و للكون أيضا ثلاثة اجسام رئيسية : (جسم روحى/سببى – جسم نجمى – جسم مادى)

و داخل هذه الأجسام الرئيسية الثلاثة تتواجد العناصر التسعة التى يتكون منها الكيان الانسانى و التى ذكرناها سابقا (كا – با – ايب – آخ – خات – سخم – ساحو – خيبيت رن).

و الفرق بين الانسان و الكون, أن العناصر التى يتكون منها الكيان الانسانى تأخذ طابعا شخصيا أكثر تفردا و محدودية, فى حين أن عناصر الكون التسعة أكثر شمولية.

على سبيل المثال, تخبرنا النصوص المصرية القديمة أن للاله "با", و "ساحو", و "آخ", و "كا", و "خيبيت", و "سخم" و "ايب", و "خات" و "رن", و لكنها جميعا ذات طبيعة

كونية, لاشخصانية.

و العناصر التى يتكون منها الكيان الانسانى هى انعكاس لنفس العناصر الكونية التسعة و لكن على نطاق أصغر و أكثر شخصانية. أى أن الانسان هو صورة من الكون و من الاله.

الانسان	الكون
الذات الالهية	الذات الالهية
↓	↓
الجسم السببى/الروحى الانسانى	**الجسم السببى/الروحى الكونى**
ال "با" (الروح) الفردية/الشخصية	ال "با" (الروح) الكونية
ال "ساحو" الفردى	ال "ساحو" الكونى
ال "آخ" الفردى	ال "آخ" الكونى
ال "خيبيت" (الظل) الفردية	ال "خيبيت" (الظل) الكونية
↓	↓
الجسم النجمى الانسانى	**الجسم النجمى الكونى**
ال "كا" الفردية	ال "كا" الكونية
ال "سخم" الفردية	ال "سخم" الكونية
ال "ايب" (القلب) الفردى	ال "ايب" (القلب) الكونى
↓	↓
الجسم المادى الانسانى	**الجسم المادى الكونى**
ال "خات" (الجسم المادى) الفردى	ال "خات" (الجسم المادى) الكونى
ال "رن" (الاسم) الفردى	ال "رن" (الاسم) الكونى

و هنا علينا أن ننتبه الى شئ هام, و هو أن جذور شعور الانسان بالانفصال عن الكون و الاله تعود الى مستوى الجسم السببى.

فالكثير من الناس يشعرون أن روحهم ملتصقة بالجسم, لدرجة تجعل الروح تعتقد أنها هى نفسها الجسد, و تنسى أنها انبثقت من الذات الالهية, ثم قامت بعد ذلك بخلق العناصر الثمانية الأخرى.

كل خطوات الخلق تحدث داخل الذات الالهية و ليس فى الجسم المادى.

الجسم السببى هو الجسم الأكثر شفافية, و هو المستوى الذى يتوارد فيه أقل عدد من الأفكار و الرغبات.

فى هذا المستوى, تختزن انطباعات اللاوعى التى تخلق باقى عناصر الكيان الانسانى.

عندما يتوفى الانسان الذى لم يصل بعد للنضج الروحى, تبدأ العناصر الكثيفة التى يتكون منها كيانه الانسانى (الجسم الماى و الاسم) بالتحلل أولا. بينما يظل الجسم النجمى و الجسم السببى على قيد الحياة, ليحمل الرغبات التى لم تستطع النفس اشباعها أو التخلى عنها فى حياتها الدنيا.

ثم تحاول النفس اشباع رغباتها من خلال هذه الأجسام المتبقية (الجسم النجمى و الجسم السببى) , و تستمر هذه المحاولات لاشباع رغبات النفس فى العالم النجمى لفترة من الزمن, يمر فيها الانسان (حسب الكارما الخاصة به) بتجارب ممتعة و أخرى مؤلمة, و هى ما يعرف بمفهوم الجنة و الجحيم.

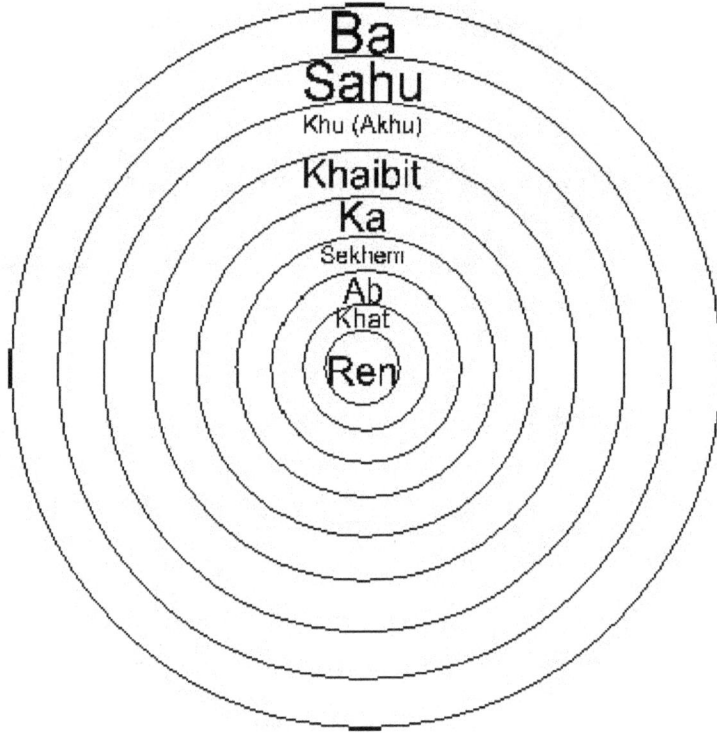

و مهمة طالب اليوجا هى تطهير الجسم المادى و النجمى و السببى, لكى يعى ذاته الحقيقية, و هى الذات الالهية.

و لما كانت الذات الالهية واحدة (غير منقسمة), خالدة, سرمدية, و هى مصدر كل مستويات الوعى و كل المخلوقات, فان الوصل بالذات الالهية يفتح للانسان عين البصيرة التى ترى الكون كله كيان واحد, خالد.

كل شئ فى الكون (صغير أو كبير) موصول بكل شئ . الكل واحد.

الممارسة الصحيحة لتعاليم اليوجا و للتأمل تساعد الانسان فى هذه المهمة التى عرفت فى مصر القديمة باسم تطهير القلب.

على طالب اليوجا أن يسعى لاتمام هذه المهمة بنجاح أثناء حياته.

وعندما ينجح فى ذلك, تذهب روحه بعد الموت الى محيط الوعى الكونى الذى انبثقت منه لتعود و تذوب فيه مرة أخرى.

وهذا هو المقصود من تعبير "التوحد مع الخالق" (أو الانصهار فى الخالق) الذى ورد فى سياق قصة سنوحى المصرى.

ان كل عناصر الكيان الانسانى هى امتداد للذات الالهية.

و هى تشبه الحلم الذى ينبثق من عقلك الباطن ليعبر عن ما يدور فيه من أفكار و رغبات لذلك , فالكون و كل ما فيه من مخلوقات هو تجسيد لما يدور فى عقل الاله.

لذبذبات الفكر القدرة على التحول الى مادة كثيفة فى أشكال و صور لا حصر لها.

بهذه الطريقة قمت أنت بخلق جسدك و عقلك و باقى عناصر كيانك.

و هذه العناصر كلها هى فى الحقيقة طاقة شفافة تعتمد فى وجودها على ذبذبات الفكر, و هى لا تشكل كيان منفصل, و انما هى امتداد للذات الالهية.

لا شئ يتواجد بشكل منفصل عن الذات الالهية.

و مهما رأيت من أشياء و ألوان و أشخاص مختلفة, يظل الجوهر واحد, و هو الذات.

تأمل ذلك بعمق . اذا كان هناك كيان آخر موجود بخلاف الذات الالهية, فلا يمكن أن تكون الذات كاملة الحضور و ممتلئة و محتوية للكل, و ستكون حركتها محدودة.

فان فكرة وجود شيطان أو شر قائم بذاته, منفصل عن الاله و مخاصما له, هى فكرة خاطئة لأنه لا يوجد شئ منفصل عن الذات الالهية.

الذات هى الروح أو الجوهر الذى يجمع كل ما هو موجود فى كيان واحد.

www.ingramcontent.com/pod-product-compliance
Lightning Source LLC
Chambersburg PA
CBHW080454110426
42742CB00017B/2885